家族财富传承

U0274192

| 杨后鲁 著 |

FAMILY WEALTH
PLANNING

清华大学出版社
北京

图书在版编目（CIP）数据

家族财富传承 / 杨后鲁著 . -- 北京 : 清华大学出
版社 , 2024. 10. -- ISBN 978-7-302-67450-4

Ⅰ. F276.5

中国国家版本馆 CIP 数据核字第 20247Q49A1 号

责任编辑：顾　强
封面设计：周　洋
版式设计：方加青
责任校对：宋玉莲
责任印制：刘　菲

出版发行：清华大学出版社
　　　网　　　址：https://www.tup.com.cn，https://www.wqxuetang.com
　　　地　　　址：北京清华大学学研大厦 A 座　　　邮　　编：100084
　　　社 总 机：010-83470000　　　　　　　　　邮　　购：010-62786544
　　　投稿与读者服务：010-62776969，c-service@tup.tsinghua.edu.cn
　　　质 量 反 馈：010-62772015，zhiliang@tup.tsinghua.edu.cn
印 装 者：定州启航印刷有限公司
经　　销：全国新华书店
开　　本：170mm×230mm　　　印　张：22.25　　　字　　数：415 千字
版　　次：2024 年 11 月第 1 版　　　印　次：2024 年 11 月第 1 次印刷
定　　价：138.00 元

产品编号：106283-01

谨以此书献给我的家人何牧、乐然和乐坤。

推荐序

中国式家族办公室助力财富向善 [①]

　　家族企业不只是一个积累财富和追求个人享受的载体，它有更加伟大的使命，有精神、价值观、爱和社会责任。

　　向善是家族传承的真正 DNA。中国式家族办公室应通过一揽子工具提供综合性解决方案，帮助家族的基业长青，同时传递更多的社会影响力。

一、家族企业面临财富风险

　　最近几年，家族办公室获得了蓬勃发展。这是因为巨大的市场需求。根据 2021 年《福布斯》发布的亿万富翁报告，资产超过 10 亿美元的家族或者是个人，一共有 2672 人。其中，中国有 724 人，这是中国首次超过美国成为全世界富豪最多的国家。在 2021 年新上榜的有将近 500 人，其中 40% 是来自于中国内地。

　　然而，过去两年，美中富豪差距加大。2024 年 4 月 3 日，《福布斯》发布了 2024 全球亿万富豪榜。今年榜单共有 2781 位富豪上榜，创下历史新高，较去年增长 141 人。美国目前拥有创纪录的 813 名亿万富翁，总资产达 5.7 万亿美元。中国内地仍然位居第二，有 406 名亿万富翁，价值 1.33 万亿美元。这是中国内地富豪数量连续第三年出现下跌。财富总额较 2022 年的 1.96 万亿美元和 2021 年的 2.5 万亿美元有所下跌。

　　这凸显了中国家族企业面临的风险。家族企业面临的风险主要有宏观、行业、企业、家庭以及个人 5 个层次。

- 在宏观方面，国内环境和国际环境发生了改变。从国内看，我国整体发展模式发生了改变，从过去的高速增长迈向现在的高质量发展。
- 在行业方面，很多家族企业所处的行业在全球分工产业链中属于较低端，

---

① 根据《中国经营报》2023 年 12 月 8 日郝亚娟、张荣旺的采访和《家族企业》杂志 2024 年 1 月刊综合整理而来。

随着传统产业利润率逐渐降低，产业必然面临转型需求。比如，企业需在数字化和低碳、节能、绿色发展过程中进行转型。同时，与财富相关的税收政策改变也是家族企业面临的风险之一。

- 在企业方面，大多数中国家族企业的第一代创始人，眼下正面临着企业转型和传承的双重考验。在转型方面，由于技术的老化加上我国劳动力和成本不断上升，竞争优势减弱，是否要跨境发展是企业层面需要思考的问题。从全球来看，产业转移从美国到德国，到日本再到"亚洲四小龙"，再从中国到东南亚，面对全球产业转移，如何转型是企业面临的挑战。在传承方面，选谁做接班人、如何培养、何时培养。过去中国老一代企业主要依靠人治、个人魅力和领导力带领企业，而现在新一代企业则需要制度建设。许多年轻的二代接班人在国外接受教育，更倾向于信任制度而非人。如何从人治到制度，这需要文化和组织架构上的转变。
- 在家庭方面，例如遗嘱、家产分配不公平、子女之间的矛盾以及一代或者二代的婚姻等都是家族传承可能面临的问题。
- 在个人方面，主要面临个人生活作风、健康和意外风险。有的企业家没有洁身自好，沾染赌博等不良习惯，很可能使家族财富一夜归零；有的企业家突遭意外，生前没有做任何安排，导致家族传承陷入混乱境地。

二、家族企业转型和传承是系统工程

在上述风险下，家族企业如何规划财富传承？

转型和传承是不可分割的系统工程，是家族企业传承必须解决的问题。家族传承的基础是企业能够基业长青并且可持续发展。企业要实现基业长青，需要穿越周期和迭代转型。我国的家族企业如果抓不住产业转移和变迁，经营可能面临很大问题。对此，中欧国际工商学院在课程中，首先要帮助企业进行梳理，其次找到第二曲线。

被创造出来的财富，首先有治理的需求，这是中国家庭或者是企业家所关注的问题。中欧家族办公室首席架构师课程的第一个模块是家族办公室体系，涵盖家族治理，比如家族精神的培养、家族宪法的制定、家族传承的机制和家族创新。

根据我们的调研，家族在治理方面最关注以下问题：第一是家族成员的教育和培养，第二是家族传承，第三是家族风险的管理。众所周知，提到传承，必然会面对"富不过三代"的魔咒。想要跨越这个陷阱，也必须规避各种各样的风险。那么何为今天中国家族企业最关注的风险点呢？排在前三位的风险点：第一是外部环境导致的风险，第二是企业在经营过程中遇到的风险，第三是家族企业能否进行成功隔离的风险。此外，还有家族成员风险、企业的法律合规风险、婚姻风险等。中欧家族办公室首席架构师课程的第二个模块主要围绕财富保护展开，通过信托、协议、保险、海外身份安排、慈善基金会等工具，帮助家族实现基业长青。

除此之外，家族企业还关心关于人力资本的培养，比如二代的教育、人格技能的培养、如何与家族共生的职业经理人培养等。除了人力资本以外，还有社会资本，家族企业越来越多地考虑承担社会责任、回馈社会，积累家族的社会资本。为了满足企业家们这方面的需求，中欧家族办公室首席架构师课程的第三个模块讲传承，包括慈善、教育、家庭文化建设等。

三、向善是传承的密码

家族企业不只是一个积累财富和追求个人享受的载体，它有更加伟大的使命，有精神、价值观、爱和社会责任。向善是家族传承的 DNA，一个家族有很多目标，创造财富是其中一个目标，还有积极的社会影响力、追求家庭的幸福，以及实现家族企业的基业长青。

无论是 ESG 投资还是影响力投资，在今天都具有相当高的热度。在某种程度上可以说，这是西方对过去一百多年全球经济发展过程中日益积累的市场失灵现象的一种主动纠错。

同时，由于人类发展的平衡已经被打破，因此需要寻找一种新的、可持续的发展模式，这个可持续发展模式便是 ESG。ESG 并不是一个新概念。1.0 阶段的企业社会责任通常是企业家的个人行为，出于宗教信仰或者个人的道德良知，自发地对企业进行回馈，基本上和利润回报没有关系；在 2.0 阶段，企业社会责任开始和财务绩效发生联系，但这个联系通常是松散、模糊和间接的；今天进入到 3.0 阶段，它已经上升到了一种战略性行为。越来越多的实证研究结果发现，ESG 不仅不是企业的负担，而且可以为企业创造价值。

四、家族办公室的重要作用

家族办公室是非常重要的管家，可以通过一揽子工具提供综合性解决方案，帮助家族的基业长青。希望中国式家族办公室能够做到以人为本，以爱为先，让财富使整个社会变得更加幸福。

家族办公室在企业传承和家族财富传承当中发挥着至关重要的作用。家族办公室的作用可以从家族财富的管理开始，到财富隔离、家族治理，最后让财富创造幸福。

我简单梳理了一下，家族办公室大致有以下五个方面的作用：第一，实现财富管理与传承；第二，财产隔离与保护；第三，家族目的的规划，比如家族和谐、家族的价值观等等；第四，家族治理；第五，追求幸福生活。

在新的征程中，中国式家族办公室除了要具备传统西方家族办公室要承担的角色和作用以外，还有新的任务：

第一个任务是在国家法律有重大改变的时候，家族办公室就要做好守门员的工作，要有底线思维，帮助企业家做好合规和风险管理。

第二个任务是帮助中国企业家在影响力投资、ESG 投资、慈善公益方面发挥积极的作用。中国要从高速增长迈向高质量增长，企业也需要高质量增长，中国式家族办公室有新的维度。一方面，家族办公室要赋能实体经济，进行科技创新；另一方面，家族办公室帮助家族扩大社会影响力，家族企业从追逐短期目标为导向，变成追求基业长青为目标。从个体理性变成集体理性，从利己到利他、从个人到家庭、从家族到社会、从逐利到向善，如何让财富创造幸福，同时也让财富能够改变社会是未来的发展方向。

结合对时代背景的认知，我认为，在未来的五到十年当中，除了管理好财富、做好人力资本管理，中国式家族办公室还需要在以下三个方面进行新的探索与突破：

一是帮助中国企业家做好合规和风险管理，任何规划都必须合法、合理与合规；

二是更好地赋能实体经济，找到家族办公室的第二增长曲线，比如通过科技创新、发展绿色经济，为社会创造更多财富与价值；

三是更好地规划企业家与社会资本相关的决策，比如 ESG 投资、影响力投资、公益慈善活动等。

今天家族办公室进入了新时代，需要有新的思维方式，有更多新的尝试。中国家族办公室可以在几个领域有所创新：第一，从原来只关注金融资本，到可以关注更多其他资本，如人力资本、社会资本、精神资本、心理资本等；第二，从以追逐短期目标为导向变成以追逐基业长青为目标，从利己到利他，从家族到社会，从逐利到向善，这样的理念的改变，才真正符合家族办公室的宗旨。因为所有的家族企业都有一个远大的梦想和目标，就是让家族基业长青，而基业长青的密码就是资本向善、财富向善，向善是家族传承的密码和软实力，是一个家族精神、价值观、爱和社会责任的体现。正如中国式现代化以追求效率和公平为己任，家族办公室也要实现多重目标的平衡。除了追求财富最大化以外，还要有其他更高的目标、要求和责任，希望中国家族办公室能够在未来的家族办公室行业引领世界。

五、中国家族办公室的国际化

国际化是中国家族办公室发展的关键方向之一。中国家族办公室越来越多地寻求全球资产配置，以分散风险并寻求更高的回报。家族成员的国际教育是国际化的重要组成部分。许多家族办公室为子女提供海外教育机会，以培养他们的全球视野和跨文化交流能力。随着全球税收透明度的提高，中国家族办公室需要考虑国际税务规划，以合法避税并遵守各国税法。家族办公室需要处理跨境法律事务，包括但不限于国际婚姻、继承、信托设立等，以确保家族资产的安全和合规。一些家族办公室也参与国际慈善活动，通过捐赠和基金会的形式在全球范围内进行社会责任投资。国际化带来了新的机遇，也带来了新的风险。家族办公室需要建立有效的风险管理机制，以应对政治、经济和市场风险。中国家族办公室的国际化是一个复杂的过程，需要专业的知识和经验来导航。

杨后鲁先生的《家族财富传承》以公开的案例和资料为基础，为中国家族办公室国际化提供有益的借鉴，包括财产保护和个人控制的平衡，长期家族控制权和传承的平衡，反洗钱对家族信托的挑战，税务筹划的合理合法，受益人身份的透明化和私密性，家族信托需要一个有效的生态系统，家族信托何以跨越时空，代持架构的合法性，慈善模式如何选择。我想这本书对家族办公室如何在中国健康、可持续发展具有广泛的借鉴意义。

芮萌

中欧国际工商学院金融与会计学教授

中欧财富管理研究中心主任

自 序
财富如何跨越时空

2019 年 8 月，本人所著的《税务透明下的家族财富传承》由清华大学出版社出版。过去的几年，似乎只是一瞬间，但世界已经发生了翻天覆地的变化。世界进入一个充满动荡的时代。地缘政治、货币政策收紧、股市下跌等因素加剧了市场的波动性，中、美富豪差距加大。2024 年 4 月 3 日，《福布斯》发布第 38 届（2024）全球亿万富豪榜。今年榜单共有 2781 位富豪上榜，创下历史新高，较去年增长 141 人。他们比以往任何时候都更富有，总资产达到 14.2 万亿美元，比 2023 年增加 2 万亿美元，比同样在 2021 年创下的纪录高出 1.1 万亿美元。大部分财富增长来自前 20 名富豪，自 2023 年以来，他们的财富总计增加了 7000 亿美元。美国拥有创纪录的 813 名亿万富翁，总资产达 5.7 万亿美元。中国内地仍然位居第二，有 406 名亿万富翁，总资产达 1.33 万亿美元。①

在这样一个充满挑战的时代，家族财富的传承和安全面临空前的挑战，财富安全似乎成了一种奢望。

笔者一直在思考一个问题：在今天这样一个充满挑战的时代，对于资产保护和财富传承来说，有什么是可以确定的？

还是让现实说话吧。我们欣喜地看到，超级家族在这样复杂动荡的时代中砥砺前行。2023 年 4 月 24 日，LVMH 成为首家市值突破 5000 亿美元的欧洲公司，74 岁的阿尔诺也成为世界上最富有的人，超过特斯拉老板伊隆·马斯克。2024 年 4 月，阿尔诺连续第二年成为世界首富。2022 年 12 月 6 日，阿尔诺调整了 LVMH 集团的顶层控制架构，确保集团永久控制在家族手中。他调兵遣将，5 个子女，两个梯队，接班事宜稳步进行。5 个子女均已入职 LVMH 集团，并在这个庞大版图中发挥了各自的特长。

我们还看到，欧洲老牌家族宜家集团的顶层架构在 2023 年也发生了调整。2023 年 8 月 31 日，列支敦士登 Interogo 基金会拆分为两个独立的企业基金会，

---

① 2024 福布斯全球亿万富豪榜，参见 https://www.forbes.com/billionaires/。

旨在为宜家集团的永续传承提供更多的安全保护。

我们也看到，2023 年 7 月 30 日公告，杨惠妍女士将所持碧桂园服务控股有限公司 20% 的股权无偿捐赠给国强公益基金（香港）有限公司。按照当时股价，这笔捐赠价值近 60 亿港元。在关于碧桂园"爆雷"的消息甚嚣尘上的背景下，这样一个捐赠消息，不禁让人浮想联翩。

小米创始人雷军说过这样一句话：站在风口上，猪都会飞。当很多企业家乘上了中国改革开放的东风获得了非凡的成就时，如何看待自己的成就也造就了企业家不同的命运。资产保护和家族财富传承在很多时候是有些违背"人性"的：在歌舞升平、形势大好的时候，就要想到万一灾难到来时该如何应对。

在这样一个背景下，笔者以《税务透明时代下的家庭财富传承》为蓝本，以公开的案例和资料为基础，尽有限之力搜罗每一个角落，以呈现家族财富传承这一宏伟主题下的最新画卷。本书在案例选择时，尽力选择有详尽法院判决的案例，与家族的国别无关。随着中国企业家财富的增长，也出现了与中国企业家相关的法院判决，如郦松校家族信托和张兰家族信托的判例。这为本书的写作提供了宝贵的资料。在没有详尽法院判决的情况下，作者对案例的选择非常谨慎，只选择了个别有详尽事实的案例，如欧盟委员会已有调查的宜家家族案例，或可以从工商登记系统查到详尽信息的 LVMH 家族案例。

一、制裁的"寒蝉效应"

自 2022 年 2 月俄乌冲突以来，"制裁"一词一直占据着头条。美国等对俄罗斯进行了多轮制裁，这对财富的影响是巨大的。2022 年俄罗斯最富有的寡头损失了近 950 亿美元——自冲突爆发以来，每天损失 3.3 亿美元。

高净值人士群体中，讨论最多的应该就是制裁了。制裁令人担心的原因不言自明：制裁措施可以在很短的时间内制定，然后迅速实施。虽然并不存在"制裁警察"，但制裁的实际工作是由银行等民间机构和 SWIFT 等组织来完成的，由其检查金融交易是否符合制裁规定。金融机构出于风险规避的原因，一般都会执行制裁措施。

现实中，制裁的威力不仅在于一级制裁，更在于二级制裁。在美国，一级制裁由外国资产办公室（OFAC）实施，包括全面贸易禁运、资产冻结或扣押以及针对外国目标的旅行禁令。要求美国境内的所有个人和实体遵守这些限制条款。美国的二级制裁旨在防止第三方与受美国制裁的国家进行交易，即使这些第三方不是美国的公民或不在美国。第三方仍可能因与目标国家或个人开展业务而面临美国方面的处罚。与通过罚款或扣押美国持有的资产来实施一级制裁不同，二级制裁在很大程度上依赖于美国的金融体系以及美元作为全球储备货币的使用[①]。

二级制裁是一种较新的制裁方式，在过去 5 年中频繁实施，特别是针对伊朗。此类制裁针对与伊朗的个人、国家、政权和组织开展业务的非美国人（主要是外国金融机构和外国制裁逃避者），是对一级制裁的补充。例如，如果外国金融机构与伊朗之间的交易量足够大，则该外国金融机构就有可能受到二级制裁。二级制裁可以禁止美国人与该外国金融机构开展业务，或要求美国银行限制该外国金融机构在美国的代理账户。

2023 年 12 月 22 日，美国总统拜登发布了第 14114 号行政命令。最值得注意的是，该命令授予财政部长新的权力，对提供涉及俄罗斯军事工业基地任何服务的外国金融机构实施制裁。这一行动标志着美国政府在最近的俄罗斯制裁计划下首次使用"二级制裁"，这些新规定给外国银行和其他金融机构带来了新的二级制裁风险。二级制裁的"寒蝉效应"已经在金融行业显现。俄罗斯人在境外所受的金融服务已经受到很大影响。

二、财富传承以资产保护为前提

财富传承需要以资产保护为前提，没有资产保护的财富传承是存在实质性缺陷的。不言而喻的是，如果个人资产都有可能被他人拿走，还传承什么呢？

要资产保护，就不能控制。资产保护和个人控制权是一对"冤家"。想要资产保护，就必须对个人之控制欲进行严格限制。在个人保留太多控制权的情况下，资产放于任何架构下都可能是徒劳的。要把资产保护作为一个持续跟进、持续维护和不断修复的过程，认为设立一个信托，将资产放进去就可以实现资产保护的想法是错误的，认为将资产装入一个架构就可以高枕无忧的想法也是危险的。切记，没有一劳永逸的方案。

资产保护失败的案例比比皆是。2022 年 11 月 2 日，新加坡高等法院公布了甜蜜生活美食有限公司诉张兰女士的裁判文书。法院直接任命接管人，以釜底抽薪的方式绕开信托，直接处置账户资产。这一资产保护失败的案例在警醒人们：谁应该具有银行账户的签字管理权，是一件影响极大的事情。张兰女士的家族信托是"栽"在了银行账户上。

这充分反映了家族财富传承所面临的挑战。由于国际反洗钱和税务透明的影响，资产保护和财富传承正变得日益复杂。家族财富架构规划的设计师，不仅要

[①]　Thorsten J Gorny. 解释一级制裁和二级制裁，参见 https://www.sanctions.io/blog/primary-and-secondary-sanctions-explained，2022 年 6 月 28 日。

有传统的法律、税务、信托等基本功底，也要对私人银行的具体运作有充分的了解。因为任何完美的设计架构，最终都要在银行账户层面落实好，这个架构才能有用。张兰女士的案例便是教训。

资产保护失败的案例很多。2017 年 10 月 11 日，英格兰和威尔士高等法院对俄罗斯亿万富翁、前"克里姆林宫的银行家"谢尔盖·普加乔夫有关境外信托做出了判决。普加乔夫设立的 5 个新西兰信托被穿透，丧失了资产保护作用，原因有三点：①普加乔夫作为保护人，有着广泛的权利，以致整个信托资产被认定为保护人个人资产的组成部分；②普加乔夫对受托人实施了隐蔽的控制，而且双方对该控制都有着明显的意图，整个安排只是为真实的所有权架构提供掩饰，以使实际上属于普加乔夫的资产在表面上看起来并不属于他；③在大多数时间，普加乔夫都将放入信托的资产视为其资产，并有保持控制的意图。普加乔夫设立信托的目的不是将其资产的控制权让渡给他人，而是为隐藏其对该资产的控制权。

三、控制与传承：超级家族财富传承架构的重塑

控制与传承是永恒的主题，超级家族继续在探索。

宜家创始人坎普拉德的做法仍然令人费解。他本来可以成为一个身价 300 亿美元的超级富豪，跻身世界前十大富豪之列。然而，2011 年，在他的律师出示文件显示宜家的所有权在几十年前已不可撤销地转移到荷兰的一个基金会后，他的净资产急剧下降（大约为 35 亿美元）。笔者发现，坎普拉德对于宜家的独立存续和永久传承有着近乎偏执的追求。为此，他不惜"牺牲"自己的财富。宜家集团的独立存续和永久传承，是坎普拉德人生哲学的第一要义。虽然坎普拉德已于 2018 年去世，但宜家家族传承架构的调整仍在继续。2023 年 8 月 31 日，列支敦士登 Interogo 基金会拆分为两个独立的企业基金会。宜家以这种方式实现了永续传承：宜家全球门店所有权由荷兰基金会所有，新独立的列支敦士登 Inter IKEA 基金会成为宜家知识产权"宜家概念"的最终所有者，而列支敦士登 Interogo 基金会则继续为宜家理念的独立性和永久存续提供财务储备。这样的安排，旨在保持宜家理念知识产权的独立性和永久存续。"放弃"也许是实现控制的最高境界。宜家的筹划架构跨越几十年，这本厚重的书，值得我们学习。坎普拉德不到 50 岁时就开始思考宜家的未来，并建立了自己的宜家王国：绕开瑞典遗产税，使宜家不会被沉重的遗产税摧毁；定居瑞士 30 多年，将每年的个人所得税降到 20 万瑞郎；将宜家集团股权放入荷兰基金会，以实现公司的永久存续、家族财富传承和资产保护；同时为避免竞争对手对宜家的敌意收购，系统进行国际税务筹划，将极简主义运用到节税中；拒绝上市，不让资本市场影响或控制宜家的运营。

LVMH 集团控制人阿尔诺的做法则非常有趣。在爱马仕家族 2011 年反击 LVMH 集团的敌意收购时，我们看到了爱马仕家族如何利用普通合伙人的权限，以及锁定家族成员的股份等安排，以确保家族对于爱马仕的控制。2022 年 12 月，LVMH 的创始人阿尔诺采取了类似的架构来实现 LVMH 的传承。阿尔诺的做法是调兵遣将，加强控制。2023 年 4 月 24 日，LVMH 成为首家市值突破 5000 亿美元的欧洲公司，74 岁的阿尔诺也成为世界上最富有的人，超过特斯拉老板埃隆·马斯克。阿尔诺不想有任何侥幸心理，并继续精心准备他的继任者。一方面，他调兵遣将，将 5 个子女分成两个梯队，使接班事宜稳步进行。5 个子女均已入职 LVMH 集团，并在这个庞大版图中发挥各自特长，长女关注新兴设计人才和产品，长子聚焦工艺品牌和企业宣传，老三推动年轻化和数字营销，老四和老五主攻腕表业务。另一方面，阿尔诺调整了 LVMH 集团的顶层控制架构，确保集团永久控制在家族手中。为了确保家族对 LVMH 集团的长期控制权，家族控股公司 Agache 公司已经转变为有限合伙企业，除了以阿尔诺为普通合伙人，还以他的 5 个孩子平均持有股份的 Agache Commandité 公司为第二个普通合伙人。为了长期保护 LVMH 集团的家族控制权，Agache Commandité 作为普通合伙人的股份将在 30 年内不可转让。只有阿尔诺的子女或其直系后裔或他们完全拥有的法人实体才能持有股份，且任何股份的转让都将受到股东协议中规定的优先购买权的约束。

四、反洗钱对家族信托的挑战

反洗钱法律对家族信托的存亡有着重要的影响。一旦触犯反洗钱的法律，即使放入家族信托的资产也可能被冻结。印度尼西亚前总统苏哈托的儿子胡托莫无法就其资产来源向银行提供合理的说明，账户因为反洗钱无法获得"同意函"而处于被冻结状态。

信托公司的角色发生重大变化。最近几年，国际反洗钱法律的发展使金融机构包括信托公司在服务客户过程中的角色发生了重大变化。一句话，信托公司等机构身上的法律枷锁越来越重，今日唯客户马首是瞻，明日就可能转身变为"法律警察"，站到客户的对面。这在郦松校家族信托一案中有明确体现。尽管 RBC 信托公司试图在整个诉讼过程中保持中立，但其通过出示相关证据和质疑梁女士来帮助法庭。这就是根西岛诉讼对抗制的本质。RBC 信托公司通过其雇员，更重要的是，通过其律师，不得不承担检察机关可能承担的工作。

家族财富规划要遵循科学规律。长期以来，家族财富规划重点强调私密性。但私密性绝对不是随意性，或者是完全遵循家族的意志。家族财富规划作为一个金融领域，须遵循自身的科学规律。超高净值人士为保护自己的利益，应抛弃恣意和随意。

说起来容易，做起来难。文化的差异可能导致架构的失败。在郦松校家族信托一案中，法院在判决中对梁女士的批评令人警醒，法院形成的总体印象是原告希望尽可能少地披露信息，这很可能是她的文化背景所致。所以她是自己不幸的创造者，未能就资产来源说服法院。

五、纳税是财富安全的"通行证"，"税籍"是通向私密的"钥匙"

税务情报交换已成为常态。情报交换实现了国际社会过去百年一直没有实现的目标：将金融账户信息自动交换到税务居民所在国。税务规划要在税务透明的背景下进行。

根据金融行动特别工作组的建议，欧盟、瑞士、新加坡等地已经进行相关立法，逃税、避税已经成为洗钱的上游犯罪，个人逃税、避税会影响个人的金融账户安全。

一旦构成税务犯罪（只要具备法律规定的可惩罚性即可，不论是否被法院定罪），将触发违反反洗钱规定的法律后果。此时，银行可以冻结、没收或者征用相关资产。发生在其他成员国的税务犯罪，视同发生在本国，并产生同样的法律后果。因此，纳税是财富安全的"通行证"。选择一个合适的地方进行纳税申报已经成为个人财富安全的"通行证"。

税务居民所在地是个人在税务上的"籍贯"，俗称"税籍"。"税籍"是通向私密的"钥匙"。任何时候，私密都是高净值人士财富架构的基石。金融账户的自动情报交换给个人财富架构的私密性带来了重大挑战。在税务透明时代，个人的"税籍"决定了个人财富架构的私密性是否可以实现。

"税籍"决定了金融账户信息是否需要进行交换以及交换的方向。如果个人的"税籍"和金融账户开设地不一致，其金融账户信息需与"税籍"地进行交换。如果一个人被认为是中国税务居民，其在境外开设账户的信息，无论是在新加坡、英国还是在澳大利亚、瑞士等国家和地区开设，均须提供给中国税务机关。

税务透明时代，没有"税籍"的人士在进行财富规划时会举步维艰，而个人所得不在任何地方纳税的时代也一去不复返了。

六、受益所有人透明化和私密

最近几年，国际范围内掀起了一股受益所有人透明化的潮流，且愈演愈烈。个人财富架构的核心部分，即谁是控制人、受益人等可能被透明化。大部分金融中心已建立受益所有人登记制度，并可能向公众开放。个人隐私权和数据保护有被不当侵害的危险。

透明化的潮流体现在两个方面。第一，金融机构需对账户之受益所有人进行识别。无论个人采用信托还是其他的法律架构，银行等金融机构都需要通过尽职调查甄别最后的控制人。该规定与税务情报交换机制并驾齐驱。第二，在公司法层面，要求在本国设立的公司将受益所有人的信息统一记录在政府主导的登记册中，并为有关政府机关或相关方所获取。英国和欧盟领导了这一潮流，并扩散到英国的海外属地如英属维尔京群岛等。英国还在筹备，要求持有英国不动产的离岸公司之受益所有人进行登记。

在喧嚣和分裂的世界里，法院是一股冷静而理性的力量。欧盟法院最近为受益所有人登记册的公开"踩下了刹车"，为个人隐私的保护提供了"尚方宝剑"。2022 年 11 月 22 日，欧洲法院做出一个重大判决：允许公众访问受益所有人登记册的规定是无效的。其核心观点是，如果允许公众获取最终受益人信息，将构成对私人和家庭生活基本权利以及个人数据权利的严重干涉，这种干涉不属于"严格必要"，而且与追求的目标不相称。打击洗钱和恐怖主义融资的目的，不能构成对个人基本权利限制的正当理由。该判决生效后，欧盟成员国、英国海外领土和皇家属地等很多国家和地区停止了公众对受益所有权登记册的访问。

七、家族财富传承需要一个有效的生态系统，不能对家族信托指望太多

家族信托在家族财富传承过程中只是一个法律工具，其运作需要一个有效的生态系统。财富传承需要确定性。家族信托设立法域之法律的确定性、法院的经验和判决的趋势、受托人的经验等都对家族财富传承有重要的影响。

家族信托对家族财富传承而言，犹如冰山露出水面的一角。家族财富传承要想成功，重要的是关注冰山的底座，即家族的所有者策略、家族宪章、家族争议解决机制、家族治理、公司治理等。比如，2017 年 12 月 15 日，泽西皇家法院对香港新鸿基地产发展有限公司控制人郭氏家族之家族信托的相关事项做出了判决。2018 年 3 月，泽西皇家法院又做出了一个允许实名公开判决的单独判决。法院考虑的一个重要因素是即使将法院判决以匿名形式公开，媒体和公众一样能够知道判决针对的对象。该判决之所以被实名公开，很大程度上就是因为郭家的内部冲突已经闹得几乎人人皆知。这就表明，在家族财富传承的过程中，郭家缺乏一个有效的家族冲突解决机制。家族冲突解决机制的格言之一就是"无论争吵多么激烈，绝对毫无疑问的是不能将其公布于众"。缺乏一个良好的冲突解决机制，对于财富传承的私密性是有害的，也动摇了财富传承的基石。如果家族自己不能保持私密性，法院也不会帮助其实现私密性。

八、家族信托何以跨越时空

信托作为财富传承的工具，可以跨越几十年甚至上百年。然而，一个信托架构，尤其是跨国架构（设立人、受益人等的居住地、国籍、税务居民身份、资产分布等跨越不同的国家）的形成有其特定的事实和法律背景。当时过境迁时，不同的专业人士如何确保设立人最初的设立意图被准确地理解、执行以及对信托架构进行正确的调整？这是非常具有挑战性的问题。没有一劳永逸的信托架构。信托不是物质形态的保险箱，更没有只要不灭失就几乎不改变存在的形态，信托只是一个法律拟制。时移世易，在家庭规划出现变化时，家族信托架构可能也须改变。当信托架构涉及的许多国家法律发生变化时，当国际范围内税务监管日益复杂化时，当信托设立人和受益人的生活方式发生变化时，可能都是信托架构需要重新审视的时候。

家族信托何以跨越时空的挑战在本书第十章意大利家族案例中体现得淋漓尽致。本案根据泽西皇家法院 238 页的超长判决提炼和整理而成。一个意大利亿万富豪家族数十年的故事尽在其中，情节之丰富，令人赞叹。

任何时候不变的是信托的受托人须为受益人的利益行使审慎管理的信托责任。知易行难。2010 年，该意大利家族信托进行了重大重组，本来卡米拉和克里斯蒂安娜是她们各自信托的主要受益人，但在重组后，在母亲在世时她们根本不是受益人。信托公司事实上将盛大信托的资金交给了克罗齐亚夫人，使其在有生之年可以随意处置。因此，2010 年重组是为了克罗齐亚夫人的利益和受托人法国巴黎银行泽西公司的利益，而不是为作为受益人的卡米拉和克里斯蒂安娜的利益，反而是给她们带来了损害。法院认为，这整个行动令人沮丧，并因此宣告无效。本案是一个很好的教训：法国巴黎银行泽西公司作为一个经验丰富的受托人和诸多专业人士没有维护受益人的利益，被法官斥责为"无耻"。参与本案的诸多优秀律师却与信托设立人克罗齐亚夫人站在一起，侵害了克罗齐亚夫人的女儿克里斯蒂安娜的利益。

九、代持架构违背公共利益

透明时代下，法院判决也出现新的走向，不可不察。比如，2017 年 2 月 23 日，泽西皇家法院对 Al Tamimi v Al Charmaa（〔2017〕JRC 033）一案做出了重要判决。原告埃萨姆是一位有着 30 多年经验的资深诉讼律师，也是一个办公室遍及中东地区的律师事务所的资深合伙人，其专长就是诉讼和解决争议。同时，埃萨姆也是一位在不动产和金融资产投资领域有着丰富经验的商人。最终法院判决，两个泽西岛离岸公司名下的英国不动产归属于原告的前妻罗茨所有，尽管实际上罗茨只是代持人。

法院做出如此判决的一个核心理由是在公司与银行之间的业务关系上，开户资料上总是显示被告罗茨为最终受益所有人和控制人。而原告的名字并没有出现在上述资料中，尽管从银行的借款中，原告为担保人。法院认为，原告故意向英国和泽西的银行、受托人、律师、公司服务提供者和政府部门提供虚假的陈述，将被告认定为受益所有人。如果法院支持了原告，就是在破坏整个法律系统的完整性。原告埃萨姆的主张只有在一种情况下才有可能被支持，也就是其承认向这些机构和政府做了虚假的陈述，而在这种情况下，其可能面临刑事责任。

法院判决的核心要点在于两点。一是在税务情报交换和透明化的今天，根据反洗钱规则和情报交换规则，识别受益所有人已经成为公共利益。识别信托、基金会、公司和有限合伙之受益所有人的能力已经成为公共利益的重要部分。二是如果一个人通过注册一个离岸公司来实现隐藏真正所有人的目的，那么这是对公共利益的违背。法院不能判决支持任何旨在蒙蔽监管者和法律执行机构的安排。

因此，通过代持使资产隐身于公众等以外来实现资产保护或者作为税务情报交换的解决方案是得不偿失的。相信自己能够完全控制代持人，通常也是过于乐观的。

十、慈善模式如何选择

在世界范围内，超级富豪进行慈善捐赠时，往往会伴随着税务的考量。比如，宜家专门成立了一个基金会从事慈善活动，而不是将其置于 Stichting Ingka 基金会之下，这主要是一个荷兰税务问题。又如，Facebook（现为 Meta）的创始人扎克伯格的慈善捐赠也有明显的税务考量。2015 年 12 月 1 日，为了庆祝女儿麦克斯的出生，扎克伯格与妻子给女儿写了一封感人肺腑的公开信。承诺将其持有的 Facebook 股权中 99% 的部分（按照 Facebook 当时股价计算，约 450 亿美元）捐出用于慈善。但扎克伯格为其慈善选择设立的组织是 Chan Zuckerberg Initiative LLC，一家以慈善为目的于 2015 年 11 月 24 日在特拉华州设立的有限责任公司，而不是实践中常见的基金会。扎克伯格慈善影响最大的，也许是对跨代公平哲学的实践。在地球生态形势日益恶化的时代，扎克伯格夫妇捐赠其持有的 99% 的股权用于下一代，其胸怀和远见毫无疑问赢得了我们的喝彩。扎克伯格将持有的 Facebook 股权转给 LLC，不会为其带来税务利益。基于美国税法下的实体分类纳税规则，扎克伯格只是"把钱从一个口袋转到另一个口袋"。

慈善模式的选择需要多维度的考量。比如，碧桂园正是因为慈善站到了风口浪尖，2023 年 7 月 30 日公告，杨惠妍女士将所持碧桂园服务控股有限公司 20%的股权，无偿捐赠给国强公益基金（香港）有限公司，用于慈善事业。按照当前股价，这笔捐赠价值高达近 60 亿港元。国强公益基金会于 2023 年 6 月 13 日成立于香港，公司类别是有限担保有限公司，属于免税的慈善组织。在关于碧桂园"爆雷"的消息甚嚣尘上的背景下，杨惠妍女士的捐赠行为让人不禁浮想联翩。也许杨惠妍女士参考了宜家创始人将宜家股权捐给宜家荷兰 Ingka 基金会的做法。但不得不说，这个时间点的选择有些突兀。如果碧桂园的危机进一步爆发，杨惠妍女士捐赠碧桂园服务公司 20%的股份给香港国强公益基金会的行为，可能面临法律的挑战。到时所谓的"被击穿"也不会是耸人听闻的。

2023 年科技领域最大的热点就是 OpenAI 引领的人工智能浪潮。OpenAI 是一个 2015 年底在美国成立的非营利组织，其目标是构建安全、有益的通用人工智能，造福人类。OpenAI 在法律上是一个公益基金会，是一个传统的慈善模式。但由于募资不足，OpenAI 设立了一个营利性子公司，微软在这个子公司里的总投资达到 130 亿美元。2023 年 11 月 17 日，OpenAI 董事会发生"地震"，首席执行官山姆·奥特曼被解雇了。然而 4 天后，奥特曼在微软的鼎力支持下重回 OpenAI。这样一个跌宕起伏的转变，体现了 OpenAI 作为一个非营利组织持有一个营利性子公司在治理模式上的冲突。微软凭借其影响力来帮助 OpenAI 化解了治理难题，但没有从根本上解决该问题。

我们应该保持乐观的态度，相信 OpenAI 和其所开启的通用人工智能时代。OpenAI 一再强调，OpenAI 的使命是确保开发安全的通用人工智能并造福全人类，这优先于任何产生利润的义务。公司可能永远不会营利，并且公司没有义务这样做。正如 OpenAI 官网所述，明智的做法是本着捐赠的精神看待对 OpenAI 的任何投资，因为很难知道金钱将在后通用人工智能世界中扮演什么角色。

杨后鲁

目 录

第一章

反洗钱和家族信托

根据金融行动特别工作组（FATF）2012 年 2 月全体会议通过的《打击洗钱和资助恐怖主义及扩散的国际标准》①，金融机构对于可疑交易有报告的责任。如果金融机构怀疑或有合理理由怀疑资金是犯罪活动的收益，或与恐怖主义融资有关，须立即向金融情报机构报告该交易。这一标准已经转化为大多数国家的法律。

具体而言，金融机构在开展业务的过程中，如怀疑交易涉及洗钱或恐怖融资，应采取以下措施：①识别和核实客户和受益所有人的身份，且不考虑可能适用的任何豁免；②向金融情报机构提交可疑交易报告。

一方面，金融机构向监管机构提交可疑交易报告，不违反对客户的保密责任。金融机构对于其客户有保密的责任，这一责任通常是基于合同、立法、监管或行政规定，如果违背了保密责任，通常要承担刑事和民事责任。但是，如果金融机构及其董事、高级职员和雇员善意地向金融情报机构报告他们的怀疑，应免于承担违背保密责任。可疑交易报告的责任，并不要求准确了解潜在的犯罪活动是什么，也不论非法活动是否已发生。

另一方面，对于客户，金融机构不应泄露提交可疑交易报告的事实。法律禁止向客户披露向金融情报机构提交可疑交易报告或相关信息的事实（"泄密"通常在英语中被称为"Tipping-off"）。这是因为一旦客户知晓可疑交易报告，可能影响未来调查涉嫌洗钱或恐怖主义融资活动的努力。如果金融机构怀疑交易涉及洗钱或恐怖融资，则在执行客户尽职审查程序时应考虑泄密风险。如果机构有理由认为执行尽职调查流程会向客户或潜在客户泄露信息，则金融机构可以选择不执行该流程，并应提交可疑交易报告。

本章选取的三个案例，两个案例是基于根西岛法院的判决，一个案例是基于新加坡法院的判决。反洗钱规则之手越伸越远，家族财富架构须考虑此类影响。

根西岛金融情报局（FIS）在涉及反洗钱的事宜上有很大权力。根据 1999 年《刑事司法（犯罪所得）（根西岛辖区）法》，如果有人提交可疑交易报告，资金将被冻结，除非获得根西岛金融情报局的"同意函"。根西岛的法律使金融机构成为事实上的执法机构。金融机构包括从事银行业务、金融租赁、货币服务、保险、投资、资产管理、信托、公司或信托组建和管理相关服务的任何个人或机构。金融机构对正在或可能正在从事洗钱或恐怖主义融资的报告，必须发送给金融情报局。

---

① 参见 https://www.fatf-gafi.org/media/fatf/documents/recommendations/pdfs/fatf recommendations 2012. pdf。

这就造成了一种不可接受的情况，即除非资产所有者对持有资产的金融机构提起诉讼，否则资产可能无限期地处于不确定状态①。

第一节
信托服务禁令

自 2022 年 2 月俄乌冲突以来，"制裁"一词一直占据着头条。美国等对俄罗斯进行了多轮制裁。国际制裁下，信托还好吗？我们遗憾地看到，针对俄罗斯人，很多国家出台了"信托服务禁令"。概要而说，即使一个人不在制裁名单上，但只要是俄罗斯人，且在俄罗斯以外的相应国家没有居住许可，就不可以接受信托服务。这样一个禁令，终有"胡子眉毛一把抓"的感觉。对于信奉法治精神的欧美来说，这样以国别为基础的制裁，总是让人觉得与法治甚远。这对信托架构的安全和稳定带来了很大的影响。由于这些制裁规定了对于本地居民（分别对应英国居民、欧盟居民、美国居民等）的例外，信托服务禁令也因此催生了许多身份规划的需求。

一、欧盟

2022 年 4 月 8 日，欧盟在第 833/2014 号条例中增加了第 5m 条，作为欧盟对俄罗斯制裁的"第五套方案"的一部分。第 5m 条规定，禁止向与俄罗斯有联系的信托或类似法律安排提供管理服务和信托服务。如果这些与俄罗斯有联系的人被从信托或类似的法律安排中移除，则可以提供或继续提供服务。

与俄罗斯有联系的人包括以下几类。

（1）俄罗斯国民或居住在俄罗斯的自然人。

（2）在俄罗斯设立的法人、实体或团体。

（3）其所有权由（1）或（2）中提及的自然人或法人、实体或机构直接或间接拥有 50% 以上的法人、实体或机构。

（4）由（1）、（2）或（3）点中提及的自然人或法人、实体或机构控制的法人、实体或机构代表或在其指示下行事的自然人或法人、实体或机构。

禁令适用的例外是，**如果设立人或受益人是欧盟成员国的国民或在欧盟成员**

---

① 参见 http://www.comp-matters.com/article.php?id=180566#.Y6DOwy8o-fA。

国拥有临时或永久居留许可的自然人，则禁令不适用。但在实践中，对于这一例外的适用可能存在很多限制。比如，欧盟理事会发布的常见问题解答①中说，此例外情况适用于"信托或类似法律安排只有一名设立人或一名受益人，该受益人是成员国国民或在成员国拥有临时或永久居留许可的自然人"。

基金会是否属于禁令范围？欧盟理事会发布的常见问题解答将基金会纳入适用的范围。原因是基金会是大陆法系下的概念，类似于普通法系下的信托。因此基金会被视为与信托类似的法律安排。

二、美国

2022 年 5 月 8 日，美国财政部外国资产控制办公室发布命令，将禁令适用于会计、信托和公司设立、管理咨询服务，明确禁止直接或间接从美国或由美国人（无论位于何处）向俄罗斯联邦境内的任何人出口、再出口、销售或提供会计、信托和公司设立、管理咨询服务。

值得注意的是，禁令规定了以下豁免：

（1）向位于俄罗斯联邦且由美国人直接或间接拥有或控制的实体提供的任何服务。

（2）与结束或剥离位于俄罗斯联邦且非由俄罗斯人直接或间接拥有或控制的实体相关的任何服务。

三、英国

《俄罗斯（制裁）（欧盟退出）（修正案）（第 17 号）条例 2022》于 2022 年 12 月 16 日生效。英国信托制裁禁止英国人向以下两类人提供信托服务：①指定人士，一般指明确被列在制裁名单上的人，属于绝对禁止的少数群体；②与俄罗斯有联系的其他人士，属于多数群体。这里有一个例外：2022 年 12 月 16 日条例生效之前的信托服务可以被延续，即不受影响。

"与俄罗斯有关"的人包括居住在俄罗斯的自然人，或者根据俄罗斯法律注册成立的法人。这与欧盟的制裁有很大区别，后者侧重于信托设立人或受益人的国籍或居住地。而根据英国的规定，**不会自动将俄罗斯国民但居住在其他地方的个人视为与俄罗斯有联系**。

---

① 提供信托服务相关条款：理事会第 833/2014 号条例第 5m 条见问题，2022 年 7 月 8 日，参见 https://finance.ec.europa.eu/system/files/2022-08/faqs-sanctions-russia-trusts-services_en.pdf。

修订后的条例将"信托服务"定义为

（1）建立信托或类似安排。

（2）为信托或类似安排提供注册办事处、营业地址、通信地址或行政地址。

（3）信托或类似安排的运营或管理。

（4）担任或安排他人担任信托或类似安排的受托人，其中"受托人"，就类似于信托的安排而言，是指与信托受托人具有同等或类似职位的人。

提供信托服务是"为了此人的利益"，如果该人：

（1）是信托或类似安排的受益人。

（2）是信托或类似安排相关的文件（如意愿书）中的潜在受益人，或者考虑到所有情况，可以合理地预期该人从信托或类似安排中能够获得重大经济利益。

与欧盟的制裁法令存在的重大不同是英国制裁不适用于该条例生效之前（2022年12月16日）提供的信托服务。从这个意义上说，英国信托制裁是务实的。事实证明，信托业很难在（延长的）缓冲期内终止或转移受影响的信托安排。事实上，这一困难似乎已导致欧盟修改信托禁令，允许受托人获得许可后在2022年9月5日的最后期限之后继续向俄罗斯国民或俄罗斯居民提供信托服务[1]。

四、瑞士

2022年4月13日，瑞士联邦委员会决定采纳欧盟于2022年4月8日决定对俄罗斯联邦实施的新制裁和其他针对白俄罗斯的制裁措施。瑞士联邦委员会于2022年4月27日决定修订《关于与乌克兰局势有关的措施的法令》[2]。

该法令第28d条规定了与信托有关的禁令：

（1）禁止的信托服务包括成立信托或类似的法律实体、提供办事处注册、营业地址或行政地址，或为信托提供行政服务。也不能为任何被禁止的信托或类似实体担任受托人、代理人、董事、秘书或类似身份。

（2）禁令的对象。如果如下人士是设立人或受益人：

■ 俄罗斯国民或居住在俄罗斯联邦的自然人。

■ 在俄罗斯联邦设立的法人、公司或组织。

■ 上述自然人或法人、公司或组织直接或间接拥有50%以上权益的法人、公司或组织。

---

① 参见 https://www.shlegal.com/news/uk-russia-trust-sanctions-a-neat-trick-or-creating-new-potential-problems。

② 参见 https://www.fedlex.admin.ch/eli/cc/2022/151/de。

■ 上述自然人或法人、公司或组织之一控制的法人、公司或组织。

（3）禁令的例外：如果设立人或受益人是瑞士国民或欧洲经济区成员国或英国国民，或者在瑞士、欧洲经济区成员国或英国拥有临时或永久居留许可，禁令不适用。另外，条例对于人道主义活动、直接促进俄罗斯联邦民主、人权或法治的民间社会活动也规定了例外。

（4）过渡期：完成终止 2022 年 4 月 28 日之前签订的合同所需的交易，前提是此类交易在 2022 年 5 月 30 日之前开始并在 2022 年 10 月 1 日之前完成。

五、泽西岛

泽西岛在制裁上与英国保持了一致。如果英国禁止信托服务，泽西岛也会跟进。

（1）根据《2019 年制裁和资产冻结（泽西岛）法》第 3 条规定，欧盟和英国的制裁令在泽西岛自动适用。

（2）泽西岛在外交政策问题上与英国保持一致，并实施了针对俄罗斯行动而部署的所有英国制裁措施。尽管泽西岛不是联合国会员国，但英国在联合国的会员资格延伸至该岛。因此，与所有联合国成员国一样，泽西岛有义务执行联合国安理会的制裁决议[1]。

英国禁止向俄罗斯人提供信托等服务的措施也已经在泽西岛实施[2]。

六、根西岛

根据 2020 年《制裁（实施英国机制）（根西岛辖区）（英国脱欧）条例》，英国政府做出的对俄罗斯的任何制裁自动适用于根西岛。因此，在根西岛，2022 年 12 月 16 日英国制裁条例生效之前的信托服务可以被延续，即不受影响，但未来新增的信托服务将受到影响。

---

[1] 参见 https://www.gov.je/Government/Departments/JerseyWorld/pages/sanctionsfaq.aspx。

[2] 参见 https://www.gov.je/gazette/pages/russiasanctionsupdate.aspx。

印度尼西亚前总统苏哈托之子胡托莫

在这个案例中，印度尼西亚前总统苏哈托的儿子胡托莫无法就其资产来源向银行提供合理的说明，账户因为反洗钱的原因无法获得"同意函"而被冻结。根西金融监管局对同意函进行了司法上的定性："同意函"的执法目的是基于打击洗钱的合法目的，不构成对资产的冻结，不构成对财产权利的剥夺。如果当事人不能获得"同意函"，其资产将处于冻结的状态。

一、案件介绍

2011 年 7 月 6 日，根西上诉法院发布了海关、移民及国籍服务处处长诉石榴石投资有限公司的判决（根西岛判决 19/2011）[1]。该判决的核心是印度尼西亚前总统苏哈托的儿子胡托莫·曼达拉·布特拉（Hutomo Mandara Putra）无法就其资产来源向银行提供合理的说明，账户因为反洗钱的原因无法获得"同意函"而被冻结。

1998 年 3 月 13 日，石榴石投资有限公司（Garnet Investments Limited，"石榴石公司"）在英属维尔京群岛注册成立。胡托莫是石榴石公司和 V Power Limited 公司的受益所有人，该公司于 1994 年收购了兰博基尼 60% 的股权。在收购兰博基尼股份时，胡托莫的父亲苏哈托是印度尼西亚总统（1967 年至 1998 年担任该职位）。

胡托莫的财富来源成为本案关注的焦点。他的财富是否来源于与其父苏哈托的家庭关系，这让人怀疑。

反洗钱关注的重点是转账交易。数个转账交易成为本案关注的重点：1998 年兰博基尼的股权以 4800 万美元的价格出售给奥迪股份公司（Audi AG）。1998 年 7 月 22 日，石榴石公司在法国巴黎银行根西开设账户，V Power Limited 公司向石榴石公司转账 4800 万美元。1998 年 9 月，600 万英镑从一家名为 Latona 的公司

---

[1]　Guernsey Judgment 19/2011 – The Chief Officer，Customs & Excise，Immigration & Nationality Service v Garnet Investments Limited.

转到石榴石公司账户。1999 年，一家名为 Motorbike 的公司向石榴石公司转账大约 1200 万美元。

苏哈托失去印度尼西亚总统职位后，针对胡托莫的腐败诉讼已经启动。2000 年 9 月 22 日，胡托莫被印度尼西亚最高法院的一名法官判定犯有腐败罪。法官判处胡托莫 18 个月监禁，并罚款 306 亿印度尼西亚盾。

胡托莫继续逃亡，后来因策划谋杀认定他犯有腐败罪的最高法院法官而被定罪。2001 年 11 月 20 日，印度尼西亚最高法院撤销对胡托莫的腐败判决。

2002 年 7 月 26 日，胡托莫因谋杀、逃避司法和非法持有枪支而被判刑。一审法院判处胡托莫 15 年有期徒刑。该判决后来改为 10 年监禁。2006 年 10 月胡托莫出狱。

2002 年 10 月，石榴石公司向法国巴黎银行发出指示，指示其从账户中转移总计达 3646 万欧元的资金。法国巴黎银行拒绝执行这一指示，并于 2002 年 11 月 1 日将这一指示通知根西金融情报局。根西金融情报局也拒绝为法国巴黎银行执行指示出具同意函。

2003 年 2 月 28 日，石榴石公司向法国巴黎银行发出新指令，要求其将账户余额（100 万美元除外）支付到新加坡的一个账户。银行拒绝执行这一指示。然而，2004 年 6 月，银行在印度尼西亚进行询问后，通知根西金融监管局不再怀疑 Motorbike 交易的资金来源，并执行了与该交易有关的资金转出交易。

2006 年 3 月 3 日，石榴石公司在根西岛对法国巴黎银行提起诉讼，原因是银行未能执行与兰博基尼交易相关的资金转出指示。2006 年 3 月 10 日，法国巴黎银行向根西金融监管局申请转出与兰博基尼交易有关的资金。2006 年 3 月 14 日，根西金融监管局拒绝出具同意函。

法国巴黎银行的抗辩理由如下：与石榴石公司签订的银行合同中有一项隐含条款，即账户将遵循根西岛《犯罪收益法》；如果执行一个交易可能使法国巴黎银行或其员工面临刑事犯罪，那么银行将拒绝执行。银行已经向根西金融监管局寻求同意函，但被拒绝。

2007 年，印度尼西亚共和国政府作为当事方加入诉讼程序，因为在诉讼中提出了一个问题，即法国巴黎银行持有的资金是否构成有利于印度尼西亚政府的"推定信托"。印度尼西亚政府于 2007 年 1 月 22 日寻求并获得了对石榴石公司账户的民事冻结令，根西上诉法院于 2009 年 1 月 9 日解除了冻结令。后来印度尼西亚政府向英国枢密院提出了上诉的特别许可申请，但被驳回。

2009 年 2 月 13 日，石榴石公司向法国巴黎银行发出新的指示，要求其将部分兰博基尼资金转移到印度尼西亚的一个账户。2009 年 6 月 29 日，根西金融监管局写信给石榴石公司，通知该公司，法国巴黎银行"已被拒绝同意石榴石公司从其银行账户中支付款项"。2009 年 7 月 3 日，根西金融监管局确认将维持拒绝发布同意函的决定。

2009 年 10 月 1 日，石榴石公司申请对同意函的决定进行司法审查。2010 年 2 月 14 日，法院作出有利于石榴石公司的判决，认为根西金融监管局的决定是不合理和不相称的，构成对石榴石公司财产权的过度干涉，违反了《欧洲人权公约》第一议定书第 1 条的规定。根西跨境机构的首席官员对该判决提出了上诉。

二、法院判决

根西上诉法院于 2011 年 7 月 6 日做出判决，撤销了下级法院的判决，转而支持根西金融监管局不授予同意函的决定。

（1）同意函的执法目的清楚。同意函的规定是为了执行《犯罪收益法》对洗钱等各种犯罪行为的打击，执法目的非常清楚。该机构为根西金融机构提供了打击犯罪行为的明确动机，同时为警察部门提供了实践执行的灵活空间。

（2）同意函不构成对资产的冻结。由于根西金融交易数量比较有限，这样一个同意函的机制不构成不合理的限制。

（3）同意函不构成财产权利的剥夺。财产所有者可以利用民事私法程序对另一方提起诉讼，因此没有被剥夺享有财产的权利。即使存在剥夺，鉴于需要在商业交易和公众利益中取得平衡，这也是必要和相称的。

（4）胡托莫无法消除银行对洗钱的怀疑。判决发布时，胡托莫时年 40 多岁。他无法提供有关购买兰博基尼股票的任何进一步信息。法院认为这是不正常的：在 1994 年收购兰博基尼 60% 的股权时，胡托莫 20 多岁。这样的收购不论从何种角度来看都是一项重大投资。至少他应该可以提供一些重要的账户信息。

这是一个重要判例。该判例对根西金融监管局同意函进行了司法上的定性，**即同意函的执法目的是基于打击洗钱的合法目的，不构成对资产的冻结，不构成财产权利的剥夺。** 如果当事人不能获得同意函，其资产将处于冻结的状态。

郦松校家族信托

"就本法院所知，这是第一个案例：执法部门根据反洗钱法律对一个拟进行的交易出具'不同意函'，但导致了在私法领域的一个诉讼。信托实质意义上的设立人和受益人对持有资产的受托人提起诉讼。"

——摘自判决书

一、案件背景和特点

判决由根西岛皇家法院于 2018 年 5 月 10 日发布，即 Liang v RBC Trustees（Guernsey）Limited（JUDGMENT 20/2018）。案件是关于郦松校的家族信托。

（一）郦松校简介

郦松校曾是一名公务员，20 世纪 90 年代末他下海经商。根据凤凰网的介绍①，郦松校生于 1965 年，浙江省诸暨县（现诸暨市）人，1985 年获南京建工学院工程系学士学位，1987 年获重庆建工学院经济管理硕士学位，1987—1996 年分别在国家建设部和国家物资部任职，1996—1999 年任香港中旅置业有限公司副总经理，1999 年创办香港新松投资集团有限公司，2000 年创办北京新松投资集团有限公司，任董事长，2002—2003 年在北京大学光华管理学院 EMBA 班学习，获MBA 学位。

2003 年，郦松校收购在香港上市的科健集团，成立中新地产集团（控股）有限公司（股份代号 563，"中新地产"）。他参与该公司的部分活动载于 2010 年5 月 14 日发布的关于上海实业控股有限公司（Novel Good Limited）可能认购中新地产的通函中②，其中说明了郦松校是上海实业前执行董事兼董事长，但已于2009 年 8 月 22 日辞职。截至 2009 年 12 月 31 日止，中新地产的合并有形资产净值由 1.49 亿港元增至 60.73 亿港元。

2008 年 1 月 22 日，中新地产在香港联交所停牌，直至 2009 年 5 月 11 日中

---

① 参见 https://finance.ifeng.com/people/detail/comchief/lisongxiao.shtml。
② 参见 https://www1.hkexnews.hk/listedco/listconews/sehk/2010/0514/ltn20100514003.pdf。

新地产才首次通过公告披露停牌原因：因涉嫌触犯《香港防止贿赂条例》第 9 条中针对雇员贪污交易的三项条款，被香港廉政公署调查[①]。

2009 年 8 月，郦松校辞去中新集团董事局主席一职，由刘义接任。此后，中新地产在 2009 年的年报里首次提出对土地储备进行调整，并且以后在购入土地事宜上将采取审慎策略。此前一直奉行的土地储备至上战略也随着郦松校的辞职而被摒弃。为时已晚，中新地产难逃被重组的命运。2010 年 6 月，上实控股以 27.46 亿港元收购中新地产 45.02% 的股权，成为中新地产的最大股东，郦松校仍持有中新地产 21.08% 的股份。2010 年 6 月 25 日，中新地产集团股票得以复牌。此后公司更名为上海实业城市开发集团有限公司[②]。

2011 年 6 月 16 日，郦松校以通缉犯的身份出现在廉政公署的网站上[③]。

（二）案例特点

这个案件是近几年难得一见的案例：与中国内地富豪移民加拿大所作的遗产和税务规划相关；信托设立地在根西。这为我们提供了一个一窥真实案例的机会。

该案也有着重大的影响，一如判决书中所写："就本法院所知，这是第一个案例：执法部门根据反洗钱法律对一个拟进行的交易出具'不同意函'，但导致了在私法领域的一个诉讼。信托实质意义上的设立人和受益人对持有资产的受托人提起诉讼。"

尽管这个案件是根西首例此类私法判决，但毫无疑问，还有许多其他高净值人士未来可能面临同样的问题。

二、薰衣草（2009）信托

"薰衣草（2009）信托"于 2010 年 4 月 29 日设立，其架构如下。设立人是原告 Hazel Liang（"梁女士"，曾用名刘辉）的叔叔 Liu Tongda。初始设立资金为 100 美元。首任保护人是 Russell Clark 律师。受益人为梁女士及其儿子。有一份未签署的意愿函草稿，表明优先向原告进行任何分配。受托人是银行系的信托

---

① 香港联交所网站，参见 https://www1.hkexnews.hk/listedco/listconews/sehk/2009/0511/ltn20090511604_c.pdf。

② 《激进地产商郦松校陨落轨迹》，参见 https://m.21jingji.com/article/20140623/68ef5616ae5e54537780566110c81a37.html。

③ 香港廉政公署网站，参见 https://www.icac.org.hk/sc/law/wanted/index_id_24.html。

公司——加拿大皇家银行信托公司（根西）①。

1991 年 11 月 16 日，梁女士与郦松校结婚，儿子出生于 1995 年。本案涉及的家族信托是为移民加拿大进行的税务规划。郦松校和梁女士移民加拿大的想法始于 2006 年左右，并于 2009 年 4 月完成移民。2009 年 4 月 8 日，郦松校聘任加拿大博历维律师事务所（Borden Ladner Gervais），主要工作内容是"就建立非居民信托 / 基金会结构提供建议"。第二份业务约定书于 2009 年 5 月 4 日，以电子邮件的方式发送，内容是"以'简单的'移民信托架构的形式设计和实施遗产和资产保全计划……以利用加拿大政府为新移民提供的免税期"。两份业务约定书由该所合伙人 Peter Wong 签署。

（1）2009 年 6 月 10 日，加拿大皇家银行多美年证券（RBC Dominion Securities Inc）的投资顾问 Rosy Shang 将她从郦松校的助手那里收到的一条信息转达给了 Peter Wong："郦先生给我打电话是为了让您知道他现在已经准备好接受'小'信托。一开始不会超过 1 亿元。当您一周后来北京时，请确保带上所有需要签署的文件。郦先生也希望您按照最低费用收取服务费。对于一个'简单'且无风险的结构，我认为他不准备在法律和财务方面支付太多费用。"

（2）2009 年 7 月 20 日，梁女士签署了一份由皇家银行多美年证券填写的表格。其中关于"请向我们提供有关您的净资产是如何以及何时创造或积累的信息"的一项中，所写的文字是"公开上市的房地产开发公司，中新地产集团（控股）有限公司"。Rosy Shang 作为联系人，Peter Wong 则被列为税务和法律顾问。

（3）2009 年 7 月 30 日，"简单信托"的所有文件被签署，但签署人是梁女士，而不是郦松校。

Peter Wong 律师在 2011 年 7 月 19 日致受托人信托公司的信中，就设立信托的法律后果发表了意见。该信包含了一个重要的假设：

（1）梁女士向薰衣草控股转让的任何财产，在转让之时，是她本人实益拥有的财产，并且此转让不是在任何其他人的指示或默许下进行的。

（2）该财产的来源是郦先生的赠与（在梁女士将财产转让给薰衣草控股之前很短的时间内获得），并且她可以自由地按照她认为合适的方式处理财产。

（3）律师获得的指示是：不核实郦先生向梁女士赠与的财产，并且本函中的任何内容均不应以任何方式理解为律师确认或核实郦先生向梁女士赠与了

---

① 根据根西金融服务委员会官网的介绍，RBC Trustees（Guernsey）Limited 持有信托、行政管理和董事服务的主牌照，其关联公司 Damor Investments Limited、RBC Corporate Services（Guernsey）Limited、RBC Directorship Services（Guernsey）Limited 和 RBC Trust Company（Guernsey）Limited 为次一级牌照持有人。具体参见 https://www.gfsc.gg/commission/regulated-entities/130993。

财产。

该信对事实进行了梳理：

（1）郦松校、梁女士和他们的儿子于 2009 年 4 月 5 日以永久居民身份登陆加拿大。

（2）在整个 2009 年，郦松校在加拿大的实际停留时间少于 21 天；而在 2010 年，郦松校在加拿大的实际停留时间也很短。2011 年，郦松校没有出现在加拿大。

（3）2010 年 5 月 12 日，薰衣草 2009 国际控股有限公司（Lavender 2009 Holdings International Limited，"薰衣草控股"）根据英属维尔京群岛法律注册成立：①加拿大皇家银行公司服务有限公司（RBC Corporate Services Limited）和加拿大皇家银行董事服务有限公司（RBC Directorship Services Limited）被任命为公司的唯一董事；② Damor Investments Limited 根据代持信托（Bare Trust）声明，认购并发行每股面值 1 美元的 A 类普通股作为信托的代名人。2010 年 5 月 18 日，该公司以 1 美元的价格将薰衣草控股的 A 类普通股转让给信托。

（4）2010 年 5 月 18 日，信托以 99 美元认购薰衣草控股 99 股每股面值 1 美元的 A 类普通股。

（5）2010 年 7 月 2 日，梁女士以薰衣草控股 95184 股每股面值 100 美元的 B 类优先股为对价，将部分公司债券转让给薰衣草控股。

（6）2010 年 7 月 8 日，梁女士以现金认购薰衣草控股 957 股 B 类优先股。同日，梁女士无偿向信托赠送了 96141 股薰衣草控股 B 类优先股。

（7）2010 年 10 月 29 日，梁女士认购并获发行薰衣草控股 110899 股 B 类优先股，并将一些证券转让给薰衣草控股，作为薰衣草控股 160787 股 B 类优先股的对价。同日，梁女士无偿向信托赠送了薰衣草控股共计 271686 股 B 类优先股。

郦松校家族信托架构如图 1-1 所示。

三、通缉令对信托的影响

（一）通缉令

2011 年 6 月 16 日，郦松校以通缉犯的身份出现在香港廉政公署的网站上。香港廉政公署的公告如下 [①]：

---

① 香港廉政公署网站，参见 https://www.icac.org.hk/sc/rc/wanted/index_id_24.html。

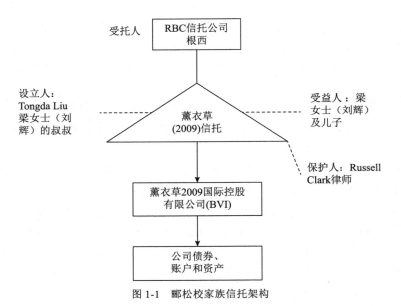

图 1-1　郦松校家族信托架构

中新地产集团（控股）有限公司（中新集团）前主席郦松校与中新集团前执行董事车汉树及张曜晖现正被廉署通缉，因三人涉嫌串谋为中新集团与一些英属处女岛公司进行多宗有欺诈成分的物业交易，目的在于人为地抬高中新集团的利润及资产，致使中新集团于 2003—2007 年间在公告、通函及年报中作出虚假陈述。

对于通缉令的状态，判决书中也有描述：截至判决发出的 2018 年 5 月 10 日，对郦松校的通缉令仍然"活跃"在香港廉政公署的网站上。也没有任何证据表明，如果郦松校进入香港，不会被廉政公署逮捕。

（二）可疑交易报告

由于香港廉政公署的通缉，郦松校被 Worldcheck 数据库 ① 列入高风险个人名单，RBC 信托公司于 2011 年 8 月 17 日基于此向根西金融监管局提交了一份

---

① 数据库 World-Check：这是关于政治关系人物（PEP）和高风险个人、组织的数据库，在世界范围内被用于帮助识别和管理财务、监管和声誉风险。World-Check 曾是汤森路透风险管理解决方案套件的一部分，2018 年 10 月，在与百仕通集团达成合并交易后，其被转移到雷菲尼蒂夫。该数据库的建立是为了减少金融犯罪发生之立法的一部分。最初银行和金融机构利用 World-Check 的情报作为评估、管理和补救风险的综合解决方案。然而，随着立法日益复杂，其影响日益全球化，对此类情报的需求已超出金融部门，包括所有部门。

可疑交易报告。理由是担心其管理的薰衣草（2009）信托可能被注入来自欺诈手段的资产。尽管 RBC 信托公司没有将郦松校列为直接客户，但他是该信托资金来源背后的个人；注入信托的现金来自郦松校出售中新地产的股份（持股54%）。受益人是郦松校的妻子，她已将薰衣草控股 367827 股每股 100 美元的B 类股票赠与信托。然而，郦松校可能在晚些时候出资，成为该信托的额外设立人……

（三）终止信托与同意函

2013 年 4 月，梁女士要求 RBC 信托公司终止信托并分配信托资金。2013 年9 月 16 日，信托公司请求根西金融情报局同意终止该架构，并将信托资产分配给原告。2013 年 11 月 6 日获得的答复内容如下："根据提供的信息，您不能获得终止薰衣草（2009）控股国际有限公司架构的同意函。此外，您不能获得根据您2013 年 9 月 16 日请求支付信托资金。"

因此，RBC 信托公司无法执行梁女士终止信托的指示。同时，由于不可"泄密"的责任，也无法向梁女士解释具体的原因。最终，根西金融管理局允许 RBC信托公司向梁女士透露其怀疑的依据，并允许告知"拒绝授予同意函"决定的事实。RBC 信托公司随后与梁女士交谈，以获得进一步的证据，证明信托中的资金并非犯罪所得。梁女士不愿提供这些信息。

（四）资产来源是核心

案件的核心是信托资产的来源问题，资产是否与郦松校被通缉的行为有直接关系。梁女士举证其资产来源于几个渠道，只有部分被法院采纳。

（1）来自投资澳大利亚公寓的收益。梁女士和郦松校均于 2006 年 2 月 10 日在澳大利亚布里斯班购买了公寓。其中 4 套公寓在郦松校名下，6 套公寓在梁女士名下。买房的背景是在考虑移民澳大利亚。后来，梁女士与儿子去了加拿大，移民澳大利亚的事宜没有发生。这些公寓被以与购买价格接近的价格出售，利润微薄。因此，信托资产不是来自于澳大利亚不动产投资。

（2）出售在澳大利亚拥有的一所别墅，并用于向信托注资。然而，梁女士没有出示与此类财产所有权有关的文件来支持这一论点。

（3）梁女士还出示了一些 2009 年 7 月 13 日向其温哥华 RBC 账户转账 1500万加拿大元的文件。但这些文件并不能证明资产是来源于她的。

（4）被法院采纳的部分是梁女士处置了她在易居股份中的责任，并将款项从澳大利亚汇到加拿大。这总共为 1681 万加拿大元。

四、启示

（一）反洗钱法律给家族信托带来"寒蝉效应"

反洗钱法律已经对家族信托的存亡产生重要的影响。**一旦触犯反洗钱的法律，即使放入家族信托的资产也可能被冻结。**

信托公司的角色发生重大变化。近年国际反洗钱法律的发展使金融机构包括信托公司在服务客户过程中的角色发生了重大变化。一句话，信托公司等机构身上的法律枷锁越来越重，今日为客户马首是瞻，明日就可能转身变为"法律警察"，站到客户的对面。尽管 RBC 信托公司试图在整个诉讼过程中保持中立，但其通过出示相关证据和质疑梁女士的方式来帮助法庭。这就是根西岛诉讼对抗制的本质。RBC 信托公司通过其雇员，更重要的是通过其律师，不得不承担检察机关可能承担的工作[①]。

（二）家族财富规划要遵循科学规律

长期以来家族财富规划都强调私密性。但私密性绝对不是随意性，或者完全遵循家族的个人意志。家族财富规划必须遵循自身的科学规律。保护自己的利益，家族应抛弃恣意和随意。

在设立信托时要把资产来源和所有权转移说清楚，并准备充分的法律文件作为支撑。对于资产庞大的家族，可以考虑引入外部审计。

法官在判决书中写道："她无法提供足够的证据来解除她对信托资产来源的举证责任，这意味着这些资金处于某种不确定状态。"

（三）尽早规划

时间具有重要的法律和现实意义，是家族财富规划的朋友。要在没有出现法律风险时，尽早规划。在本案中，法官也明确提到，即使是郦松校赠与梁女士的资产，如果赠与的时间足够早于通缉令的时间，法律后果可能是不一样的。

（四）文化差异可能构成家族信托的障碍

法院在判决中对梁女士做出如下批评，令人警醒。

（1）选择性地向法院提供文件，而不是提供文件的全面信息。"法院形成的总体印象是原告希望尽可能少地披露信息，这很可能是她的文化背景所致。所以

---

① 参见 http://www.comp-matters.com/article.php?id=180566#.Y6DOwy8o-fA。

她是自己不幸的创造者，未能就资产来源说服法院。"

（2）不愿完全回答信托公司的询问，信托公司没有达到可能希望被告终止信托的人所期望的合作程度。

（3）法官在判决中写道："我感到惊讶的是，原告梁女士显然没有意识到提供尽可能多的文件对她有重要的帮助，并且她认为被告信托公司寻求的充分解释是一种'繁重'的工作，并且给她带来'进一步的麻烦和费用'。以支离破碎的文档的形式提供信息片段很可能是导致我得出结论的关键因素。"

第四节
张兰家族信托，栽倒在银行账户上

本案最大的启示是任命接管人，以釜底抽薪的方式，绕开信托，直接处置账户资产。任何设计再完美的架构，最终都必须在银行账户的层面落实好，这个架构才能有用。

2022 年 11 月 2 日，新加坡高等法院公布了甜蜜生活美食有限公司诉张兰女士的裁判文书[①]。这就是颇具影响的"张兰家族信托案"。2023 年 6 月 27 日，新加坡高等法院上诉法庭驳回了张兰女士和信托公司的上诉，维持原判，认定张兰女士是其境外家族信托所在银行账户资产的受益所有人[②]。

一、案件背景

该案的第一被告人是张兰女士，她是圣基茨和尼维斯的公民。张兰女士是盛兰公司和俏江澜公司的唯一股东，并通过这两家公司在买卖协议签署前持有俏江南投资有限公司（South Beauty Investment Company Limited）89.47% 的股份。

本案所涉及的架构如图 1-2 所示。

---

① 参见 https://www.elitigation.sg/gd/s/2022_SGHC_278。
② 参见 https://www.elitigation.sg/gd/s/2023_SGHCA_22。

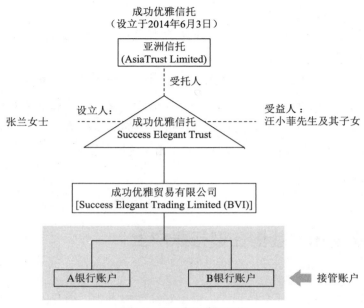

图 1-2 张兰家族信托架构

2013 年 12 月 9 日，张兰女士、盛兰公司、俏江澜公司、俏江南投资有限公司、甜蜜生活美食集团控股有限公司（La Dolce Vita Fine Dining Group Holdings Limited，"甜蜜生活集团公司"）、甜蜜生活美食控股有限公司（La Dolce Vita Fine Dining Holdings Limited，"甜蜜生活控股公司"）、甜蜜生活公司为买卖俏江南投资有限公司 86.2% 的权益签署了买卖协议。买卖协议指出，张兰、盛兰公司、俏江澜公司合称"卖方"，甜蜜生活公司为"买方"。买卖协议实际上只有两方当事人，即买方（CVC 基金控制的投资公司）和卖方（张兰及其持有的原控股公司）。

2014 年 4 月，CVC 集团收购了俏江南投资有限公司 83% 的股份。作为收购的一部分，CVC 集团于 2013 年 12 月 16 日至 2014 年 6 月 13 日向张兰女士的瑞士嘉盛银行香港分行账户支付了 254419156 美元。

成功优雅贸易有限公司是一家于 2014 年 1 月 2 日注册成立的英属维尔京群岛公司。张兰女士是唯一股东。在此基础上，2014 年 6 月 3 日成立了成功优雅信托，受益人为她的儿子汪小菲及其子女，受托人为亚洲信托。2014 年 6 月 4 日，张兰女士将成功优雅贸易有限公司的股份转让给亚洲信托。张兰女士于 2014 年 2 月 12 日被任命为成功优雅贸易有限公司的唯一董事，但于 2015 年 3 月 3 日被亚洲信托的关联公司 ATP Directors Limited 取代。

2014 年 3 月 10 日至 2014 年 7 月 21 日，142051618 美元的现金和证券从瑞士嘉盛银行账户转移到在 A 银行开设的账户。其中，85225000 美元从 2014 年 3 月 27 日至 2014 年 11 月 27 日被从 A 银行账户转到成功优雅贸易有限公司在 B 银行的账户。判决发生时，A 银行账户和 B 银行账户分别有 22005981 美元和 33373585 美元。自 2015 年 3 月 A 银行和 B 银行收到新加坡高等法院授予的仅针对张兰女士的冻结令以来，这些款项已被冻结。

不久，张兰女士和 CVC 集团之间爆发了矛盾。CVC 集团以涉嫌转移公司资产为由，向香港法院申请冻结张兰女士本人的资产；张兰女士则称对方是诬陷，自己"被 CVC 算计"。双方各执一词，一度闹到对簿公堂。

2019 年 4 月 28 日，贸仲委做出 S20150473[2019] 中国贸仲京裁（部）字第 0591 号裁决书。仲裁支持 CVC 的主张，要求张兰返回 CVC 当年支付的收购款。

2020 年 5 月 20 日，两项香港判决承认了贸仲委 2019 年 4 月 28 日做出的 S20150473[2019] 中国贸仲京裁（部）字第 0591 号裁决书[1]。

2020 年 12 月 29 日，中华人民共和国最高人民法院公布了（2019）最高法民特 4 号民事裁定书，维持了贸仲委的裁决。

甜蜜生活美食集团获准在新加坡登记香港判决，并于 2020 年 11 月 11 日获得登记。

二、直接接管账户偿债，而非"击穿"信托

有很多解读说，张兰女士的家族信托被"击穿"了。实际上，这个说法并不准确，也没有理解该案的警示作用。新加坡法院判决允许直接接管账户偿债，而非"击穿"信托。实际上，法院根本没有动用判定虚假信托或"击穿信托"的复杂程序，而是采取了一种灵活的任命接管人的方式直接将资产用于偿债。

本案最大的启示是任命接管人，以釜底抽薪的方式，绕开信托，直接处置账户资产。近些年国际司法领域有了一个重大变化：以前直接任命接管人被作为最后的严厉补救措施，然而今天在广泛的法律领域存在着任命托管人的情况[2]。信托方面的权威图书《勒温论信托》（Lewin on Trusts）也明确提到，在信托领域，长期以来，法院的一贯原则是不任命接管人[3]。但是，法院任命接管人在最近一些备

---

[1]　参见 https://legalref.judiciary.hk/lrs/common/search/search_result_detail_frame.jsp?DIS=127630&QS=%28la%7Cdolce%29&TP=JU。

[2]　参见 https://www.harneys.com/insights/receivership-draconian-or-now-versatile/。

[3]　Lynton Tucker, Nicholas Le Poidevin QC, James Brightwell, *Lewin on Trusts*, Sweet & Maxwell, 2014:38-35.

受瞩目的案件中开始明显增加。例如 JSC BTA Bank v Ablyazov [2015] UKSC 64（Ablyazov）一案和利比亚投资局诉高盛国际 [2016] EWHC 2530（Ch）一案。任命接管人似乎成了一种流行的方式，既可以在诉讼期间保全财产，也可以在获得判决后执行。这是一个非常值得注意的司法实践变化。随着张兰女士家族信托案例的判决，直接任命接管人在财富管理领域多了一个很有影响力的案例。这一案例在警醒：**银行账户谁应该具有签字管理权，是一件影响极大的事情。**

首先要弄清楚一个法律关系。张兰女士不是本案中两个银行账户的直接持有人，事实上成功优雅贸易有限公司才是账户持有人，而该公司为成功优雅信托所有。与其他英美法系国家类似，新加坡法律上区分财产的法定所有权和衡平法上的所有权。法定所有权是指法律规定的对财产直接拥有的所有权。衡平法上的所有权赋予一个人享受财产所有权带来的利益的权利，尽管他们不是名义上的所有权人。法院认定，由于张兰女士在银行账户中资产的权益是衡平法意义上的，原告无法依靠传统的法律执行模式来对银行账户执行新加坡冻结令。此时，在衡平法上发展了一种方法，判定债权人可以通过指定财产接管人来追索该衡平法上的权益以执行判决。银行账户内的资产也无须以扣押及出售令（状）的方式执行。指定银行账户中资金和证券的管理人是执行新加坡命令最直接和有效的方式。

新加坡法院任命接管人的自由裁量权已在《1909 年民法法案》（2020 年修订）第 4（10）条做出规定：法院可无条件地或根据法院认为公正的条款及条件，发出强制令或由法院的中间裁决命令委任一名接管人，如果法院认为强制令是公正的解决方式。为协助执行判决而委任财产接管人，即使是在终审判决之后作出的，也是一种中间裁定。这一裁定本质上是暂时的，一旦判决债务被偿还，裁定就会结束。新加坡关于法院任命接管人的法源来自英国。这一案件中法官也引用了英国法院的判例 JSC VTB Bank v Skurikhin and others [2015] EWHC 2131（Comm）。在这个判例中，法官拓展了任命托管人的适用范围。只要个人对于信托资产具有受益权或实质控制，法院就可以任命托管人。近些年英国法院有一种明显的意愿，即以任命接管人的方式协助执行其判决[1]。这类资产一个很好的例子是信托中的收入。例如，债务人名下可能没有可供执行的资产，但是凭借在自由裁量信托中的权益，他还可以保持奢华的生活方式。在这种情况下，委任财产接管人收取受益权益可能是一种适合的执行工具。重要的是，指定接管人不会创设针对寻求强制执行财产的权利（对物权），相反，它创造了一种针对获得衡平法权益的人（即判决债务人）的权利。

---

① 参见 https://www.nortonrosefulbright.com/en-sg/knowledge/publications/2239f3de/court-appointed-receivers。

三、双方主张

张兰女士主张，银行账户资产不属于她，因此不应出现指定接管人的问题。具体说明如下。

A 银行和 B 银行的账户开立在成功优雅贸易有限公司被转让给亚洲信托之前，因此，对于她对银行账户是否拥有受益所有权的参考意义不大。香港银行披露的文件证明，张兰女士将资金从嘉盛银行账户转移到 A 银行是为了设立成功优雅信托。该信托是为汪小菲先生及其后代的利益而设立的。张兰女士曾考虑设立家族信托有一段时间了，她于 2013 年 11 月 29 日在瑞士嘉盛银行香港分行客户资料表中就有证据，当时她开设了一个将在几周后收到出售收益的账户。A 银行和 B 银行冻结银行账户的决定是出于谨慎，而不是认为张兰女士对该账户拥有受益所有权。

张兰女士当时的律师中伦律师事务所随后写信给 B 银行，声明张兰女士对 B 银行账户没有受益所有权。A 银行账户的转移是根据华丰资产管理公司董事长肖艳明女士和高盖茨海峡律师事务所律师陈先生的建议进行的。陈律师帮助张兰女士设立了成功优雅信托。此外，张兰女士授权 A 银行转账，只是因为陈律师未能及时取消张兰女士的签字人身份。A 银行的转账是根据成功优雅信托的条款为汪小菲先生及其后代设立的信托。

2014 年 2 月 11 日由成功优雅贸易有限公司提交给 A 银行的两份用于美国预扣税和申报受益所有人的外国身份证明（"W-8 BEN 表格"）表明，成功优雅贸易有限公司是 A 银行账户的受益所有人。而张兰女士就她在 A 银行的个人账户单独提交的 W-8BEN 中，声明她是个人账户的受益所有人。在 A 银行和 B 银行开户时所填写的表格，是为了反洗钱和"了解你的客户"而准备的。出于这些目的所填写的受益所有人，不一定是法律规定的财产的拥有人。无论如何，这些文件是在张兰女士将成功优雅贸易有限公司的权益转让给亚洲信托之前。张兰女士从银行账户进行的一些转账后来由成功优雅贸易有限公司和亚洲信托代表成功优雅信托批准。总的来说，张兰女士的意图是把钱捐给成功优雅贸易有限公司，让她的儿子和后代受益。在张兰女士是唯一签署人的情况下，更改银行账户签署人的任何延误，或缺乏成功优雅贸易有限公司或信托批准从这些银行账户转账的文件，都不是张兰女士的错，而是她的专业顾问的错。

CVC 集团认为，张兰女士受益拥有银行账户中的款项。其主要证据如下。

一是 2014 年 3 月 13 日，香港银行的一封内部电子邮件表明，他们的理解是向 A 银行账户的转账"不仅是出于税收筹划目的：由于将业务出售给私募股权基金时，有追索权条款的安排，张兰女士的律师正在帮助她缓解对该追索权的担忧"。因此，张兰女士以成功优雅贸易有限公司的名义向账户转账是为了保护自己免受CVC集团的潜在索赔。张兰女士在各银行的文件中表明了对受益所有权的确认：在 A 银行账户开立表格中，她声明并确认她是"账户中资产的受益所有人"，并承诺"对账户资产受益所有权有任何变化，会立即通知银行"。在 B 银行的个人资料表中，她在公司账户中的角色以三种不同的方式体现，即授权签署人、股东和"受益所有人"。她确认此信息的准确性，并承诺如有任何更改会立即通知 B 银行。

二是 2014 年 6 月 4 日之后和冻结令之前，张兰女士是唯一签署人，明显不受限制地操作银行账户：她从 A 银行账户进行的两次转账，第一次是 2014 年 9 月 22 日的 300 万美元，第二次是 2015 年 2 月 10 日的 300 万日元，对此她没有做出任何解释，只是借口说她"无法找到相关文件和信息"。第二笔是 2014 年 11 月 26 日从 B 银行账户向新乐国际有限公司（Metro Joy International Limited）转账，经追查，这笔资金用于在纽约购买一套公寓。美国地方法院裁定，无论采用何种法律结构，该公寓均归张兰女士所有。

三是中国香港和新加坡冻结令。在冻结令后，张兰女士采取了以下行动，尤其是两件事：一是从 B 银行账户转出总计 35832587 美元的款项。其中几笔付款指示是手写的"特急"，是在她接到中国香港冻结令通知的两天内发出的。二是礼德律师事务所于 2015 年 3 月 6 日向 B 银行的律师确认她当时持有该银行账户。礼德律师事务所的确认书如下。

> 我们代理张兰女士。我们获悉，张兰女士在您处维持（maintain）以下账户：开户名称：Success Elegant Trading Limited 账户号码：……我们进一步获悉，您已根据法院命令冻结了上述账户。请向我们提供相关法院命令的副本。张兰女士正在采取法律行动撤销上述法院命令。同时，提醒并请您严格遵守对张兰女士的保密义务。特别是未经张兰女士明确同意，您不得向任何第三方披露与张兰女士和/或上述账户有关的任何信息和/或文件。

四、法院判决

由于张兰女士对账户仍然具有实质的控制权，新加坡高等法院直接判定采取指定银行账户接管人的方式来履行新加坡的冻结令。法官认为，发出接管令是公正的。

　　法官的主要理由如下：本案银行账户中的资金，如果银行账户在债务人的名下，则属于可以依法执行的财产。这些资产由张兰女士实际拥有，但不在她的名下，这一事实给在法律上使用执行程序（例如扣押令）带来了明显的困难。指定银行账户接管人将使判决债权人能够以具有成本效益且不过分负担的方式追索这些款项以满足判决。

　　张兰女士的动机是保护她的资金免受原告可能提出的索赔，同时又不放弃她利用这些资金为自己谋取利益的能力。证据表明，**虽然她指示并促成了成功优雅信托的设立，并将成功优雅贸易有限公司的所有权转让给信托，但她并不打算放弃她对银行账户资金的受益所有权。**她保留了对这些钱的受益所有权：

> 　　在冻结令之前她自行决定从银行账户转移资金，直到2022年1月才受到成功优雅贸易有限公司的质疑——这发生在七年多之后，即亚洲信托控制成功优雅贸易有限公司董事会很久之后。法官推断张兰女士认为自己可以自由使用银行账户中的钱，并进一步推断这是因为她从未打算将账户交给成功优雅贸易有限公司，因此她仍然是受益所有人。她在收到香港冻结令通知后和新加坡冻结令前，急于从B银行账户转账。法官推断她这样做正是因为她认为其中的钱是她自己的，因此如果她不采取措施转移这些钱，就会面临被CVC集团索赔的风险。礼德律师事务所代表张兰女士确认她当时"保留"（maintain）B银行账户。当与银行账户相关时，"保留"一词并不适合只用于描述作为账户的签字人。要说某人"保留"一个账户，则该账户必须是这个人的。这是她的律师在新加坡冻结令发布后的正式沟通。而且她的律师认定张兰女士是B银行负有保密义务的对象。礼德律师事务所是张兰女士的代理律师。他们确认她保留了B银行的账户，从而符合《1893年证据法（2020年修订）》第17条和第18条的规定。

　　张兰女士所依赖的W-8 BEN表格与她的主张一致，即成功优雅贸易有限公司从一开始就是账户的受益所有人，但其证据价值被其他证据超过了。张兰女士当时将钱转入银行账户的主观意图不是赠与，而是保留受益所有权。她在2014年6月4日之后对银行账户的转账行为清楚地表明了这一点。可以说，她打算采取任何措施，以阻止原告追索她的资产；同时保留对这些资产的完全控制，以便她可以为自己的利益自由地处理这些资产。用礼德律师事务所的话来说，这确实意味着尽管银行账户在成功优雅贸易有限公司的名下，但她仍然保留着这些账户。

五、总结：银行账户安排不好，会毁坏整个架构

资产保护和财富传承正变得日益复杂。家族财富架构规划的设计师不仅要具备传统的法律、税务、信托等基本功底，还要对私人银行的具体运作有充分的了解。原因是不言自明的：**任何设计再完美的架构，最终都必须在银行账户的层面落实好，这个架构才能有用。** 张兰女士的案例便是一个鲜明的教训。在进行家族财富架构设计时，需要充分理解以下几点。

（1）如何在银行建立牢固的客户尽职调查？在当今时代，在银行开户再也不是填几张表格的问题。银行的角色也早已不是只执行客户指示的看门人。进行符合银行所遵循法律的客户尽职调查，是良好银行关系的根基。

（2）银行开户时以及后续签署了哪些文件？这些文件的意义是什么？对于架构有什么影响？

（3）签字权对架构有什么影响？在银行账户层面，谁具有签字权？谁应该有签字权？

（4）谁应该具有对银行发布指示的权利？指示的具体内容如何分类？哪些指示对于架构无害，哪些指示会摧毁架构要实现的资产保护？

第二章

税务透明时代来临

财富管理视角下的 CRS

"我们的新宪法现已确立，一切似乎都承诺它将是持久的；但是，在这个世界上，除了死亡和税收之外，没有什么是确定的。"1789 年 11 月，本杰明·富兰克林在一封私人信件中这样写道。税收真的是确定的吗？对于高净值人士而言，上百年的时间里，其个人所得税并未进入税务机关的全面监管范围之内。自国际联邦 20 世纪 20 年代开始建立现代国际税务体系①以来，公司层面的国际税务问题一直是人们关注的重点，但是个人所得税问题一直未成为关注的重点。

高净值人士的流动性、离岸架构的保密性、各个国家之间在税务监管方面的分割性都造成了高净值人士的税务问题一直游离于众人的关注之外，尤其是多年来各国高净值人士将大量资产放于离岸账户。多年来离岸银行的一个优势似乎是放入离岸银行的资金无须纳税，而客户似乎也乐意将"省税"的部分加到资本回报率内。

从历史上看，产生这个问题的关键是情报缺失。税法浩如烟海，即便在以税务征管强著称的美国，多年来也是一直怀疑美国公民利用离岸账户和架构来逃避美国税款，但苦于没有税务情报而无从下手。

这一问题在信息化时代迎来转机。2006 年，德国联邦情报局从一名线人手里购买了一张光盘，内含众多高净值人士利用列支敦士登逃税的信息。德国与美国分享了这一信息，导致美国参议院出台了 1216 页的调查报告，这份报告详细描述了美国税务居民如何利用境外账户和架构逃税，最终导致具有里程碑意义的法案——《海外账户税收遵从法案》于 2010 年出台。经济合作与发展组织（OECD）借鉴了美国的《海外账户税收遵从法案》，并利用《多边税收征管互助公约》使其成为《金融账户涉税信息自动交换之多边政府间协议》（《多边自动情报交换协议》，即 CRS）的法律基础。

OECD 与金融行动特别工作组（FATF）共同制定的反洗钱规则，直接影响到

---

① 参见 https://www.asil.org/insights/volume/19/issue/24/emergence-new-international-tax-regime-oecd%E2%80%99s-package-base-erosion-and。

高净值人士的账户安全。这些标准和规则有一天会决定个人是否能够开设银行账户、已经开设的银行账户是否会被银行关闭。

一、一张光盘引发的逃税案，一个骗子改变历史的"谍战"故事

列支敦士登是欧洲第四小国、世界第六小国，面积仅 160.5 平方千米，为北京市的 1%。列支敦士登只有 3.6 万人口，但 2021 年其 GDP 达到 77 亿美元[1]。

历史常常从偶然事件改变。一张光盘引发了逃税丑闻。在某种程度上，这是一个骗子改变历史的故事，其情节犹如好莱坞谍战片般精彩[2]。

2006 年，德国联邦情报局大概花费了 400 万欧元从一名线人手里购买了一张光盘，内含众多德国知名企业家利用列支敦士登逃税的信息。德国情报机关对这一信息觊觎已久。这笔买卖对于德国政府而言太划算了：最终德国政府追回 2 亿欧元以上的税款[3]。而时任德国邮政公司首席执政官、64 岁的克劳斯 - 祖温克尔（Klaus Zumwinkel）于 2008 年 2 月 14 日早上 7 点在家中被德国检察机关逮捕[4]的照片"碰巧"被几家电视台拍到，这对逃税的德国纳税人起到了很大的震慑作用。随后，仅 2014 年，德国就有 4 万人主动进行税务申报，为德国贡献了 13 亿欧元[5]的税款。

列支敦士登光盘引发的逃税案触发了国际范围内对利用避税港信息不透明进行逃税行为打击的连锁反应。因为在列支敦士登银行保密制度之下，没有这类非常事件，美国和德国政府等无从知道在传统的离岸中心到底发生着什么。在某种程度上可以说，没有该事件，就没有美国著名的《海外账户税收遵从法案》，也没有八国集团（G8）和二十国集团（G20）推动建立的《金融账户涉税信息自动交换之多边政府间协议》（CRS）之国际网络的建立。

这个光盘税案的主角凯博（Heinrich Kieber），其实是一个骗子。20 世纪 90 年代凯博去澳大利亚旅行，购买了一辆吉普车，在澳大利亚逛了几个月。随后，

① Liechtenstein GDP，参见 https://data.worldbank.org/indicator/NY.GDP.MKTP.CD?locations=LI。

② LYNNLEY BROWNING，*Banking Scandal Unfolds Like a Thriller*，参见 http://www.nytimes.com/2008/08/15/business/worldbusiness/15kieber.html?_r=0，2008 年 8 月 14 日。

③ Patrick Donahue，Holger Elfes，*Germany Cracks Down on Tax Evaders Amid Report Bank CD Surfaces*，参见 http://www.bloomberg.com/news/articles/2010-07-22/german-tax-evasion-resurfaces-with-report-of-liechtenstein-bank-disk-offer，2010 年 7 月 22 日。

④ Deutsche Post CEO Resigns Amid Tax Evasion Probe，参见 http://www.dw.com/en/deutsche-post-ceo-resigns-amid-tax-evasion-probe/a-3128581。

⑤ Vanessa Houlder，Revenues surge as global crackdown on tax evasion gathers pace，参见 https://www.ft.com/content/4f5f9dec-3d07-11e5-8613-07d16aad2152，2015 年 8 月 9 日。

他报警说车被偷了，因此获得了保险公司 62000 澳大利亚元的赔付。实际上，他卖了这辆车。此后，凯博在澳大利亚学习了飞行课程，之后突然失踪了。可怜他的澳大利亚房东，几千澳大利亚元的未收房租也打了水漂①。

1996 年，凯博在巴塞罗那从一德国公司高管手里买了一套公寓，支付方式是 25 万美元的空头支票。凯博称其 1997 年被骗到阿根廷，并被与该公寓卖方受害人有关系的一伙人绑架。1999 年凯博带着对阿根廷事件的满腔怒火回到列支敦士登。后来，他被 LGT 银行雇佣为计算机技术人员，工作职责是将 LGT 银行持有的 72 亿瑞士法郎相关的 3500 多个信托账户的书面文件数据化。

此时，西班牙警察局就凯博 1996 年巴塞罗那公寓交易签发了逮捕令。2002 年，凯博被列支敦士登检察机关以欺诈为由起诉，导致凯博离开了 LGT 银行。此后的两个月内，凯博将 LGT 银行的客户信息备份刻成了光盘。凯博向列支敦士登检察机关抱怨其在阿根廷被绑架和受到虐待，但检察机关无法证实凯博所说虐待是否属实。

凯博对检察机关不相信其故事大为不爽。2003 年 1 月，凯博逃离了列支敦士登并向列支敦士登君主汉斯·亚当二世（Hans-Adam Ⅱ）和其儿子寄了一封勒索信和录音带，抱怨检察机关对其在阿根廷的被绑架事件没有处理。在信中，凯博首次透漏其持有 LGT 银行的客户信息备份，并威胁：除非列支敦士登为其提供新的护照和身份并将西班牙购房欺诈案销账，否则其将公开这些客户信息。在获得汉斯·亚当二世将对阿根廷绑架事件进行处理的承诺后，凯博回到了列支敦士登。但是列支敦士登政府对凯博显然是有另一套方案：以西班牙欺诈和威胁泄露信息为由将凯博判入狱四年，尽管该刑罚最终被改为一年缓刑。

凯博曾承诺交回其持有的 LGT 银行的客户信息。2004 年，凯博告诉一维也纳犯罪心理学家说他已不再持有 LGT 银行的客户信息。但这次 LGT 银行和列支敦士登被凯博欺骗了——凯博保存了这些客户信息的备份。凯博尝试把光盘卖给英国，但是英国不敢买。最后利用德国和列支敦士登的矛盾，凯博将光盘卖给了德国。

后来凯博又逃回了澳大利亚，隐姓埋名生活在不同的城市。他不停地玩失踪，最后关于他的报道是 2011 年在澳大利亚的黄金海岸②。

---

① Uwe Ritzer, *How a Tax-Evasion Whistleblower Became One of Europe's Most Wanted*，参见 http://content.time.com/time/world/article/0 8599 2086776 00.html。

② Neil Chenoweth, Matthew Cranston, Hannah Low, *Secret Aussie life of a global tax spy*, Financial Review, 2011 年 7 月 28 日。

二、FATCA 法案仍然有效，被废止的可能性不大

《海外账户税收遵从法案》（FATCA 法案）是金融账户之自动情报交换的鼻祖。FATCA 法案于 2010 年被美国国会批准成为法律。截至目前，已经有 113 个国家和地区与美国签署或原则性签署了交换税务情报信息的政府间协议（IGA）[①]。然而，一直以来，为执行 FATCA 法案所签署的 IGA 在美国面临一些质疑：IGA 不是已批准的条约、国会执行协议或基于条约的协议，其只是行政权力并超越了 FATCA 法案的权限。没有任何 IGA 获得已有的协定授权，也没有获得国会的批准。因此，美国一直有尝试废止 FATCA 法案的倡议，比如，2016 年美国总统大选时，共和党选举政策之"第四修正案"就明确要求废止 FATCA 法案[②]：

《海外账户税收遵从法案》以及《外国银行和资产报告要求》（FBAR）导致政府在没有合理怀疑或原因的情况下可以获取个人财务信息。海外美国人应享有与本土的美国人相同的权利，其私人财务信息不会向政府披露。世界各地银行要求向美国国税局提供有关美国以外的美国账户持有人的详细信息，导致银行拒绝向他们提供服务。因此，《海外账户税收遵从法案》不仅允许"不合理的搜查和夺取"，还威胁到海外美国人过正常生活的权利。我们呼吁废除《海外账户税收遵从法案》，并对海外美国公民按照居住地征税。

此外，国会议员马克·梅多斯和参议员兰德·保罗尝试出台一部废止 FATCA 法案的法令[③]，但最后不了了之。这种废除 FATCA 法案的努力不太可能获得成功，因为其意在将美国恢复到之前的状况，即没有有效的方法来打击国际逃税。而那些呼吁废除 FATCA 法案的人也回避了一个基本问题：FATCA 法案旨在打击的国际逃税行为是真实存在的。另外，参议员兰德·保罗还曾试图将废除 FATCA 法案纳入美国的税制改革立法。然而，2017 年 12 月 22 日签署的新税法（即被称为《减税和就业法案》在颁布时并没有涉及 FATCA 法案。

意志坚定的参议员兰德·保罗在立法废除 FATCA 法案未成的情况下，便以 FATCA 法案违宪为由，发动了对该法案的司法审查。2015 年 7 月 14 日，一组在境外生活的美国人在参议员兰德·保罗的带领下，向美国俄亥俄州南区地方法院

---

① Foreign Account Tax Compliance Act（FATCA），参见 https://www.treasury.gov/resource-center/tax-policy/treaties/Pages/FATCA.aspx。

② 2016 Republican Party Platform，参见 http://www.presidency.ucsb.edu/ws/index.php?pid=117718。

③ Office of Congressman Mark Meadows，"Rep. Meadows Introduces FATCA Repeal Bill [Press Release]，" 7 April，2017，参见 https://meadows.house.gov/news/documentsingle.aspx?DocumentID=458。

提起诉讼①："……这是对 FATCA 法案、美国财政部单方面谈判的政府间协议以及由美国金融犯罪执法网络（FinCEN）管理的外国银行和金融账户报告（FBAR）的挑战。这些法律和协议对在国外生活和工作的美国公民施加了特别歧视性的负担……"在诉讼被驳回之后，原告上诉到美国第六巡回上诉法院，亦于 2017 年 9 月 26 日被以"缺乏起诉的资格"而驳回。该案又于 2017 年 12 月 21 日上诉到美国联邦最高法院，其核心问题是上诉人是否具有挑战 FATCA 法案合宪性的法律依据②。最终，2018 年 4 月 2 日，美国最高法院做出驳回上诉的裁决③，即认可了第六巡回上诉法院做出的原告缺乏提起对 FATCA 法案是否违宪的法律资格。

尽管美国最高法院驳回了上诉，但对于政府间协议的效力并没有做出认定。由于这一判决的存在，试图通过法院的程序来挑战 FATCA 法案效力将变得非常困难。因此，我们可以得出的结论：FATCA 法案仍然有效，被废止的可能性不大。

三、个人首次成为国际税关注的核心

最近几年 OECD 主导、G20 背书的税基侵蚀和利润转移项目（BEPS 项目）和金融账户的自动情报交换项目（CRS）是国际税务中影响最大的两个领域。两者的区别是 BEPS 项目更多关注的是企业层面的问题，近年来企业所得税一直是国际税务的重点；而税务情报交换是国际税务历史上首次以个人为核心，其影响之深远前所未有。

目前世界上有 3000 多个避免双重征税的协定，绝大多数协定包括了情报交换条款。但是，这些协定没有赋予税务机关实际征管能力——这些情报交换是依申请进行的（非自动），并且需要提供涉税的证明材料，因此在实践中这些协定的作用非常有限。而 CRS 是主动进行的、无须提供具体涉税理由的情报交换。这是国际税务历史上的一次变革，是在 G20 推动、OECD 主导下建立起来的新的国际税务秩序。其将赋予参与国的税务机关与跨境逃避税斗争的"利齿"。"打蛇要打七寸"，金融机构就是国际税务情报交换中的"七寸"。这是 OECD 借鉴美国《海外账户税收遵从法案》后从金融机构抓起的智慧。

---

① CRAWFORD ET AL V. UNITED STATES DEPARTMENT OF THE TREASURY ET AL .

② 参见 https://www.supremecourt.gov/DocketPDF/17/17-911/24702/20171221104513422_Crawford% 20v%20US%20Dept%20Treasury%20cert%20ptn%20-%20final.pdf。

③ 参见 https://www.supremecourt.gov/search.aspx?filename=/docket/docketfiles/html/public/17-911. html。

四、CRS 核心内容

（一）税务居民身份

在金融机构决定情报交换的具体国家时，个人税务居民身份所在地至关重要。因为税务居民身份所在地将决定税务情报提供给哪个国家的税务机关。如果一个人被认为是中国的税务居民，那么其在境外开设的账户信息，不论是在中国香港、新加坡、英国、澳大利亚、瑞士等国家和地区开设，均需向中国税务机关提供。

然而，中国个人的税务居民身份，是一个复杂的技术问题。根据《中华人民共和国个人所得税法》，所有因户籍、家庭、经济利益关系而在中国境内习惯性居住的个人均被视同中国税务居民。基于此，所有持有中国护照的个人均有可能被视为中国税务居民（尽管户籍与护照并非一一对应）。根据中国签署的税收协定，当中国个人同时为两个或者两个以上国家的税务居民时，则要借助复杂的税务居民分配规则（Tie-breaker Rule）来判定个人最终的税务居民身份所在地归属。

（二）哪些信息需要交换

OECD 发布的统一报告标准（Common Reporting Standard）用 300 多页的篇幅规定了哪些信息需要交换、如何交换以及相关的尽职调查等。

简言之，下列信息需要交换：

（1）姓名、地址（出生日期和地点可以交换但不必需）。

（2）税务居民所在地。

（3）账号。

（4）税务登记号码（TIN）。

（5）年末账户余额和价值。

（6）利息、股息。

（7）买卖金融资产的收益。

（8）账户所在的金融机构的名称。

对于公司账户，需要看公司是积极类型所得公司还是消极所得公司。如果公司是消极所得类型的公司（投资所得占 50% 以上），需要将控制人作为情报交换的对象。对于控制人，则要根据金融行动特别工作组（Financial Action Task Force，FATF）关于反洗钱的行动建议来判定。

（三）情报交换有无门槛

现在，对于个人或者公司账户，不论金额大小，均需进行情报交换。

多边自动情报交换是国际社会为与跨境逃避税斗争而编织的巨网。如此巨网，有漏洞在所难免。而利用这些漏洞是风险很大的行为。比如，纳税人可以选择将资金转移到没有进行情报交换的国家和地区。但是这个大网实际上就是一个国际秩序。一旦将资金再次转回到情报交换涵盖国家的金融机构将非常困难。此时，体系内的金融机构将进行非常严格的反洗钱调查。而负责制定国际反洗钱标准的FATF，已在2012年建议中将逃避税（tax offences）作为洗钱的上游犯罪。其后，包括瑞士、新加坡等国家和中国香港都颁布了规定，对FATF的建议进行落实。

五、中国加入 CRS 以及修改《个人所得税法》

2015年12月17日，中国签署了《金融账户涉税信息自动交换之多边政府间协议》（CRS）[①]。这标志着中国正式加入税务情报交换的大潮。

2016年9月6日，G20杭州峰会公报中声明，G20将继续支持国际税收合作，以建立一个全球公平和现代化的国际税收体系，包括推进正开展的税基侵蚀和利润转移合作、税收情报交换、发展中国家税收能力建设和税收政策等，以促进增长，提高税收的确定性。中国国家主席习近平宣布为促进国际税收合作，中方愿做出自身贡献，成立一个旨在开展国际税收政策设计和研究的国际税收政策研究中心。这是国际税务在历史上首次以如此高规格的形式进入中国最高领导人的视野。

截至2024年8月，已有120个国家和地区确认将与中国内地交换金融账户信息，具体包括澳大利亚、加拿大、列支敦士登、卢森堡、荷兰、新西兰、圣基茨、新加坡、瑞士、阿联酋、英国和中国香港等[②]。2018年9月，国家税务总局首次与多个国家（地区）的税务主管当局进行了金融账户涉税信息自动交换。

2018年8月31日，《全国人民代表大会常务委员会关于修改〈中华人民共和国个人所得税法〉的决定》获得通过，以中华人民共和国主席令第九号正式公布，自2019年1月1日起施行。《中华人民共和国个人所得税法》（简称《个人所得税法》）的修改在某种程度上是CRS的必然结果。原因很简单，既然中国已经承诺执行金融账户的自动情报交换且已经签署CRS，那么情报交换在中国一定会实现，中国一定会提供和收到与金融账户有关的税务情报。对于这些税务情报的中国税务后果，中国税务机关必须提供答案。需说明的是，虽然情报交换并没有改变税法的实体法规定，但使税务征管在跨境情形下的系统性漏洞得以暴露，同时

---

① 金融账户涉税信息自动交换多边主管当局间协议，参见 http://www.chinatax.gov.cn/n810341/n810770/index.html.

② Activated Exchange Relationships for CRS Information，参见 https://web-archive.oecd.org/tax/automatic-exchange/international-framework-for-the-crs/exchange-relationships/index.htm.

使税务机关不得不直面境外情形下的中国税务后果。

（一）持有中国护照≠中国税务居民

新的《个人所得税法》对税务居民规则进行了修改。借鉴国际惯例，新的《个人所得税法》明确引入了居民个人和非居民个人的概念，并将在中国境内居住的时间这一判定居民个人和非居民个人的标准，由现行的是否满1年调整为是否满183天。

税务居民的确定决定了《个人所得税法》对谁适用、对谁的全球所得行使管辖权的问题。在新的税务居民规则下，是否持有中国护照这一单一法律事实对税务居民身份的判定不具有决定性作用，关键是个人在中国的居住时间等综合因素。这对于持有中国护照的高净值人士是一个利好消息，因为持有中国护照不会自动导致其被视为中国税务居民。

对于持有中国护照的人，《个人所得税法》修改之前的一个"紧箍咒"是住所。"紧箍咒"从何而来？根据原《中华人民共和国个人所得税法实施条例》（简称《个人所得税法实施条例》），"在中国境内有住所的个人，是指因户籍、家庭、经济利益关系而在中国境内习惯性居住的个人。"一种说法是将中国国内法意义上的"户籍"替换为国际范内通用的"护照"，故有持有中国护照就是中国税务居民的说法。

修改后的个人所得税法延续了之前对住所的界定。修改后的《个人所得税法实施条例》第二条规定："个人所得税法所称在中国境内有住所，是指因户籍、家庭、经济利益关系而在中国境内习惯性居住。"如何判定住所仍然面临如下问题，并将导致住所概念在实践中难以适用。

（1）"因户籍、家庭、经济利益关系而在中国境内习惯性居住"是一个外延看似很广，内涵却非常模糊的概念。在税务情报交换下，金融机构和客户依据这样一个标准去判断个人是否为中国税务居民将非常困难。

（2）户籍的含义等同于户籍登记或者身份证吗？与护照有无对应关系？实践中，户籍的概念比护照要广，存在一些中国个人在获得外国护照但没有注销中国户籍的情况，也可能存在注销中国户籍但还持有中国护照的情形。笔者并非认为户籍不能作为个人税务居民的判定标准——是否将户籍作为个人税务居民的判定标准只是一个政策选择问题。但是，在进行制度设计时，需要充分考虑与国籍法的衔接——国籍法上不明确的操作会导致个人丧失中国户籍，进而丧失中国税务居民身份。比如，个人在获得境外护照的情况下，会被要求注销中国护照，进而被注销户籍。这样一个国籍法领域的个案操作会对个人税务居民身份产生直接影响。

（3）习惯性居住的具体内涵不清楚。习惯性居住如何判定？另外，在习惯性住所可能不止一处的情况下，如何适用？在判定"习惯性居住"时，目前主要依据的是《国家税务总局关于印发〈征收个人所得税若干问题的规定〉的通知》（国税发〔1994〕89 号）中的规定："所谓习惯性居住，是判定纳税义务人是居民或非居民的一个法律意义上的标准，不是指实际居住或在某一个特定时期内的居住地。如因学习、工作、探亲、旅游等而在中国境外居住的，在其原因消除之后，必须回到中国境内居住的个人，则中国即为该纳税人习惯性居住地。"在规定已经明显落后于时代——很多个人对外移民和在工作的情况下，"回到境内居住"的假设在很多时候已经不存在了。

传统上，税务问题具有较为严格的区域性，如果判定一个中国户籍或者护照持有人的住所，可以说由中国税务机关说了算。然而，在税务情报交换的情形下，境外金融机构往往是判定一个人税务居民身份的第一道防线。虽然境外金融机构在判定客户是否为中国税务居民时，根据的还是中国税法，但在住所没有一个确定标准的情形下，其在实践中难以依据住所来判定一个中国护照持有人是否为中国税务居民。而修改后的《个人所得税法》采用了 183 天的明确规则，这一规则符合国际惯例而且容易掌握，因此易于被金融机构作为判定一个人是否为中国税务居民的规则。

从国际范围来看，对于住所的判定是一个非常复杂的过程，以至于住所作为税务居民规则判定的标准在实践中甚少使用。比如，对于一个人是否被视为住所在中国香港，可能阅读完上百页的判例法也难以下结论。在所得税法意义上，笔者想不出哪个国家将护照作为住所的判定标准。比如，英国住所是独立于税务居民的一个单独概念，在所得税意义上判定税务居民时与住所没有直接的关联。美国只是直接将护照作为判定税务居民的标准，并不是将护照作为判定住所的标准。

在税务情报交换背景下，尤其是在《个人所得税法》修改后在实践中大部分情形下就会是"持有中国护照≠中国税务居民"。

（二）助力 CRS，境外账户税务风险更易暴露

中国新税务居民规则从另一方面则会助力 CRS"发威"，为何这样说？

在现有税务居民定义下，税务机关和境内外银行对中国税务居民身份的判定都是一头雾水。最后的结果是对于在境外持有金融账户的中国护照持有人、新移民换了境外护照的中国人、在境外工作只领取居住卡或者绿卡的中国公民，是不是中国税务居民，都存在很多困惑。

新《个人所得税法》的最大价值就是将中国的规则昭示天下：自修正案通过

之日起，中国将 183 天作为判定税务居民的标准之一。尽管住所的概念并没有修改，但由于其适用依然模糊，对于境外金融机构而言，自然更多使用 183 天的标准。这样一个简单明了、易于判断税务居民的判定标准将使得 CRS 真正开始"发威"。预计境外银行会加大对中国客户税务合规的审查，因为中国现在有了一个明晰的税务居民标准。

当个人在境外银行开设的账户上填写的是他国税务居民，但护照上的章证明其 183 天以上都在中国境内时，不需要税务专业人士的意见，银行就可以自行判定其已是"中国税务居民"。当个人持有中国香港护照，但大部分时间待在中国内地时，填写"香港税务居民"在银行那里，显然不再那么容易过关。一张完整的护照复印件，就将个人暴露在银行合规部门的监控下。

（三）反避税规则出台

如前所述，《个人所得税法》中增加反避税规则可以说是 CRS 的必然结果。因为中国在依据 CRS 收到与金融账户有关的税务情报后，必须对这些税务情报的中国税务后果提供答案。

建立遵从税法的"个人财富"变得非常重要。先列举两个严重错误的观点。一是关于个人财富。很多私人企业家认为，公司属于自己控股，公司资产也属于自己，所有开销都由公司开支，自己不需要拿工资。二是境外金融账户在境外公司名下，不在个人名下，境外账户信息交换到中国也不需要在中国补税。现在来看这些看法肯定不对了，这就是反避税规则的威力。

《个人所得税法》增加了第八条：

有下列情形之一的，税务机关有权按照合理方法进行纳税调整：

（一）个人与其关联方之间的业务往来不符合独立交易原则而减少本人或者其关联方应纳税额，且无正当理由；

（二）居民个人控制的，或者居民个人和居民企业共同控制的设立在实际税负明显偏低的国家（地区）的企业，无合理经营需要，对应当归属于居民个人的利润不作分配或者减少分配；

（三）个人实施其他不具有合理商业目的的安排而获取不当税收利益。

税务机关依照前款规定做出纳税调整，需要补征税款的，应当补征税款，并依法加收利息。

这些反避税规则将给个人财富架构带来税务代价。用一简单的例子来分析：

①中国税务居民个人 A，100% 持有一离岸公司，离岸公司持有账户。从该账

户向个人账户的资金转移，很容易被视为股息分配（在中国需缴纳 20% 的个人所得税）或者借款（按照市场利率支付利息，利息需缴纳 20% 的个人所得税）。因此，高净值人士与关联公司必须遵循公允交易原则，而通过离岸公司持有金融账户的架构会面临中国税法上的直接后果。

②如果离岸公司名下持有飞机、游艇，个人对飞机、游艇等使用也需要按照公允价值支付使用费，否则税务机关可以进行调整，将其视同个人获得股息等投资收益。

③中国税务居民个人 A，100% 持有一离岸公司，离岸公司持有账户若干。离岸公司通常设在英属维尔京群岛、开曼群岛等避税地，即使离岸公司不做股息分配，在没有经营需要的情况下，适用该条将视同股息分配，而在中国需缴纳 20% 的个人所得税。

此次全国人大表决通过修改《个人所得税法》是在国际背景下产生的，境内、境外互相影响，新《个人所得税法》自然带来此消彼长的影响，对高净值人士而言，未来只考虑一个国家的税法是远远不够的，一个可行的解决方案必须是国际、国内相结合。

（四）放弃中国户籍，有离境清税

《个人所得税法》第十条增加了新的规定："有下列情形之一的，纳税人应当依法办理纳税申报：……（五）因移居境外注销中国户籍……"一般认为，这是中国推出的"离境清税"规定。注销中国户籍是触发因素。因此，如果高净值人士要放弃中国户籍（通常与放弃中国护照相伴），则会触发在中国的"清税"。这样一个规定还只是原则性的，具体的适用还有待进一步明确。如果按照其他国家的一些做法，在税法上通常会视同按照市场公允价值处置资产，需要缴纳 20% 的个人所得税。

（五）买卖护照规避 CRS，可以休矣

在《个人所得税法》修正生效后，买卖护照作为所谓 CRS"筹划"方案已经难以实现。

当一个人有一本某某国家的护照但大部分时间生活在中国时，怎样将自己"非中国税务居民"的故事讲下去？这个人可能会说，这样一个结果在现行税法的税务居民定义下也是一样的。实际上，如果仔细考虑一下，实质上存在不同。2019年之前的《个人所得税法》下的税务居民身份规则在现实中成为一个内涵不清、外延不明的概念，实际上就变成了没有规则。既然中国没有明确的税务居民规则，银行自然愿意含糊过去。

六、未申报境外资产的税务后果

对中国税务居民的全球所得征税，这是中国个人所得税法一直以来一个非常明确的原则。因此，认为中国税务机关现在才开始对中国税务居民的全球所得征税是错误的。中国个人的境外所得未在中国纳税申报更多是一个实践中税收征管能力的问题。在实行多边税务情报交换之前，中国税务机关由于难以获得中国个人的境外信息而无法对其进行追缴。

多边税务情报交换将使中国税务机关自动获得与中国个人有关的境外账户信息。对境外所得未进行申报的中国个人可能面临如下行政责任和刑事责任。

（1）行政责任。如果中国税务居民的境外所得没有向中国税务机关申报，因而未在中国纳税，根据目前税收征管法的规定，这叫"偷税"，须就未申报金额缴纳50%以上5倍以下的罚款，且须就未申报金额每年缴纳大约18%的滞纳金。目前这些责任没有追诉期限制，即税务机关任何时候都可以追缴。目前税收征管法正在修改，对行政处罚和滞纳金的金额等可能做出不同规定，但不大可能取消。

（2）刑事责任。根据《中华人民共和国刑法修正案（七）》，纳税人采取欺骗、隐瞒手段进行虚假纳税申报或者不申报，逃避缴纳税款数额较大并且占应纳税额10%以上的，将构成逃避缴纳税款罪。尽管有"经税务机关依法下达追缴通知后，补缴应纳税款，缴纳滞纳金，已受行政处罚的，不予追究刑事责任"的规定，其适用也是有条件的。

根据《中华人民共和国刑法修正案（七）》和《最高人民检察院、公安部关于公安机关管辖的刑事案件立案追诉标准的规定（二）》（简称《追诉标准（二）》），纳税人采取欺骗、隐瞒手段进行虚假纳税申报或者不申报，逃避缴纳税款在5万元人民币以上并且占应纳税额10%以上的，就可以构成逃避缴纳税款罪而进行追诉。

《中华人民共和国刑法》同时规定了不予追究刑事责任的条件：①经税务机关依法下达追缴通知后，补缴应纳税款；②缴纳滞纳金；③已受行政处罚的。

以上免责规定具有税务特赦中赦免刑事责任的因素，但显然不是税务特赦。法律中并没有规定一种机制允许纳税人自行披露，即没有赋予纳税人一个解决历史问题的渠道。而且，免除刑事责任的适用成本太高：如果中国内地税务机关获得了境外税务机关提供的金融账户信息，其须对案件进行审查、下达追缴通知、追缴应纳税款、追缴滞纳金（每年大约18%）并进行行政处罚（税款金额50%以上5倍以下），才可以适用不予追究刑事责任的规定。这样一个制度对高净值人士解决历史问题是没有吸引力的。

另外，前述刑事责任的豁免存在以下诸多问题。

（1）免责条件过多。"经税务机关依法下达追缴通知后，补缴应纳税款，缴纳滞纳金，已受行政处罚的，不予追究刑事责任"，同时满足这些条件才可以免责。

（2）逃避缴纳税款罪涵盖范围太广。《中华人民共和国刑法修正案（七）》涵盖了"纳税人采取欺骗、隐瞒手段进行虚假纳税申报"或者"不申报"。"不申报"并没有区分具体情形，或者不申报的原因（目前中国还没有建立个人直接申报纳税机制），因此以上皆可以被逃避缴纳税款罪涵盖。

（3）逃避缴纳税款罪免责条款适用的条件不清楚。对于该行政处罚，纳税人是否可以起诉？另外，从行政处罚的金额上看，从 50% 到 5 倍之间的空间很大。

（4）免责条款适用的期限不清楚。《追诉标准（二）》第五十七条第二款规定："纳税人在公安机关立案后再补缴应纳税款、缴纳滞纳金或者接受行政处罚的，不影响刑事责任的追究。"根据该规定，税务机关调查的案件，在行为人接受行政处罚前将案件移送公安机关立案，行为人就会被追究刑事责任。而公安机关发现线索的逃税案件，也会被追究刑事责任[①]。这在实践中存在很多争议。

综上，纳税人因逃避缴纳税款罪而被追究刑事责任的风险是不能排除的。

七、FATF 推动反洗钱规则之国际化，税务犯罪成为反洗钱上游犯罪

要执行 CRS 规则，需要识别受益所有人，这就需要银行等金融机构履行尽职调查。尽职调查规则识别受益人更多是反洗钱领域的问题。FATF 是一个"非常厉害"的国际组织，其全称为"Financial Action Task Force"，中文意译为"金融行动特别工作组"。FATF 是一个政府间组织，于 1989 年在巴黎举行的七国集团首脑会议上成立。FATF 的目标是就打击洗钱、为恐怖主义融资及其他对国际金融体系完整性的相关威胁而制定标准，并推动法律、监管和运作措施的有效执行[②]。

简单来说，FATF 负责制定国际范围内的反洗钱标准和规则。这些标准和规则某天就会决定客户是否能够开设银行账户、已经开设的银行账户是否会被银行关闭。

FATF 的工作成果往往以建议（Recommendation）的形式体现。但是，其不只是"建议"——今天的"建议"未来就可能成为其以下 36 个成员和 2 个国际组织成员的法律：阿根廷、澳大利亚、奥地利、比利时、巴西、加拿大、中国内地、丹麦、欧盟、芬兰、法国、德国、希腊、海湾阿拉伯国家合作委员会、中国香港、

① 潘洪江，《论逃税罪免责的期限条件》，参见 http://www.zhuhaixz.jcy.gov.cn/jcgz/llyj/201012/t20101209_477341.shtml。

② 参见 http://www.fatf-gafi.org/home/。

冰岛、印度、爱尔兰、以色列、意大利、日本、韩国、卢森堡、马来西亚、墨西哥、荷兰、新西兰、挪威、葡萄牙、俄罗斯①、新加坡、南非、西班牙、瑞典、瑞士、土耳其、英国、美国。

FATF 于 2012 年发布了《打击洗钱、资助恐怖活动和武器扩散国际标准的建议》。该建议的主要内容之一是规定税务犯罪（包括直接税和间接税）构成对反洗钱规则的违反，即一旦构成税务犯罪（只要具备法律规定的可惩罚性即可，不论是否被法院定罪），将触发违背反洗钱规定的法律后果。此时，银行可以冻结、没收或者征用（freeze or seize and confiscate）个人或者公司的银行账户。发生在其他成员国的税务犯罪，视同发生在本国，并产生同样的反洗钱法律后果。

八、CRS 时代下，财富管理新常识

在 CRS 时代下，需要认识到以下财富管理的新常识。

（一）CRS 首先是一个税务问题，与投资移民不是一回事

CRS 首先是一个税务问题，所有不解决税务问题的筹划方案都是没有实质意义的。**CRS 的核心是税务居民身份，而不是法律居民身份。**"买"一本安提瓜和巴布达、圣基茨和尼维斯等的护照，针对的是法律居民身份。由于这些地方没有个人所得税，而且几乎没有人真正在这些地方居住，成为这些地方的税务居民几乎是不可能的。

OECD 网站上公布了可能被用于规避 CRS 的高风险投资移民"黑名单"②。其中 21 个国家和地区的 36 个居住卡、护照项目在列，具体国家和地区如下：安提瓜和巴布达、巴哈马、巴林、巴巴多斯、哥伦比亚、塞浦路斯、多米尼加、格林纳达、马来西亚、马耳他、毛里求斯、摩纳哥、蒙特塞拉特、巴拿马、卡塔尔、圣基茨和尼维斯、圣卢西亚、塞舌尔、特克斯和凯科斯群岛、阿联酋和瓦努阿图。这 21 个国家和地区的 36 个居住卡、护照项目的共同特点是以一定的投资金额换取居住卡或护照，同时对居住期限没有硬性要求，且一般不需要在这些国家申报缴纳个人所得税。

从本质上讲，以上国家提供的是一个居住卡或护照的移民项目，除少数国家如阿联酋之外，几乎所有的国家并不因为个人持有这些地方的居住卡或护照而出具税务居民身份证明。因此，这些投资移民项目本身可能无法解决 CRS 的问题。

---

① 会员资格于 2023 年 2 月 24 日暂停。

② 参见 http://www.oecd.org/tax/automatic-exchange/crs-implementation-and-assistance/residence-citizenship-by-investment/。

这些投资移民项目可能被用来规避 CRS，对此 OECD 已有清楚的描述："虽然通过投资居住和公民身份（CBI / RBI）计划允许个人通过当地投资获得公民身份或居住权或者通过固定费用获得公民身份或居住权，可能是出于完全合法的原因，但他们也可能被滥用以通过逃避 CRS 下的报告义务而隐藏资产。特别是，通过 CBI / RBI 计划获得的身份证和其他文件可能被滥用，以歪曲个人的税收居住管辖区，并危及 CRS 尽职调查程序的正常运作。"

（二）纳税人 ≠ 税务居民

即使居住卡不是从"黑名单"国家获得的，高净值人士也需要认识到"纳税人 ≠ 税务居民""纳税记录 ≠ 税务居民"。

这是一个非常大的误解：认为自己在当地有一份工资薪金、董事费等收入并在当地纳税了，就是当地的税务居民了。这是错误的。来源于当地的工资薪金、租金等收入需要在当地纳税，产生了税单，并不必然就让个人成为当地的税务居民。这些收入在当地纳税很可能是基于来源地税收管辖权，而不是税务居民管辖权。不同国家对税务居民的规定不同，但通俗来讲，税务居民基本的特征是个人的全球所得都要在某一个区域内进行纳税申报。

如果个人从一些个人所得税税率很低、声誉很好的国家获得了居住卡，不代表就没有风险了，只有真正成为这些区域的税务居民才能保证高枕无忧。请问自己以下基本问题：

（1）当地对税务居民的基本定义是什么？

（2）在当地居住了多长时间？

（3）家庭住址在哪里？

（4）与哪里的社会关系和经济利益联系更为紧密？

在一定时间内，个人只向金融机构提供某地的纳税记录和税单，也许就万事大吉了。但这是违背 CRS 基本常识的，一个违背 CRS 常识的做法是不牢靠的，随着金融机构尽职调查越来越严，这种做法会愈加不可靠。

（三）金融机构的尽职调查越来越严

随着 CRS 的执行，金融机构的尽职调查越来越严。比如，OECD 推出规避 CRS 之投资移民"黑名单"的落脚点重点在金融机构。

（1）金融机构在分析和认定账户持有人的税务居民身份时，应当将其所获得的相关信息都考虑在内。如果金融机构知道或者有理由知道自证证明或者书面证据是不可靠、不正确或不完整时，则不能依靠该文件。

（2）OECD 关于投资移民项目的分析和评估是金融机构重要的参考因素。对于"黑名单"中的客户，金融机构须了解：居留权是否是通过投资移民项目获得的？是否在其他国家或地区也拥有居留权？在前一年度，是否在其他国家或地区居住超过 90 天？在前一年度，是否在其他国家或地区提交过个人所得税申报表？

（四）CRS 不只是一个税务问题

CRS 下已经超越了税务问题的范畴，与反洗钱和资产保护的问题紧密相关。CRS 可能将个人境外金融账户曝光于税务机关的监管之下，这会引发个人对于资产安全的担心。在 CRS 下，逃避税在很多国家成为洗钱的上游犯罪，一旦构成逃避税罪，个人金融账户内的资产将产生类似洗钱的法律后果，这会直接触及资产的安全。

因此，CRS 不只是一个税务问题。只关注税务问题的筹划方案是片面的，必须将税务问题与资产保护和财富传承结合起来才有意义。

（五）账户转到美国靠不住

中国与美国已经就 FATCA 于 2014 年 6 月进行了原则性签署。虽然不是真正的签署，但真正性签署只是一个时间问题。关键是 2018 年 5 月 11 日起，所有在美国金融机构开设的银行账户，其受益所有人信息可以被美国掌握。

美国财政部下属的金融犯罪执法网（FinCEN）是美国主要负责打击洗钱、恐怖主义融资和客户尽职调查的监管部门。2016 年 5 月 11 日，FinCEN 颁布了《金融机构之客户尽职调查要求》（CDD 规则）[1]，并于 2018 年 5 月 11 日生效。CDD 规则规定，金融机构必须将 CDD 规则纳入反洗钱程序中[2]。同一天，联邦金融机构检查委员会（"FFIEC"）发布了两份关于"银行保密法 / 反洗钱"审查手册的更新，其中纳入并阐明了 CDD 规则的要求和受益所有权规则。

这个日期就是账户之受益所有人信息进入美国系统的日期，也是可以被FATCA 大框包括进来的日期。如果中美确认根据 FATCA 对 2018 年的账户信息进行交换，那么将账户转到美国只是徒劳。

---

[1] Financial Crimes Enforcement Network（2016），*"Customer Due Diligence Requirements for Financial Institutions，"final rules（RIN 1506-AB25）*，Federal Register，vol. 81，p. 29403.

[2] FinCEN，FIN-2016-G003，*Frequently Asked Questions Regarding Customer Due Diligence Requirements for Financial Institutions*，Question #7，2016-07-19。

九、如何解决历史问题

反洗钱已经延伸到税务领域，符合条件的税务犯罪已经成为对反洗钱规定的违背。因此，在某种程度上，符合条件的税务犯罪已经被认为是"洗钱"。如果金融机构的客户资金在税务上涉及逃税等税务犯罪，那么这些资金在法律上就可以被视为"黑钱"。而拥有这些客户的金融机构就是持有一颗颗"地雷"。因此，通过一定的程序将客户的税务问题弄清楚实际上就是排除一颗颗"地雷"。

排除"地雷"的方法就是要求客户在其税务居民所在国进行纳税申报。但是，这个问题非常复杂，纳税人的境外未申报资产通常是过去多年甚至是几十年积累的结果。如果要做税务申报，如何计算税款、滞纳金、罚款等？ 如何确保纳税人在主动申报的同时没有刑事责任？如何确保纳税人的税务申报后果仅留在税务领域，而不涉及外汇等问题？

对此，很多国家提出的解决办法是税务特赦（tax amnesty）或税务主动申报（voluntary tax disclosure）。这是税务情报交换带来的必然结果。在解决境外未申报收入历史问题的同时，还可以为政府增加财政收入。

税务特赦与税务主动申报常交互使用。两者一般都免除纳税人的刑事责任，但在税款、利息、滞纳金等方面两者差别很大。很多国家的税务特赦制度都免除纳税人的利息、滞纳金，甚至应纳税款，而重点要求资产回到国内；税务主动申报制度则顾名思义，一般不会免除应纳税款，但在利息和滞纳金方面可能有灵活性。另外，税务特赦与税务主动申报的实质性区别是税务特赦一般是一次性的、非常态的制度，只存在于特定的一段时期内，制度的寿命可能只有几个月到一年，而税务主动申报制度可以是一个一直存续的、常态性的制度。

引渡与特赦有着不同的价值取向和功能定位。从价值取向上，引渡以"惩罚"为主，特赦则以"豁免"为主。从功能上来讲，引渡更多是以对犯罪人士执行刑事处罚为目的，引渡可以带来非法资产的追缴，但其本身并不以资产追缴为主要目的。税务特赦更多是通过对税务方面的犯罪免于刑事处罚来增加政府的财政收入，以"创收"和"资产回流"为目的。

因此，政府需要弄清楚其所要的是什么。通过引渡对犯罪进行清算，当然符合实质正义。在理想的状态下，如果世界上有一个易于实施的引渡条约网络，那么诸多犯罪包括税务犯罪都可以被追究。然而，现实中引渡作为跨境刑事合作的措施，是一个涉及政治博弈、法律制度、司法体系等多方面的复杂问题，引渡条约的签署通常是一个漫长的过程。再者，引渡的适用需要遵循法律程序，被引渡人有获得司法救济的权利，因此能否被引渡通常要经过被请求国法院的审查。这决定了引渡在现实中不是一个普遍适用的措施，更多是以威慑为目的。

最近几年税务特赦逐渐进入公众的视野。实际上，税务特赦历史悠久。首次有记录的税务特赦出现于公元前 200 年埃及的罗塞塔石碑（Rosetta Stone，也译作罗塞达碑），其记录了对逃税罪犯的赦免行为。

一直有观点认为税务特赦是对逃税者的法外开恩，无助于一个良好的税务遵从体系的建立。税务特赦作为一种制度，构建非常复杂，其只能少用才能起到促进良好的税务遵从的作用。一个负面典型就是土耳其，每隔一两年土耳其就实行一次税务特赦，最终的结果是诚实的纳税人越来越少——诚实纳税太吃亏了，大家都等着下一次税务特赦。

尽管如此，近年有很多国家都实施了税务特赦。例如，意大利于 2009 年实施了税务特赦，实施时间为 2009 年 9 月 15 日至 12 月 15 日，后被延至 2010 年 4 月 30 日。通过该计划，意大利公民在境外的 1000 多亿欧元资产通过税务特赦计划申报，约等于意大利国内生产总值的 5%[1]。该计划允许申报者匿名，免除刑事责任、税款和滞纳金，而代价是申报者只需要支付 5% 的罚款。意大利财政部三个月就有了 40 亿欧元的收入。

然而，印度政府于 2015 年实施的税务特赦可谓"悲惨失败"了[2]。莫迪政府于 2015 年 6 月 1 日启动了 1997 年以来的第二次税务特赦。该计划戴着"资产申报计划"（Assets Declaration Scheme）的帽子，持续 4 个月，到 9 月 30 日结束。条件是申报人要支付 45% 的税款（30% 的税款，7.5% 的滞纳金和 7.5% 的罚息），用以换取对刑事责任的豁免。考虑到印度个人所得税最高税率为 35%，45% 的税率似乎是公平的，但从纳税人的角度仍然太高了。最终，莫迪政府只收到 6.32 亿美元的税款。这与其承诺收回的几十亿美元税款差距悬殊——根据印度经济的规模，预计印度未申报的境外资产大约为 450 亿美元[3]。

除此以外，近年比利时（2004 年）、德国（2004 年）、葡萄牙（2005 年和 2010 年）、俄罗斯（2007 年和 2016 年）、澳大利亚（2007 年和 2009 年）、希腊（2010 年）、南非、西班牙和美国等也进行过税务特赦。

---

[1] Sabrina Cohen，Jennifer Clark，Italy's Tax Amnesty Brings in $114 Billion，参见 https://www.wsj.com/articles/SB126148977893501487，2009 年 12 月 23 日。

[2] Shailesh Menon，*Tax authorities' amnesty schemes have failed miserably*，参见 https://economictimes.indiatimes.com/news/economy/policy/tax-authorities-amnesty-schemes-have-failed-miserably/articleshow/51336088.cms，2016 年 5 月 10 日。

[3] Priti Patnaik, *India fails to get to root of black money problem*，参见 http://www.swissinfo.ch/eng/undeclared-assets_india-fails-to-get-to-root-of-black-money-problem/41734970，2015 年 10 月 22 日。

CRS 规避安排强制披露

近年 OECD 可以说是国际税务发展的最大推动者，已经改变了国际税务过去百年建立的图景。与高净值人士相关的，OECD 做的事情可以总结为一句话："挟天子以令诸侯"，织了一张大网，烧了两把烈火。

OECD 借 2008 年次债危机的机缘，挟 G8（G7）和 G20，以财政公平和打击逃税的公理，通过 BEPS（税基侵蚀和利润转移）、CRS（金融账户的自动情报交换）、CBCR（自动交换分国别报告）等织了一张 100 多个国家和地区参与的打击逃避税的国际大网。两把火，一把火烧向金融机构，通过国际金融特别行动组（FATF）将税务犯罪塞进反洗钱的框架里。客户的逃避税可能让金融机构引火烧身。另一把火，就是强制要求中介机构披露规避 CRS 的安排和不透明离岸架构。为客户提供 CRS 的规避方案和不透明离岸架构，将可能让中介机构引火烧身，面临声誉损失和法律责任。

一、披露规则出台，中介机构面临强制披露义务

截至 2024 年 4 月 23 日，已经进行首次情报交换的国家和地区超过了 120 个 [①]。这如同很多张大网已经张开，向持有境外金融账户的高净值人士撒去。OECD 的厉害之处在于其在织网的同时，还挥出了利剑，砍向围绕在高净值客户身边的顾问。这就是 OECD 于 2018 年 3 月 9 日出台的《针对 CRS 规避安排和不透明离岸架构的强制性披露规则》[②]（简称《披露规则》，MDR）。《披露规则》针对两类架构：CRS 规避安排和不透明离岸架构。

《披露规则》已经开始落地。2018 年 5 月 25 日，欧盟理事会发布指令（EU）2018/822，就税务领域的强制性自动信息交换做出规定（即著名的 DAC 6）[③]。如

---

① AEOI:STATUS OF COMMITMENTS，截至 2024 年 4 月的状态， https://web-archive.oecd.org/tax/transparency/documents/aeoi-commitments.pdf。

② 《披露规则》的全名是 "Mandatory Disclosure Rules for Addressing CRS Avoidance Arrangements and Opaque Offshore Structures"。

③ 请见欧盟委员会网站 https://eur-lex.europa.eu/legal-content/EN/TXT/?uri=CELEX:32018 L0822。

果安排主要是为了获得税务利益，那么其就可能被 DAC 6 涵盖。绝大多数欧盟成员国已经或正在制定法律，以落实强制披露规则。英国也已经颁布了强制披露规则，已经于 2023 年 3 月 28 日生效[①]。

总之，《披露规则》要求中介机构在 CRS 规避架构或者不透明离岸架构可供执行的 30 天内必须向本国税务机关披露。如果中介机构没有披露，或者在某些情形下没有披露的法定义务，那么纳税人需要向本国税务机关披露。如果一项安排被设计、推广产生规避 CRS 申报的后果，那么这项安排就会被《披露规则》涵盖。这不仅包括被用于或可能被用于规避、阻碍适用 CRS 法律法规的安排，还包括对 CRS 立法的错误解读和错误适用。

（一）谁披露

《披露规则》有三个核心概念，即中介机构、待报告纳税人和客户。

中介机构。包括[②]：①任何负责设计或销售 CRS 规避安排或不透明离岸架构的人员（"推销者"）。常见的如财富规划师、财务顾问等。②任何提供有关 CRS 规避安排或不透明离岸结构的相关服务的人员（"服务提供者"）。常见的如律师、会计师、财务顾问、合规服务提供者等，但并非所有的服务提供者都有披露的义务，只有在该人员可合理预期知悉该安排或架构是 CRS 规避安排或不透明离岸架构的情况下才有披露的义务。

待报告纳税人。CRS 规避方案之实际或潜在的使用者，或不透明离岸架构之实际受益人。

客户。客户是向中介机构发出指令，要求其设计 CRS 规避方案或不透明离岸架构或为该方案或架构提供服务的人。客户还包括为后续推销安排或者架构之意图，从中介机构就设计、推销、执行或组织 CRS 规避方案或不透明离岸架构获得帮助和意见的人。这里的客户可能是待报告纳税人，即方案的最终受益人，也可能是银行等金融机构。

《披露规则》的厉害之处在于其采用"一根绳上的蚂蚱"的方式将中介机构串在一起。任何一个环节将筹划方案披露出去，都可能导致整个方案被曝光。根据《披露规则》，需要识别的各方包括：①做出披露的中介机构；②中介机构的客户；③方案的实际使用者或者一个架构中的受益人。

比如，如果一名律师应客户要求准备法律文件，作为 CRS 规避方案的一部分，该律师作为中介机构需要披露客户的名称（服务提供的要求方）、信托的设立人、

---

① Mandatory Disclosure Rules（MDR），参见 https://www.gov.uk/government/publications/mandatory-disclosure-rules/mandatory-disclosure-rules-mdr.

② 《披露规则》之"规则 1.3:Intermediary"。

受托人和受益人。

中介机构还要求提供同一方案下其他中介机构的名称。因此，如果一银行指令一名律师或者会计师来参与设计被认为 CRS 规避方案的安排，那么律师或者会计师将是中介机构，银行将是客户。如果银行后续将该方案提供给其客户，银行对于其客户而言将是中介机构。在此情况下，对于同一个 CRS 规避安排，银行既可以是客户也可以是中介机构，但只需要披露一次。

同时，《披露规则》之规则 2.6 规定，如果中介机构没有披露，或者在某些情形下没有披露的法定义务，纳税人需要向本国税务机关披露。这样一个规定旨在建立一个打击 CRS 规避方案的严密体系。

（二）中介机构需要披露的信息[①]

中介机构须披露其知晓的、拥有的或控制的关于 CRS 的信息。

CRS 规避安排或不透明离岸架构应包括以下内容。

（1）以下人士的税务居民的姓名、地址、司法管辖区、税务代码：①披露人；②披露人该安排或架构的任何客户（对客户分别报告，包括此人的出生日期）；③CRS 规避安排的任何实际用户或不透明离岸架构的受益人；④除披露人以外的任何与该安排或架构有关的中介机构。

（2）该 CRS 规避安排或不透明离岸架构的详情，包括：①就 CRS 规避安排而言，对其规避 CRS 之特征的事实描述，包括所有的步骤和交易；②就不透明离岸架构而言，对其阻碍识别受益人或造成纳税人不被认为受益人效果之事实描述。

（3）CRS 规避安排或不透明离岸结构已实施的司法区域。

二、网罗哪些 CRS 规避安排

OECD 采用了"意图和效果双导向"的方式来网罗 CRS 规避安排。

"CRS 规避安排"是指任何安排，只要其可以被合理认定为旨在规避 CRS、标识为规避 CRS，或具有规避 CRS 立法或利用 CRS 立法缺失的效果。

同时，OECD 列举了市场上各类财富管理机构、咨询顾问所常用的"CRS 筹划方案"[②]。

（1）绕开"金融账户"的定义。使用不属于或声称不属于金融账户的账户、产品或投资，但其功能与金融账户的功能实质相似。

---

① 《披露规则》之"规则 2.3：Information required to be disclosed by Intermediary"。
② 《披露规则》之"规则 1.1：CRS Avoidance Arrangement"。

（2）转移"金融账户"。将金融账户或金融账户中的金融资产转移到非报告金融机构，或不与高净值人士之所有税务居民所在国交换 CRS 信息的国家或地区。

（3）变换"金融账户"。将须申报的金融账户或账户内的资产变换为或转移到不需要申报的金融账户。

（4）变换"金融机构"。将有申报义务的金融机构变换为非报告金融机构，或者位于不与高净值人士税务居民地所在国家或地区进行情报交换的金融机构。

（5）利用尽调规则的弱点。利用金融机构尽职调查程序中的弱点，使其不能识别账户持有人和 / 或控制人及其税收居住地。

（6）绕开 CRS 报告义务。允许或声称允许：①推销将一个实体成为积极非财务公司（NFE）的方式；②通过一个实体进行投资而不触发 CRS 报告义务，常见的是背对背架构；或③避免一个人被视为控制人。

（7）将为账户持有人或控制人利益支付的款项归类为根据 CRS 立法不予报告的付款。

必须清楚的是，CRS 不申报不等于规避 CRS。比如，OECD 给出了不属于CRS 规避方案的范例：

（1）某高净值人士从须申报账户提款来购买不动产，虽然会造成该部分资金不再受 CRS 申报的管辖，但并非 CRS 规避方案。因为不动产不在 CRS 申报的范围之内，这是 CRS 的基本规则。

（2）从一个须申报托管账户向一个免于申报的养老金账户转让资金，在一般情形下，就不属于 CRS 规避方案。但是，如果推销这种利用免于申报账户的方式，来作为一个筹划方式就可能损害了 CRS 制度设计的初衷，而被 CRS 规避方案涵盖。

三、哪些"筹划"方案亮红灯

在 OECD 的《披露规则》下，很多所谓的 CRS"筹划"方案都亮起了红灯，尤其是以下几种被明确点到。

（一）将账户转到美国不可继续

某高净值人士是 X 国的纳税居民，将其账户从 X 国转到美国。根据《披露规则》，如果美国和 X 国就该账户信息进行交换①，该转让不具有规避 CRS 的后果。同时这意味着如果美国与 X 国没有就该账户进行交换，或者没有交换机制，向客户推

---

① 《披露规则》中的表述是"provided the account information is exchanged by the Competent Authority of the United States with jurisdiction X"。

销将账户转移至美国将构成 CRS 规避方案。比如，目前美国与中国针对金融账户之交换还是实质性签署 ①，即还没有签署正式协议。因此，中国高净值人士在美国的账户还没有一个合法的机制交换给中国。如果新加坡、瑞士等金融中心参照《披露规则》制定了立法，一旦当地中介机构向中国高净值人士建议或者推销将账户转移到美国，这将构成 CRS 规避方案，需要向当地税务机关披露。

同时，如果美国与 X 国签署的海外账户税收遵从协议只规定了 X 国向美国交换账户信息，但对美国没有规定交换义务，而导致高净值客户在美国的账户实际上不需要向 X 国交换。此时，将面临同样的后果：如果新加坡、瑞士等金融中心参照《披露规则》制定了立法，一旦当地中介机构向中国高净值人士建议或者推销将账户转移到美国，这将构成 CRS 规避方案，需要向当地税务机关披露。

因此，OECD 在打击 CRS 规避方案的同时，也会给予金融中心一定的抚慰——至少中介机构再也不能建议将账户转到美国去了，除非美国与高净值客户税务居民所在国进行了金融账户情报交换。

（二）利用金融产品规避 CRS

如果一个金融产品为投资者提供了金融账户的实质性功能，但不属于金融账户，使用这些将构成 CRS 规避。使用的范围很广，包括向客户提供产品、将基金向这些投资转移等。OECD 给出的范例如下。

（1）利用电子货币作为托管账户的替代品。

（2）金融机构发行一些 CRS 规则范围以外的衍生品来替代金融账户。

（三）税务居民身份筹划亮起红灯

OECD 对利用税务居民身份规避 CRS 申报的做法在《披露规则》中有明确的论述：一些国家向高净值人士提供税务优惠，鼓励成为其税务居民。这通常是通过立法的方式进行的，包括对境外收入暂时或永久免税。而要获得这些国家的税务居民身份，只需要在这些国家居住一段时间。在获得这样一个国家的税务居民身份后，一些高净值人士就向金融机构声称其为这些国家的税务居民。具有多个税务居民身份的高净值人士只向金融机构提交其获得税收优惠国家的税务居民身份，而隐藏其他税务居民身份。利用这样一个税务居民身份来损害金融机构的尽职调查规则就明确为《披露规则》所涵盖。

---

① Foreign Account Tax Compliance Act（FATCA），参见 https://www.treasury.gov/resource-center/tax-policy/treaties/Pages/FATCA.aspx。

（四）将信托转化为投资实体

市场上广为流传的将信托转变为一个投资实体的方式也被 OECD 点名。信托通过其持有的特殊目的公司作为开户主体，该公司将（通常是一小部分）资产委托给银行等进行管理，这样该公司可以构成投资实体（investment vehicle）而将申报责任留在自己手中，从而排除了银行的申报责任。而投资实体公司又通常将公司设立在反洗钱监管执行比较宽松的国家，从而出现银行不申报、投资实体自己也不申报的情形。

四、中介机构披露的信息会与其他国家交换吗

OECD 出台的《披露规则》如同其出台的其他文件一样，没有直接的法律效力，但对成员国具有"软法"的效力。因此，OECD 成员国有义务将其转换为国内的立法。另外，考虑到 OECD 是 CRS 规则的制定者，《披露规则》的影响会远远超出 OECD 成员国的范畴。

另外，OECD 出台的 CRS 规则本身也包含反滥用规则，要求执行 CRS 的国家出台反滥用措施，而在这方面《披露规则》将发挥重要作用。

OECD 正在设计与《披露规则》相关的情报交换措施，将中介机构披露的信息交换到受益人税务居民所在地国家。OECD 旨在将该情报交换放于《多边税收征管互助公约》框架下。考虑到《多边税收征管互助公约》已经有 147 个参与国和地区[①]，可以预见，中介机构披露的信息未来被披露给纳税人税务居民所在国的可能性非常大。

五、影响

简言之，《披露规则》将规范税务、法律等专业咨询顾问，同时将限制各种机构利用 CRS 卖产品。《披露规则》重点打击 CRS 规避安排的"推销者"，严格限制"服务提供者"。该规定将对个人财富规划领域的架构产生重要影响。

（一）专业机构将得到规范，且趋于谨慎

根据《披露规则》，只有在合理判定一种安排存在 CRS 规避的意图时才需要申报。"合理判定"需要从事实和背景的角度来看，而不是看参与人的主观意图[②]。

---

① 多边税收征管互助公约参与国，参见 https://www.oecd.org/ctp/exchange-of-tax-information/Status_of_convention.pdf。

② 《披露规则》中的表述是 "…by reference to all the facts and circumstances and without reference to the subjective intention of the persons involved"。

这看起来比较复杂，其实这一标准是针对专业中介机构制定的，因此适用起来并不难。如果专业中介机构在对一项安排的条款和后果有全面了解之后，能够得出该安排是否被设计、推广为规避 CRS，则适用"合理判定"。因此，尽管《披露规则》出台时间不长，但诸多中介机构已经密切关注并担心其影响。其更大的影响在于专业机构在帮助高净值人士进行财富规划安排时会有很多忌惮。一旦《披露规则》转化为当地立法，高净值人士与 CRS 相关的税务筹划向专业人士咨询的事情在很大程度上将受到影响。

（二）CRS 规避方案的推销者，可以休矣

如前所述，如果一项安排被设计、推广为具有规避 CRS 申报的后果，就会被《披露规则》涵盖。这不仅包括用于或可能用于规避、阻碍适用 CRS 法律法规的安排，还包括对 CRS 立法的错误解读和错误适用。故意曲解 CRS 立法、利用 CRS 立法漏洞，都将被《披露规则》涵盖。

但是，CRS 规避不包括对客户已经存在或者拟定的安排是否需要进行 CRS 申报提供法律意见（legal opinion）；若后续利用某意见中的 CRS 后果来销售投资和投资架构，则被《披露规则》涵盖。

第三节
国际反避税公约

一、什么是国际反避税公约

2013 年，开发一个多边工具来落实相关 BEPS 措施，成为 OECD/G20 第 15 行动方案的使命。为此，OECD 召集了一个特殊的专家委员会来研究利用一个多边法律工具的可行性，专家包括联合国国际法委员会的几名成员以及国际税法领域几名大名鼎鼎的专家[①]。2014 年，OECD 根据专家委员会的报告总结道，通过一个多边工具来执行 BEPS 相关措施并修订已有的双边税收协定是可行的，需要确保缔约国执行的灵活性以及对利益攸关方的透明性。因此，在 OECD 于 2015

[①] 专家委员会包括：Philip Baker（英国）、Théodore Christakis（希腊）、Frank Engelen（荷兰）、Concepción Escobar Hernandez（西班牙）、Mathias Forteau（法国）、Itai Grinberg（美国）、Jan Klabbers（荷兰）、Vaughan Lowe（英国）、Philippe Martin（法国）、Yoshihiro Masui（日本）、Ekkehart Reimer（德国）、Giorgio Sacerdoti（意大利）、Dire Tladi（南非）。

年发布第 15 行动方案时，通过大篇幅论证了多边征税公约修改税收协定在国际法上的可行性以及如何运作。

《国际反避税公约》就是在此背景下起草的。2017 年 6 月 7 日，68 个国家和地区在 OECD 总部法国巴黎签署了《实施税收协定相关措施以防止税基侵蚀和利润转移（BEPS）的多边公约》①，即"《国际反避税公约》"。当天时任国家税务总局局长王军代表中国政府签署《国际反避税公约》。而这一天，随着 68 个国家和地区签署了《国际反避税公约》，将有 1100 个税收协定被修改②。公约于 2018 年 7 月 1 日生效，截至 2024 年 6 月 27 日，已经有 103 个国家和地区签署③。

简言之，通过百年的发展，世界上有了 3000 多个税收协定。这些税收协定大都为双边的名称为"关于对所得避免双重征税和防止偷漏税的协定"。

根据《维也纳条约法公约》以及著名的条约必须遵守（*pacta sunt servanda*）的国际法原则，税收协定一旦生效，必须被遵守。但要落实 BEPS 项目，打击国际反避税，就必须对已经存在的税收协定进行修改。由于这 3000 多个税收协定绝大多数是双边税收协定，即只在缔约的双方之间生效，要采取双边协商的方式来修改税收协定，没个十年二十年的，估计是没有可能修改完成的。这就是 OECD 税基侵蚀和利润转移项目（BEPS 项目）之第 15 项行动方案《设计一个多边工具以修改双边税收协定》④的目的，即用多边的方式来修改双边的税收协定。

二、第一个真正的多边征税公约

自国际联盟于 20 世纪 20 年代着手税收协定工作以来，国际税法主要体现在《维也纳条约法公约》框架下的双边税收协定。多边协定存在于极其有限的情况下，如《安第斯共同体成员国避免双重征税协定》⑤《北欧多边双边征税公约》⑥和《加

---

① Multilateral Convention to Implement Tax Treaty Related Measures to Prevent Base Erosion and Profit Shifting.

② *Ground-breaking multilateral BEPS convention signed at OECD will close loopholes in thousands of tax treaties worldwide*，参见 http://www.oecd.org/tax/ground-breaking-multilateral-beps-convention-will-close-tax-treaty-loopholes.htm。

③ *SIGNATORIES AND PARTIES TO THE MULTILATERAL CONVENTION TO IMPLEMENT TAX TREATY RELATED MEASURES TO PREVENT BASE EROSION AND PROFIT SHIFTING*，2024 年 6 月 27 日状态，参见 http://www.oecd.org/tax/treaties/beps-mli-signatories-and-parties.pdf。

④ 英语名称为"Developing a Multilateral Instrument to Modify Bilateral Tax Treaties，Action 15-2015 Final Report"。

⑤ 英语名称为"the Agreement to Avoid Double Taxation between the Member Countries of the Andean Community of Nations"。

⑥ 英语名称为"the Nordic Multilateral Double Taxation Convention"。

勒比共同体双重征税协定》^①。这些多边征税公约不是修改已有的税收协定，而是替代，而且这些多边公约存在的区域非常有限，在实践中的影响也较小。而《国际反避税公约》旨在通过一个多边公约对已有的 3000 多个税收协定进行修改，影响广大。

目前利用多边公约来修改已经存在的双边协定只存在于某些领域，比如，欧洲引渡公约^②、欧盟和美利坚合众国之间相互法律协助协定^③、欧洲未成年人遣返公约^④、制止向恐怖主义提供资助的国际公约^⑤、联合国投资人与国家间基于条约之仲裁透明化公约^⑥等。因此，类似的法律机制是存在的。然而，在国际税法领域，这在历史上是第一次。再者，税收协定对成员国之间的征税权划分有重大且直接的影响，这在以往的多边协定中是不存在的。

近年在国际税务领域产生重大影响的《多边税收征管互助公约》，主要是直接针对国际税收征管合作的，并不直接涉及成员国之间征税权力的划分。因此，从这个角度而言，《国际反避税公约》是前所未有的。

三、国际反避税公约的运行方式

《国际反避税公约》前所未有，影响深远。《国际反避税公约》是第一个国际反避税公约，在很大程度上影响和改变了国际税务筹划的格局。

《国际反避税公约》是以多边公约的方式来修改双边税收协定。这是历史上第一次利用多边公约来修订双边税收协定，是前所未有的制度创新。实际上这是把 OECD 之 BEPS 项目的反避税成果在已经存在的 3000 多个税收协定中加以落实。其不是直接修改已经存在的税收协定，而是根据 1969 年《维也纳条约法公约》之第 30（3）条"后法优于前法"（*lex posterior*）原则，通过之后签署的公约来优先于已经签署的税收协定。《国际反避税公约》是多边公约，但是其并不直接在多个国家之间分配征税权。由于《国际反避税公约》定位为对已有的双边税收协定进行更新，因此其仍然是在双边情形下发生效力。但在具体条款的设计上，《国际反避税公约》并非简单依赖"后法优于前法"原则，而是设计了一系列"兼容条款"

---

① 英语名称为"the Double Taxation Agreement of the Caribbean Community（CARICOM）"。

② 英语名称为"European Convention on Extradition"。

③ 英语名称为"Agreement on Mutual Legal Assistance between the European Union and the United States of America"。

④ 英语名称为"the European Convention on the Repatriation of Minors"。

⑤ 英语名称为"the International Convention for the Suppression of the Financing of Terrorism"。

⑥ 英语名称为"the United Nations Convention on Transparency in Treaty-based Investor-State Arbitration"。

（compatibility clause），其中常见的是两个组合：①"代替或者在没有……的情况下适用"（apply in place of or in the absence of）；②要求各个缔约国列出已有协定的类似条款、被修改条款、被取代条款等。这样安排的好处是消除了仅依赖"后法优于前法"原则的不确定性[①]。

要明确的是，《国际反避税公约》并不是冻结已有的税收协定，其第30条明确表示其不影响缔约方之间对已有税收协定的修改[②]。简言之，税收协定通常是两个国家之间合意的体现，而通过《国际反避税公约》进行广泛、多边合意的修改，双方之间的合意自然可以继续通过双方之间的协商而做进一步修改。因此，《国际反避税公约》实际上是对已有的税收协定根据BEPS进行了提升。

为争取尽可能多国家的参与，《国际反避税公约》体现了最大的灵活性：

（1）缔约国可以选择被公约修改的税收协定。

（2）缔约国可以通过随后的双边谈判来对修订后的税收协定做进一步修改。

（3）对于满足BEPS最低标准的条款（只有4项），必须选择；但对于非BEPS最低标准的条款，OECD给予了不予选择的自由，而且OECD提供了尽可能多的选择方案。

（4）如果存在落实BEPS方案的多种方式，缔约国有适用选择条款和替代条款的灵活性。

（5）在本国立法批准程序完成前，缔约国可以选择修改公约条款。即使立法程序完成，缔约国仍可以选择可选条款或撤回做出的保留。

《国际反避税公约》旨在将BEPS的最低要求植入已经存在的3000多个税收协定。但税收协定之间的差异未来仍将存在。如前所述，《国际反避税公约》第30条明确表示其不影响缔约方之间对已有税收协定的进一步修改。

四、国际反避税公约的综合影响评价

（一）中国高净值人士进行财富规划须考虑OECD制定的规则

如果我们把中国高净值人士财富规划和OECD这两个概念放在一起，很多人会觉得困惑和陌生。这两个概念有什么关系？自OECD于1961年9月30日正式

---

① Nathalie Bravo，*The Multilateral Tax Instrument and Its Relationship with Tax Treaties*，WORLD TAX JOURNAL OCTOBER 2016.

② *Multilateral Convention to Implement Tax Treaty Related Measures to Prevent Base Erosion and Profit Shifting:Functioning under Public International Law*，参见 http://www.oecd.org/tax/treaties/legal-note-on-the-functioning-of-the-MLI-under-public-international-law.pdf.

成立 [①] 以来，中国不是 OECD 的成员国，OECD 制定的规则对中国也没有政治和法律意义上的约束力。虽然中国签署的上百个税收协定基本都是基于 OECD 协定范本，但 OECD 协定范本注释对中国只有参考的效力 [②]，而不是法律约束力。加之这些税收协定在传统上主要关注的是企业，对于高净值人士财富规划的影响非常有限。因此，长久以来，OECD 制定的规则和中国高净值人士财富规划之间几乎没有关联。

然而，OECD 主导的 CRS 规则自 2014 年正式推出以来，在不到 5 年的时间里已经有 100 多个国家和地区参与其中，并转化为这些国家的国内法律。CRS 实现了国际社会过去百年一直没有实现的目标：将金融账户信息自动交换到税务居民所在国。OECD 制定的规则已经直接影响到高净值人士的钱袋子。OECD 与 FATF 共同制定的反洗钱规则更是直接影响到高净值人士账户的安全。这些标准和规则有一天会决定高净值人士是否能够开设银行账户、已经开设的银行账户是否会被银行突然关闭。

《国际反避税公约》实际上又向前迈了一步。《国际反避税公约》是 OECD 之 BEPS 行动方案条约化的过程，体现了其制定超越 OECD 成员国以外、具有约束力的法律规则的能力。BEPS 行动方案更多是政治承诺，并没有明确的法律效力。BEPS 行动方案中有很多对 OECD 模板进行修改的建议，但问题是即使实现了对 OECD 模板及其注释的修改，其影响力仅限于 OECD 成员国。修改 OECD 模板对于 BEPS 非常重要的参与国，但同时又不是 OECD 成员国的国家如中国等而言是没有约束力的。将 BEPS 行动方案法律化，将使 OECD 的影响力远远超越 OECD 成员国的范围。

因此，《国际反避税公约》以国际公约的形式使 OECD 制定的规则国际化，从而产生超越 OECD 成员国的世界性影响力。另外，虽然世界上大多数税收协定是在 OECD 范本的基础上制定的，但不同国家在理解和执行上差异很大。《国际反避税公约》将实现对已有税收协定利用 BEPS 规则进行国际化和统一化，将在一定程度上改变缔约国的当地执行和实践。

（二）对高净值人士的影响

打击反避税在协定目的中的权重上升，在世界范围内加强对于反避税的打击。高净值人士必须认识到这一趋势。《国际反避税公约》的必选条款之一是在税收

---

① 参见 http://www.oecd.org/about/history/。

② 在少数例外情形下，OECD 范本对中国有法律约束力，比如，中国和德国于 2014 年签署的新税收协定议定书第二条规定："关于第七条：缔约国双方表示，在解释和执行该条规定时愿意参考经济合作与发展组织（OECD）范本注释（2008 年版）。"

协定前言中，必须加入协定目的内容"在消除本协定涵盖税种的双重征税，同时避免带来通过逃税和避税（包括通过协定滥用安排为第三国居民获得协定利益）产生不征税或者低税率"。该条款已取代或者加入已有协定中。这可以称为税收协定目的之第三次大转向。打击反避税在协定目的中的权重进一步上升，与税收协定消除双重征税、促进经济发展和增进税务合作之目的并行。

如果资产保护和财富传承架构主要的目的之一是获得税收协定待遇，此目的可能无法实现。根据《国际反避税公约》，绝大部分国家和地区，包括瑞士、荷兰等均选择了主要目的之一条款。在已有的税收协定中，已经加入"无论税收协定其他条款如何规定，缔约国可以拒绝给予协定优惠，如果协定缔约国在综合事实的基础上认定一个安排或者交易的主要目的之一是获得协定利益，且该安排或者交易将直接或者间接导致获得该协定利益"。

其影响是高净值人士在进行资产保护和财富传承架构安排时，必须统筹安排。对于为实现该财富架构所进行的交易以及安排，要充分了解税务原因和影响。尤其是很多家族信托的架构里都有税务考虑，比如，本书第十章意大利家族信托的案例中，美国税务规划是整个家族信托背后的核心因素，而且家族信托下也有控股公司和运营公司，这些公司和家族信托在关联时总会涉及很多税务协定等方面的考量。《国际反避税公约》及其对税收协定的修改，将对已有架构税务的有效性产生影响。

第三章

受益所有人信息之透明化和财富管理的安全观

受益所有人信息透明化

　　高净值人士设立信托或者类似的法律架构，通常是为了资产保护和财富传承。此时，私密是核心考量因素。历史上，国际范围内并无一个统一的受益人信息登记和获取机制，因此，信托等法律架构下受益人信息可以实现近乎绝对的私密。

　　但是，时移世易。除了 CRS，世界范围内已出现一个受益所有人（beneficial ownership）透明化的潮流。受益所有人是指对一个公司或者法律架构的最终控制或受益的自然人。透明化通常是指将受益所有人的信息统一记录在一个政府主导的登记册中，并为有关政府机关或相关方所获取。个人财富架构中的核心部分，即谁是控制人、受益人等最终将可能透明化。英国和欧盟领导了这一潮流，并扩散到英国的海外属地如英属维尔京群岛等。

　　目前世界上大部分金融中心均已建立受益所有人登记制度。主管当局、反洗钱机构等政府部门毫无疑问具有这些信息的访问权。但核心问题是公众是否有权访问这些信息？这将涉及个人私密权利是否可以保护的问题。

　　须注意的是，金融行动特别工作组（FATF）并不要求各国向公众公布受益所有权登记册。换句话说，FATF 不需要任何司法管辖区创建公共登记册。这意味着世界上几乎没有国家有动力将受益所有人登记册向公众开放，瑞士不会，新加坡不会，除非它成为 FATF 认可的国际标准。在新加坡等地，只有主管当局才能访问受益所有权登记册，而公众无法获得登记册信息。

　　英国则允许在英国设立公司的受益所有权登记册向公众开放，并要求其海外领土执行同样的标准。在英国购买房产和土地的境外公司，必须在公司注册处（Companies House）登记受益所有人。如果信托的受托人是可登记的受益所有人，必须提供有关该信托的信息。这些信息不会在英国海外实体登记册中公布，但会与英国税务及海关总署共享。

　　英国海外领土包括安圭拉、百慕大、开曼群岛、蒙特塞拉特、特克斯和凯科斯群岛以及英属维尔京群岛等，所有这些公司都必须在 2023 年底之前开放公司登记册，并允许公众免费在线访问。然而，欧洲法院的一个重大判决改变了这一进程。

　　2022 年 11 月 22 日，欧洲法院做出了一个重大判决，宣告允许公众访问受益所有人登记册的规定无效。打击洗钱和恐怖主义融资的目的，不能构成对于个人基本权利限制的正当理由。请见如下介绍。

对于信托是否进行受益所有人的登记，在世界范围内的规定并不一致。欧盟已经要求成员国建立信托登记册，除了政府有不受限制的获取信息的权力，有利害关系的公众也可以获得受益所有人信息。但是，欧盟反洗钱指令（第五指令）并没有要求对信托受益所有权的登记信息公开，因此，仍然可以保护受益所有人的私密性。而前述欧洲法院于 2022 年 11 月 22 日做出的判决，更在欧盟的层面为信托受益所有权信息的公开上了"法律之锁"。因此，信托下核心的私密信息基本上仍可以获得法律上的保障。

受篇幅所限，这里无法一一表述各国家和地区在此领域的发展，仅列举几个区域，作为示例。

一、"避税港"成为众矢之的

多年来，个人财富架构的私密性在很大程度上是通过一些"避税港"来实现的。"避税港"通过出台一系列措施为情报交换建起"篱笆"，为私密提供屏障。然而，近几年国际社会认识到"避税港"给税务、反洗钱等领域带来的危害，且这种危害都与"避税港"的不透明有关。

"避税港"并不是一个准确的术语，对于"避税港"并没有一个被大家普遍接受的标准。目前对"避税港"标准的描述，比较权威的是 OECD 于 1998 年发布的《关于有害税收竞争：新兴全球问题》报告中提及的内容。OECD 列举了"避税港"的特征：①对资本收入征税很低或不征税；②对壳公司的特殊税制；③对所有权信息缺乏透明度和 / 或缺乏有效监督；④与其他国家和司法管辖区没有有效的税务情报交换。

"避税港"存在以下危害[1]：

1. 处于不公平危机的核心

跨国公司利用"避税港"进行税务筹划在近几年被大量曝光，知名的如苹果、谷歌等。"避税港"不仅损害了发展中国家的利益，也损害了发达国家的利益。"避税港"为 G20 国家带来重大损失[2]。

---

[1] *Oxfam Briefing Paper:Ending the Era of Tax Havens - Why the UK government must lead the way*，2016 年 3 月 14 日，参见 https://oxfamilibrary.openrepository.com/bitstream/handle/10546/601121/bp-ending-era-tax-havens-uk-140316-en.pdf；jsessionid=1CF97285D0CF2818F09B4181BEBAA7CD?sequence=4.

[2] *Still Broken:Governments must do more to fix the international corporate tax system.* Tax Justice Network，Global Alliance for Tax Justice，Public Services International and Oxfam International（2015），参见 http://policy-practice.oxfam.org.uk/publications/stillbroken-governments-must-do-more-to-fix-the-international-corporate-tax-sy-581878。

2. 是全球腐败的驱动因素

透明国际将腐败定义为"滥用权力，谋取私利"①。当个人和组织利用"避税天堂"等地的优惠机制避免应缴纳的税款时，"避税港"就为其提供了免税的奖励，这本质上是一种腐败。如时任世界银行行长金墉在 2015 年的一场演讲中说："一些公司采用精心策略，避免在他们工作的国家纳税，这是一种伤害穷人的腐败形式。"②

3. 经济崩溃的驱动因素

"避税港"对金融监管机构识别和控制资本市场风险的能力产生了重大影响，这是 2007 年世界金融危机产生的重要因素③。来自金融危机的证据表明，主管当局对其监管的主要金融机构子公司的离岸活动知之甚少，不了解离岸子公司如何造成泡沫的产生和破裂。因此，需要打击"避税港"，以更好地防止和应对金融危机。

二、"受益所有人"是拥有最终控制权的自然人

高净值人士设立信托或者类似的法律架构，通常是为了资产保护和财富传承。在这一架构中，对资产处置或拥有最终控制权的人，被称为"受益所有人"。

根据 FATF 的定义，受益所有人是指最终拥有或控制一个客户的自然人，和 / 或代表客户进行交易的自然人。受益所有人还包括对法人或安排实施最终有效控制的人员。"最终拥有或控制"和"最终有效控制"是指通过所有权链条或通过直接控制以外的方式行使所有权或控制权的情况。

（1）FATF 对受益所有人进行定义的一个基本要素是它超越了法定所有权和控制权，而是考虑最终（实际）所有权和控制权的概念。换句话说，FATF 的定义侧重实际拥有和利用法人资本或资产的自然人，以及那些真正有效控制资本或资产的人（无论他们是否在法人中担任任何正式职位）。

（2）FATF 对受益所有人进行定义的另一个基本要素是它包括代表其进行交易的自然人，即使此人没有对客户的实际或合法所有权或控制权。

---

① Transparency International Anti-Corruption Glossary，参见 http://www.transparency.org/glossary/term/corruption。

② 2015 年 10 月 1 日于华盛顿的演讲，全文请见 http://www.worldbank.org/en/news/speech/2015/10/01/speech-world-bank-grouppresident-shared-prosperity-equal-opportunity。

③ A. Blundell-Wignalla，P. Atkinsonb，*The Governance of the Black Holes of the World Economy:Shadow Banking and Offshore Finance*，参见 http://openaccess.city.ac.uk/2113/1/CITYPERC-WPS-2013_03.pdf。

在实践中，法律安排的具体特征使识别受益所有人更加复杂。例如，在信托中，资产的法定所有权与受益权一般是分开的。但是，FATF 在反洗钱法律方面的要求是在判定受益所有人时必须识别最终拥有或控制的自然人。

FATF 要求成员国建立受益所有人透明化机制，包括识别受益所有人并建立受益所有人登记系统。但 FATF 并不要求各国向公众公布受益所有权登记册。

三、英国引领"受益所有人"透明化

英国引领"受益所有人"透明化不是偶然的。

首先，税务正义联盟（Tax Justice Network）于 2013 年公布的《金融保密指数报告》①（Financial Secrecy Index，FSI）中涉及的 82 个国家和地区，几乎一半与英国有关。其中包括 3 个英国属地（泽西岛、根西岛和马恩岛）和 7 个海外领土（安圭拉、百慕大、英属维尔京群岛、开曼群岛、直布罗陀、蒙特塞拉特、特克斯和凯科斯群岛）。另一个与英国关系不太密切的群体包括 16 个英联邦成员，其中英国国王是其元首但一般不参与政府的日常事务。其中包括公认的保密司法管辖区，如安提瓜和巴布达、巴哈马、巴巴多斯、伯利兹、格林纳达、圣基茨和尼维斯、圣卢西亚、圣文森特和格林纳丁斯。英国对这些国家具有一定的影响力。

其次，1929 年英国法院的一个重要判决被认为奠定了现代"避税港"的法律基础。英国法院裁定，在英国注册但已将其董事会迁至埃及的埃及三角洲土地投资有限公司将不会在英国征税。从那时起，外国人可以在英国注册公司，却不对他们征税。这种不纳税的居民原则适用于整个大英帝国，并很快推广到各个地区，包括今天世界上一些重要的"避税天堂"。这一原则是国际商业公司（IBC）和现代离岸公司法律体系的基础②。

最后，英国与诸多"避税港"有特殊的法律关系和政治联系。1973 年，皇家宪法委员会发布的所谓"基尔布兰登报告"，仍然被认为是对英国与皇家属地和境外领土等关系的权威报告："联合王国政府负责群岛的国防和国际关系，皇室则是最终对他们的良好政府负责……为了落实国际协议，议会确实有权在未经任何事项同意的情况下为该群岛立法……联合王国议会有权为该群岛立法，但如果

---

① *Financial Secrecy Index 2013*，Tax Justice Network，参见 http://www.financialsecrecyindex.com/Archive2013/Notes%20and%20Reports/FSI-Methodology.pdf.

② Egyptian Delta Land and Investment Co. Ltd. 参见 https://www.casemine.com/judgement/uk/5a938cec60d03e601f97321d.

针对群岛内事务，只有在最特殊的情况下才能未经群岛同意而行使该权力。"[①]2012
年英国政府公布了白皮书，规定英国对于境外领土具有不受限制的立法权，但英
国立法一般不会适用于皇家属地[②]。

四、G8 和 G20 对受益所有人透明化的总体原则

建立一个公共的登记中心，将受益所有人信息统一归集到该登记中心，是
2013 年 6 月 17 日至 6 月 18 日于英国北爱尔兰弗马纳郡厄恩湖度假村举办的第 39
届八国集团会议达成的主要共识之一。《2013 年厄恩八国集团领导人的公报》中
明确提出"八国集团防止滥用公司和法律安排之行动计划"，其中，受益所有人
的信息登记和获取是重中之重。2014 年，二十国集团（G20）在澳大利亚布里斯
班峰会上，提出了"G20 对受益所有人透明化的总体原则"[③]。G8 和 G20 对受益
所有人的主要内容汇总如下。

（1）各国应有对"受益所有人"的定义——指最终拥有或控制法人或法律安
排的自然人。

（2）各国应评估与不同类型的法人和安排相关的现有和新风险，这些风险应
从国内和国际角度加以解决。

①有关风险评估结果的信息应适当与主管当局、金融机构和指定的非金融商
业人和专业人士以及其他司法管辖区共享。

②应采取有效和相称的措施来消除所识别的风险。

③各国应确定高风险部门，并可对这些部门适当考虑加强尽职调查。

（3）各国应确保法人在境内保持受益所有权信息，并确保信息充分、准确和最新。

（4）各国应确保主管当局（包括执法和检察机关、监管当局、税务机关和金
融情报单位）及时获得有关法人受益所有权的充分、准确和最新信息。例如，各
国可以通过中央登记处或者类似机制，对法人的受益所有权进行登记来实现。

（5）各国应确保明示信托的受托人保持充分、准确和最新受益的所有权信息，
包括设立人、保护人（如果有）、受托人和受益人的信息。这些措施也应适用于
类似明示信托的架构或功能的其他法律安排。

（6）各国应确保主管当局（包括执法和检察机关、监管当局、税务机关和金
融情报单位）及时获得有关法律安排受益所有权的充分、准确和最新信息。

---

① *Narrative Report on United Kingdom*，Tax Justice Network，参见 http://www.financialsecrecyindex.
com/Archive2013/Country%20Reports/UnitedKingdom.pdf。
② Foreign and Commonwealth Office，*The Overseas Territories*，Cm8374，2012-06，P14。
③ 英语名称为"G20 High-Level Principles on Beneficial Ownership Transparency"。

（7）各国应要求金融机构和指定的非金融商业人以及专业人士（包括信托和公司服务提供商）识别并采取合理措施，包括考虑到国家风险，以核实其客户的受益所有权。

①各国应考虑促进金融机构和指定的非金融商业人以及专业人士（包括信托和公司服务提供商）获取受益所有权信息。

②各国应确保有效监督这些义务，包括建立和实施对违规行为的有效、相称和劝阻性制裁。

（8）各国应确保其政府当局在国内和国际上开展有效合作。各国还应确保其主管当局及时、有效地与国际缔约方进行受益所有权的信息交流。

（9）各国应确保其税务机关能够获得有益的所有权信息，并能够及时、有效地与相关的国际缔约方进行交换，支持打击逃税行为。

（10）各国应解决可能妨碍透明度的对法人和法律安排之滥用。

①禁止持续使用不记名股票和设立新的无记名股票，或采取其他有效措施确保不记入不记名股票和不记名股票权证不被滥用。

②采取有效措施确保允许代持股东或代持董事的法人不被滥用。

五、欧盟反洗钱指令

（一）概述：欧盟法院为受益所有人登记"踩刹车"

近年反洗钱法律愈演愈烈。2015 年 5 月 20 日，欧盟议会批准了《防止将金融系统用于洗钱和恐怖活动融资之指令》[①]，即欧盟反洗钱指令（第四指令）。2018 年 5 月 30 日，欧盟议会对欧盟反洗钱指令（第四指令）进行了修改，形成了欧盟反洗钱指令（第五指令）[②]。欧盟反洗钱指令（第五指令）对受益所有人透明化进行了扩大和明确，尤其是对信托受益所有人的登记。欧盟反洗钱（第六指令）

---

① Directive（EU）2015/849 of the European Parliament and of the Council of 20 May 2015 on the prevention of the use of the financial system for the purposes of money laundering or terrorist financing, amending Regulation（EU）No 648/2012 of the European Parliament and of the Council, and repealing Directive 2005/60/EC of the European Parliament and of the Council and Commission Directive 2006/70/EC，https://eur-lex.europa.eu/legal-content/EN/TXT/?uri=celex%3A32015L0849.

② Directive（EU）2018/843 of the European Parliament and of the Council of 30 May 2018 amending Directive（EU）2015/849 on the prevention of the use of the financial system for the purposes of money laundering or terrorist financing，and amending Directives 2009/138/EC and 2013/36/EU，https://eur-lex.europa.eu/legal-content/EN/TXT/HTML/?uri=CELEX:32018L0843&from=EN.

于 2020 年 12 月 3 日对成员国生效①，金融机构须于 2021 年 6 月 3 日之前实施。在此情形下，个人隐私权利和数据保护有被不当侵害的危险。

终于，欧盟法院为受益所有人登记"踩下了刹车"。2022 年 11 月 22 日，欧洲法院做出一项重大判决②，主题是允许公众获取最终受益人信息与两项基本人权的兼容性：保护私人生活的基本权利和保护个人数据的权利。欧洲法院宣告，允许公众访问受益所有人登记册的规定无效。其核心观点是**如果允许公众获取最终受益人信息，将构成对尊重私人和家庭生活的基本权利以及保护个人数据权利的严重干涉，这种干涉不属于"严格必要"，而且与追求的目标不相称**。而打击洗钱和恐怖主义融资，不能构成对个人基本权利限制的正当理由。自此就欧盟成员国、英国海外领土和皇家属地而言，完全无障碍的受益所有权登记册的运作已经停止③。

（二）受益所有人登记的主要内容

1. 信托是重点

欧盟反洗钱指令（第四指令）只要求明示信托（express trust）的受托人持有关于信托的受益人的充分、准确和最新信息，包括设立人、受托人、保护人、受益人或受益人类别，以及对信托行使最终控制权的任何其他自然人。这些信息必须存储在一个集中的国家登记中心里。

欧盟反洗钱指令（第六指令）关于信托受益所有人身份信息的修订遵循了与公司实体受益所有人类似的模式，同样鼓励更高的透明度。

首先，信托的定义被扩大为包括"其他类型的法律安排"，如信托（fiducie）、信托公司（treuhand）和信托基金（fideicomiso）等。这扩大了欧盟反洗钱指令（第五指令）的适用范围，与 OECD 于 2018 年 3 月 9 日出台的《针对 CRS 规避安排和不透明离岸架构的强制性披露规则》④（简称《披露规则》）是一致的。OECD《披露规则》旨在打击利用不透明的离岸架构隐匿受益人身份的情形，并明确"受益人"须根据 FATF 的建议或者同样的标准来进行认定，是指对一个法人和法律

---

① Directive（EU）2018/1673 of the European Parliament and of the Council of 23 October 2018 on combating money laundering by criminal law，https://eur-lex.europa.eu/legal-content/EN/TXT/?uri=uriserv:OJ.L_.2018.284.01.0022.01.ENG.

② 法院（大审判庭）2022 年 11 月 22 日的判决——WM 诉卢森堡商业登记，参见 https://eur-lex.europa.eu/legal-content/EN/TXT/?uri=CELEX:62020CJ0037。

③ Richard Grasby，欧盟 – 收益所有权登记册：更新，2023 年 2 月 6 日，参见 https://conventuslaw.com/report/eu-beneficial-ownership-registers-an-update/。

④ Mandatory Disclosure Rules for Addressing CRS Avoidance Arrangements and Opaque Offshore Structures.

安排实施控制的自然人。法律安排包括明示信托（express trust）或类似法律架构，如信托（fiducie）、信托公司（treuhand）和信托基金（fideicomiso）等。

其次，为了降低识别信托受益所有人的复杂性，欧盟反洗钱指令将信托涉及的所有各方定义为信托的受益所有人：委托人、受托人、保护人；受益人或受益人类别；对信托行使最终有效控制权的任何其他自然人。

最后，欧盟反洗钱指令要求"信托受益人的登记"在整个欧盟范围内交换和联通，以为跨境配合和信息的获取提供便利。

2. 扩大了获取信息的范围

重点是欧盟反洗钱指令并未要求对信托受益所有权的登记信息公开，因此，仍然可以保护私密。由于信托具有私密的性质，公开披露信托的受益所有人信息一直存在很大争论。一般来说，这些论点是基于隐私权、登记信托受益所有人信息的复杂性以及受益人可能不知道信托的存在。还有人认为，由于大多数信托是合法的，并且涉及私人家庭事务，因此此类义务过于繁杂。反对公开披露信托受益所有人信息的论点得到了法国宪法法院的支持，该法院于 2016 年 10 月 21 日做出了一项裁决，取消了 2016 年 5 月在法国生效的信托公共登记册[1]。而前述欧洲法院于 2022 年 11 月 22 日做出的判决，更在欧盟的层面为信托受益所有权信息的公开上了"法律之锁"。因此，信托下核心的私密信息基本可以获得法律上的保障。

哪些人可以获得受益所有人登记的信息？在所有情况下，下列机构都能获得有关受益所有人的信息[2]：

第一类，主管当局和金融情报机构。对其获得信息的范围和方式没有任何限制。主管当局应是具有打击洗钱或恐怖主义融资指定职责的政府部门，以及具有调查或起诉洗钱行为、相关上游犯罪和恐怖主义融资、追查和扣押或冻结和没收犯罪资产的税务机关、金融机构的监管机构等[3]。各成员国应确保主管当局和金融情报机构及时、不受限制地获取中央登记处的所有信息，而无须告知有关实体。

第二类，金融机构，只限于客户尽职调查的框架内。成员国还应允许金融机构在为客户尽职调查之目的时及时获取信息。

对于上述两类机构，获得受益所有人登记的信息一般没有争议。但是，欧盟反洗钱指令（第五指令）将范围扩大为包括证明存在合理法律利益的任何人和组织。在此情形下，可以获得的信息种类限于受益人的出生月份和年份、居住国家、国籍、

---

① Ramandeep Kaur Chhina，信托收益所有权透明度，2021 年 7 月 1 日，参见 https://www.openownership.org/en/publications/beneficial-ownership-transparency-of-trusts/beneficial-ownership-disclosure-transparency-trusts/。

② 第 30（5）条，欧盟反洗钱指令（第五指令）。

③ 第 30（6）条，欧盟反洗钱指令（第五指令）。

受益权的性质和程度。实践中，合理法律利益难以界定，因此会带来个人信息保护方面的重大问题。

3. 统一反洗钱上游犯罪的定义

欧盟反洗钱指令（第六指令）对欧盟反洗钱指令（第五指令）的部分内容进行了修改，重点是统一洗钱罪的定义。其重要性在于通过这种协调欧盟将弥补不同成员国国内立法之间的一些解释漏洞，使打击洗钱和恐怖主义方面更加协调。欧盟反洗钱指令（第六指令）引入 22 项上游犯罪，其中最引人注目的是网络犯罪和环境犯罪，包括：有组织的犯罪集团和敲诈勒索；恐怖主义；贩卖人口和偷运移民；性剥削；非法贩运麻醉药品和精神药物；非法武器贩运；非法贩运赃物和其他物品；腐败；欺诈；伪造货币；产品的假冒和盗版；环境犯罪；谋杀、严重身体伤害；绑架、非法拘禁和劫持人质；抢劫或盗窃；走私；与国家法律规定的直接税和间接税有关的税收犯罪；勒索；伪造；海盗行为；内幕交易和市场操纵；网络犯罪。

4. 确保税务机关获得反洗钱信息

根据欧盟理事会指令 2016/2258，各成员国必须确保自 2018 年 1 月 1 日起，颁布本国法律，使税务机关全面获得金融机构的反洗钱信息，这将为金融账户的自动情报交换提供"牙齿"。一旦税务机关获得了金融机构的反洗钱信息，可谓解决了税务机关追缴税款时缺乏信息的问题。同时，由于税务机关对该反洗钱信息的获得，金融机构在进行反洗钱调查时将更加谨慎——税务机构的评估将暴露金融机构反洗钱方面的问题，最终可能引发金融监管机构的处罚。

另外，OECD 于 2015 年 9 月发布了《税务机关为刑事和民事之目的获取金融情报机构信息》的报告[1]，建议各成员国出台法律，以允许税务机关获得反洗钱信息。

5. 绑架风险等例外获准

在特殊情形下，成员国可以通过立法规定，对相关信息的获取会使受益人面临不成比例的风险，欺诈、绑架、勒索、敲诈、骚扰，暴力或恐吓，或者受益所有人是未成年人或在法律上无行为能力时，成员国可以根据具体情况规定豁免获取有关受益所有权的全部或部分信息[2]。成员国应确保在详细评估情况的特殊性质时给予豁免，应保证对豁免决定和有效司法补救措施有进行行政审查的权利。已给予豁免的成员国，应公布关于豁免数和所述理由的年度统计数据，并向委员会

---

[1]　Access by Tax Administrations to Information Held by Financial Intelligence Units for Criminal and Civil Purposes，2015 年 12 月，参见 https://www.oecd.org/ctp/crime/report-improving-cooperation-between-tax-anti-money-laundering-authorities.pdf。

[2]　第 30（9）条，欧盟反洗钱指令（第五指令）。

报告。

6. 虚拟货币纳入反洗钱监管

欧盟反洗钱指令（第五指令）在处理虚拟货币方面迈出了重要的一步。虚拟货币被定义为"价值的数字表示，可以数字传输、存储或交易，并被接受……作为交换媒介"。加密货币交易所被归类为"受监管的实体"，须适用反洗钱监管。实际上，这涉及执行客户尽职调查（CDD）和提交可疑活动报告（SAR）的义务。

欧盟反洗钱指令（第五指令）还赋予金融情报机构（FIU）履行反洗钱监管的权力，其有权获取虚拟货币所有者的地址和身份。加密货币相关的匿名性不受保护。

六、英国受益所有人新规定

（一）公司

英国政府提出了建立受益所有权登记册的规定，并将其作为 2015 年《小企业、企业和就业法》的一部分。2016 年 4 月 6 日，该法律生效，登记册启动，名为"重要控制人（PSC）登记册"。这可能是世界上第一个公开发布的公司受益所有权登记册，至少是 G20 中的第一个公司受益所有权登记册[1]。

要查出一家英国公司的受益所有人，可以在英国公司注册查询系统网站上搜索该公司名称，然后单击"人员"选项[2]。事实上，整个"重要控制人（PSC）登记册"是可以被下载的[3]。

英国的"重要控制人（PSC）登记册"，毫无疑问具有划时代的意义。

根据该法案，公司必须确定并记录对公司有重大控制权的人员（PSC）并确认他们的信息，并将此信息作为年度确认声明的一部分提供给公司注册查询系统。在重要控制人信息改变时更新登记信息，并在下次年度确认声明时更新公司注册查询系统信息。

重要控制人被定义为具有下列条件的个人：

（1）持有公司 25% 以上的股份。

（2）持有公司超过 25% 的投票权。

（3）有权任命或罢免公司的大多数董事会成员。

（4）有权行使对公司的重大影响或控制权。

---

[1] Alan Duncan（FCO），Sanctions and Anti-Money Laundering Bill [Lords] debate，2018 年 2 月 20 日，第 636 卷。

[2] 网址为 https://beta.companieshouse.gov.uk/search?q=。

[3] 网址为 http://download.companieshouse.gov.uk/en_pscdata.html。

以下关于重要控制人的信息必须登记在注册查询系统中：名称，通信地址，出生月份和年份，向公司注册查询系统信息发出最新通知的日期，国籍和居住国，控制的性质。

（二）外国公司持有英国房产和土地

很长时间以来，英国土地登记局（Land Registry）登记的信息是显示财产的直接法定所有人，而不是受益所有人。由于实行了重要控制人注册系统，当房产的合法所有者是英国公司时，可以通过公司注册查询系统了解该房产的受益所有人。但是如果房产由外国公司持有，在现行系统下则无法判定受益所有人。

然而，在受益所有人透明化的趋势下，英国已经发生了重大改变。海外实体登记册于 2022 年 8 月 1 日通过新的《2022 年经济犯罪（透明度和执法）法案》在英国生效，对在英国购买房产和土地的境外公司的受益所有人登记做出了规定，即英国海外实体登记册[①]。在英国购买、出售或转让房产或土地的海外实体必须在公司注册处（Companies House）登记受益所有人。注册后，海外实体将获得一个唯一的海外实体 ID（账号、编码），以便在购买、出售、转让、租赁或收取英国房产或土地时提供给土地注册处。不遵守该法案，可能被处以罚款、监禁或两者同时适用。在英国购买、出售、转让、租赁或收取财产或土地时，也会面临限制。

受益所有人是对海外实体有重大影响或控制的任何个人或实体，可以是个人、公司、政府或公共机构、信托的受托人、非法人实体。值得注意的是，信托公司也可以成为受益所有人。

"控制"包括直接或间接持有该实体 25% 以上的股份或投票权，有权直接或间接任命或罢免实体董事会的多数成员，或有权行使对公司的重大影响或控制权。信托公司以信托受托人的身份行使上述权利时，被认为具有"控制"权。

必须登记的海外实体信息包括名称、成立国家、注册办公地址和通信地址、电子邮件地址、法律形式和适用法律等。必须登记的受益所有人信息包括每个受益所有人的全名、出生日期、国籍、通信地址和家庭住址，成为海外实体受益所有人的日期，控制的性质，是否在英国制裁名单上等。

（三）信托

对信托收益所有权的登记，肇始于欧盟反洗钱指令（第四指令）。为满足该指令的要求，英国还于 2017 年 7 月引入了一份非公开的信托受益所有权登记册。

---

① Guidance- Register an overseas entity and tell us about its beneficial owners，参见 https://www.gov.uk/guidance/register-an-overseas-entity。

通过信托注册服务，受托人可以在线注册信托并提供有关信托的受益所有人信息。该信息仅供执法机构和英国金融情报室使用。

如前所述，根据英国《2022 年经济犯罪（透明度和执法）法》，在英国购买、出售或转让房产或土地的海外实体必须在公司注册处登记受益所有人。

如果信托的受托人是可登记的受益所有人，必须提供有关该信托的信息。这些信息不会在英国海外实体登记册中公布，但会与英国税务及海关总署共享[①]。其中包括以下人员或实体的详细信息：受益人、设立人、赠与人（grantor）、利害关系人。

（四）欧盟法院的影响

英国已经脱离欧盟，因此欧洲法院的判决对英国不再具有约束力。《欧盟基本权利宪章》（EUCFR）第 7 条和第 8 条中的私人和家庭生活权利以及个人数据保护也不再适用于英国。然而，类似权利也包含在《欧洲人权公约》中，英国仍然是该公约的成员。再者，1998 年的《人权法》也成为英国国内法的一部分。因此，英国政府可能面临其国民的反驳，引用与欧洲法院类似的观点，认为受益所有人登记册的要求与《人权法》中保护的隐私权相悖[②]。

如果英国继续向公众开放其受益所有人注册而与欧盟步调不一致，则英国有可能成为一个没有吸引力的投资目的地。英国也可能考虑采用类似美国的做法，其已要求自 2024 年起提交关于受益所有权的报告，但这些信息只提供给授权获得者，而不是公众。

七、英国境外领土

（一）英国迫使境外领土建立受益所有人登记册

2018 年 5 月 1 日，英国议会最终投票通过了《制裁和反洗钱法案》修正案，该法案要求英国海外领土在 2020 年底之前建立公司所有权登记册。其海外领土包括安圭拉、百慕大、英属维尔京群岛（BVI）、开曼群岛、直布罗陀、蒙特塞拉特和特克斯和凯科斯群岛等。必须注意的是，此修正案并未涵盖英国的 3 个皇家属地（泽西岛、根西岛和马恩岛）。

根据《受益所有权安全搜索系统法》（BOSS 法），所有在 BVI 注册的公司

---

① 请见信托登记表格 https://view.officeapps.live.com/op/view.aspx?src=https%3A%2F%2Fdueguv7mi23so.cloudfront.net%2Fstatic%2Fservices%2Foverseas-entities%2FCompanies%2520House%2520Trust%2520Excel%2520Document.xlsm&wdOrigin=BROWSELINK。

② 透明度 v 隐私——受益所有权登记册的不确定未来，参见 https://www.stewartslaw.com/news/transparency-v-privacy-the-uncertain-future-for-beneficial-ownership-registers/。

和有限合伙企业都必须报告有关其受益所有权的信息。然后，这些信息必须由其注册代理上传到机密安全数据库中，只有主管监管机构才能访问该数据库。该法案已于 2017 年 6 月 30 日生效。

与其他英国直辖领地和海外领土一样，BVI 还致力于与英国政府合作，根据国际标准建立可公开访问的公司受益所有权登记册，并于 2023 年实施该指令，以推进欧盟反洗钱指令（第五指令）[①]。

受益所有人是"最终拥有或控制"相关实体的自然人。

（1）对于法人（其证券在公认交易所上市的实体除外），最终直接或间接拥有或控制该法人 25% 或以上股份或投票权的自然人。

（2）合伙企业：控制合伙企业的一个或多个合伙人。

（3）信托：受托人、设立人或控制法律安排的其他人。

英国政府于 2020 年与 8 个英国海外领地达成协议，在 2023 年底之前引入可公开访问的受益所有权登记册[②]。然而，鉴于欧洲法院的判决，欧盟和其他国家的此类公共登记册发生了逆转，可公开访问的受益所有权登记册暂时搁置[③]。

（二）泽西岛和根西岛

对于具有法人资格的公司、基金会和合伙企业来说，在泽西岛和根西岛注册的实体在成立时需提交受益所有权的详细信息。因此，受益所有人的登记在泽西岛或根西岛并不是新要求。事实上，受益所有权的中央登记册已经在这两个岛屿存在多年，并依靠信托服务提供商来保留受益所有权和控制权的详细信息，并根据要求将此类信息提供给公司注册处或监管机构。

（1）泽西岛自 1989 年就建立了受益所有人登记制度，并将其与信托和公司服务提供商的管制结合起来。泽西岛金融服务监察委员会（JFSC）根据 1947 年《借款（泽西岛）法》和 1958 年《借款控制（泽西岛）令》的规定收集和维护有关泽西岛注册公司或合伙企业的受益所有权和控制权信息。《2020 年金融服务（信息披露和提供）（泽西岛）法》获得通过，其中对受益所有人信息的收集和披露做出了规定。

（2）2017 年 8 月 15 日，根西岛公司、基金会和有限合伙企业的受益所有人

---

① 英属维尔京群岛公司和有限合伙企业的受益所有权报告义务，2022 年 4 月 11 日，参见 https://www.harneys.com/insights/beneficial-ownership-reporting-obligations-for-british-virgin-islands-companies-and-limited-partnerships/。

② 受益所有权的登记，2022 年 4 月 6 日，参见 https://researchbriefings.files.parliament.uk/documents/CBP-8259/CBP-8259.pdf。

③ 欧洲法院的判决证明英属维尔京群岛的受益所有权登记方法是正确的，2023 年 2 月 2 日，参见 https://onealwebster.com/judgment-of-the-european-court-of-justice-justifies-bvis-approach-to-beneficial-ownership-registers/。

登记册启动。该制度是根据 2017 年《法人受益所有权（根西岛）法》实施的。

（3）2019 年，英国皇家属地（泽西岛、根西岛和马恩岛）就公司受益所有权登记册做出了公开承诺，并承诺在 2022 年底前向有权实体提供访问权限，以便进行客户尽职调查[①]。

在实施欧盟反洗钱指令（第四指令）和欧盟反洗钱指令（第五指令）方面，泽西岛和根西岛的立场是分阶段实施更详细的受益所有权登记册，并从根本上实现公众访问。为此，泽西岛和根西岛都已完成初始阶段，并建立了受益所有权登记册，执法部门和其他当局与监管机构可以访问这些登记册。第二阶段于 2022 年底完成，为金融服务企业以及某些其他经批准的企业提供受益所有权信息，以进行客户尽职调查。

第三个阶段即实施的最后阶段，是根据欧盟反洗钱指令向公众开放受益所有权登记册信息，原计划于 2023 年完成。然而，在欧盟法院于 2022 年 11 月就 WM 诉卢森堡商业登记案的判决后，泽西岛[②]和根西岛[③]就受益所有人登记的第三阶段，即向公众开放的立法计划被推迟，以便考虑该判决的影响并获得专业的法律建议。

泽西岛和根西岛将来可能允许公众查阅受益所有权登记册，但预计这只会在证明合法利益的情况下进行，以便保持透明度和隐私之间的平衡[④]。

八、中国香港

2017 年 1 月，香港财经事务及库务局发起咨询，"要求在香港注册成立的公司应要求获取并保存最新的受益所有权信息，以供公众查阅"。但自 2017 年 4 月的咨询结束之后，出现了一个显著的转变："考虑到隐私、国际惯例和 FATF 建议，我们同意只有主管当局才能访问受益所有权登记册。"[⑤]

---

① 根西岛、泽西岛和马恩岛就公司受益所有权登记册的联合承诺，2019 年 6 月，参见 https://www.gov.gg/CHttpHandler.ashx?id=119716&p=0。

② 咨询回应和政策文件：有权实体获取信息，2022 年 12 月，参见 https://www.gov.je/SiteCollectionDocuments/Industry%20and%20finance/CR%20Beneficial%20ownership%20consultation%20response%20and%20policy%20paper.pdf。

③ 三个皇家属地关于获取公司受益所有权登记册的声明，2022 年 12 月 22 日，参见 https://www.gov.gg/article/194495/Statement-of-the-three-Crown-Dependencies-concerning-access-to-Registers-of-beneficial-ownership-of-companies。

④ 根据欧盟法院的裁决，泽西岛和根西岛将推迟公众查阅受益所有权记录，Natalia Fortuna 等，2023 年 2 月 6 日，参见 https://www.lexology.com/library/detail.aspx?g=f27d5ad7-e64d-4c4d-b588-abe5d9e2ca2d。

⑤ 加强香港反洗钱及恐怖分子资金筹集监管立法建议的咨询，2017 年 4 月，参见 https://www.fstb.gov.hk/fsb/aml/en/info-pub-press/conclu_eaml_etbo_e.pdf。

经修订的《公司条例》（《香港法例》第 622 章）于 2018 年 3 月 1 日起生效。新《公司条例》要求在香港设立的公司必须备存"重要控制人登记册"，以取得受益所有权资料并保持更新。新《公司条例》仅适用于在香港注册成立的公司，同时规定上市公司可获豁免，因为上市公司必须遵守《证券及期货条例》（《香港法例》第 571 章）下更严格的披露规则。

（一）谁是重要控制人

中国香港自 1991 年起就是 FATF 的成员。2018 年 FATF 对中国香港打击洗钱和恐怖分子资金筹集的努力进行了评估。为此，香港的优先任务是出台公司受益所有人透明化方面的法律规定，以避免对香港的评级产生不利影响。

根据修订的《公司条例》，每家香港公司必须储存一份该公司的重要控制人登记册，登记以下内容：

（1）须登记人士。如某自然人或指明实体（国家或政府等）对一香港公司有重大控制权，则该人或实体属该公司的须登记人士。

（2）须登记法律实体。如某法律实体是一香港公司的直接股东（即成员）且对该公司有重大控制权，则该实体是该公司的须登记法律实体。

某自然人或公司如符合下述五个条件中的一个或以上条件，即对公司有重大控制权：

（1）该人直接或间接持有该公司 25% 以上的已发行股份；如该公司没有股本，该人直接或间接持有该公司 25% 以上的资本或拥有分享该公司 25% 以上利润的权利。如果某人与另一人共同持有某股份，则他们每人均被视为持有该股份；如果基于共同安排持有股份，则每人均被视为持有他们总和的股份；由代名人为另一人持有的股份，须视为由被代持人拥有。

（2）该人直接或间接持有该公司 25% 以上的表决权。

（3）该人直接或间接持有委任或罢免该公司董事局过半数董事的权利。

（4）该人有权行使对公司的重大影响或控制权。

（5）该人有权或实际上对某信托或商号的活动发挥或行使重大影响或控制权。

上市公司不能因为持股而被称为重要控制人。此时，必须向上追溯，以确定是否有其他重要控制人。

例 1

对于常见的香港离岸公司模式，比如，一个自然人持有一个 BVI 公司 100% 的股权，而 BVI 公司持有一个香港公司 100% 的股权。公司须穿透 BVI 公司，去识别背后的控制人，此时该 BVI 公司和自然人均须记入重要控制人登记册。

例 2

一家私人公司，如果有两位股东、每人持有公司 50% 的股份。则该公司有两位重要控制人，他们的详细信息均须记入重要控制人登记册。

例 3

如果 B 公司持有 A 公司 100% 已发行股份，而 C 公司（在香港上市的公司）持有 B 公司 51% 已发行股份。在此情况下，虽然 C 公司是在香港上市，但 C 公司并非 A 公司的须登记法律实体。A 公司必须向上追溯，以确定是否有任何人透过 C 公司对 A 公司有重大控制权，即是否有任何人在 C 公司中有多数利益。

（二）重要控制人登记

1. 采取合理步骤以识别公司的重要控制人

公司必须采取合理步骤，以确定其重要控制人。有关步骤包括检视公司的成员登记册、组织章程细则、股东协议或其他相关协议，以及向任何相信已知悉或有合理原因相信是重要控制人的人士发出通知。

如公司知道或有合理原因相信，某人是该公司的重要控制人，或某特定的人知道另一人是该公司的重要控制人及该人的身份，该公司须在知道或相信此事后 7 日内，向该人或该特定的人发出通知，获取重要控制人的所需详情。

2. 将所需详情记入登记册

登记册须以中文或英文备存，并须载有每名重要控制人的详情，见表 3-1 所示。

表 3-1　重要控制人登记详情

须登记人士	须登记法律实体
现用名字及姓氏、曾用名字或姓氏（如有）	名称
通信地址，该通信地址不得为邮政信箱号码	主要办事处的地址
	该实体的法律形式及管辖该实体的法律
身份证号码或（如该人没有身份证）所持有的护照的号码和签发国家	该实体的注册编号（或等同于注册编号的编号）
成为须登记人士的日期	该法律实体成为须登记法律实体的日期
对公司控制的性质	对公司控制的性质

除上述重要控制人详情外，登记册还须包含公司指定代表所需的详情（即姓名或名称及联络资料）。该人必须是该公司的成员、董事或雇员（必须是居于香港的自然人），或者会计专业人士、法律专业人士或信托或公司服务持牌人（根

据《打击洗钱及恐怖分子资金筹集条例》获发牌在香港经营信托或公司服务业务的人）。指定代表负责向执法人员提供与登记册有关的协助。

3. 法律责任

《公司条例》规定公司必须采取合理步骤识别其重要控制人。重要控制人没有法定责任自行将有关身份或所需的资料报知公司。如果公司知道或有合理理由相信某人是该公司的重要控制人（或该人知道公司的重要控制人的身份），公司必须在 7 天内向该人发出通知，要求提供资料。如未能做到，公司即触犯刑事罪，可被罚款。在通知的日期起一个月内，收件人必须遵行通知内的规定，违者即属触犯刑事罪，会被罚款。

九、新加坡

根据 FATF 的意见，新加坡对《公司法》和《有限合伙企业法》进行了修订。自 2017 年 3 月 31 日起，新加坡注册公司、新加坡注册的有限合伙企业和新加坡注册的外国公司须保留一份控制人名册[①]。保留登记册的目的是确保有关受益所有人的信息准确和充分，主管当局及时获取此类信息。新加坡上市公司和新加坡金融机构免除此要求，因为上市公司必须在上市前履行利息义务的详尽披露，而新加坡金融管理局（MAS）会对金融机构的董事和股东进行严格的审查。

新加坡登记册只对主管当局开放，而公众无法获得登记册信息。

"控制人"是对公司有重大利益或重大控制权的个人或法人实体，包括：

（1）拥有超过 25% 股份的权益。

（2）持有公司总投票权超过 25% 的股份。

（3）有权分享公司资本或利润的 25% 以上。

（4）在董事会会议上任命或罢免拥有多数表决权的董事的权利。

（5）持有超过 25% 的投票权，由公司成员投票决定。

与其他国家不同的是，新加坡没有政府主导的登记册，而是由公司建立登记册。但新加坡法律允许部长建立一个中央登记册，前提是"如果中央登记册成为全球主要金融服务中心实施的新的国际商定标准"。

---

① 　Registers of registrable controllers Guidance for Companies，https://www.acra.gov.sg/docs/default-source/default-document-library/legislation/companies-act-reform/companies-（amendment）-act-2017/ACRAGuidanceonregisterofcontrollersforcompanies（v1-4）.pdf；Registers of registrable controllers Guidance for Limited Liability Partnerships，https://www.acra.gov.sg/docs/default-source/default-document-library/legislation/companies-act-reform/companies-（amendment）-act-2017/acraguidanceonregisterofcontrollersforllps（v1-4）.pdf .

公司必须采取合理措施来确定其控制人，保持登记册的更新。收集的控制人的信息包括全名和任何别名、住宅地址、国籍、身份证号码（或护照号码）、出生日期。登记册不向公众开放。如果注册商、会计和公司监管局（ACRA）或执法机构（包括国内税务局）提出要求，公司必须提供对其注册的访问权限。公共机构只能使用登记册上的信息来管理或执行法律。

公司的责任如下：

（1）采取合理的步骤识别控制人并获得控制人信息，向其知道或有合理理由相信为控制人的任何人发出通知。

（2）在规定的地方（如其注册办事处或其注册的备案代理人的注册办事处）保存控制人的登记册。

（3）在收到更新信息之后的 2 天内更新登记册。

（4）在向公司监管局提交的年度报表中声明他们的控制人登记册是最新的。

（5）根据要求向注册登记机构和执法机关提供控制人登记册，而不是向公众提供。

控制人有义务在成为控制人后 30 天内通知公司或有限合伙企业，并及时通知其详细信息的任何变更，否则为违法行为。

十、美国

在受益所有人登记方面，美国也没有缺席。美国国会于 2021 年通过了《企业透明度法案》[①]，对建立受益所有人登记做出了规定。这是一部反洗钱法。《企业透明度法案》指出，不良行为者试图隐瞒其在美国的公司、有限责任公司或类似实体的所有权，以便利洗钱、恐怖主义融资、税务欺诈和其他非法行为，因此，需要联邦立法规定收集受益所有权信息，以保护国家利益并更好地打击这些非法行为。

2022 年 9 月 29 日，美国财政部下属的金融犯罪执法网（FinCEN）发布了细则，以落实美国公司和外国实体的受益所有权登记要求，已于 2024 年 1 月 1 日生效[②]。FinCEN 是美国主要负责打击洗钱、恐怖主义融资和客户尽职调查相关监管的部门。

最终规则要求某些美国公司和在美国开展业务的外国法人实体向 FinCEN 提供有关公司所有权的具体信息。23 个商业实体排除在报告公司的名单之外。这些

---

① 第 6403 章：受益所有权信息报告要求，参见 https://www.congress.gov/116/plaws/publ283/PLAW-116publ283.pdf。

② 参见 https://www.fincen.gov/boi。

豁免实体通常是大型且受联邦监管的公司，如银行、货币服务企业、证券交易所或清算机构以及投资公司。

受益所有人的范围。直接或间接拥有以下任何一种权力的个人：①对报告公司行使实质控制权；②拥有或控制报告公司至少 25% 的所有者权益。实质性控制是重点。行使实质性控制权的包括有权任命或罢免任何高级管理人员或董事会大多数成员，以及对公司重要决策有重大影响的个人。公司秘书和财务主管一般不作为受益所有人，公司的债权人和未成年子女等也不作为受益所有人。

2024 年 1 月 1 日之前创建的公司必须在 2025 年 1 月 1 日之前提交初次受益所有人报告。报告必须列出受益所有人的法定全名、出生日期、完整的当前居住街道地址以及有效的美国护照、州或当地身份证件、驾照或外国护照等。

受益所有人登记处的资料不对外公开，但 FinCEN 可以决定与有权实体和金融机构等共享登记信息，这包括：从事国家安全、情报和执法的联邦机构，有法院命令的州执法机构，财政部，金融机构，金融机构的政府监管机构，以及某些外国当局通过美国机构索取信息。

十一、瑞士

瑞士金融机构有识别受益所有人的责任。自 2016 年 1 月 1 日起，金融机构必须根据相关情况，进行尽职调查识别受益所有人。受益所有人是最终控制该法律实体的自然人，直接或者间接、单独或者与第三方共同持有该法律实体 25% 以上的资本或投票权，或以其他的方式控制该法律实体。瑞士的金融机构须要求其业务伙伴提供有关资产受益所有权的声明[①]。一般来说，资产的受益所有人是自然人。这适用于以下情况：①开设账户或存折；②开设证券账户；③委托进行交易；④签订存放于第三方的资产的管理协议；⑤执行涉及证券、货币和贵金属以及其他商品交易的交易；⑥超过 15000 瑞士法郎的现金交易。如果客户是上市公司或上市公司实质控制的子公司，不需要进行受益所有人的识别。

但是，目前瑞士政府还没有建立对受益所有人的公共登记册。股份公司[②]是瑞士非常普遍的法律形式。股份公司在设立和存续的过程中，其股东信息在目前是不需要向瑞士政府进行披露的。公司董事会需要保留受益所有人或股东的登记册，但政府和外界无从知晓。这样便提供了私密的保护，同时也使得瑞士面临很多批评。

---

① 关于瑞士银行尽职调查行为准则的协议（CDB 20）第 27 条，参见 https://www.swissbanking.ch/_Resources/Persistent/6/2/e/e/62eec3df0685e359c5a376dfca79dec8b908ea9c/SBA_Agreement_CDB_2020_EN.pdf。

② 德语 Die Aktiengesellschaft，"AG"或法语 Société Anonyme，"SA"。

2023 年 8 月 30 日，瑞士联邦委员会启动了关于旨在加强瑞士反洗钱框架的"一揽子"法律改革的磋商 ①。改革的主要提议是建立一个中央联邦登记册，瑞士法人实体和某些外国实体必须登记其最终受益所有人的信息。该登记册将取代瑞士公司内部受益所有人登记册，并符合上述国际趋势。

瑞士中央登记册的管理机构是联邦司法和警察部。中央登记册将不可供公众查阅。然而，某些瑞士当局将有权访问以履行其法定职责（如刑事当局、反洗钱当局以及税务当局），以及银行和资产管理公司等金融机构将有权访问以履行其反洗钱和尽职调查义务。

磋商持续到 2023 年 11 月 29 日。预计该草案将于 2024 年提交给瑞士议会。瑞士计划于 2026 年引入受益所有人登记册。

第二节

财富管理之真正的安全观

一、纳税、反洗钱、慎用离岸公司

如何实现从透明时代与个人财富规划之相克到相生，是一个核心问题。**什么是财富管理之真正的安全观？笔者认为可以总结为三点：纳税、反洗钱、慎用离岸公司。**

传统上，高净值人士进行财富管理时，通常会利用一系列离岸架构，使其资产和所得游离于税务机关的视野之外，从而实现不纳税的目的。这也是过去很多离岸中心宣传的所谓优势。随着税务情报交换、国际反避税等的发展，高净值人士面临的税务图景发生了根本性变化。可以说，不纳税的时代一去不复返了。即使从理论上，个人可以做到不是任何地方的税务居民（如将家庭、居住时间等分散在不同的国家和地区），但在税务情报交换的情形下，个人如果在金融机构将自己写成不是任何国家的税务居民即"世界非税务居民"，很有可能受到金融机构的特别关注或被放到黑名单里。事实上，在现在的国际反避税网络下，个人能真正做到不成为任何国家的税务居民是一件非常困难的事。因此，对绝大多数人而言，是根据自己的具体情况，规划自己的税务居民身份，选择纳税地点。

---

① 联邦委员会就加强反洗钱框架启动磋商，2023 年 8 月 30 日，参见 https://www.admin.ch/gov/en/start/documentation/media-releases.msg-id-97561.html。

如前所述，反洗钱金融行动特别工作组（FATF）已经推动实现反洗钱规则的国际化。逃避税犯罪在很多国家，尤其是主要的离岸金融中心，成为洗钱的上游犯罪。这将影响个人金融账户的安全。随着金融中心在反洗钱规则上日趋严格，遵从规则才能确保个人资产的安全。

持有一个境外银行账户，个人是否会首先想到用 BVI、开曼等离岸公司？最近几年多起泄密案件都与离岸公司有关。全球范围内对离岸地的打击可谓风起云涌。利用离岸中心，本身不违法，而且利用离岸中心有很多合法、合理的诉求。但是利用离岸中心来进行个人财富管理，一旦有任何信息被泄露或者公开，公众经常会认为个人在从事一些见不得光的事情，这就是所谓的"城门失火，殃及池鱼"。高净值人士受制于个人隐私等原因，难以解释这些安排，因此往往是"哑巴吃黄连，有苦难言"。

如果离岸公司被用于遗产规划、资产隔离、资产集中、资产保护等，一般被视为合理之目的。但如果离岸公司被用于逃税、隐藏受益所有人等，则被视为不合法之目的。

二、欧盟黑名单

2017 年 12 月 5 日，欧盟理事会发布了首份《欧盟为税务之目的的非合作区域名单》[①]，俗称"欧盟黑名单"。欧盟黑名单是欧盟打击逃税和避税工作的一部分。该名单一般两年修订一次，以允许成员国有充分的时间调整国内法。

2024 年 2 月 20 日，欧盟理事会公布了最新的黑名单[②]，包括美属萨摩亚、安圭拉、安提瓜和巴布达、斐济、关岛、帕劳、巴拿马、俄罗斯、萨摩亚、特立尼达和多巴哥、美属维尔京群岛、瓦努阿图。

对于列入黑名单的国家和地区，欧盟及其成员国会采取一系列非税和税务防御措施。

1. 非税防御措施

关于非税收领域，欧盟理事会请欧盟机构和成员国在以下方面建立欧盟黑名单：对外政策、发展合作和与第三国的经济关系。此外，某些欧盟资助规则直接与欧盟黑名单挂钩，禁止向黑名单上国家和地区的公司提供如下资金和工具：欧洲可持续发展基金（EFSD）、欧洲战略投资基金（EFSI）、外部贷款授权（ELM）、

---

① The EU list of non-cooperative jurisdictions for tax purposes，参见 https://www.consilium.europa.eu/en/policies/eu-list-of-non-cooperative-jurisdictions/。

② EU list of non-cooperative jurisdictions for tax purposes，参见 https://www.consilium.europa.eu/en/policies/eu-list-of-non-cooperative-jurisdictions/。

证券化的总体框架等。

2. 税务防御措施

欧盟理事会建议其成员国采取以下税务措施：

（1）加强交易监控和对相关纳税人加强风险审计。

（2）在所列司法管辖区发生的费用不可扣除。

（3）受控外国公司（CFC）规则，限制延期纳税。

（4）预提所得税，以解决不当豁免或退款问题。

（5）股东股息参与豁免的限制。

迄今为止，已有 21 个成员国对欧盟黑名单上提到的司法管辖区采取了行政和立法性质的防御措施。

三、《披露规则》打击不透明离岸架构

在对滥用离岸公司进行隐匿资产、控制人等行为进行打击的法律行动中，OECD 颁布的《披露规则》毫无疑问是国际行动的一部分。《披露规则》要求中介机构在 CRS 规避架构或者不透明离岸架构可供执行的 30 天内向本国税务机关进行披露。

（一）对离岸的严格界定

这可能是历史上第一次对"离岸"一词做出如此严格的界定。根据 OECD 对《披露规则》的注释，如果任何受益所有人（any beneficial owner）居住地在架构的设立、管理、控制或建立的法域之外，那么该架构就是"离岸"的[1]。反之，如果不被"离岸"涵盖，该架构的所有股东须为架构设立地居民。而对于信托，其受益人、受托人以及其他对信托有控制的人，均须为信托设立地居民。这是为了避免通过设立一个或多个当地受益人的离岸架构，来规避《披露规则》。

（二）不透明离岸架构的范围

OECD 打击的是利用不透明离岸架构隐匿受益所有人身份、用于封闭的个人投资架构的情形。简单说，其针对的是将离岸架构用于个人财富管理的领域。《披露规则》不适用于机构投资者（银行、保险公司、集合投资工具、养老金机构、上市公司、政府机构、中央银行、主权基金等拥有的架构），也不适用于积极交易的资产，如通过券商、托管人进行证券交易。

---

[1] MDR 规则第Ⅲ部分第 30 段。

《披露规则》中界定不透明的消极离岸架构需满足下列特征[1]。①离岸架构。②消极活动。没有工作人员、固定办公场所、经营设备和资产。③不透明。④该架构或者安排的目的或效果是隐藏受益所有人的身份。

不透明离岸架构还涵盖金融资产以外的资产。因此，不为 CRS 所涵盖的资产，如不动产，仍可能为不透明离岸架构所涵盖[2]。

（三）哪些架构被点名

以下架构被《披露规则》明确涵盖：

第一类：利用代持架构隐藏受益所有人，包括消极信托。代持人是代表其他人来持有股份的人。代持协议的性质取决于代持人和被代持人之间的具体安排。代持人可以是个人，也可以是一个代理机构或者消极受托人（bare trustee）。消极受托人是针对消极信托（bare trust）而言的——如果受托人仅拥有所有权而不承担审慎管理的责任，这样一个信托就可以称为消极信托。消极信托一般没有资产保护的作用，但有时可能被用于隐藏真实受益所有人的身份。

第二类：间接控制信托。如果一个人不是信托的受托人或保护人，但可以经常性地指示信托的受托人，从而掩盖其真实的受托人身份，该信托就属于一种间接控制安排。

第三类：期权安排隐藏受益人。个人将其资产给予一个非关联方，以换取非关联方给予的允许此人日后按照一个象征性价格获取该资产全部或大部分利益的权利。该安排允许期权持有人对相关资产有最终控制但同时不被识别为受益所有人。

第四类：允许高净值人士控制资产和收入但不被识别为受益所有人。常见的如预付借记卡、信用卡、免息贷款等。

第五类：利用反洗钱规则薄弱的区域。比如，无须根据金融行动特别工作组的最新建议，获得、保留和更新受益所有人信息；股东或成员没有义务披露被代持人的姓名；法人的股东或成员没有义务或机制更新法人所有权或控制权的变化；法律架构设立地的法律不要求受托人持有和更新受益所有人信息。

四、离岸中心的经济实质立法

2018 年 11 月 15 日，OECD 发布了 BEPS 第 5 行动方案后续工作相关的新的全球标准，这些标准要求没有税或者只有名义税的国家或地区出台"实质性活动"

---

[1]　规则 1.2：Opaque Offshore Structure，MDR。

[2]　MDR 规则第Ⅲ部分第 26 段。

之要求，否则将被 OECD 视为有害税务竞争 [1]。

为此，开曼群岛于 2018 年 12 月 17 日通过了《国际税务合作（经济实质）法》[2]，于 2019 年 1 月 1 日生效。该法涵盖了 9 个业务类别：保险业务、基金管理业务、分销和服务中心、银行业务、总部业务、控股公司业务、知识产权业务、融资或租赁业务、航运业务。开曼群岛豁免公司、开曼群岛有限责任公司和合伙企业，以及实际管理机构在开曼群岛的外国公司，都在该法的涵盖范围内。

从事这 9 类业务的公司，必须在开曼群岛具有经济实质，否则就不能视为开曼群岛的税务居民。在这种情况下，开曼群岛公司就需要将其他国家或地区作为税务居民所在地。值得注意的是，相关实体和相关活动不包括投资基金业务。另外，在这 9 类活动以外的公司，包括利用公司持有在银行的一个投资组合，都不在涵盖范围内，因而不受影响。

开展前述活动的实体须向开曼群岛税务信息管理局提交年度报告，声明其是否在开展一项或多项相关活动；如果是，其是否需要符合经济实质测试。该报告须在年度终了之日起的 12 个月内满足经济实质测试要求。

其他区域，如英属维尔京群岛、泽西岛、根西岛、百慕大、马恩岛、毛里求斯等已经推出类似开曼群岛的实质要求。这些立法将对传统上利用离岸中心的架构带来重大影响。

五、深远影响

CRS 是近几年的新生事物，但利用离岸公司进行个人财富规划早已源远流长。曾经离岸架构被过度利用，似乎离岸架构就是万能的。利用离岸架构进行个人财富规划在实现了私密的同时，也为个人财富架构带来了风险。

税务透明化的国际趋势早已是任何人阻挡不了的历史洪流，而受益人透明化也已成为国际潮流。"欧盟黑名单"是将鞭子挥向离岸国家和地区，逼其在政策制定层面动用立法权杖为透明化大开方便之门；CRS 规则和 FATF 反洗钱规则旨在管住金融机构，遵从法律；《披露规则》则严格束缚中介机构（金融机构可能也是中介机构，包括律师、税务师等）在离岸架构设计中发挥核心作用。三管齐下，着力甚猛。

---

[1]　OECD（2018），*Resumption of Application of Substantial Activities Factor to No or only Nominal Tax Jurisdictions-BEPS Action 5*，OECD，Paris. http://www.oecd.org/tax/beps/resumption-of-application-of-substantial-activities-factor.pdf.

[2]　经济实质——开曼群岛，参见 https://www.pwc.com/ky/en/assets/home/economic-substance-cayman-islands.pdf.

　　如何实现从税务透明与个人财富规划之相克到相生，是一个核心问题。笔者从不否认离岸架构的价值，也认同资产保护和隐私权是个人的基本权利。同时，如果一个离岸架构不存在隐藏受益人的情形等，使用离岸架构可能仍然是可以的，但需要注意的是，如果架构设立在为"欧盟黑名单"等涵盖的国家，可能带来很多问题。在国际范围内对离岸地和离岸架构的打击下，金融机构和监管部门等对于离岸架构的接受也会更加谨慎。因此，离岸架构在被用于个人财富规划方面需要重新考量。

第四章

国家案例样本观察：瑞士银行保密法在透明时代的嬗变

瑞士银行保密法主要内容

是不是听说瑞士银行保密法已经不存在了？实际上，**瑞士银行保密法仍然有效，最近的情况是存在"一个加强、一个豁口"，瑞士银行保密法在整体上仍然完好无损。**

"一个加强"是自 2015 年 7 月起，任何积极参与泄露客户数据的人最高可被判处 3 年监禁，如果他们从中获利，则最高可被判处 5 年监禁。这就是仍然悬在瑞士记者头上的"达摩克利斯之剑"，使瑞士记者不敢泄露信息。

"一个豁口"是瑞士加入了《多边税收征管互助公约》，并于 2017 年 1 月 1 日正式生效。虽然这一国际准则迫使瑞士的银行将客户数据传递给瑞士税务机关并由其与其他国家交换，但银行保密工作在其他方面仍然完好无损。

一、瑞士银行保密法的主要内容

1934 年，瑞士颁布了《关于银行和储蓄所的联邦法令》[1]。该法的第 47 条就是举世闻名的"瑞士银行保密法"，经过历史沿革，银行保密法主要内容如下。

（1）任何人故意做出以下行为将面临最高 3 年的有期徒刑或罚款。

责任主体包括：银行执行委员会或监督委员会成员、雇员、代理人、清算人、监督员；审计事务所的成员或雇员。

涵盖情形：泄露保密信息；意图引诱银行职员违背职业保密；将保密信息泄露给第三方或为个人或他人利益而利用这些信息。这里的第三种情形"将保密信息泄露给第三方或为个人或他人利益而利用这些信息"就是 2015 年银行保密法修改时加上去的。

（2）因疏忽而泄露客户和银行信息，将面临最高 25 万瑞士法郎的罚款。

（3）保密责任终身有效。对违背职业保密要求的行为，即使银行执照被吊销或者个人已经离职，仍然要进行处罚。

（4）在联邦和州法律要求提供证据或者向政府机关提供信息的情况下，保密

---

[1]　Swiss Federal Act on Banks and Savings Banks

责任可以免除。

在理解瑞士银行保密法时，需要明确以下几点。

（1）《关于银行和储蓄所的联邦法令》仍然是统管瑞士银行业的根本大法。其 47 条（俗称"瑞士银行保密法"）仍然是有效法律。因此，认为瑞士银行保密法无效的观点是错误的。

（2）根据 Paolo S. Grassi 和 Daniele Calvarese [1] 的研究，金融领域的保密概念早在中世纪的德国和北爱尔兰就已经存在了。随着商业的发展，对可信赖银行家的需求增加，而基于审慎和保密的银行业服务是个人对付封建王朝的工具。显然，银行的保密责任不是现代社会的创造，也不是瑞士银行系统的发现。在 1934 年《关于银行和储蓄所的联邦法令》出现以前，瑞士银行已经被要求保护客户的隐私并被禁止泄露客户信息。然而，这些保护仅限于民法典中的隐私保护和商法中对于合同权利的保护。一旦客户信息被泄露，客户只能通过起诉银行来获得补偿，雇员直接负责几乎是不可能的。

（3）对于银行保密，并无国际标准。瑞士银行保密法从来不是绝对的 [2]。银行保密责任在瑞士国内和国际刑事犯罪程序中并不适用。随着国际税务的发展，银行保密法已经在税务领域开了一个大口子。随着瑞士签署《多边税收征管互助公约》，以及与协定伙伴国修改税收协定，银行保密法对税务领域已经敞开。

（4）银行保密法不是瑞士独有的，其他国家如奥地利、新加坡、卢森堡等有着类似的制度。只不过瑞士银行保密法的知名度最高而已，这可能要归于瑞士的永久中立国地位等诸多原因。

二、2015 年收紧

2015 年瑞士进一步收紧银行保密法是为了惩罚从被盗银行信息中获利的第三方。此前一系列泄密事件被出售给德国各州，以帮助他们追查逃税行为。比如，日内瓦汇丰私人银行前信息技术员 Hervè Falciani 因向法国当局传递了机密数据，被判处 5 年有期徒刑，但他没有出席审判，仍然是逃犯 [3]。

---

[1]　Paolo S. Grassi，Daniele Calvarese，*Pace International Law Review* 1995，Vol. 7，pp. 329-372.

[2]　Cyril Troyanov，*Past，Present and Future of Swiss Bank Secrecy*，http://www.altenburger.ch/uploads/tx_altenburgerteam/CT_2014_Past_Present_and_Future_of_Swiss_Bank_Secrecy.pdf.

[3]　Swiss banking secrecy law clashes with freedom of speech，Matthew Allen，2022 年 2 月 21 日，参见 https://www.swissinfo.ch/eng/swiss-banking-secrecy-law-clashes-with-freedom-of-speech-/47365724。

瑞士记者很忌惮采用或者传播被泄露的客户信息，这是因为记者可能因此触犯瑞士银行保密法而面临刑事处罚。自 2015 年瑞士银行保密法收紧以来，瑞士媒体已被禁止接受泄露的银行数据。如果记者采用或者报道了被泄露的信息，会被视为违背瑞士银行保密法而承担刑事责任。在现实中，虽然很少有记者会被真正追究刑事责任，但是该规定还是不免让很多记者噤若寒蝉。由于国际社会的批评，瑞士议会已经开启了瑞士银行保密法对记者法律责任问题的调查，以确保新闻自由 ①。

另外，在瑞士，对举报人的法律保护是微乎其微的。在劳动法或者刑法上，没有立法保护举报人。因此，举报人在举报时仍面临用人单位的违约责任和刑事责任，甚至被判处罚款甚至监禁。

根据瑞士最高法院的做法，虽然在公司内部员工举报不当行为是可取的，但出于维护正当利益的目的，公开此类信息通常是不合理的。因此，根据刑法，公开此类信息的个人要承担重大风险。鉴于瑞士议会拒绝颁布具体立法来保护举报人，一旦信息被泄露给相关公司以外的接收者，在瑞士几乎不存在保护 ②。

三、不适用于境外分支机构

瑞士银行保密法不适用于瑞士金融机构在境外的分支机构。这是瑞士最高法院就一个著名泄密案件做出的判决 ③。

2018 年 10 月，瑞士最高法院联邦法院以三票对二票驳回了苏黎世检察官的上诉，宣告鲁道夫·埃尔默（Rudolf Elmer，1955 年 11 月 1 日出生）违反瑞士银行保密法无罪 ④。埃尔默是一位瑞士私人银行家、举报人和活动家。他从 20 世纪 80 年代开始在瑞士宝盛银行担任银行家，直至 2002 年被解雇。他担任该银行加勒比业务主管长达 8 年之久。在被瑞士宝盛银行开曼群岛子公司解雇后，埃尔

---

① 确保金融中心问题的新闻自由，2023 年 2 月 27 日，参见 https://www.parlament.ch/de/ratsbetrieb/amtliches-bulletin/amtliches-bulletin-die-verhandlungen?SubjectId=59623#votum7。

② Internal investigations in Switzerland:recent developments，Saverio Lembo，Pascal Hachem，2022 年 9 月 2 日，参见 https://www.ibanet.org/internal-investigations-in-Switzerland-recent-developments.

③ 该案例本身曲折迂回，扣人心弦。具体过程请见 https://www.anstageslicht.de/themen/english/whistleblower-rudolf-elmer-against-tax-evasion-and-bankhaus-julius-baer/whistleblower-rudolf-elmer-the-chronology/。

④ 判决书请见（德语）https://www.anstageslicht.de/fileadmin/user_upload/Geschichten/Rudolf_ELMER__gegen_Steuerflucht_und_Bankhaus_Julius_Baer/BG-CH_RE-Urteil_101018_mit_Begruendung_blacked.pdf。

默向税务机关和维基解密披露了属于该分行的银行信息。2005 年，埃尔默被苏黎世当局逮捕，并被关押了 30 天。2008 年，埃尔默向维基解密披露了银行机密文件，详细介绍了瑞士宝盛银行在开曼群岛的活动及其在涉嫌逃税中所扮演的角色。2011 年 1 月，埃尔默在瑞士因违反瑞士国家保密法而被定罪。此后，他因再次向维基解密传递非法获得的数据而再次被捕。此间数次庭审，直到 2018 年瑞士最高法院判其无罪。

税务情报交换对银行保密法的冲击

随着国际税务透明化与国际征管的发展，瑞士银行保密法已经向税务领域的情报交换敞开了大门。

近年瑞士私人银行经常成为国际媒体关注的焦点。2009 年 2 月，瑞士银行集团承认帮助美国富人逃税，向美国缴纳了 7.8 亿美元的罚款。同时，瑞士银行还向美国司法部提供了 4450 名美国客户的资料。其他的瑞士私人银行，包括瑞士信贷集团和瑞士宝盛集团等都被美国司法部列为调查对象。随后，美国的调查对象扩大到英国汇丰银行和渣打银行以及以色列的银行。这些税务调查和情报交换实际上已经在瑞士银行保密法上打开了口子。

自 2009 年以来，瑞士修改了几十个税收协定，以符合 OECD 关于税务透明化和国际税务合作的要求。2013 年 10 月 15 日瑞士签署了《多边税收征管互助公约》，并于 2017 年 1 月 1 日正式生效。以此公约为基础，瑞士可以与上百个国家和地区开展跨国界、涵盖多种税种的情报交换和多样化的征管合作。这一影响是深远的：瑞士银行等金融机构进入国际税收征管网络，跨境税务情报的大量交换带来纳税人权利保护问题。虽然这一国际准则迫使瑞士的银行将客户数据传递给瑞士税务机关并由其与其他国家进行交换，但银行保密在其他方面仍然完好无损。

另外，在金融账户自动情报交换来临前，一些国家已经基于税收协定等向瑞士提出了大规模情报请求。比如，2015 年 7 月，荷兰请求瑞士提供某银行如下荷兰客户账户信息[①]：① 2013 年 2 月 1 日到 2014 年 12 月 31 日在该银行持有的账户；②该银行向客户发函：提供税务遵从证明，否则关闭账户；③客户没有向该银行

---

① 荷兰向瑞士税务机关提出的新集团请求，2018 年 2 月，参见 https://www.altenburger.ch/blog/new-group-request-from-the-netherlands-to-the-swiss-tax-authorities。

提交税务遵从证明。2016 年 2 月，荷兰向瑞士另一银行索取同类客户信息。瑞士联邦税务机关批准了这一情报交换。一银行客户向瑞士行政法院起诉。2016 年 3 月 21 日，法院采纳银行客户的意见，税务机关败诉。2016 年 9 月 11 日，瑞士联邦最高法院撤销了瑞士行政法院的判决，结果是即使荷兰没有提供纳税人具体姓名，也准予情报交换。

在金融账户自动情报交换方面，瑞士已经从被美国司法部惩罚的被动应对到主动调整国家战略来应对。截至 2024 年 5 月 14 日，瑞士已经与 81 个国家和地区完成了自动情报交换确认程序 ①。瑞士与一些国家的情报交换已经于 2018 年 1 月 1 日生效。这些国家和地区包括中国、印度尼西亚、俄罗斯、沙特阿拉伯、列支敦士登、哥伦比亚、马来西亚、阿联酋、蒙特塞拉特岛、阿鲁巴、库拉索岛、伯利兹、哥斯达黎加、安提瓜和巴布达、格林纳达、圣基茨和尼维斯、圣卢西亚、圣文森特和格林纳丁斯、库克群岛和马绍尔群岛等。

2018 年 9 月，瑞士开始了首次金融账户自动情报交换，针对 2017 年底的 200 万份账户金融账户信息被交换 ②。此次交换不包括与中国的自动情报交换，因为与中国的首次情报交换于 2019 年 9 月进行（针对 2018 年底信息）。这些账户所涉及的金融资产价值并未披露。交换范围涉及欧盟以及欧盟外的 9 个国家和地区（澳大利亚、加拿大、根西岛、冰岛、马恩岛、日本、泽西岛、挪威、韩国）。

2022 年 9 月 22 日，瑞士暂停了与俄罗斯的税务情报交换。法律基础是基于《多边税收征管互助公约》的公共政策（公共秩序）原则。在此方面，瑞士与欧盟、美国、加拿大和英国采取了一致的行动。其逻辑是税务情报交换可以帮助俄罗斯政府进行税款征收，从而为俄罗斯提供筹款支持。通过暂停税务情报交换，旨在削弱俄罗斯政府的税款征收能力 ③。

从"避税港"走向税务透明，是瑞士重塑其国际财富管理中心位置的重大调整。瑞士已经认识到，传统上无视国际税务情报交换和反洗钱而封闭、神秘的"避税港"模式已经危若累卵，无法带来财富管理行业的持续发展。从这个角度讲，应对金融账户自动情报交换需要一个国家战略。

---

①　Activated Exchange Relationships for CRS Information，https://www.oecd.org/tax/automatic-exchange/international-framework-for-the-crs/exchange-relationships/.

②　First exchange of information on around 2 million financial accounts，https://www.efd.admin.ch/efd/en/home/dokumentation/nsb-news_list.msg-id-72420.htm.

③　Switzerland suspends exchange of tax-related information with Russia，https://www.sif.admin.ch/sif/en/home/documentation/specialist-information/aia-russland.html.

第三节

逃税成为洗钱的上游犯罪

为落实 FATF 2012 年建议，瑞士对国内法律进行了大幅度的修改，涉及刑法典，打击洗钱、资助恐怖活动的联邦法案等诸多法律。2014 年 12 月 12 日，瑞士专门颁布了《为落实 FATF 2012 年建议之联邦法案》，对相关法律的修改作出规定。

最重要的是《瑞士刑法典》的修改。在瑞士刑法中，重罪（felony）与轻罪（misdemeanours）根据罪行刑罚的轻重程度而被区分开来[1]。重罪是面临 3 年以上有期徒刑的罪行，轻罪是面临 3 年以下有期徒刑或罚金的罪行。

在 2016 年之前，只有重罪才被规定为洗钱的上游犯罪；逃税行为，无论是故意还是过失而为，无论逃税涉及多少金额，只是被认定为违法行为（contravention），只需要交纳罚金；税务欺诈（tax fraud），即通过伪造或实质变造具有证明效力的文件、使用虚假文件来逃避税收，被认为是轻罪（misdemeanor），最高面临 3 年的刑罚。

2015 年《瑞士刑法典》第 305 条根据瑞士于 2014 年 12 月 12 日颁布的《为落实 FATF 2012 年建议之联邦法案》进行了修改，修改后的法律于 2016 年 1 月 1 日生效。该法将"加重的税务轻罪"（aggravated tax misdemeanour）纳入洗钱的上游犯罪。此次修改的结果是 2016 年以后发生的逃税行为和税务欺诈在符合"加重的税务犯罪"的情况下，将成为洗钱的上游犯罪。

修改后的《瑞士刑法典》第 305 条规定：任何人采取一种行为来掩盖资产的来源、阻碍资产的追查或没收，如果该人知道或应当知道资产来自重罪或加重的税务轻罪，可以判处最高达 3 年的有期徒刑或者罚金。在严重的情形下，刑罚为不超过 5 年的有期徒刑或罚金。在判处有期徒刑的情况下，要并罚不超过 500 单位之罚金；根据《瑞士刑法典》第 34 条的规定，每天最高为 3000 瑞士法郎，即最高为 150 万瑞士法郎。

修改后的《瑞士刑法典》还增加了"加重的税务轻罪"的定义[2]：

（1）为《瑞士联邦直接税法》第 186 条和《瑞士联邦直接税州和社区协调法》第 59 条所规定的任何犯罪行为。具体是指该逃税行为须构成瑞士税法下的"税务

---

① 《瑞士刑罚典》（Swiss Criminal Code）第 10 条。
② 根据瑞士 2014 年 12 月 12 日颁布的《为落实 FATF 2012 年建议之联邦法案》所增加，自 2016 年 1 月 1 日生效。

欺诈"，即要有欺诈的故意、伪造或实质变造具有证明效力的文件或使用虚假的文件，包括账簿、资产负债表、利润表、工资表等来逃避税收。

（2）在同一纳税年度，逃税所涉及的税款金额（包括所得税、财产税、利润和资本税以及不动产收益税）超过30万瑞士法郎。

纳税人发生在境外的逃税行为如果依据该国法律具有可惩罚性，同时符合前述规定，也被认为是对瑞士反洗钱规定的违背。此时，该30万瑞士法郎的要求须依据犯罪行为发生地的具体法律规定来计算。

根据《瑞士反洗钱条例和瑞士金融市场监督管理局（FINMA）的反洗钱条例》（简称《瑞士反洗钱条例》），在判定一个新的或者已有的高危险业务关系是否存在符合条件的税务犯罪时，金融机构需要形成一个判断标准。对于该标准，金融机构可以采用客户住所地的最高税率来判断客户是否达到修正后的《瑞士刑法典》第305条所规定的30万瑞士法郎的逃税标准。银行不需要考虑业务关系中客户的具体情况[1]。

如果一客户的资产在2016年1月1日后的任何纳税年度内因税务欺诈而逃税金额在30万瑞士法郎以上，无论其所逃税款是瑞士税款还是外国税款，其在瑞士金融机构的资产将为反洗钱所涵盖[2]。

瑞士金融机构对税务犯罪的反洗钱责任

《瑞士打击洗钱和资助恐怖活动的联邦法案》（简称《瑞士反洗钱法案》AMLA）根据瑞士于2014年12月12日颁布的《为落实FATF 2012年建议之联邦法案》进行了修改，修改法案自2016年1月1日生效。本节重点介绍瑞士为落实修改后的《瑞士刑法典》第305条规定中的相关反洗钱法规，但其中很多内容也适用于税务犯罪以外的情形。

一、金融机构的反洗钱责任

承担反洗钱责任的金融机构[3]包括银行、资产管理公司、保险机构、证券交易商、

---

①　《瑞士反洗钱条例》第21条。
②　Robert Furter 等，*Tax Fraud as Predicate Offense to Money Laundering in Switzerland*，参见 https://pestalozzilaw.com/en/news/legal-insights/tax-fraud-predicate-offense-money-laundering-switzerland/。
③　《瑞士反洗钱法案》第2条。

赌场。金融机构还包括以专业身份接受或者持有属于他人资产、帮助投资或转让资产的人，尤其是从事下列业务的人：借贷业务（包括贷款、抵押、保理、商业融资和金融租赁）；提供支付服务方面的交易（尤其是为他人提供电子支付服务、签发或管理信用卡和旅行支票等服务）；以自有账户或他人账户进行银行票据、现金、货币市场工具、外汇、贵金属、大宗商品和证券、衍生品等交易；管理资产；以投资顾问的身份进行投资；存入证券或管理证券等。

金融机构的反洗钱责任主要包括以下内容。

1. 制定识别高风险交易的标准

金融机构须制定识别高风险交易的标准[①]。这取决于具体的商业活动，下列标准尤其可以被采用：（1）进出资产的金额；（2）相关商业关系与通常交易类型、规模和频率的重要变化；（3）习惯性交易的交易类型、规模和频率的重要变化。

持有 10 万瑞士法郎（把一定期间内的金额计算在内）以上现金开设账户的所有交易，均被视为高风险交易。除此以外，下列"判断涉及洗钱的考虑因素"有关的交易也应被视为高风险交易[②]。

诱发进一步怀疑的因素，包括：①客户要求在不留案底的情况下关闭一个账户但以自己或者亲属名字开设一个新的账户；②客户要求提取现金或交付未实际发生的证券或有关资产存入同一机构的收据；③客户要求履行对一不正确订单方的支付；④客户要求部分支付不通过自己的账户而通过金融机构的银行往来账户或通过"分散"账户来进行；⑤客户要求接受或显示经济上不可能发放的信用抵押品，或通过提供虚构的交易为他人提供信贷。

金融机构须考虑以上标示高商业风险关系或交易的因素。如果只存在单个因素，是不足以认定存在洗钱交易的，但如果同时存在几个因素，则是洗钱交易的表现。客户声称的某一特别交易背景的真实性必须加以验证。重要的是，不能从表面上来理解客户所做的所有声明。

2. 向瑞士洗钱报告办公室报告

如果金融机构知道或者有合理依据怀疑在一个商业关系中的资产[③]存在以下情况，金融机构和交易商必须立即向瑞士洗钱报告办公室提交报告。

（1）与《瑞士刑法典》第 305 条规定的罪行有关。

（2）为《瑞士刑法典》修正后的第 305 条所规定的重罪或加重的税务轻罪所产生的收益。

在存在上述税务犯罪的情况下，瑞士金融市场监督管理局（FINMA）和联邦

---

① 《瑞士反洗钱条例》第 14 条。

② 《瑞士反洗钱条例》第 38 条。

③ 《瑞士反洗钱法案》第 2 条。

游戏行业委员会也须立即向瑞士洗钱报告办公室提交报告①。

瑞士洗钱报告办公室由联邦警察总署管理。如果其有理由怀疑存在上述税务犯罪，其须立即通知检察机关②。

3. 禁止接受来自税务犯罪的资产

根据《瑞士反洗钱条例》第 7 条，如果金融机构知道或者应当知道资产来自犯罪或符合条件的税务犯罪，其不得接受该资产，即使该犯罪或罪行发生在境外。过失接受来自犯罪或符合条件的逃税的资产，可能损害金融机构必需的进行无可争议商业行为的保证③。在此情况下，其后果是可能影响银行持有的经营牌照。

4. 禁止主动协助逃税和类似行为

瑞士银行业协会（SBA）公布的《关于瑞士银行履行尽职调查的行为准则之协议》（*Agreement on the Swiss banks' code of conduct with regard to the exercise of due diligence*），即著名的"CDB 20"，禁止银行向合约方提供任何协助，以通过不完整或者误导性认证等手段来欺骗瑞士或外国政府，尤其是税务机关④。

（1）银行不能向合约方提供不完整或者误导性认证，或者经合约方的要求，向瑞士或外国政府机关提供。"政府机关"特别包括犯罪起诉机关、税务机关、海关、外汇和银行监管机构⑤。

（2）禁止为特别目的提供认证和对认证进行改变⑥。该禁止适用于应合约方要求向政府机关提供的具体认证。银行不能为欺诈目的而改变日常签发的记录，包括账户和证券交易记录、借方贷方通知、外汇交易记录、息票和股票交易等。

不完整认证是一家银行利用相关事实来欺骗政府机关。例如，应合约方的要求，银行在一个具体的确认或者在一个银行账户（或证券账户记录）中省略部分信息。在一个银行账户或证券账户记录中，没有必要涉及同一合约方的其他任何银行账户或其他被管理的证券账户⑦。

如果相关事实被以一种不真实的方式、为欺骗政府机关的目的来提供，该认证就是误导性认证⑧。例如，以下三种情况。

（1）通过提供虚假的日期、虚假的金额或虚构的费率或价格，或提供展示虚

---

① 《瑞士反洗钱法案》第 16 条。
② 《瑞士反洗钱法案》第 23 条。
③ 《关于银行和储蓄所的联邦法令》第 3（2）条规定："银行许可证必须给予：……（c）负责银行的行政和管理的人有良好的声誉，因此可以确保银行可以进行无可争议的经营行为。"
④ CDB 20 第 53 条。
⑤ CDB 20 第 54 条。
⑥ CDB 20 第 55 条。
⑦ CDB 20 第 56 条。
⑧ CDB 20 第 57 条。

假的借方贷方信息的建议。

（2）通过对虚构的主张或借贷进行认证（不论该认证是否与银行账户匹配）。

（3）允许合约方使用银行往来账户来降低合约方的税务责任。

5. 通知

如果发现客户资产有来自犯罪活动、符合条件的税务犯罪或将资产用于恐怖活动融资的迹象，金融机构须通知瑞士洗钱办公室。对于一个涉及重大资产的可疑商业关系，如果金融机构选择不通知瑞士洗钱办公室，其必须将决定的合理理由记录在案。如果金融机构继续该可疑商业关系，其必须对洗钱或为恐怖活动融资的迹象进行密切关注[1]。

二、金融机构的尽职调查责任

（一）核实客户身份

根据 CDB 20 第 4 条，银行在建立如下业务关系时需要承担审查合约方身份的责任：

（1）开设账户或存折。

（2）开设证券交易账户。

（3）建立信托交易（fiduciary transactions）。

（4）租赁保险箱。

（5）就存托在第三方的资产建立管理合同。

（6）银行执行证券、货币、贵金属或其他商品交易，如果交易金额超过25000 瑞士法郎。

（7）现金交易超过 25000 瑞士法郎。

在下列情形下，不论最低金额多少，银行必须履行尽职调查责任[2]：

（1）如果合约方存在明确的意图即通过数个交易来分拆金额（所谓"化整为零"），即使交易金额在执行商品交易和现金交易规定的最低限额以下，银行也必须审查合约方的身份。

（2）如果有依据怀疑资产是来自税务重罪或加重的税务轻罪所产生的收益规定，合约方的身份必须识别，不论是否达到最低金额。

金融机构的尽职调查责任是整个制度的核心。CDB 20 对金融机构履行尽职调查责任做出了详细规定。

---

① 《瑞士反洗钱条例》第 31 条。

② CDB 20 第 6 条。

（二）特别尽职调查责任

金融机构须查明客户要求建立的商业关系之性质和目的。至于必须获得的信息之程度、建立或继续商业关系之决定做出的层级以及检查的规律性，这取决于客户的具体风险。

但是，如果存在下列情形，金融机构必须澄清一个交易或者商业关系之背景和目的：“有迹象显示资产为经修正后的《瑞士刑法典》第305条所规定的重罪或加重的税务轻罪所产生的收益……”[①]

对于交易商，如果在一个商业关系中其接受超过10万瑞士法郎的现金，也必须进行以下尽职调查责任[②]：

（1）确认客户身份。

（2）识别受益所有人身份。

（3）保存记录的责任。

在有迹象显示资产为经修正后的《瑞士刑法典》第305条所规定的重罪或加重的税务轻罪所产生的收益时，交易商必须查明一项交易的经济背景和目的。

三、与外国政府交换反洗钱信息的合作

瑞士洗钱报告办公室可以将根据反洗钱法律持有或获得的个人信息或者其他信息交给一外国报告办公室，如果该外国报告办公室[③]：

（1）保证将该信息只用于打击洗钱以及上游犯罪、有组织犯罪或为恐怖活动融资之目的。

（2）保证在获得瑞士类似请求时能够按照对等原则处理。

（3）保证政府和职业保密得到遵循。

（4）保证在获得瑞士洗钱报告办公室的明确同意之前不会将该信息传递给第三方。

（5）遵循瑞士洗钱报告办公室规定的条件和限制。

可以传递的信息包括：

（1）金融机构或证券交易商的名称，前提是对做出报告的个人或遵循该法律提供信息之责任的个人给予匿名。

（2）账户持有人、账户号和账户余额。

---

① 《瑞士反洗钱法案》第6条。

② 《瑞士反洗钱法案》第8a条。

③ 《瑞士反洗钱法案》第30条。

（3）受益所有人。

（4）交易的具体信息。

信息以报告的方式传递。瑞士洗钱报告办公室有权就与外国报告办公室合作的具体形式进行修改。

瑞士洗钱报告办公室可以同意外国报告办公室将该信息传递给第三方政府机关，如果该外国报告办公室保证：①其将该信息只用于：打击洗钱以及上游犯罪、有组织犯罪或为恐怖活动融资目的下的分析，或应与犯罪程序有关的互助程序而进行的证据收集；②不能将该信息用于起诉瑞士法律下洗钱之上游犯罪规定以外的罪行；③不能将这些信息作为证据；④遵循政府或执业保密。

如果请求向第三方外国政府提供的信息与受瑞士刑事程序管辖的事项有关，瑞士洗钱报告办公室必须事先获得负责犯罪程序的检察官办公室的许可。

第五节
总结

1934 年，瑞士颁布了《关于银行和储蓄所的联邦法令》，今日该法令仍然是统管瑞士银行业的根本大法。其中的第 47 条俗称"瑞士银行保密法"，仍然是有效的法律条款。因此，认为瑞士银行保密法无效的观点是不对的。对于银行保密，并无国际标准。瑞士银行保密法从来不是绝对的。银行的保密责任在瑞士国内和国际刑事犯罪程序中并不适用。银行保密法不是瑞士所独有的，只不过瑞士银行保密法的知名度最高而已，这可能要归于瑞士的永久中立国地位等诸多原因。

随着国际税务透明化与国际征管的发展，瑞士银行保密法已经向税务领域的情报交换敞开了大门。尤其是自 2009 年以来，瑞士修改了几十个税收协定并签署了《多边税收征管互助公约》，自此瑞士银行等金融机构进入国际税收征管网络。基于税收协定，荷兰、西班牙等国家已经向瑞士提出了大规模、不确定具体个人之金融账户的情报交换要求。

在金融账户自动情报交换方面，瑞士已经从被美国司法部惩罚的被动应对，到主动调整国家战略来应对。从"避税港"走向税务透明，是瑞士重塑国际财富管理中心位置的重大调整。瑞士已经认识到，传统上无视国际税务情报交换和反洗钱而封闭、神秘的"避税港"模式已经危若累卵，无法带来财富管理行业的持续发展。瑞士作为金融中心的转型在税务透明时代具有典型意义。

第五章

财 富 传 承 的 难
题：郭氏信托案
例解读一

第一节
财富传承之难题如何破解

近几年，家族信托铺天盖地。但超级富豪家族信托的"真面目"，由于家族信托的私密性，一直难以为外界所知。泽西皇家法院先后于 2017 年 12 月 15 日和 2018 年 3 月 6 日对香港新鸿基地产发展有限公司（Sun Hung Kai Properties Limited，简称 SHKP，简称"新地"，港交所上市编号"00016"）控制人郭家之家族信托的相关事项作出了判决[1]，为我们提供了一个观察家族信托的真实样本。该案件产生的原因是信托受托人汇丰信托有限公司（HSBC Trustee（CI）Limited）在面对资产分割的重大决定（momentous decision）时，为避免法律风险，向泽西皇家法院请求确认。

作为一个声名显赫的超级富豪家族，新地郭家经历了从"兄弟合力、其利断金"的盛况到郭炳湘被迫离开新鸿基地产、兄弟反目、郭炳江被判入狱的破碎局面，邝肖卿女士作为家族企业一代创始人郭得胜先生之遗孀在 90 岁的高龄仍在为家族资产的分割而劳神，令人唏嘘不已。

"富不过三代"可能不是某一个国家高净值人士的特定问题，而是一个普遍的人性问题。家族都存在爱、金钱和权力的"百慕大三角"。这三者间的关系若处理不好，家族之大船就容易触礁。因此，家族财富传承似乎普遍面临困难和挑战。家族要传承，首先要认识家族所处的风险阶段和特点。在家族企业咨询方面享有盛誉的皮特·梅教授提出的三个维度分析方法，为理解家族企业的具体状态和阶段提供了一个有效、便捷的分析工具。

---

[1]　HSBC Trustee CI v Kwong [2017] JRC 214A 和 HSBC Trustee CI v Kwong [2018] JRC 051A，第二个判决是针对法院是否应公开第一个判决之判决书做出的。

事实与背景

一、判决书里确认的郭氏家庭关系

根据泽西皇家法院的两次判决以及公开的材料，郭家之家庭关系如图5-1所示。图中的人员关系尤其是郭家第三代成员姓名均来自法院判决书中的披露。出于严谨及合法性的考虑，中文姓名只在公开媒体报道确认的情况下附上，否则保留法院判决书中的英语名称。

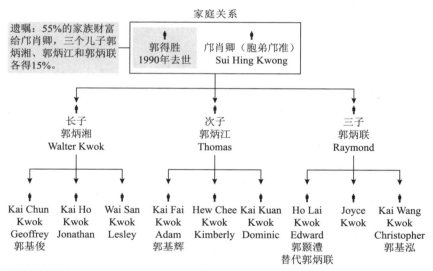

根据新鸿基地产2018年12月21日的披露，其执行董事为郭炳联（主席兼董事总经理）、黄植荣（副董事总经理）、雷霆（副董事总经理）、郭基辉、郭基泓、邝准、董子豪、冯玉麟、郭颢澧（郭炳联的替代董事）

图 5-1　郭氏家庭关系简图

二、媒体报道的事实背景

关于案件的背景，很多媒体都进行了详细的报道①，在此简要回顾如下。

兄弟合力，其利断金。1990年，新地创始人郭得胜去世。集团由郭炳湘、郭炳江、郭炳联三兄弟共同接手，老大郭炳湘任集团董事局主席兼行政总裁。三兄弟齐心协力，新地的发展一日千里。1992年，新地的市值超越李嘉诚的长江实业，成为香港最大的地产公司之一，先后投建了中环广场、香港国际金融中心、上海国际金融中心等一系列影响巨大的地标建筑，被视为香港地产界的标杆。三兄弟年纪相仿、无话不谈，重要决策均共同制定，郭炳联曾说三人是"最亲密的战友，也是永远的战友"。

突发事件影响。1997年9月，郭炳湘遭张子强绑架，要求他致电家人准备赎金；遭到拒绝后，张子强等人每日对他施以暴力。其间，郭炳湘被脱去衣服锁在小木箱中，只能蜷曲着身体。坊间流传的一个版本是：郭炳湘夫人李天颖单刀赴会舍命救夫②。爱夫情切的李天颖表现出智勇双全，舍命救夫，她单刀赴会"讲数"，据称双方在讨价还价后，成功说服张子强将赎金由14亿港元减至7亿港元，终令丈夫化险为夷，其过人胆识为外界津津乐道。她令郭家长子脱险，表现出的忠诚及爱意，令郭家上下都非常敬重，也令郭老太对其疼爱有加。

外人"入侵"③。根据媒体的报道，郭炳湘虽然平安归来，但因为经历了长时间的非人折磨，惊吓过度，变得寡言怕事，不再信任身边所有人，甚至患上了"狂躁型忧郁症"。此时，郭炳湘的另一名青梅竹马唐锦馨趁虚而入，她头悬梁锥刺股，刻苦研究郭的心理，并成为唯一能跟他沟通的人，也是他最信任的人。郭炳湘的弟弟郭炳江说："只要唐女士说的，郭炳湘都会相信；她说谁可疑，郭炳湘就怀疑谁。"2008年家族内斗时，郭炳湘曾亲口承认因绑架患上"躁狂抑郁症"，经过一年时间的治疗才康复。郭炳湘曾安排唐锦馨成为新地的管理人员，并在家庭会议上直言双方是男女朋友关系，他还多次要求母亲会见唐锦馨，但一直没有得到邝肖卿的承认。邝肖卿极其反对两人交往，反复劝说郭炳湘回到儿媳妇李天颖身边，但郭炳湘不为所动。家族认为唐锦馨在幕后影响着郭炳湘的决策，后者还企图将这位红颜知己纳入新地董事局，令邝肖卿大为震怒。

---

① 新鸿基内讧和解内幕：郭炳湘出杀手锏，第三代接班，参见 http://finance.ifeng.com/a/20140212/11637311_0.shtml，2014年2月12日。

② 郭炳湘不爱江山爱美人 郭老太力劝无效，出山亲政，参见 http://money.163.com/08/0221/02/456NQ6UM00252BUU.html，2008年2月21日。

③ 她是千亿儿媳，老公遭绑架亲自救人，还跟绑匪讨价还价，参见 http://www.sohu.com/a/143880382_349877，2017年5月26日。

　　这些媒体报道，笔者并未求证，只作为背景信息。根据新地在香港证券交易所披露的材料，以下事实可以被确认。

三、"家庭内斗"在上市公司的体现

（一）郭炳湘反击失败，失去执行董事职位

　　2008 年 2 月 18 日公告：新地发展有限公司董事局宣布，公司主席兼行政总裁郭炳湘先生因个人理由即日起暂时休假。郭炳湘先生在休假期间，不会履行行政总裁的一切职务及职责，而其职务及职责将由公司副主席兼董事总经理郭炳江先生及郭炳联先生分担。故此，郭炳湘先生在休假期间，不会从事或参与任何行政职务，亦不会代表公司及其任何附属公司做出任何承诺。[①]

　　在郭炳湘了解到新地将于 2008 年 5 月 15 日做出终止其作为董事会主席兼公司行政总裁之决议的情况下，向香港法院申请临时禁令。根据 2008 年 5 月 15 日公告，郭炳湘先生向公司及董事会提出法律诉讼，公司董事会原定于 2008 年 5 月 15 日下午 2 时召开的会议延后举行。根据郭炳湘先生的单方面申请及仅在听取郭炳湘先生的律师代表提出论据后，法庭于 2008 年 5 月 15 日大约下午 1 时颁布一项临时命令。临时禁令的内容如下：①禁止所有董事（郭炳湘先生除外）在 5 月 15 日董事局会议上就终止郭炳湘先生作为董事局主席兼公司行政总裁及 / 或转任郭炳湘先生作为非执行董事投票；②禁止公司执行在 5 月 15 日董事局会议上的任何相关决议。2008 年 5 月 19 日，郭炳湘先生发出传票申请修改临时禁令的内容，以使临时禁令的限制不只适用于 5 月 15 日董事局会议，并且适用董事局的任何会议（"第二张传票"）。法庭于 2008 年 5 月 23 日上午 10 时在各方都有律师代表下聆讯第二张传票。在听取各方的理据后，法庭判决临时禁令（虽然已没有任何效力）是基于错误理解获得的。法庭亦驳回了第二张传票[②]。

　　郭炳湘被剥夺新地主席及行政总裁职务，转任公司非执行董事，邝肖卿女士试图力挽狂澜。2008 年 5 月 27 日公告：新地董事局宣布，委任邝肖卿女士为公司非执行董事及公司主席，自 2008 年 5 月 27 日起生效。[③]此外，董事局宣布，郭炳湘先生自 2008 年 5 月 27 日起不再担任公司主席及行政总裁，转任公司非执行董事。此时，董事局由 7 名执行董事郭炳江、郭炳联、陈启铭、陈钜源、邝准、黄奕鉴、黄植荣，7 名非执行董事邝肖卿、郭炳湘、李兆基、胡宝星（胡家骠为

---

① 参见 http://www.hkexnews.hk/listedco/listconews/SEHK/2008/0218/LTN20080218305_C.pdf。

② 参见 http://www.hkexnews.hk/listedco/listconews/SEHK/2008/0523/LTN20080523336_C.pdf。

③ 参见 http://www.hkexnews.hk/listedco/listconews/SEHK/2008/0527/LTN20080527058_C.pdf。

其替代董事）、李家祥、关卓然、卢超骏，以及 4 名独立非执行董事钟士元、叶迪奇、王于渐、张建东组成。

（二）邝肖卿告退，家族第一代彻底退出企业的直接经营

2011 年 12 月 8 日，近 82 岁的邝肖卿告退，并不再连任公司董事，家庭第一代彻底退出企业的直接经营。公司副主席兼董事总经理及执行董事郭炳江先生及郭炳联先生获委任为联系主席。此时，新地的董事局由 7 名执行董事郭炳江、郭炳联、陈启铭、陈钜源、邝准、黄植荣、陈国威，7 名非执行董事邝肖卿、李兆基、郭炳湘、胡宝星（胡家骝为其替代董事）、关卓然、卢超骏、黄奕鉴，以及 4 名独立非执行董事叶迪奇、王于渐、李家祥、冯国纶组成。

港交所的披露权益显示[1]，邝肖卿于 2013 年 11 月 29 日大幅减持股份，由 43.43% 减持至 30.79%，同时二子郭炳江、三子郭炳联以及他们的儿子共 4 人各增持股权 6.32%。但郭炳湘没有参与此次股权变动。经过此次股权变动，新地执行董事郭颢澧（联席主席郭炳联之子）、郭基辉（联席主席郭炳江之子）持股量分别由约 14% 增至约 20%，而郭炳江、郭炳联兄弟的持股量亦分别由 9.9% 增至约 16%[2]。

（三）郭家陷入香港前政务司司长许仕仁贪污案，最终郭炳江被判入狱

本案的背景作者无法考证，据各种媒体报道，本案可能与郭家家庭纷争有关。郭家陷入香港前政务司司长许仕仁贪污案，并最终于 2014 年 12 月 19 日郭炳江被判入狱[3]5 年、罚金 50 万港币[4]，但郭炳联无罪：①郭炳江因触犯普通法串谋触犯公职人员行为失当的一项控罪被裁定罪名成立，及就涉嫌触犯普通法串谋触犯公职人员行为失当的一项控罪及防止贿赂条例的一项控罪获裁定无罪。郭炳江就判罪提出上诉。②郭炳联就涉嫌触犯普通法串谋触犯公职人员行为失当的两项控罪、防止贿赂条例的一项控罪及提供虚假资料违反盗窃罪条例的一项控罪全部获裁定无罪。③随着上述之事项，郭炳江已辞任公司主席兼董事总经理以及执行董事，即时生效。继上述辞任后，郭基辉已终止出任郭炳江之替代董事。从此，郭炳江

---

① 参见 http://sdinotice.hkex.com.hk/filing/di/NSForm1.aspx?fn=60359&sa2=ns&sid=21330102&corpn=Sun+Hung+Kai+Properties+Ltd.&sd=29%2f11%2f2013&ed=10%2f12%2f2013&sa1=cl&scsd=01%2f11%2f2013&sced=01%2f01%2f2014&sc=0016&src=MAIN&lang=ZH&。

② 由于信托和一致行动人的存在，部分权益存在重复计算。

③ 参见 http://www.hkexnews.hk/listedco/listconews/SEHK/2014/1219/LTN20141219649_C.pdf。

④ HKSAR v. HUI RAFAEL JUNIOR，也称为 HUI SI-YAN RAFAEL AND OTHERS（23/12/2014，HCCC98/2013），参见 http://legalref.judiciary.hk/lrs/common/ju/ju_frame.jsp?DIS=96657&currpage=T。

也不得不退出新地的经营。

2017 年 6 月 14 日，郭炳江上诉被驳回，须重返监狱服刑 ①。

（四）家族第三代崭露头角，正式走向台前

家族的变故往往是年轻人的机遇，当然机遇只留给有准备的人。随着郭炳江被判有罪而丧失董事职位，相应的，郭基辉也已终止出任郭炳江之替代董事。2014 年 12 月 19 日，时年 31 岁的郭基辉被委任为新地执行董事、执行委员会成员，自此郭家第三代走向台前。② 郭基辉的教育背景优异，亦经受了充分的历练。

（1）郭基辉在家族中的地位是郭炳江之子、郭炳联之侄，邝肖卿女士及已故公司创办人郭得胜先生之孙、郭炳联之替代董事郭颢澧之堂兄。邝肖卿女士则是邝准先生之胞姊及按证券及期货条例第 XV 部所述公司之主要股东。

（2）郭基辉持有美国斯坦福大学管理科学及工程学士学位以及哈佛商学院工商管理硕士学位。

（3）2008 年 11 月郭基辉加入新地，之前曾在一家国际投资银行工作，拥有丰富的企业融资经验。在获委任为公司执行董事前，郭基辉曾出任新地在香港及珠江三角洲地区若干主要住宅及商业项目的项目总监。自 2013 年 4 月起，郭基辉全权负责集团华南地区的地产业务。此外，自 2012 年 7 月 13 日起郭基辉出任郭炳江的替代董事，直至郭炳江辞任为止。

（4）郭基辉也是中国人民政治协商会议广东省委员会委员、中华海外联谊会理事及香港青年联会名誉副主席。

继郭基辉之后，公司另一名第三代成员郭基泓于 2016 年 4 月 26 日被任命为执行董事③。郭基泓时年 29 岁，持有哈佛大学化学理学士学位及斯坦福大学商学工商管理硕士学位。加入新地前，他曾在一家国际管理顾问公司工作。他的职责包括香港及内地主要住宅及商用物业的销售、项目管理及租务工作。他也协助主席处理其他所有业务，特别是非地产相关业务。之后郭基泓亦成为公司执行委员会成员。加上担任郭炳联之替代董事的郭颢澧，郭家第三代已经有 3 名成员进入公司的核心管理层。

2018 年 10 月 20 日郭炳湘在医院病逝，享年 68 岁，自此一代英雄落幕。其在法院诉讼中的争夺、可能从家族信托中受益的未来等都随之化为浮云。

---

① HKSAR v. HUI RAFAEL JUNIOR（15/12/2016，FACC Nos. 12-15 of 2016），参见 http://legalref.judiciary.hk/lrs/common/search/search_result_detail_frame.jsp?DIS=109907&QS=%28%E9%83%AD%E7%82%B3%E6%B1%9F%29&TP=JU。

② 参见 http://www.hkexnews.hk/listedco/listconews/SEHK/2014/1219/LTN20141219649_C.pdf。

③ 参见 http://www.hkexnews.hk/listedco/listconews/SEHK/2014/1219/LTN20141219649_C.pdf。

根据新地 2018 年 12 月 21 日的披露[①]，其执行董事为郭炳联（主席兼董事总经理）、黄植荣（副董事总经理）、雷霆（副董事总经理）、郭基辉、郭基泓、邝准、董子豪、冯玉麟、郭颢澧（郭炳联之替代董事）。至此，新地的董事会在一系列家庭变故后基本稳定。

第三节
从家族财富传承角度得到的启发

人丁兴旺、家族和睦、财富增长、基业长青可以说是所有家族企业的共同愿望。然而，这一愿望是不易实现的。"富不过三代"可能不是某一个国家高净值人士的特定问题，而是一个普遍的人性问题。诺贝尔文学奖获得者、德国作家托马斯·曼早在 1901 年出版了一本被誉为"德国版的《红楼梦》"的小说《布登勃洛克家族：一个家族的衰落》[②]。该书描述了布登勃洛克家族几代人的故事：第一代家境贫寒，创业积累了大量财富；第二代在拥有财富后，谋求社会地位的改变，从政谋求地位；第三代站在财富与权力之巅追求精神享受，钟情于艺术。而三代人追求变迁的结果是家族产业走向衰败。

作为一个声名显赫的超级富豪家族，新地郭家经历了从"兄弟合力、其利断金"的盛况到郭炳湘被迫离开新鸿基地产、兄弟反目、郭炳江被判入狱的破碎局面，邝肖卿女士作为家族企业一代创始人郭得胜先生之遗孀在 90 岁的高龄仍在为家族资产的分割而劳神，令人唏嘘不已。从家族财富传承的角度来看，很难说郭氏家族财富的传承是成功的。作为一个案例进行研究和总结，从"事后诸葛亮"的角度来看，如果郭家当初做出不同的决定，结局是否会有所不同？

一、爱、金钱和权力的"百慕大三角"难题

家族都存在爱、金钱和权力的"百慕大三角"，如图 5-2 所示。如果这三者之间的关系处理不好，家族之大船就容易触礁。家族因爱而存在、繁衍，但随着家族企业的壮大、家族财富的增多，家族即会受到金钱的影响和冲击。而对于在家族企业中的地位和家族财富分配中的角色，家族成员之间通常在这些方面存在

---

① 参见 http://www3.hkexnews.hk/listedco/listconews/SEHK/2018/1221/LTN20181221477_C.pdf。

② 参见托马斯·曼的《布登勃洛克一家》，人民文学出版社。

权力的博弈：家族企业如何管理；在家族企业中的地位；家族财富如何分配等。这三种力量此消彼长，互相影响。而这三种力量的混合作用使得家族财富的传承成了一件非常复杂的事情，很难有一定之规。

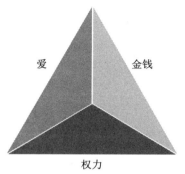

图 5-2 "百慕大三角"难题

金钱和权力或许是冷冰冰的，有其运行的一定之法；而爱是燃烧的火焰，是感性的、无规则的。爱可以带来婚姻，从而将外来因素纳入家族中。比如，夫人、女婿是家族中不可或缺的"外来"群体；在少数情况下，他们可以改变家族，但大多数情况下会被家族同化。爱也不一定带来婚姻，如婚姻之外的感情。这些婚外情通常会对家族带来破坏力，甚至是"海啸"。处理不好"爱"，可能会使某些家庭成员丧失在家族企业和家族中的权力和金钱。比如，郭炳湘丧失了新地主席兼行政总裁、执行董事的职位，郭炳湘这一支的子女也被排除在新地之外，郭炳湘本人也被从家族信托的受益人中除去。

二、认识家族所处的风险阶段——从三个维度分析家族

三个维度分析家族业务的模式是皮特·梅教授于 2009 年在洛桑商学院（IMD）授课时总结提出的。这是一个非常好的理解和分析家族企业的理论模式，如图 5-3 所示。家族企业千差万别，不同的家族企业可能处于完全不同的阶段。如何理解家族企业的具体状态和阶段并不容易。三个维度理论的优点在于一个家族企业只需要回答以下三个问题就可以直观地了解其所处的具体阶段[①]。

（1）谁拥有公司？（所有权架构）

（2）谁领导和谁控制公司？（治理架构）

（3）企业投资的模式和阶段。（投资架构）

三个维度理论也可以用于解决家族企业之爱、金钱和权力的"百慕大三角"问题：治理架构针对的是家族企业的管理阶段和管理方式，是关于"权力"层面的；投资架构针对的是家族企业和家族财富的投资策略，重在为家族创造财富，是为"钱"层面的；所有权架构针对的是家族成员对家族企业和家族财富的拥有方式和分配方式，是为"爱"层面的。治理架构、投资架构和所有权架构的三维度模式为我们理解和分析家族及家族企业的状态提供了一个非常好的分析思路。

---

① Peter May，*The Owner Strategy*，MURMANN Publishers，2017，PP53-54.

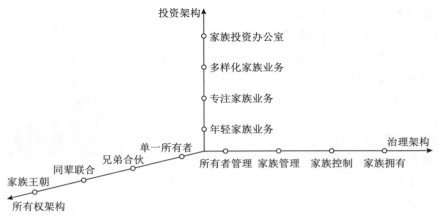

图 5-3　家族业务的三个维度

　　家族财富的积累通常起源于某个人的特殊才能，而家族企业通常是一个家族财富积累的平台。既然是企业，就需要企业的治理架构。一代企业家通常是自己身体力行，直接参与企业的管理，在所有权上通常为"单一所有者"；在投资架构上更多是"企业家精神家族业务"，即主要是依靠企业家个人的企业家精神进行企业运营和投资；在治理模式上可以被称为"所有者管理"。此时，家族企业的风险主要在于以下两点。

■　所有权架构上，所有者无法分散风险，家族传承的问题突出。依赖单一所有者，容易出现权力的滥用。虽然此时家族内部的复杂性较低，通常不会产生家族之间的矛盾，但会出现家族企业的传承问题，需要在企业接班人问题上提前着手。在中国，之前受独生子女政策的影响，国内家族结构较为单纯，45%的超高净值家族仅有一个后代，只有15%的超高净值家族子女人数在三人以上[①]。当然，这种结构的好处是家族内部一般不易出现子女较多而可能出现的争夺和矛盾，但同时意味着家族企业在从一代向二代传承的过程中，一代没有选择的空间，很多时候只能考虑是否将企业传承给自己唯一的儿子或者女儿。在这个阶段，家族企业完全或主要依靠企业家个人的领导力，风险不够分散。同时还容易出现权力的滥用，进而导致家族企业在壮大之前就失败。

■　治理架构上，依赖所有者管理。家族企业通常会出现治理风险，常见的表现是公司资产和个人资产不分、忽视法律合规等。

　　随着一代企业家的老去，家族企业一般会过渡到"家族管理"，在所有权架构上，

---

① 中国工商银行：《中国家族财富管理与传承报告》，参见 http://v.icbc.com.cn/userfiles/Resources/ICBC/sryh/download/2018/sryh_zz_24.pdf。

通常体现为"兄弟合伙"，或者处于"兄弟合伙"向"单一所有者"之间的过渡；在投资机构上，有可能成为"专注家族业务"或"多样化家族业务"。如本案中的郭氏家族，在一代创始人郭得胜去世以后，一直处于兄弟合伙（所有权架构）、家族治理（治理架构）、专注家族业务（投资架构）的状态。此时，家族企业的风险状态是：

- 所有权架构上，家族企业的风险似乎随着参与者的增多而出现了分散，而各兄弟之间的竞争有利于保持企业家精神。同时在兄弟合伙模式下容易出现兄弟之间的矛盾。比如，每个兄弟各负责一摊、互不干涉，容易产生各立山头、拉帮结派等问题，最终可能导致兄弟分道扬镳。不同于一般商业伙伴之间的散伙（只是资产的分割），在一个家族内部还涉及亲情因素，因此，一旦兄弟散伙，其带来的影响一般远远超过商业伙伴关系的终止。此时，家族企业的所有者很可能是整个家族，而企业的具体管理者一般只是部分家族成员。

- 投资架构上，在经过了创始人的企业家精神阶段后，家族企业开始进入一个新的生命周期。对于家族企业的投资架构，需要采用一种跨代的思维。长期战略是家族企业的 DNA。"我们的目标不是公司的市值每隔三年翻一番，而是在 30 年以后将一个健康的家族企业交给下一代。"[1]

- 治理架构上，积极和消极所有者之间的冲突，兄弟之间的羡慕、嫉妒、不满是主要的风险点。国际经验表明，兄弟合伙是非常容易产生矛盾的。从旧时皇子们对皇位的流血争夺，到家族企业中经常出现的争夺管理权和控制权，男人作为雄性动物对于权力的争夺似乎从未发生本质的变化。笔者曾仔细观察，各国幼儿在游乐场、幼儿园等场合对于玩具的争夺似乎是本能性的，父母和老师对于孩子分享玩具、互相尊重等规矩的建立似乎只是限制人性的本能，而非改变人之本能。作为一起成长的兄弟，幼时对于玩具的本能性争夺经历也会类似地在日后表现为对家族企业权力和家族资产的争夺。人性皆然。不要认为兄弟成年后就可以自动形成互相尊重、互相友好、皆大欢喜的局面，因此对于人性的好斗性和破坏性进行规范的需要一直存在。从郭家 1997 年以来家族内部冲突的过程来看，其似乎并没有建立一个机制对兄弟之间可能出现的权力争夺进行规范。一旦家族企业进入兄弟合伙阶段，需要建立整套的家族宪法、财富传承方案、企业治理准则、投资流程决策机制等。

---

[1]　Peter May，*The Owner Strategy*，MURMANN Publishers，2017，P24.

三、建立家族冲突解决机制

和谐滋养，纷争吞噬（peace nurtures，strife devours）。郭氏家族财富传承的案例让我们清楚看到建立家族冲突解决机制对财富传承是多么的重要。

和谐是一种愿望，冲突是生活的一部分，想要建立一个完全没有冲突的组织是不现实的。建立冲突解决机制的目的是尽早发现具有破坏力和潜在会不断升级的冲突，采取一种建设性的方式来处理进而防止其演变成一种"慢性病"。

（一）家族和企业的不同逻辑易滋生冲突

家族和企业存在着对立的逻辑，是滋生冲突的肥沃土壤[1]。

（1）家族中的沟通通常是感性的，而在企业内部的沟通和关于企业的讨论需要理性的平衡。

（2）家族中的沟通通常是非正式的，而在企业内部的沟通和关于企业的讨论需要正式的框架。

（3）家族行为旨在产生归属感，建立在家族成员平等的基础上；而企业是有等级的实体，其对各参与方的等级身份和他们对体系的价值进行区分。

由于这种逻辑上的对立，家族企业通常为冲突提供了丰富的土壤。因此，一个良好的冲突解决机制对于家族企业的长久是非常关键的。从行为心理学的角度来看，只有当冲突中的双方或各方努力去理解对方的立场、尝试与冲突者换位思考才有助于化解冲突。

在冲突中，各方容易情绪化，进而导致有效沟通缺失。冲突中的家庭成员之间常常出现的伤害和背叛的情绪限制了从对方角度考虑的能力，并容易造成事态的进一步恶化。因此，如果家族提前没有建立冲突解决机制，一旦出现冲突，就容易陷入情绪化的斗争中，进而造成恶性结果。这就要求旨在实现财富传承的家族务必提前设立家族企业冲突解决机制。

（二）遵循两个行为方式

Ernest Doud 和 Lee Hausner 提供了一个"两个帽子"的理论[2]，即家族的事项遵循家庭的逻辑，公司的事项遵循商业的逻辑。需要对两个领域进行持续的分割对待。比如，在公司会议上，请公司所有人的配偶在会议室外等候是可以被接受的，但是在家族活动中将不活跃的家族企业所有人或者所有人的配偶单独安排

---

[1]　Peter May，*The Owner Strategy*，MURMANN Publishers，2017，P104.

[2]　Ernest A. Doud Jr & Lee Hausner PhD，*Hats Off To You 2:Balancing Roles and Creating Success in Family Business*，CreateSpace Independent Publishing Platform，2016.

在另一张桌子旁通常是不能被接受的。在公司的逻辑中，如果郭炳湘的行为损害了家族企业的利益，其被按照新地公司章程等移除执行董事的席位，是遵循了商业逻辑和商业规则，无可厚非。但在本案中，这样的处置是否应该及早进行，而不是拖到两败俱伤、家族内部反目的时候？郭氏家族是否应该尽早建立一个机制，将商业事项限制于商业领域，而不是使其延伸到家族内部，影响家族的团结？

在家族晚餐时不谈论业务（no business talk at the dinner table）。与家族企业等相关的业务事项留在公司办公室里来谈，而与家族成员之间的私人事项留在家庭范围内来处理。家族内部的行为方式不要带到公司来，反之亦然。

（三）建立冲突解决机制的实质标准和程序规则

一个良好的冲突解决机制，需要有良好的原则指引，同时设定冲突解决的实质标准和程序规则。需要注意的主要事项包括：

（1）建立冲突的识别程序。比如，如何意识到出现了冲突？就冲突向谁报告？报告时间上有什么要求？遵循何种程序来解决冲突？是否可以向第三方寻求帮助？第三方的角色是什么？何时解决冲突？

（2）建立解决冲突的实质标准。比如，什么样的行为方式对于解决冲突是有利的？什么样的行为方式对于解决冲突是有害的？通常比较好的方式是不要对双方进行讨论，而是与双方进行讨论；不要为了自己的利益而利用其他家族成员；设身处地为对方着想；不要伤害、羞辱他人或使他人难堪，等等。

（四）解决冲突的七条格言[①]

（1）冲突是一种自然现象。家庭中不同的立场和利益是难免的。从一个人的思想体系和价值观出发，自己总是对的。

（2）并非每一次冲突都是争吵。当家族成员学会对不同的诉求进行理性化的处理以后，一次冲突不会自然而然转变为一次争吵。

（3）避免升级。当冲突沿着升级的楼梯一步步往上爬升，回头之路就变得漫长而艰难。

（4）避免伤害任何人。没有伤口，就不需要愈合，也不会结疤，以至于时隔几十年仍被记住和重提。

（5）避免出现胜利者和失败者。对于每一场比赛，都会有下一场比赛，谁会成为更强的对手永无定论。因此，最好双方交谈，而非战斗。诚如一位大师所言，每一次冲突都可以被诚实的对话化解。

---

① Peter May，*The Owner Strategy*，MURMANN Publishers，2017，PP110-112.

（6）调解和仲裁，而不是为一方游说。为一方游说是有问题的。这样的游说不是为了家族整体的利益，也不是为了家族企业的利益，通常只是为了个别家庭成员的利益。从自我的经济利益出发，游说者甚至不能努力实现诚实的对话，反而可能造成冲突的继续或者恶化。在决定进行游说前，甚至是走向法庭之前，家族成员须遵循一个多步骤的程序：①双方对话，明确双方的不同意见和利益，沟通并共同寻找一个公平的妥协。如果不能如此解决冲突，进入第二步。②引入一个调解者。如果不能解决问题，进入第三步。③引入一个仲裁者。当所有的努力都无法和平终结冲突的时候，再吵架也不迟。

（7）不公开。不论争吵得多么激烈，绝对不能将事情公布于众。因此，匿名的法院审判通常优于普通的法院程序。与媒体就此进行讨论是严格禁止的，因为这会损害家族和企业的声誉，并可能造成冲突的恶化。当家庭成员开始在公开的场合打击和贬低对方的时候，通常再也不可能回归和平。此时，只有胜利者和失败者。最终，所有人都失败了。

四、几条原则

以下几条原则对于成功地传承家族财富是非常重要的。

（1）家族要传承，须有"家法"。"家法"通常就是家族宪章。"家法"的最大价值在于确保家族的情感纽带和共同的价值观念，并确保家族在陷入纷争时有一个解决问题的原则作指引。"家法"须涵盖的问题有：如何把一个家族与其他家族区分开？家族的历史和精神遗产是什么？家族的目标是什么？家族财富如何分配？家族的核心价值是什么？家族的核心价值具有哪些优先性？同时，"家法"还要包括对家族成员的奖惩措施，对于为家族做出突出贡献的人应给予奖励，对于损害家族整体利益的人则应给予惩罚。

（2）家族财富和家族企业之间的矛盾是家族财富传承的根本障碍。毫无疑问，家族企业是家族财富的来源，企业运营得不好，就难以为家族创造财富。但家族企业不是家族财富！企业是一个运营实体，企业的资产属于企业，只有企业的税后利润向家族分配才会变成家族财富。这就意味着将家族企业利润最大化是增长家族财富的根本，在家族企业层面争权夺利、"拉山头"的做法是自砸家族的饭碗。同时这意味着让最适合管理家族企业的家族成员去管理家族企业，才是与家族根本利益相一致的。在家族企业的管理上，应遵循效益优先、效率优先。这就需要建立家族企业接班人推选制度。鼓励家族优秀人士之间竞争，能上能下、奖惩分明，将家族中最优秀的人放到家族企业管理的位置上。

（3）家族财富的分配上，应遵循"爱"优先，兼顾效益。比如，兄弟二人，一人能力平平，对家族贡献不大；另一人能力卓越，可以很好地管理和运营家族企业。在分配家族财富时，如何平衡？家族传承是血脉和爱的传承，因此在家族财富的分配上，应坚持"爱"优先。先天能力的差异不能成为多分或者少分的因素。对于能力平平的人，如果在其能力范围内尽心尽责，其和能力卓越的人在家族财富上应分配同样的份额。这样做最大的好处是避免家族内斗而损伤元气。对于后天努力产生的差异，应在家族财富分配时体现出来。这就需要家族建立一个家族成员评判机制。

（4）家族企业要建立良好的公司治理架构。公司法人财产具有法律上的独立性，不能因为对某个家族成员的喜爱，就决定把公司资产直接给予某个人；也不能因为某个第三方公司与家族某个成员关系的亲疏而让家族企业违背商业规则。需要明确分配资产应遵循的法律程序。更需要明确的是良好的公司治理架构不仅是为了增加家族企业创造家族财富的能力，其关乎着家族的声誉风险，一荣俱荣一损俱损。家族成员之爱不能僭越法律之藩篱。

（5）建立家族安全保护机制和团队，如应急措施、人身安全保护、网络安全、如何应对突发事件等。

第六章

家族信托如何在财富传承中发挥作用：郭氏信托案例解读二

　　私密在任何时候都是家族财富传承的核心诉求，是高净值人士财富架构的基石。而媒体及公众等对于豪门家族的故事总是充满了猎奇心理，这通常成为高净值人士资产保护和财富传承的重大威胁。一旦家族失去了私密性，法院都可能无法匿名判决或者不公开判决书。郭氏信托案就是如此。郭家因为各种原因所产生的家族内部冲突公开化，导致家族财富传承的私密性难以实现。

　　家族信托被讲得太多了，以致很多人一谈到个人财富架构似乎只能用信托。其实财富架构采取哪种形式，要从具体需求出发，而不是从某种工具出发，将具体需求塞到工具里。

　　在设立家族信托时，个人需要理解受托人执行的是设立人为受益人利益的意图，但不是设立人控制资产的意图。个人放入信托的资产已经不是自己的了。资产还是你的，还是你可以控制的，装入一个架构就可以实现资产保护的作用，这是不存在的。

　　家族信托是一种法律设置，和设立人并没有依附关系。要实现资产保护，个人需要清楚，所谓"我的家族信托"是不存在的。在信托中，千万不能不把受托人当回事。架空受托人是害自己。受托人在信托中至关重要。信托运作的核心是通过受托人履行审慎管理责任，以确保受益人利益的实现。

　　财富传承需要以资产保护为前提；没有资产保护的财富传承是存在实质缺陷的。资产保护和个人的控制权是"一对冤家"。想要资产保护，就必须对个人的控制欲进行严格的限制。在个人保留太多控制权的情况下，即使资产放于任何架构中，可能都是徒劳。

　　认为设立一个信托，将资产放进去就可以实现资产保护的想法是错误的。将资产装入一个架构就可以高枕无忧的想法是很危险的。切记，没有一劳永逸的方案！要把财富传承和资产保护作为一个持续跟进、持续维护和不断修复的过程。

　　家族信托在家族财富传承的过程中更多是一种法律工具，家族信托的运作需要一个有效的生态系统。财富传承需要确定性。家族信托设立法域之法律的确定性、法院的经验和判决的趋势、受托人的经验等，都对家族财富的传承有重要的影响。

法院确认的案件事实

一、"分家"的背景

法院在判决中确认了郭氏家族信托的以下事实背景。

（1）根据郭得胜先生的遗愿，55% 的家族财富分给邝肖卿，三个儿子郭炳湘、郭炳江和郭炳联各占 15%。

（2）2002 年 8 月，郭炳湘在大多数信托（设立人为邝肖卿）中的受益人身份被撤销。受托人称，这经过了郭炳湘的同意。尽管被移除，郭炳湘仍然有资格作为受益人加入，他的子女仍然都是受益人。

（3）2004 年 8 月，设立人邝肖卿和三个儿子签署了谅解备忘录（"2004 年谅解备忘录"）。该备忘录主要涉及如何处理新地公司的股份，并在条款 2.2 中重申了 55%、15%、15%、15% 的概念。其中第 9 条涉及其他资产，即新地股票以外的资产。

（4）2006 年 12 月 7 日，设立人邝肖卿和三个儿子签订了进一步谅解备忘录（"2006 年谅解备忘录"），以反映在新地公司持有股份的变化。条款 1.4 规定，2006 年谅解备忘录取代了 2004 年谅解备忘录。2006 年谅解备忘录的大部分条款涉及如何处理新地公司的股票。但第 9 条涉及其他资产，其中部分内容如下。

9. 新鸿基股份以外的资产

9.1 特此同意并宣布，郭氏家族信托持有的全部资产，在设立人死亡后，应在三名儿子（或其各自的家属）之间平均分配，除非信托之子信托另有规定。前述资产不包括"New King Yip 信托"持有的新地股份。

9.2 兹此进一步同意，就任何一项资产（新地股份除外）而言，子信托的代表在设立人去世后无法就是否将该资产应予保留、出售或重新开发或以其他方式改变或改进达成一致，则任何一位代表可以书面通知其他代表。如果在通知发布之日起 6 个月内未达成共识，未达成一致意见的资产将被出售，其销售收益应按照上述第 9.1 条的规定进行分配。

　　子信托提及的代表是郭炳湘、郭炳江和郭炳联。除由设立人和三名儿子签署外，2006 年谅解备忘录亦由汇丰国际信托有限公司（英属维尔京群岛）以 New King Yip 信托和 King Yip 子信托受托人的身份签署。New King Yip 信托和 King Yip 子信托均持有新地公司的股份。

　　2007 年，郭炳湘与郭炳江和郭炳联的关系恶化。结果是 2008 年 5 月郭炳湘被辞去了新地公司的主席和首席执行官。他在香港法院对此提出挑战但失败了。

二、2009 年重组，启动“分家”

　　根据公开披露的信息，截至与案件判决日期比较接近的 2018 年 5 月 18 日，邝肖卿及其他郭氏家族成员仍是新地的大股东，通过家族信托、一致行动人等共持有 26.26% 的股权[①]。如前所述，郭家第三代成员郭基辉、郭基泓和郭颢澧已经正式进入新地核心管理层。而郭炳湘一支，由于 2008 年郭家内部争斗或者其他原因，已经被从公司管理层中排除。家族在新地中的权益传统上一直以复杂的一系列信托架构的方式持有，而本案中的四个信托不持有新地的股份。

（一）设立新信托

　　为解决家族内部矛盾以及根据郭得胜先生的遗愿进行家族财富的分配，邝肖卿于 2009 年 6 月 11 日根据泽西岛法律设立了四个信托，分别是第四号信托、第五号信托、第六号信托、GK 信托和 JK 信托。这四个信托的资产在很大程度上来自先前的三个信托，即开曼群岛 New King Yip Overseas 信托、香港 Lai Cheong 信托及英属维尔京群岛 New Lai Cheong 信托。汇丰国际信托有限公司（英属维尔京群岛）担任 Lai Cheong 信托和 New Lai Cheong 信托的受托人。独立第三方公司是 New King Yip Overseas 信托的受托人。

　　这四个信托受益人的情况如图 6-1 所示。

　　本案中的四个信托均依据泽西岛法律设立。这意味着什么？信托的适用法律为泽西岛法。同时，根据《信托法（泽西）1984》，以下事项为泽西岛法律适用的专属事项[②]，即以下事项只能依据泽西岛法律解释，而外国法律的适用不能影响这些问题的判定。

———————————

①　参见 http://sdinotice.hkex.com.hk/di/NSAllSSList.aspx?sa2=as&sid=25&corpn=%e6%96%b0e9%b4%bb%e5%9f%ba%e5%9c%b0e7%94%a2e7%99%bc%e5%b1%95e6%9c%89e9%99%90e5%85%ac%e5%8f%b8&sd=01/05/2018&ed=18/05/2018&cid=0&sa1=cl&scsd=01%2f05%2f2018&sced=18%2f05%2f2018&sc=0016&src=MAIN&lang=ZH&。

②　参见《信托法（泽西）1984》（TRUSTS（JERSEY）LAW 1984）第 9 条第（1）条规定。

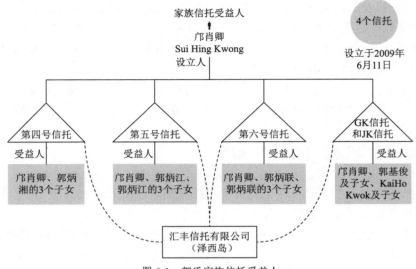

图 6-1　郭氏家族信托受益人

（1）信托的有效性或解释。

（2）财产向信托的任何转让或其他处分的有效性或效力。

（3）设立人的行为能力。

（4）信托的管理，无论信托是在泽西岛还是在其他地方进行管理，包括有关受托人的权利、义务、责任和权利以及他们的任命或罢免问题。

（5）赋予或保留的权利的存在和范围，包括变更或撤销信托权和任命权以及行使这些权利的有效性。

（6）外国法院行使或声称行使任何法定或非法定权利以改变信托条款。

（7）财产之任何受益权利或利益的性质和范围。

（二）变更受托人

如何在不同信托之间进行资产重组？由于受托人是对信托行使管理职责之人，通常需要将已有信托和新信托之受托人变更为同一受托人，为信托资产重组提供便利。

经与家族顾问讨论后，汇丰信托有限公司（泽西岛）于 2008 年 8 月取代汇丰国际信托有限公司（英属维尔京群岛）成为 Lai Cheong 信托和 New Lai Cheong 信托的新受托人。2009 年 6 月 25 日，汇丰信托有限公司（泽西岛）又成为 New King Yip Overseas 信托的受托人。

受托人变更后，架构请见图 6-2。

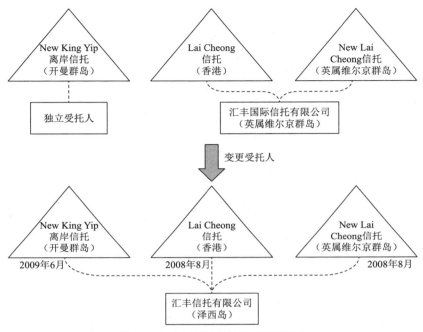

图 6-2　郭氏家族信托受托人变更后架构

（三）信托资产重组，实现目标架构

最后要形成的资产持有架构，如图 6-3 所示。

这里面涉及两个问题。第一个问题是信托是否可以持有以及如何持有诸多运营公司？实践中，很多信托公司可能不愿意接受运营公司作为信托资产。在某些信托法域，如英国和泽西岛，可以通过"反巴特莱特条款"（Anti-Bartlett provisions）来实现信托公司审慎管理的责任和持有运营资产之间的平衡。

本案中，四个信托下共持有 233 家公司，并通过这些公司来持有资产。但是，受托人对任何一家公司都没有直接的管理权，这些公司的具体管理一直由设立人的家族办公室来负责。这四家信托就采用了著名的"反巴特莱特条款"。

1."反巴特莱特条款"（Anti-Bartlett provisions）简述

1980 年英国著名的 Bartlett v Barclays 案例确立了受托人"商业规则的谨慎人"规则[1]。这一规则要求受托人须监督和干预受托人持有股份的公司事务，并最大限度利用股权。该案的基本事实是巴克莱银行是赫伯特·巴特利特爵士设立的巴特利特信托的唯一受托人。该信托的唯一资产是家族公司已发行股份的 99.8%。为

---

[1]　Bartlett v Barclays Bank Trust Co Ltd（No. 2）[1980] 1 Ch 515.

了筹集现金，信托安排商人银行家将公司公开上市。银行家表示，如果公司将业务从管理物业扩展到开发物业，上市将更加成功。作为受托人的巴克莱银行同意了这一做法。随后董事会开始了投机性发展，最后以灾难结束。因为大型开发项目（Old Bailey 项目）无法获得规划许可，信托资产遭受了重大损失。法院认为，如果该银行及时采取行动，可以作为受托人动用股权而终止公司董事会实施 Old Bailey 项目。如果银行作为受托人愿意发挥更为积极的作用而不只是追随公司的决策，那么信托基金就有可能避免损失。

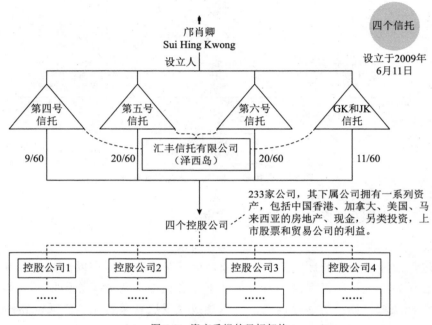

图 6-3　资产重组的目标架构

该案在实践中引起了巨大的影响，因为受托人一般不具有直接管理所持股权的商业能力。受托人很担心其承担"商业规则的谨慎人"职责而面临不利的诉讼后果。在多方博弈下，英国于 1982 年对受托人责任立法，并最终于 2000 年出台了《受托人法》。该法对受托人承担谨慎责任（"duty of care"）的范围做出了比较详细的规定，同时规定，可以通过信托契约文件对谨慎责任的适用进行排除[①]。

泽西岛法律承英国法血脉。《泽西信托法》第 21 条对受托人的责任作出规

---

① "7 The duty of care does not apply if or in so far as it appears from the trust instrument that the duty is not meant to apply." SCHEDULE 1，7. Exclusion of duty of care，Trustee Act 2000.

定，受托人在履行其职责和行使其权利及酌情权时，须以应有的勤勉，按照一名审慎人士尽力发挥其能力与技能的方式进行，同时遵守最大诚信（utmost good faith）。泽西法允许通过信托契约文件对受托人职责进行约定。

2. "反巴特莱特条款"在本案中的应用

由于家族信托具有私密性，"反巴特莱特条款"在现实中如何使用，一般公众无从知晓。泽西皇家法院在郭氏家族信托案的判决中引用了"反巴特莱特条款"的主要条款，给了公众一个一睹"庐山真面目"的机会。

（1）受托人不得"被约束或者被要求行使受托人可能拥有的对任何公司的业务或事务的参与、行政管理或执行……"。

（2）受托人"应将任何公司的业务和事务的行政、管理和执行……交给董事、高级职员和其他有权参与行政、管理或执行的人员；受托人不被要求监督这些董事、高级职员或其他人员，只要受托人在事实上没有知晓其中任何一方对该业务或事务的任何不诚实行为"。

（3）受托人"应始终假定对任何公司的业务和事务的行政、管理和执行……是完全诚实、勤勉地进行，并符合受托人的最佳利益……"。

（4）受托人"在任何时候都不被要求采取任何步骤来确定上述假设是否正确"。

（5）受托人"不被要求以任何方式从参与行政、管理或执行的人员获得任何与公司有关的业务或事务的行政、管理或执行等任何其他事项的信息……"。

（6）受托人"应假定任何人提供的与公司有关的任何信息……是准确和真实的，除非受托人知晓事实与此相反，并且受托人在任何时间不被要求采取任何措施来确认信息是否准确和真实"。

以上为信托契约文件的特别条款，对受托人的职责做出了特别约定，从而免除了受托人管理信托所持股权的责任。这为其他信托在实践中解决持有股权的问题提供了借鉴，但具体落地需要结合不同法域的具体法律实践。

第二个问题是本案中如何从现有信托架构重组到目标架构？这就涉及信托运营的资产指定。

3. 控股公司1和控股公司2进入目标信托

New King Yip 离岸信托的资产包括两家控股公司的股权。2009年7月28日，受托人将 New King Yip 离岸信托下的全部资产分配给邝肖卿。第二天，邝肖卿将这些股票赠予四家信托，后者以相关比例持有。两家控股公司股权的法定所有权一直归属受托人（受托人作为邝肖卿之代持人的一天除外）。在重组过程中没有任何资产被分配，离开 New King Yip 离岸信托的资产回到现有信托中。

控股公司1和控股公司2进入目标信托后的架构，如图6-4所示。

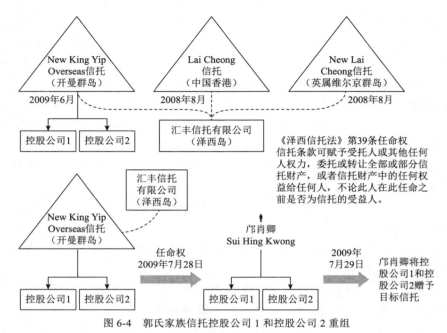

图 6-4　郭氏家族信托控股公司 1 和控股公司 2 重组

4. 控股公司 3 进入目标信托

控股公司 3 曾是 New Lai Cheong 信托的资产。2011 年受托人将该公司的股权指定给新设立的四个信托。2011 年 10 月 12 日，受托人重组股权，将一系列公司纳入 King Yip 控股国际公司。2011 年 10 月 14 日，受托人将 King Yip 控股国际公司的股权赠予邝肖卿，后者于同日将该股权赠予控股公司 3。

控股公司 3 进入新设的四个信托后的架构请见图 6-5。

5. 控股公司 4 进入目标信托

控股公司 4 于 2011 年 4 月 12 日由邝肖卿注册成立。控股公司 4 的下层公司之前由名为 Glamour Trust 的信托持有，并且在邝肖卿将控股公司 4 的股份赠予信托之前，下层公司股权被转移到控股公司 4 下面。控股公司 4 进入新设的四个信托后的架构，如图 6-6 所示。

三、2014 年框架协议，为"分家"排除诉讼之忧

（一）为"分家"排除诉讼之忧

2014 年 1 月 27 日，邝肖卿及三名儿子订立框架协议（Heads of Agreement）。该框架协议的背景是郭炳湘基于"2006 年谅解备忘录"，以其在新地公司股份相关的利益被排除在外是一个错误行为为由向香港高等法院提起诉讼。

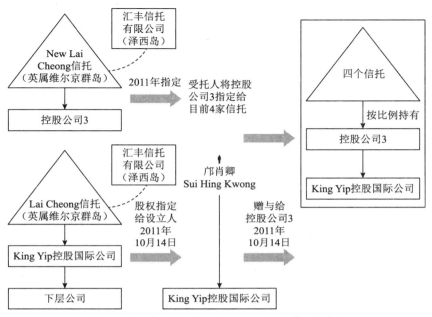

图 6-5　郭氏家族信托控股公司 3 进入新设的四家信托

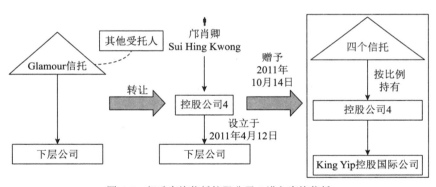

图 6-6　郭氏家族信托控股公司 4 进入家族信托

　　框架协议旨在避免家族进行资产分割时发生诉讼。受托人和汇丰国际信托有限公司（英属维尔京群岛）亦被列为框架协议的缔约方，但其以处分权不能受任何限制为由，没有在框架协议上签字。因此，框架协议上只有邝肖卿及其三个儿子的签字并受其约束。

　　框架协议包括三个阶段。第一阶段和第二阶段与新地股份有关，第三阶段是关于其他资产的。泽西皇家法院的判决是关于第三阶段的，即与上市公司新地股份没有关系。

框架协议的要旨是将 15% 的家族资产放入一个新的信托，邝肖卿女士作为设立人。在邝肖卿女士有生之年，郭炳湘负责资产的管理，在邝肖卿女士百年之后郭炳湘可以受益。

框架协议的有关规定如下：

2. 签署这些协议后，第一阶段和第二阶段规定的义务将不可撤销地立即执行，并可与这些协议的其余条款分离……

3. 在执行框架协议的同时，当事人应按照附录 F 中规定的条款签订"收费协议"（Tolling Agreement），该协议应规定自"收费协议"日期起 12 个月的固定期限内不得启动任何诉讼程序，各方之间的诉讼也不得进行，为本协议规定的谈判提供条件。

……

21. 新 WK 私人资产信托成立时，郭炳湘须同时签署一份不可撤销、无条件和立即执行的弃权函，放弃对两部分资产的请求权：①家族私人资产（包括家族资产中 15% 以外的、郭炳湘应该获得的放入新 WK 私人资产信托的部分）；②仅为邝肖卿女士所有的个人资产（包括现金、物业及其他资产）以及邝肖卿女士设立的所有信托的资产。

（放弃请求权）

27. 关于郭炳湘对各方已经进行的或可能进行的任何请求权，和解应是全面和完整的。在执行框架协议时，各方将采取一切必要步骤来执行和解。如果郭炳湘需就框架协议获得法律或会计咨询，邝肖卿女士在其能力范围内为其提供信托文件和账户的访问，郭炳江和郭炳联不应拒绝或导致任何此类访问被拒绝。

……

（进一步的保证）

32. 每个缔约方同意：

……

（2）向任何其他缔约方提供所有必要或合理文件，以正确执行、落实框架协议和相关交易，并避免发生任何其他缔约方无法查阅文件的情形。

……

41. 如果汇丰信托或汇丰国际信托公司作为受托人以外的所有当事人已经签署并履行了框架协议，各方确认框架协议应当构成对汇丰信托或汇丰国际信托公司以外所有当事人之间的有法律效力的、有约束力的和可执行的义务。各方承诺尽快采取必要的措施执行这些协议，包括（在必要的情况下并且承认有关信托是有自由裁量权的）行使他们作为任何信托设立人或保护人的权利，采取步骤确保汇丰信托和汇丰国际信托公司作为受托人（及任何继任人和受让人）或其替代人作为受托人的合规性。

框架协议受香港法律管辖，香港法院对有关框架协议的任何争议拥有专属管辖权。

（二）家族私人资产

四家信托涉及的都是家族私人资产，范围如下：

20. 家族的私人资产是直接或间接为邝女士、郭炳湘、郭炳江及郭炳联全体共同持有或管理的资产，不包括：①新鸿基地产股份；②仅为邝女士拥有的资产；③仅为郭炳湘拥有的资产；④仅为郭炳江拥有的资产；⑤仅为郭炳联拥有的资产。家族资产的15%，在邝女士有生之年由郭炳湘管理，并单独放于新 WK 私人资产信托。邝女士在有生之年作为该信托的设立人及受益人。该信托的收入于邝女士有生之年累积。在邝女士百年之后，郭炳湘将成为继任设立人，而信托财产可归属郭炳湘。此等安排须由郭炳湘完成并完全接纳，郭炳湘对家族私人资产及仅为邝女士个人资产（包括现金、物业及其他资产）以及邝女士设立的所有和任何信托、受托人和所有受益人的所有和任何请求权也要获得圆满的解决。

22. 家族资产的15%放入新 WK 私人资产信托，包括：
（1）以下旧金山物业：
（a）……
（b）……
（c）……
（d）家族拥有的 Cheung & Kwok Holdings 股份公司 45% 的股权，该司拥有位于密尔布瑞的财产。
（e）家族拥有的加利福尼亚 Lucky Man Enterprises 股份公司 45% 的权益，该司拥有位于密尔布瑞的财产。
（2）铜锣湾快捷假日酒店。

（三）估值及调整

对家族私人资产价值的判定是"分家"的基础。

23. 所有家族资产的总价值应由估值日期赋予它们的估值确定。估值费用由家族资产承担。估值应由资产所在相关法域的独立估值师进行评估，该估值师的聘任应由邝女士咨询郭炳湘、郭炳江及郭炳联后进行，由邝女士最终决定。估值日期后三个月内，如果该物业的总值少于家族资产总值的15%，则由邝女士、郭炳湘、郭炳江及郭炳联先生弥补，弥补的资产也放入新WK私人资产信托。如果物业的总价值超过家族资产总值的15%，郭炳湘应将超额的部分退给邝女士。

24. 如果：郭炳江和／或郭炳江的家人，以及郭炳联和／或郭炳联的家人，随后收到的家族资产分配总额超过家族资产总价值的30%，应共同向郭炳湘的儿子郭基俊和Jonathan Kwok退回差额部分。本段的安排应包含在双方之间的进一步协议中。

……

26. 各方应尽最大努力促使第三阶段的上述安排在自框架协议之日起12个月内完成。双方将采取行动并执行所有必要的文件，以落实第三阶段所设想的安排。

四、设立人的请求

框架协议的第一阶段和第二阶段已经实施，但第三阶段进展缓慢。在2015年7月13日的法定声明中，设立人邝女士描述了进展情况：根据框架协议第23条，她提名世邦魏理仕公司做所需的物业估值。家庭办公室已任命独立注册会计师WM Sum和Co（"Sum公司"）编制第三阶段资产的财务摘要。财务摘要完成后，家族资产的45%将均分转移给三兄弟各自管理的私人信托，以便三兄弟能够管理自己的15%的家族资产。

2016年2月3日，邝肖卿向受托人发出书面请求，要求其协助进行资产分配，落实框架协议，以将第三阶段大部分资产由信托持有。她要求受托人将郭炳湘的资产转移到第四号信托，然后考虑如何修改该信托相关条款或将资产放入另一个单独的信托，以允许郭炳湘管理资产。为了郭炳江和其家人的利益，她要求向第五号信托提供15%的分配；为了郭炳联及其家人的利益，她要求向第六号信托提供15%的分配。就第五号和第六号信托，她指定了她希望放入的某些资产。她表示，应该用现金弥补三个分配中与15%的差额部分。

邝肖卿在宣誓书中确认，在她去世后，她希望信托中剩下的55%资产（连同她的个人资产）在家庭的三个分支之间平均分配，但是郭炳湘家人的份额进入GK信托和JK信托。

受托人面对"信托僵局"

信托受托人收到邝肖卿的请求后，认为其建议的资产分割方案似乎符合整体受益人的最大利益：

- 框架协议虽已签署，但无法执行第三阶段分割家族资产的意图。家庭不和谐，实施框架协议没有进展，信托面临困境，这些都不符合受益人的利益。
- 邝肖卿当时 88 岁。她对于自己在世时解决家族资产分割争端存在焦虑。她认为资产分割将有助于实现框架协议所设想的清晰分家方案，并为家庭成员间的恶语相向画上句号，这是她真诚的愿望。她说，这个请求在家庭的三个分支之间是合理的，不仅符合她自己也符合她已故丈夫的愿望。
- 邝肖卿建议的资产分割方案得到郭炳江和郭炳联的支持。郭炳湘的两个儿子对此持中立态度。
- 郭炳湘是受益方。资产分割后他将成为经修正的第四号信托新 WK 私人资产信托的受益人，并且能够立即享有受益。而根据框架协议他只管理 15%的资产，并且要等到邝肖卿去世后才受益。

受托人、邝肖卿的律师和三兄弟就邝肖卿的请求进行了冗长的讨论。郭炳湘反对提议。郭炳湘认为提议未能根据框架协议第 27 条和第 32（2）条的规定进行充分披露，而这对确定总体资产是必要的。只有确定 100% 资产对应的数字，才能算出资产的 15% 是多少。郭炳湘还认为分配方案对郭炳江和郭炳联是有利的，对自己是不利的。他还认为，根据 2006 年谅解备忘录第 9.2 条的规定，未经其同意，是不能进行资产分割的。

受托人明白事情陷入了僵局。2016 年 6 月 26 日，受托人致函郭氏主要家庭成员，阐明其提案并邀请各方开会讨论拟议计划。这些会议召开了但没有解决问题。为了对各方关注的估值进行确认，受托人决定指示一家独立公司对世邦魏理仕公司和 Sum 公司的估值进行审核。罗兵咸永道会计师事务所（普华永道）于 2016年 9 月被受托人聘用。其第一阶段工作包括：①汇总资产清单，包括取得并分析现有资产清单（包括由家族办公室提供给 Sum 公司的资产列表和估值）以及相关公司的审计和管理账户；②审核世邦魏理仕公司完成的房地产资产估值（包括评估方法的适当性和主要假设）；③审查 Sum 公司所完成的其他资产的估值；④审查其他事项，如信托所拥有公司之间流动资产变动的影响及其价值、负债及公司间应收及应付款项。

受托人于 2017 年 1 月 26 日向主要家族成员提供了普华永道第一阶段报告的草案。普华永道得出的结论是世邦魏理仕公司和 Sum 公司所做的估值大致合理，但对于两项物业估值及一项股权投资连同若干合营资产股权、游艇及车辆的估值提出了保留意见，同时普华永道还发现有重大负债被漏掉。

分发第一阶段报告后，受托人与郭炳湘于 2017 年 2 月 14 日举行了会谈。随后，代表郭炳湘的香港律师 Peter Yuen 在 2 月 22 日再次写信重申郭炳湘的担忧。

2017 年 2 月 26 日，受托人在收到奥杰（Ogier）律师事务所的书面意见后做出以下决定。

（1）根据设立人邝女士的请求，将物业资产分割开来放入为郭炳湘、郭炳江和郭炳联（及其各自家庭分支）而单独设立的信托。根据普华永道关于分割方式的建议以及税务顾问建议的节税方式完成具体的操作步骤。原则上，受托人认为按照设立人的要求将这些特定资产进行分类是正确的。受托人相信，这将有利于实现家庭和睦。

（2）对相关资产进行最终估值。受托人决定使用框架协议日期进行估值，同时对该估值结果进行必要调整。受托人亦建议参照第一期报告确定的资产确定资产总值。

具体来说，资产分割将涉及以下内容。

（1）将郭炳湘的资产转移至第四号信托，在分割和支付差价款后立即将郭炳湘作为受益人加入，或将应分给郭炳湘的资产转到新 WK 私人资产信托，其中郭炳湘及其家人为受益人；

（2）将郭炳江的资产转入第五号信托。

（3）将郭炳联的资产转入第六号信托。

以上三种情况下，都可能出现为达到 15% 的数字而支付差额的行为。

受托人提议参照其所称的相关资产计算 100% 的数字。这包括信托中的所有资产（第一阶段报告中列出的）以及加拿大物业，但不包括作为邝肖卿个人财富的房屋、香港的一处房产、各地的度假屋和投资。信托中的所有其他资产已包含在相关资产中，受托人还同意了邝肖卿的请求，将普华永道识别的重大负债全部分配给信托剩余的 55%，而郭炳湘、郭炳江和郭炳联各自分配的 15% 的资产没有任何负债。

但是该方案还是遭到郭炳湘的反对。受托人在 2017 年 6 月 30 日的董事会会议上重新审议了此事，并最终判定：继续进行资产分割是正确的，**并就其决定向泽西皇家法院申请确认或"护佑"（blessing）**。

第三节

法院定分止争

任何财富传承的方案大都在执行层面归于法律文件的起草、签署和执行。而与财富传承相关的纠纷，自然由法院最终定分止争。

一、受托人为何申请法院确认

受托人做出重大决定后，执行前向泽西皇家法院申请确认，是泽西岛的传统做法。这对利用家族信托进行财富传承是非常有益的。通过这一方式，涉及家族信托的重大事项提前获得了法律的确定性。

法院在对一项重大决定进行确认时，该决定必须满足以下条件：

（1）受托人的决定是出于善意而做出的。

（2）该决定是一个合理的受托人在获得适当指示后可以做出的。

（3）该决定并未因任何实际或潜在的利益冲突而受到损害。

法院遵循的主要原则如下。

- 合理性测试。对于第（2）项，法院主要进行合理性测试（rationality）。法院在对一项重大决定进行确认时，并不是越俎代庖、取代受托人决策的角色，而是评估在受托人正确行使其权利的情况下，该决定是否可以合理地做出。如果一个决定落在可以合理做出的范围内，即使法院会以不同的方式平衡各种因素并可能做出不同的决定，法院也应支持受托人的决定。因此，法院并不是代替受托人做出决策，而是用合理性测试来评判受托人是否合理地履行了信托责任。

- 程序合理。法官会重点审查一项决定做出的程序是否合理："当法院对一项重大决定给予确认时，法院需要对决定的合理性进行审查。在某些情况下，这项决定可能是一项困难和令人怀疑的决定，需要受托人在考虑两端相互对立的情形后，做出精心的判断，可谓'叩其两端，允执其中'。决策过程非常重要……"

- 审慎决定。法院在对一项重要决定进行确认时，必须非常审慎。法院必须审慎地确保受托人做出的决定是正当的。但法院不能在受托人向法院提出类似请求时设置不可逾越的障碍，法院也不可以没有合理理由就剥夺受托人的决定。审慎是一把双刃剑。

在郭氏家族信托案件中，受托人非常审慎地做出决定。受托人已经从香港和泽西岛的执业律师以及英国资深律师那里获得详细的法律建议。受托人已委任自己的独立财务顾问（普华永道）就此事提供意见。受托人广泛咨询并考虑了郭炳湘提出的反对资产分割提议的意见。

二、设立人的意愿真实吗

在家族信托中，设立人的意愿是出发点。当设立人年龄很大时，对于意愿的理解要受到神智能力的影响。郭炳湘对分家方案是否代表设立人的真实意愿表示质疑。他认为设立人对资产分割的理解非常有限。他与邝女士每周都见面，邝女士在 2017 年 6 月初的一次会议上表示：她对受托人提议的资产分割并不知情；她没有签署任何关于资产分割的文件，以及她没有就资产分割与律师见面。

代表设立人的高伟绅律师事务所于 2017 年 6 月 27 日写信给受托人，强烈反驳郭炳湘的说法。该所多年来多次会见设立人，以确定她的愿望并接受她的指示。在所有情况下，文件都是在与设立人进行讨论后根据她的指示制定的，并在她签署前向她仔细解释了这些文件的内容，包括用粤语向她解释。根据最佳做法，这些文件是在两名医生和一名独立律师在场的情况下签的。信中说：

我们发现设立人能够在所有相关情况下给出明确和独立的指示。我们没有发现任何不当影响的迹象。设立人给我们的指示一直是一致的。我们毫不怀疑她希望看到框架协议得以实施，她的三个儿子之间的纠纷在她有生之年得到解决。她清楚地认识到，在她有生之年完成这些事情对她来说是非常重要的。

受托人也进行了回应：受托人的代表自 1996 年以来多次与设立人见面，设立人一直能够独立清楚地表达她的愿望（必要时通过口译员）……为进一步说明这一观点，受托人还与所有主要家庭成员单独会晤，作为征求意见程序的一部分。在这方面，受托人没有发现设立人受郭炳江和郭炳联不当影响的任何迹象。

鉴于高伟绅律师事务所的强烈驳斥和受托人对设立人理解能力的阐述，法院认为设立人的请求确实代表了她的真诚愿望，没有受到郭炳江或郭炳联的影响，受托人在此基础上继续进行资产分割是完全合理的。

三、2006 年谅解备忘录具有约束力吗

郭炳湘认为受托人受 2006 年谅解备忘录条款的约束。根据 2006 年谅解备忘录第 9.2 条，未经所有兄弟同意，不得处理任何家庭资产。由于他没有同意分割资产，受托人进行的资产分割行为违反了 2006 年谅解备忘。郭炳湘支持 Martin Mann QC（英国律师）和 Edward Tang（香港律师）在 2017 年 6 月 1 日提出的意见，认为汇丰国际信托有限公司（英属维尔京群岛）因签署 2006 年谅解备忘录而受到约束，而四家信托的受托人是"继任者"，同样受约束。

作为回应，受托人从诺顿罗氏律师事务所获得了关于香港法律的意见，并从奥杰（Ogier）律师事务所获得了泽西岛法律的建议。结论是受托人不受 2006 年谅解备忘录的约束。

法院认为，受托人是否受 2006 年谅解备忘录的约束是香港法律的问题，须由香港法院来判断。泽西皇家法院对此并没有做出判定。泽西皇家法院审查的主要是受托人是否合理地作为。其判断的结果是受托人合理地作为，倾向认为受托人不受 2006 年谅解备忘录的约束，理由如下：

（1）信托并没有独立的法律实体，受托人的责任是一种个人责任。汇丰国际信托有限公司与汇丰信托有限公司是不同的法律实体，前者在 2006 年谅解备忘录上签字不能导致后者受其约束。

（2）香港法院不太可能认为，资产分割会导致对 2006 年谅解备忘录的违背。其对资产分割获得三兄弟一致同意的要求更多是针对设立人身后的资产处理，并没有对设立人在世时的资产分割做出限制。因此，受托人基于香港法院不太可能认为资产分割违背 2006 年备忘录义务的预判而进行资产分割是合理的。

四、对家族资产的确认

郭炳湘认为，受托人在进行资产分割时未进行合理的披露，因此构成对 2006 年谅解备忘录的违背，同时造成其无法弄清楚家族资产的具体范围。受托人聘任的普华永道只是对家族办公室给定的资产清单进行评估。自从失去新地董事会的董事席位后，郭炳湘亦丧失了家族办公室成员的身份，因此其无法判断家族办公室提供的资产清单是否准确。

受托人的解释如下：

（1）资产评估依赖的是家族办公室给定的资产清单，并没有对此进行审查。由于郭家家族资产庞大，受托人无法对资产直接管理，因此在信托契约文件中都设置了"反巴特莱特条款"。但是，受托人对资产列表进行年度审查，家族办公

室提供的资产清单与信托中的资产是一致的。

（2）普华永道受聘建立一个完整的资产清单，并对世邦魏理仕公司和 Sum 公司的估值进行审核。为此，普华永道审查了所有相关实体的财务报表和管理会计账户，并没有发现有缺失的资产。其在家族办公室工作了一个月，有着良好的获得信息的渠道，并可以与家族办公室高级管理人员直接沟通。

（3）郭炳湘只提出一个一般性主张，并没有具体诉求。郭炳湘要求对所有资产进行完整的披露，比如，他要求对所有现金和非现金资产的明细按银行、银行账户、现金流动等方式进行披露，他还要求对 2009 年之前的资产进行同等披露。这会产生巨大的工作量，且没有明确的原因。这些信息只能从家族办公室获得，或者要求受托人履行类似股东的职责，这与信托中的"反巴特莱特条款"是相悖的。

（4）郭炳湘不是 2009 年信托的受益人，没有权利要求对该信托的资产进行披露。

（5）设立人请受托人履行框架协议，但受托人并不是框架协议的直接当事人，因此受托人并不是来判断资产分割是否与框架协议第 20 条的要求相一致。如果郭炳湘根据框架协议具有更多的请求披露的权利，他可以向香港法院主张自己的权利。

法院认为，郭炳湘怀疑资产缺失并没有提供明确的依据，只是怀疑。考虑到受托人自 2009 年资产重组以来对信托的了解以及普华永道的工作，受托人得出的结论是合理的：郭炳湘的怀疑不足以要求启动巨量调查。

基于以上判断，法院认为受托人依照设立人的请求，对资产按照框架协议所要求的方式进行分割的决定是合理的。这一决定并不妨碍郭炳湘此后在香港法院提起诉讼；如果法院作出了判决，受托人仍可以就分配做出调整。无论如何，都不妨碍受托人在现阶段做出决定。

五、评估日期

评估日期在框架协议中没有约定。郭炳湘起初赞成以框架协议签署的日期为评估日期，并于 2014 年 4 月 8 日通过其律师正式发函向设立人的律师高伟绅律师事务所告知该观点，但后来他反悔了。原因有二：①框架协议规定了在 12 个月内完成第三阶段，即资产分割，因此当时以框架协议签署日期为评估日期是合理的。但如今三年过去了，只有采用现有日期作为评估日期才能保证公正。②郭炳湘分到的资产主要为位于美国的物业，郭炳江和郭炳联分到的资产主要为位于中国香港的物业，最近几年中国香港物业价值的增长幅度远高于美国，因此采用历史日期评估对郭炳湘不公正。

受托人认为采用框架协议日期作评估日期是经过深思熟虑的，采用框架协议日期作评估日期的优势远远超过采用现有日期为评估日期：

（1）自确定框架协议以来，郭炳湘已经对其相关资产进行了管理，郭炳江和郭炳联也已开始管理各自的物业和资产，与三人各自资产相关的收益也应归属于自身。

（2）该方案与郭炳湘 2014 年的建议是一致的。

（3）评估已经于框架协议日期进行。

（4）这是设立人的意图，为郭炳江和郭炳联所支持。

（5）框架协议预计在 12 个月内完成第三阶段的资产分割，因此，不太可能以一个几年以后的日期为评估日期。

（6）部分资产的转让可以按照普华永道阶段一的建议对估值进行局部调整，而不需要花费大量的时间、成本重新进行评估。

法院认为，受托人以框架协议日期为评估日期是合理的。自确定框架协议以来，已经做了大量的工作来计算资产的价值。采用当前日期重新评估要花费大量的时间和经济成本。而三兄弟均已对属于自己的资产进行了管理，这使得以框架协议日期为评估日期具有合理性。受托人认为中国香港物业价值增加的幅度超过美国物业不能成为物业重新估值的理由。在执行框架协议时，是郭炳湘决定要美国的物业，同样他应该承担未来中国香港地产价值增长幅度不快的后果。

六、香港潜在诉讼的处理

郭炳湘的律师称，郭炳湘将在 60 天内在香港以原诉传票（Originating Summons）的方式向香港法院提起诉讼，请求就评估日期、信息披露等问题做出解释。因此，其建议泽西皇家法院休庭，等待香港法院的判决。

受托人认为泽西皇家法院不应因此而休庭。各方自 2014 年以来一直进行各种讨论，休庭只会造成更多的迟滞，对于解决问题没有任何帮助。

法院赞同受托人的做法。受托人得出的结论是在设立人在世的时候尽可能解决家族纷争，是符合设立人以及家族利益的。法院认为这一结论是完全合理的而无须等待香港法院的判决。

七、法院的良苦用心

至此，泽西皇家法院几乎完全"一边倒"地赞同受托人的主张，而没有赞同郭炳湘的抗辩。如果因此感觉或者得出由于受托人是泽西的持牌受托人、泽西法院支持受托人的看法就错了。

法院用心良苦。考虑到郭炳湘对资产分配不公的意见，法院认为如果受托人在安排额外补偿时能够更多地将中国香港物业分给郭炳湘，并争取实现三兄弟手上的中国香港物业尽可能类似，将有助于缓解郭炳湘对资产分配不公的指责。用资产而不是现金进行额外补偿将更为公平，将中国香港物业分配给郭炳湘，将有助于帮助其改变美国物业升值较慢，其获得的资产少于其兄弟的感觉。

受托人回应说如何额外补偿还没有最终决定，受托人会考虑将物业分配作为未来补充分配的组成部分。

第四节

总结：家族信托，不要忘记十个常识

私密性在任何时候都是家族财富传承的核心诉求，是高净值人士财富架构的基石。媒体及公众等对于豪门家族的故事总是充满了猎奇心理，这通常成为高净值人士资产保护和财富传承的重大威胁。一旦家族的私密无法实现，法院最后可能也无法匿名判决或者不公开判决书。本案中就是这样一个情况。郭家因为各种原因所产生的家族内部冲突公开化，从而导致家族财富传承的私密性难以实现。

税务情报交换以及受益所有人透明化给个人财富架构的私密性带来了前所未有的重大挑战，因为税务透明时代更多将要曝光的是核心的私密：账户里有多少钱？以金融账户的自动情报交换为触发因素，可能引发专项情报交换、税务机关对个人纳税情况的综合稽查。随着国际反避税网络在世界范围内的铺开（如国际反避税公约的出台），家族财富传承的私密性将受到更大的挑战。

要实现财富传承的私密性，就需要了解透明时代下新的游戏规则。以下十个常识是家族财富传承时需要了解的。

常识一：税务居民身份决定了个人财富架构是否安全

在税务透明的国际趋势下，税务居民身份决定了个人财富架构是否安全。为何？"私密"是财富架构的基石；税务情报交换是公共利益，"私密"要在公共利益面前让步。

（1）税务居民身份决定了金融账户信息是否需要交换以及交换的方向。无论个人采用的是信托还是其他法律架构，银行等金融机构都需要通过尽职调查规则甄别最后控制人。如果最终控制人在缔约方，金融机构会将该信息交换给对方。因此，个人的税务居民身份决定了个人财富架构的私密性能否实现。

（2）逃避税在国际范围内已经成为洗钱的上游犯罪，逃税就是洗钱。逃避税会影响个人金融账户的安全性。

常识二：家族信托只是家族财富架构的一部分

家族信托在市场被讲得太多了，以致很多人一谈到个人财富架构似乎只能用信托。财富架构采取哪种形式要从具体需求出发，而不是从某种工具出发，将具体需求塞到工具里。信托只是法律形式之一，除此之外，还有合伙企业、基金会、有限担保公司等法律形式。

常识三：信托成立的要件："三个确定"原则

信托历史悠久，但是至今仍未有一详尽的定义。一般来讲，信托是一个财产法律意义上的所有人受制于衡平法院的限制而为他人创设经济意义上的权利。英国衡平法院 1840 年在 *"Knight v Knight"* 一案中确立了信托成立的"三个确定"原则：

（1）意图的确定：设立人有确定的设立信托的意图。

（2）资产的确定：哪些资产可以放入信托需要清楚和确定。

（3）对象的确定：必须确定哪些人是信托的受益人。

简言之，信托是受托人（通常是信托公司）作为法律意义上的所有人、履行设立人的意图、为受益人的利益而持有和管理资产。受托人执行的是设立人为受益人利益的意图，但不是设立人控制资产的意图。

常识四：你放入信托的资产已经不是你的了

我们需要明白的是设立信托意味着什么？

根据常识三，当你设立信托后把资产放入信托，资产法律意义上的所有人已经转到了信托公司，即从法律上讲，资产已经不是你的了。资产还是你的，还是你可以控制的，放入一个架构就可以实现资产保护的作用，这是不存在的。

常识五：我的"家族信托"是不存在的

我们经常听到"某某的家族信托""我的家族信托"等说法，这通常反映了人们控制信托资产的愿望。根据常识三，受托人执行的不是设立人继续控制资产的意图。家族信托是一种法律设置，和设立人没有依附关系。因此，可以合理推论的是所谓"我的家族信托"的说法严格来讲是不成立的。

常识六：不可架空受托人

在信托中，千万不能不把受托人当回事。架空受托人是害自己。受托人在信托中至关重要。信托运作的核心是通过受托人履行审慎管理责任，以确保受益人利益的实现。受托人履行审慎管理责任是信托存在的基石。无理由剥夺受托人的决策权、随意替换受托人都是信托中的不利因素，容易让法官认为其可能只是一个虚假信托。

常识七：财富传承以资产保护为前提

财富传承需要以资产保护为前提，没有资产保护的财富传承是存在实质缺陷的。不言自明的是如果个人的资产都有可能被他人拿走，还谈什么传承？

常识八：要资产保护，就不能控制

资产保护和个人的控制权是一对"冤家"。想要资产保护，就必须对个人的控制欲进行严格的限制。在个人保留太多控制权的情况下，即使资产放于任何架构内，可能都是徒劳。

常识九：传承是一个过程，没有永远的保险箱

认为设立一个信托，将资产放进去就可以实现资产保护的想法是错误的。将资产放入一个架构就高枕无忧的想法是很危险的。切记，没有一劳永逸的方案！要把财富传承和资产保护作为一个持续跟进、持续维护和不断修复的过程。

常识十：家族财富传承需要一个有效的生态系统

家族信托在家族财富传承中只是一个法律工具，其具体运作需要一个有效的生态系统。财富传承需要确定性。家族信托设立法域法律的确定性、法院的经验和判决的趋势、受托人的经验等，对于家族财富的传承都有重要影响。

比如，在郭氏家族信托一案中，泽西皇家法院的良苦用心体现得淋漓尽致："对于额外资产补偿方案，受托人还没有最终决定，因此并未将该事项向法院申请确认。但考虑到郭炳湘对资产分配不公的意见，法院认为如果受托人在安排额外补偿时能够更多将中国香港物业分给郭炳湘，并争取实现三兄弟手上的香港物业尽可能类似，将有助于缓解郭炳湘对资产分配不公的指责。用资产而不是现金进行额外补偿将更为公平，将中国香港物业分配给郭炳湘，将有助于帮助其改变其美国物业升值较慢，其获得的资产少于其兄弟的感觉。"这样的法院对于财富传承是非常关键的。

第七章

宜家案例分析：资产保护、家族财富传承和公司国际税务筹划如何集为一体？

简洁是一种美德。尽小者大，积微成著。在宜家，浪费资源是一种道德犯罪。对任何问题的昂贵解决方案，是一种平庸主义的表现。

——以此文向人类历史上最伟大的企业家之一、宜家创始人英格瓦·坎普拉德先生致敬

宜家架构：不求所有，但求所控

2018 年 1 月 27 日，宜家创始人英格瓦·坎普拉德（Ingvar Kamprad）在瑞典南部的寓所离世，享年 91 岁[①]。毫无疑问，坎普拉德是过去一个世纪里人类历史上杰出的企业家之一。

从富豪财富创造的通俗视角来看，坎普拉德是非常令人费解的。他本可以成为一位身价 280 亿美元的超级富豪，跻身世界十大富豪之列。2005 年至 2010 年，坎普拉德被福布斯评估为全球最富有的十人之一，身价高达 280 亿美元，这一评估主要基于宜家的价值[②]。然而，2011 年，坎普拉德的律师出示的一份文件显示，宜家的所有权在几十年前已不可撤销地转移到荷兰的一个基金会，自此坎普拉德的净资产急剧下降，大约为 35 亿美元。2016 年，坎普拉德将资产转让给儿子彼得、马蒂亚斯和乔纳斯，之后他从福布斯亿万富翁榜上跌落。目前他的三个儿子每人的资产为 11 亿美元。

梳理宜家集团的架构后笔者发现，**坎普拉德对于宜家的独立存续和永久传承有着近乎偏执的追求**。为此，他不惜牺牲自己的财富。宜家集团的独立存续和永久传承是坎普拉德人生哲学的第一要义。

（1）20 世纪 80 年代，也就是坎普拉德在 50 多岁时开始思考家族财富传承。他将宜家分为三个独立的集团——Interogo、Ingka 和 Ikano。只有 Ikano 保留在创始人家族中，Interogo 和 Ingka 则归基金会所有，以确保宜家理念和业务的长久发展。目前坎普拉德的三个儿子彼得、马蒂亚斯和乔纳斯的财富量级均为 11 亿美元，主要来自各自拥有的 Ikano 公司的股权[③]。

（2）1982 年，荷兰 Stichting Ingka 基金会成立。坎普拉德将持有的宜家集团股权以不可撤销赠予的方式转到 Stichting Ingka 基金会，目的是通过荷兰基金会的"孤儿"公司形式确保宜家集团的永久存续，并防止敌意收购。该基金会的章

---

① Ingvar Kamprad has passed away，2018 年 1 月 28 日，参见 https://newsroom.inter.ikea.com/news/ingvar-kamprad-has-passed-away/s/1f55b948-e2b7-4a36-84c9-f5bf3510a1ec。

② Ingvar Kamprad & family，参见 https://www.forbes.com/profile/ingvar-kamprad/?sh=60a7e0bb17f4。

③ 参见 https://www.forbes.com/profile/peter-kamprad/，https://www.forbes.com/profile/mathias-kamprad/?sh=68a14e3d5557，https://www.forbes.com/profile/jonas-kamprad/?sh=a626bd777879。

程明确规定，基金会的资金在任何情况下都不能用于坎普拉德家族的利益。坎普拉德家族可以参与基金会，但并不控制基金会。这样安排，根本目的是通过荷兰基金会的"孤儿"公司，保持宜家集团的独立性和永久存续。

（3）1989 年，列支敦士登 Interogo 基金会成立。该基金会成立的目的是确保宜家理念的独立性和长久性，以及确保这一目标所需的财务储备。该基金会有两个子公司：①荷兰国际宜家控股有限公司（Inter IKEA Holding B.V.），拥有宜家理念的知识产权；②瑞士 Interogo 控股公司，通过数个子公司进行私募股权、不动产、长期股权投资、基础设施和流动资产管理。坎普拉德家族被不可撤销地排除在所有直接和间接的利益之外，而且没有任何补偿。

（4）2023 年 8 月 31 日，Interogo 基金会拆分为两个独立的企业基金会（Unternehmensstiftung）。新的 Inter IKEA 基金会成为荷兰国际宜家控股有限公司的最终所有者。如此安排，旨在保持宜家理念知识产权的独立性和永久存续。Interogo 基金会仍然是投资企业 Interogo Holding AG 的最终所有者。这两个企业基金会成立的目的是相同的，即确保宜家概念的独立性和长久性，以及确保这一目标所需的财务储备。

在坎普拉德光辉的一生中，他不懈地追求效率和节约，以保持家具价格低廉，选择与社会的大多数人站在一起。与此形成对比的是，他对财富的象征兴趣不大，他曾驾驶一辆沃尔沃汽车长达二十年。试想一下，一位富可敌国的亿万富豪，在2008 年告诉媒体，其在荷兰理发花费的 22 欧元已经超出了其预算。"通常情况下，我一般会争取在去发展中国家出差的机会来理发，上次是在越南。"[1]

对于超级富豪的财富传承，诸多人士往往过于关注所谓税务筹划、资产保护和财富传承领域的技术问题，常常忘记一个朴素的道理：没有无源之水、无本之木，企业家的人生哲学理念才是所有大厦的根基。

坎普拉德于 1976 年发表了有名的《一个家具商的遗嘱》[2]，可以说是宜家过去几十年成功经验的"圣经"，也是其人生哲学的体现。

■ 我们彻底地选择与大多数人站在一起。这对我们的顾客是有益的。同时从长远来看，对我们也是有益的……无论在东方还是西方，所有国家和社会都在为人口中的少数人过度消费其资源。在我们家具业，太多的设计和方案只是一小撮儿富裕群体的专利……

---

[1]　Agence France-Presse, Ikea billionaire Ingvar Kamprad buys second-hand clothes to save money, 参见 https://www.theguardian.com/business/2016/mar/10/ikea-billionaire-ingvar-kamprad-buys-his-clothes-at-second-hand-stalls, 2016-05-10。

[2]　The Testament of a Furniture Dealer, 参见 http://www.ikea.com/ms/en_CA/pdf/reports-downloads/the-testament-of-a-furniture-dealer.pdf。

■ 尽小者大，积微成著。在宜家，浪费资源是一种道德犯罪。对任何问题的昂贵解决方案，是一种平庸主义的表现。

■ 简洁是一种美德。过度的筹划常常是公司死亡的原因。

宜家是坎普拉德于 1943 年在瑞典创办的。尽管目前的公开事实无法对宜家案例进行详尽的梳理，但是我们已经可以从中得出初步结论：宜家是欧洲老牌公司，一个传统行业企业税务筹划的典型代表。不仅如此，宜家更是一个家族企业资产保护和财富规则的集大成者。而坎普拉德所信奉的极简主义（frugality），不仅应用于宜家的商业运营中，更是宜家家族财富架构和税务架构的主线。

宜家的筹划架构横跨了几十年，这本厚重的书，值得我们认真学习。坎普拉德不到 50 岁时就开始思考宜家的未来，并建立了自己的宜家王国。

（1）绕开瑞典遗产税，使宜家不会被沉重的遗产税摧毁。

（2）定居瑞士 30 多年，将每年的个人所得税降到 20 万瑞士法郎。

（3）将宜家集团股权放入荷兰基金会，以实现公司的永久存续，同时避免了竞争对手对宜家的敌意收购。

（4）将宜家核心知识产权宜家概念、商标和系统等放入列支敦士登基金会。

（5）系统进行国际税务筹划，将极简主义运用到节税中。

（6）拒绝上市，不让资本市场影响或控制宜家的运营。

宜家的筹划架构可以为我们带来几点启示。

第一，宜家的案例告诉我们，对于家族企业，财富传承、资产保护和税务筹划需要统筹安排。

第二，在家族财富传承中，如何安排继承人的角色是核心。宜家创始人深思熟虑后将三个儿子安排在家族财富王国的"两翼"。将大儿子和二儿子安排在宜家荷兰基金会，并通过荷兰基金会控制宜家集团，以实现宜家集团的永久存续，并防止敌意收购。将三儿子安排在列支敦士登基金会，旨在确保宜家理念的独立性和长久性，以及确保这一目标所需的财务储备。

第三，宜家创始人的财富传承故事告诉我们，"放弃"也许是实现控制的最高境界。坎普拉德将宜家集团的股权和 Inter Ikea 的股权赠与基金会，不担任公司的直接管理岗位。宜家创始人家族对宜家的控制只在基金会层面实现。如此自信是基于宜家集团门店和"宜家概念"的独立运营，"宜家概念"将宜家商业模式知识产权化，离开"宜家概念"，宜家门店将无法运营，这样安排为"放弃"提供了保障。

第四，宜家架构是企业永久传承的代表，通过以下方式实现永续传承：宜家全球门店所有权由荷兰基金会拥有，列支敦士登 Inter IKEA 基金会成为宜家知识产权"宜家概念"的最终所有者，列支敦士登 Interogo 基金会则为宜家理念的独立和永久存续提供了财务储备。

宜家架构

宜家全球的门店属于一个荷兰慈善基金会所有，是这样的吗？答案很可能不是这样的，请见图 7-1。

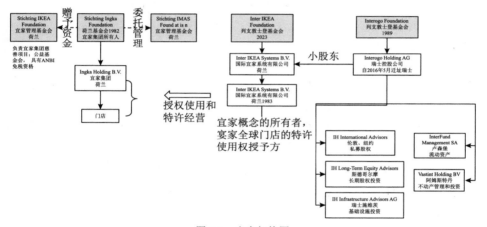

图 7-1 宜家架构图

资料来源：架构图根据公开信息整理而成。

一、宜家集团的所有者

宜家的创始人坎普拉德希望创建一个独立和永久的所有权结构。自 1982 年以来，宜家集团一直由荷兰的一个基金会拥有[1]。根据官方网站披露的消息，宜家集团的所有制结构[2] 如下。

我们独特的所有权结构的目的是确保 Ingka 集团（Ingka Holding B.V. 及其控制实体）拥有确保独立性和长期方针的所有权结构。Ingka 集团由荷兰基金会

---

[1] 参见 https://www.ingkafoundation.org/。

[2] 参见 https://www.ingka.com/this-is-ingka-group/how-we-are-organised/。

Stichting Ingka 基金会（简称 Ingka 基金会）所有。Ingka 基金会没有任何所有者，它拥有自己。它也没有任何受益所有人，仅代表自身持有资产。这意味着任何人都无权获得基金会的资产。

在宜家的架构中，Stichting Ingka 基金会（Stichting Ingka Foundation）持有宜家集团的股权，是宜家集团的所有者和主基金会，于 1982 年设立于一个美丽的荷兰小城莱顿。其有两个关联基金[①]：宜家慈善基金会（荷兰，Stichting IKEA Foundation），代表宜家集团对外进行慈善活动；宜家管理基金会（荷兰，Stichting IMAS Foundation），对宜家基金会的资产进行管理[②]。因此，Stichting Ingka 基金会才是宜家集团的所有者，宜家慈善基金会则不是。

二、宜家知识产权的归属

在现代社会，知识产权是一个企业的核心。宜家集团的知识产权在哪里呢？答案是由列支敦士登的基金会最终拥有。

对于列支敦士登这个国家，很多人并不熟悉，名字也有些拗口。列支敦士登距瑞士苏黎世 70 公里，面积只有北京的百分之一，人口不到 4 万人。列支敦士登是中立国，过去 200 年没有战争；其国防和外交由瑞士代管，以坚挺稳定的瑞士法郎为官方货币。列支敦士登是欧洲经济区（EEA）成员国，但不是欧盟成员国。另外，根据列支敦士登与瑞士的协议，在列支敦士登设立的公司被赋予瑞士同等的地位。列支敦士登王室本身就是财富管理的直接实践者和先行者。另外，列支敦士登是现代基金会法律的鼻祖，其基金会法律颁布于 1926 年，已经有近百年的历史。列支敦士登基金会法律是很多国家和地区基金会法律的范本。

根据公开披露的信息，宜家图形和文字标志是国际宜家系统有限公司（Inter IKEA Systems B.V.）的注册商标。国际宜家系统有限公司于 1983 年在荷兰成立，是宜家概念的所有者，也是宜家全球门店特许使用权的授予方。国际宜家系统公司有限公司为国际宜家控股有限公司（Inter IKEA Holding B.V.）所有，而后者为 1989 年设立在列支敦士登的 Interogo 基金会所有直到 2023 年基金会存续分拆[③]。

很长一段时间以来，Interogo 基金会有两个子公司：设立在荷兰的国际宜家控股有限公司和瑞士 Interogo 控股公司（Interogo Holding AG）。但是，2023 年

---

① 参见 https://www.ingka.com/this-is-ingka-group/how-we-are-organised/。
② 参见 https://www.ingka.com/this-is-ingka-group/how-we-are-organised/。
③ 参见 https://www.interikeafoundation.com/en/about-inter-ikea-foundation。

8 月 31 日，Interogo 基金会存续分拆成两个基金会[①]：Interogo 基金会，继续拥有 Interogo Holding AG；Inter IKEA 基金会，拥有荷兰的国际宜家控股有限公司。因此，宜家集团的知识产权目前由 Inter IKEA 基金会拥有。

Interogo 基金会和 Inter IKEA 基金会都是根据列支敦士登法律具有法人资格的企业基金会（Unternehmensstiftung）。具体情况请见本章第四节。

2013 年 6 月，坎普拉德辞去了国际宜家控股有限公司董事会成员职务，马蒂亚斯·坎普拉德接任并任董事长。2016 年，国际宜家集团架构发生变更，分为三大核心业务。目前坎普拉德家族已经退出国际宜家集团董事会，转而在监督委员会担任职务。马蒂亚斯·坎普拉德为国际宜家控股有限公司监督委员会成员，其他成员为 Anders Dahlvig（监督委员会主席），Aline Santos，Søren Hansen，Véronique Laury 和 John Olie。国际宜家集团三大核心业务如下[②]。

（1）特许经营。特许经营权由国际宜家系统有限公司及其子公司负责。国际宜家系统有限公司是全球宜家特许经营商以及宜家理念和品牌的所有者。特许经营旨在不断发展宜家理念，并确保其在新市场和现有市场的成功实施。这使得宜家能够在品牌发展、可持续发展、人才、市场潜力和扩张等方面保持前瞻性。

（2）系列。系列由瑞典宜家家居有限公司及其子公司负责。国际宜家系统有限公司指定瑞典 IKEA AB 公司根据宜家概念框架维护、改进和开发宜家产品（包括家居用品和食品）。

（3）供应。供应由 IKEA Supply AG、IKEA Industry AB 及其子公司负责。国际宜家系统有限公司指定 IKEA Supply AG 根据宜家概念框架采购、供应、销售和分销宜家产品。IKEA Industry AB 是宜家战略制造商，与核心业务供应部门紧密结合。

除上述公司外，Inter IKEA Holding B.V. 还直接拥有其他几家子公司。其中之一是 IKEA Álmhult AB，该公司在瑞典拥有并经营物业（如宜家酒店和宜家博物馆）并提供某些集团内部服务。

瑞士 Interogo 控股公司是一家国际投资企业，其宗旨是为其股东 Interogo 基金会的宜家愿景提供坚实的财务支持。Interogo 控股公司的投资有助于增强 Interogo 基金会的财务实力，保持 Interogo 基金会的独立性和为其长期存续做好资金储备，并确保无论顺境还是逆境都有能力在宜家理念上投资。该公司专注于以下投资策略[③]。

---

① 列支敦士登工商登记系统可查询：https://handelsregister.li/cr-portal/auszug/auszug.xhtml?uid=FL-0002.711.014-1。

② 参见 https://www.inter.ikea.com/en/this-is-inter-ikea-group/our-business-in-brief。

③ 参见 https://www.interogofoundation.com/assets-and-businesses/the-businesses-owned-by-interogo-foundation/。

（1）私募股权：直接或通过基金、二级投资和联合投资在全球私募股权市场进行投资。

（2）房地产：通过设立在荷兰的 Vastint 控股公司投资欧洲房地产市场，重点开发和管理商业、住宅和酒店领域的资产。[①]

（3）长期股权：通过设立在瑞典的 Nalka 投资公司和设立在卢森堡的国际基金管理公司[②]（IFM）收购盈利且可持续发展的欧洲公司（包括上市公司、即将上市的公司和私营公司）的大量股权。IFM 成立于 1998 年，是一家独立的以企业家精神为导向的资产管理公司，总部设在卢森堡，在比利时设有分支机构。IFM 是瑞士 Interogo 控股公司的子公司，有 38 名员工。IFM 仅管理 Interogo 基金会的资产，管理的资产包括私募股权和长期股权、基础设施和流动资产。投资分为两种：投资于上市的流动性证券的长期基金和非上市资产基金。IFM 根据卢森堡的法律注册，受金融监督委员会（CSSF）的监督。

（4）基础设施：收购具有抗衰退能力且现金流稳定的基础设施公司的股份。

（5）流动资产：投资于全球上市证券投资组合，主要是股票和固定收益；为子公司和国际宜家控股有限公司提供资金服务，包括借贷。

三、宜家家族资产：Ikano 集团

Ikano 集团最初是宜家的一部分，后于 1988 年独立，一直归坎普拉德家族所有[③]。坎普拉德的三个儿子共同拥有 Ikano 集团，且都是公司的监事会成员。如前所述，坎普拉德的三个儿子彼得、马蒂亚斯和乔纳斯在福布斯上的财富量级均为 11 亿美元，主要是拥有 Ikano 公司的股权。

Ikano 公司的业务分为以下几个部分。

（1）银行[④]：Ikano Bank AB（publ）受瑞典金融监管局监管，在 8 个市场（瑞典、丹麦、挪威、芬兰、英国、德国、奥地利和波兰）开展业务。Ikano Bank LLC 和 Ikano Bank AB（publ）是两个独立的法人实体。Ikano Bank LLC 成立于 2013 年，是 Ikano S.A.（卢森堡）和 Credit Europe Bank N.V.（荷兰）的合资企业。该银行在俄罗斯开展业务，为宜家商场和 MEGA 购物中心的客户提供消费贷款，并为大众提供金融服务。2022 年 2 月，即俄罗斯对乌克兰采取军事行动的 4 天后，俄罗斯所有新的贷款活动停止了。在对俄罗斯 Ikano Bank LLC 进行战略审查

---

① 参见 https://vastint.eu/about-us/。

② 参见 https://www.ifm-sa.eu/about-us/business-in-brief/。

③ 参见 https://group.ikano/our-history/。

④ 参见 https://group.ikano/stories/ikano-bank-financial-results-2022/。

后，Ikano 集团确定该业务模式无法长期持续，于是决定将所有股份出售给 CEB Russia，后者成为 100% 的所有者。

（2）不动产：公司主要在瑞典和丹麦开展不动产业务。根据公司 2022 年财务报告，公司在建公寓、联排别墅为 1636 套，出租公寓 6811 套，疗养院 5 个，办公室 2 个等[①]。

（3）保险业务：保险类别涵盖财产损失、人寿、海洋、自然灾害等。运营市场为美国、德国、日本、中国、法国、加拿大、瑞典等[②]。

（4）生产：截至 2022 年底，公司员工 1456 人，营业额 1.46 亿 欧元，床垫销量 240 万张[③]。

（5）零售：截至 2022 年底，公司员工 5557 人，营业额 10.81 亿欧元。13 家宜家门店，游客数量 3720 万人次[④]。

荷兰基金会

对企业家而言，家族传承的核心是企业的传承。而对于企业的传承，核心问题是企业存在和经营的延续与家族的控制如何平衡。现实中，继承人之间的争夺导致家族企业分崩离析的案例并不少见，创始人数十年的心血毁于一旦。坎普拉德的智慧在于通过荷兰基金会赋予宜家集团以自主存在的特性，这一自主存在是坎普拉德的儿子们以及后代都不能改变的，同时通过荷兰基金会的董事会或者监督委员会以保障宜家创始人家族一定程度的控制。宜家集团的自主存在与家族的控制互相制衡。

一、信托与基金会

信托和基金会都是常见的家族财富管理和传承的法律工具，此外还有家族有限合伙、有限担保公司、私人定制基金等法律架构形式。这里只讨论信托与基金会。

信托和基金会只是法律工具，其优劣只有在个人具体情况下才有意义。另外，

---

① 参见 https://group.ikano/stories/ikano-bostad-financial-results-2022/。
② 参见 https://group.ikano/stories/ikano-insurance-financial-results-2022/。
③ 参见 https://group.ikano/stories/ikano-industry-financial-results-2022/。
④ 参见 https://group.ikano/stories/ikano-retail-financial-results-2022/。

来自不同法律体系下的个人对信托和基金会的接受程度也有不同。

（一）信托的运行机制

信托已经是一个被过度使用的概念，但很多人并不清楚信托的确切含义和运行机理。信托是基于普通法下国家（如英国和美国）的判例法而形成的一个概念，而不是基于成文法的制度设计。在不同国家的法律体系下，信托的制度安排并不相同。在国际范围内，依照一个国家法律设立的信托能在多大程度上被另一个国家认可，主要是依据 1984 年海牙会议通过的《关于信托的准据法与承认信托的公约》。需要明确的是，目前中国还不是该公约的成员国。因此，依据境外法律设立的信托在中国法律下应被如何认定，是不确定的。

信托历史悠久，但是至今仍未有对信托详尽的定义。一般来讲，信托是一个财产法律意义上的所有人受制于衡平法院的限制而为他人创设经济意义上的权利。一个有效成立的信托需要的条件，目前还是基本遵循英国衡平法院 1840 年在 *Knight v Knight* 一案中确立的"三个确定"原则[1]：

（1）意图的确定：设立人有确定的设立信托的意图。

（2）资产的确定：需要清楚和确定哪些资产可以放入信托。

（3）对象的确定：必须确定哪些人是信托的受益人。

这就意味着设立信托的过程就是设立人的意图、资产转让和受益对象融合为一体的过程。信托一旦设立，除了公益信托外，一般只有受益人而不是信托的设立人才有权执行信托。如果受益人无权执行信托，将不存在信托。尽管某些区域的法律如开曼群岛法律规定，可以允许在设立信托时剥夺受益人的执行权（STAR 信托），但该类信托是否可以为其他普通法系国家所承认是存在很大疑问的。

根据信托方面的权威书《勒温伦信托》（*Lewin on Trusts*），受益人在信托下获得的权利，从性质上是一种对人权，而不是物权。但是，该权利具有对抗善意第三人以外他人的性质，因此仍然可以被视为一种财产权[2]。在有处分权信托下，权利被明确之前，受益人仍然可以对受托人或者信托资产归属的任何人（善意第三人除外）执行信托或主张权利。此时，受益人的权利远不止获得利益的预期，应被视同一种广义上的财产权。受益人这种在信托下之广义上的财产权是信托制度的基石。与此相关的是很多法域规定了受益人有要求受托人提供相关信息或者进行信息披露的权利。因此，在利用信托进行家族财富传承时，首先要面临的是信托资产如何向受益人分配的问题。

---

① 参见 https://en.wikipedia.org/wiki/Knight_v_Knight。

② Lynton Tucker，Nicholas Le Poidevin QC，James Brightwell，*Lewin on Trusts*，Sweet & Maxwell，2014，PP5-11.

受托人在信托中至关重要。信托运作的核心是通过受托人履行审慎管理责任（fiduciary duty），以确保受益人经济利益的实现。从资产保护的角度而言，可撤销信托下信托设立人很可能被认为仍然保持信托财产的所有权而无法产生资产保护的作用。同时，有法院判决受托人仅对设立人承担审慎职责[①]。在此情况下，信托就无法实现保障受益人利益的功能，进而导致信托可能丧失财富传承的作用。

从资产保护和财富传承的角度而言，一般需要设立不可撤销且有处分权的信托。信托的运作将主要依赖受托人的信托责任，而受托人的信托责任一般仅对受益人而不是对设立人承担。此时，受托人处于多个利益的交叉点：受托人作为商业主体，有自身利益，但受托人肩负的审慎职责要求其在信托中不能为自己谋利；设立人设立信托有自身的要求，并希望控制信托的运营，但受托人必须有独立的判断以保障受益人的利益，否则将面临被受益人起诉的风险；受益人因具体情形不同而往往有不同的诉求。一旦忘记这一点，信托就会出现问题。

实践中，尽管有处分权的信托声称有高灵活性，但也常见因前述冲突而致使信托陷入僵局的情形。

（二）基金会的运行机制

基金会是民法体系或者大陆法系下的一个法律概念。基金会一般依据成文法设立。如前所述，列支敦士登可以说是现代基金会法律的鼻祖，其基金会法律已经有近百年的历史。

在不同国家的法律制度下基金会的具体规定有所不同。一般来讲，基金会是依法注册或者登记成立的独立法律实体。基金会分为公益基金会和私人基金会两种，此处只讲私人基金会。私人基金会持有、管理和分配设立人捐赠的资产，但是受益人对于基金会的资产没有成文法或者衡平法下的权利。基金会没有股东或者认购人。基金会的管理委员会对基金会本身而不是对受益人承担责任。

私人基金会的受益人对基金会持有的资产没有财产权，其对基金会或者基金会的委员会（foundation council）可以主张的法律救济渠道也是非常少的。基金会设立的宪章中可以规定受益人对基金会的财产拥有直接的权利，但该权利是依据基金会的设立文件而获得的权利，而不是基于受益人的法定财产权利。同时，认为基金会受益人获得了一种合同权利也是错误的——受益人不是基金会的合同主体，没有获得任何针对基金会的私权。

基金会的受益人一般无权监督委员会。基金会设立的宪章可以明确规定禁止

---

① Kathleen R. Sherby and Stephanie L. Moll，*Trustee of revocable trust has duty only to settlor*，参见 http://www.lexology.com/library/detail.aspx?g=8390cad0-61f2-4188-9f8b-8f88fecd100d。

受益人从基金会获得任何信息。在此情况下，基金会的运作依赖设立人、监护人（guardian）或保护人（protector）的保留权利。基金会的设立人可以保留解散基金会、取消或者修改基金会宪章、修改基金会目的的权利。设立人可以将该权利赋予管理委员会成员，或者自己成为管理委员会成员，或者向管理委员会成员发布指令。法律一般授权监护人或保护人监督基金会管理委员会的权利，甚至在某些国家法律下需要批准管理委员会的决定。某些国家的基金会法律规定，监护人或者保护人对基金会、设立人和受益人有信托责任，但也有国家对此信托责任完全没有规定。

这并不是说基金会就一定好于信托。作为一种法律工具，其选择要受文化传统、法制环境和个人偏好的制约。如果个人对基金会保持太多的控制，同样会面临没有资产保护作用的后果。

二、荷兰基金会的特点

荷兰法律下的基金会可以称为"荷兰模式"。荷兰基金会通常被称为"孤儿"实体[1]，其具有以下特点。

（1）荷兰基金会没有任何成员或股东，因此不受任何成员或股东控制。

（2）荷兰法律很少强调基金会设立人的作用。基金会的设立人在荷兰法律下就基金会的设立和基金会管理委员会没有法定的保留权利，也没有取消或者修改基金会的默认权利。

（3）荷兰基金会独立于受益人，对受益人没有法定责任，受益人也无权从基金会索取信息。即使在有基金会法律的国家中这也是比较独特的[2]。

（4）只需要一个董事会，该董事会对该实体拥有完全控制权。

（5）与其他司法管辖区的基金会不同，荷兰基金会的成立不需要政府批准，其运作也不必以慈善为目的。

荷兰基金会是一个独立的法人实体，具有独立的法人资格，没有所有人、股东或者成员。因此，没有人"拥有"一个基金会。目前荷兰以基金会形式设立的实体超过20万家。原则上，董事会是唯一的强制性法人机构。

基金会管理委员会对受益人没有法定责任，只对基金会设立目的负责。因此荷兰基金会通常被称为"孤儿"实体。在此情况下，一旦资产被转移到基金会，基金会的设立人或者受益人都不是资产的所有者。因此，基金会的设立人或受益

---

① 荷兰基金会，全球架构中一个有效且灵活的工具，2020年4月，参见 https://www.houthoff.com/-/media/houthoff/publications/pdevries/houthoff-whitepaper---stichting.pdf.

② Ineke A.Koele，*The Dutch private foundation in comparison with trusts:for the same purpose but rather different*，Trusts & Trustees，Vol. 22，No. 1，2016，P143.

人的债权人原则上不能对转入基金会的资产有任何追索权，这便实现了资产保护的目的。

一般而言，董事会的所有权利均归属于董事会。创建章程最重要的是明确基金会的宗旨，一般在章程的专门条款中对宗旨进行细化和明确，并规定不允许向基金会的创始人进行分配的条款，但代表基金会所产生的工资或报销除外。

基金会通过在荷兰公证员面前签署基金会章程而设立，并且必须在荷兰商业登记处注册。但基金会的成立不需要任何政府批准或授权，也不需要任何资本的投入。目前除非基金会的年营业额超过 600 万欧元，否则不需要提交年度财务报告。

任何在某个财政年度获得超过 25% 净分配的人，将在下一年被列入受益所有人的公共名册中。如果该机构没有此类受益所有人，则一名董事必须被列为视同受益所有人。一般来说，基金会的创始人和董事会成员不对基金会的债务承担责任。

与信托不同的是，基金会设立时并不要求资产立即转到基金会，即资产的转让不是基金会设立的要件。基金会设立后一般是以接受赠与的形式获得资产，如坎普拉德于 1982 年将其持有的宜家集团股权以不可撤销赠与的方式转到了 Stichting Ingka 基金会。基金会的出资人和基金会的关系是通过赠与合同建立的。这个赠与合同在欧洲大陆法系下是一个双边协议，赠与人可以在赠与合同中规定赠与的条件，即基金会要完成的义务。如果基金会没有履行义务，赠与人可以撤销赠与。因此，在基金会下，设立目的、资产转让和受益人三者之间没有一致性或共生性关系；相应的，基金会下也不会产生信托模式下的内在利益冲突关系。这也解释了为什么在荷兰有 20 多万家基金会，但是就基金会内部的冲突关系几无判例出现[1]。

荷兰基金会的这些特点使得放入基金会的家族资产可以独立存在，实现了资产保护的目的，同时不存在前述信托下的内在冲突。这样安排好处是多方面的：宜家集团可以独立存续和传承下去，创始人坎普拉德的三个儿子也不会因为争夺宜家的股权而争斗。

三、宜家与荷兰基金会

一直以来由于荷兰法律的限制、遗产和赠与税的存在，荷兰基金会在用于个人遗产规划方面非常有限。荷兰民法典禁止基金会对设立人和董事会成员进行利

---

[1] Ineke A.Koele，*The Dutch private foundation in comparison with trusts:for the same purpose but rather different*，Trusts & Trustees，Vol. 22，No. 1，2016，P142.

益分配^①，而荷兰基金会的对外赠与也可能面临高达 40% 的赠与税问题。

但是荷兰基金会的以上特点使其在实现家族企业经营传承方面有很大优势。坎普拉德在构建家族财富架构时，将其持有的宜家集团股权以不可撤销赠与的方式转到了 Stichting Ingka 基金会。这是其家族财富筹划中关键的一步。据坎普拉德说，这一步基于两个考虑：

（1）确保宜家公司在其离开若干年后，仍然能够保持独立运营。

（2）确保宜家集团的利润能够为需要的大多数人带去福祉。

荷兰法律下的基金会可以是一个完全为某个"目的"而存在的公司。根据 Stichting Ingka 基金会章程第 3.1 条^②，该基金会不能从事营利活动，只能为以下目的而存在：

（1）建筑和室内设计创新，包括家具设计、工业设计和景观设计。

（2）医疗保健，包括医院和保健中心的建设，以及医生和护士的培训。

（3）环境，包括环境技术创新和促进健康生活环境或生态系统的项目。

（4）教育，尤其是发展中国家儿童的教育。

（5）为受自然灾害影响的人提供支持。

（6）上述领域的培训、进修以及科学研究。

（7）在上述所有相关领域取得杰出的设计成就和创新。

根据 Stichting Ingka 基金会章程第 14（2）条，以上目的在任何时候都不能被改变或被修改。

根据 Stichting Ingka 基金会章程 3.2 条，Stichting Ingka 基金会通过下列途径来实现基金会的目的。

（1）将资金给予宜家慈善基金会，用于慈善。

（2）将资金给予类似慈善组织。

（3）进行投资组合和管理资金。

（4）将资金给予宜家集团的控股公司 Ingka Holding BV。

除基金会经营和管理相关的费用外，基金会的资金不能用于其他目的，尤其是基金会的资金在任何情况下都不能用于以下人的利益：坎普拉德和第七代以内的亲属；嫡系亲属及配偶，基金会董事和前董事，及他们第七代内的继承人。

荷兰民法典规定，与死者血缘关系远于六代的血亲不能跨代继承^③。血缘关系可以通过个人与其他家庭成员之间的出生次数来计算，最多可以继承六代血缘关

---

① 荷兰民法典第 2:285 条，参见 http://www.dutchcivillaw.com/legislation/dcctitle2266.htm。

② Stichting INGKA Foundation（KvK 41202414）章程，2013 年 12 月 23 日修改，参见 https://www.kvk.nl/orderstraat/product-kiezen/?kvknummer=41202414。

③ 荷兰民法典关于继承的规定，参见 http://www.dutchcivillaw.com/legislation/dcctitle4422.htm。

系①。Stichting Ingka 基金会章程明确规定第七代亲属都不可以，这实际上是**将坎普拉德家族直接排除在基金会受益人之外**。这在其官方网站中也有披露，其资金只能用于慈善目的，绝不能用于坎普拉德家族的利益②。

Ingka 基金会也没有任何受益所有人，仅代表自身持有资产。这意味着任何人都无权获得基金会的资产。坎普拉德家族可以参与基金会，但不能控制基金会。坎普拉德家族成员可以拥有基金会委员会五个席位中的两个席位。根据基金会注册登记材料，坎普拉德的大儿子彼得·阿拉斯·费奥多·坎普拉德（Peter Arras Feodor Kamprad）和二儿子汉斯·乔纳斯·英格瓦·坎普拉德（Hans Jonas Ingvar Kamprad）担任基金会委员会的成员③。

综上，这样安排的根本目的是**通过荷兰基金会这一"孤儿"实体，保持宜家集团的独立性和永久存续**。

四、"芯片之母"阿斯麦与荷兰基金会

很多荷兰公司，包括宜家、"芯片之母"阿斯麦（ASML）等都与荷兰的基金会存在关联。最近几年荷兰基金会越来越多被一些公司用作反敌意收购的工具④。荷兰很多上市公司都发行了特别的优先股，这些特别的优先股由专门设立的基金会持有。基金会有权按照名义价值，根据单独签订的看涨期权协议赎回。至于是否以及何时行使看涨期权，由基金会的董事会决定。

此类优先股是为了保障相关公司及其业务的利益。当公司存在的连续性受到威胁时，董事会可能决定行使看涨期权以保护这种连续性。这种"连续性保护"通常是指遇到敌意要约的情况。目前这是荷兰上市公司常用的防御措施。类似的安排已经获得荷兰法院的支持。

---

① 血缘关系的计算例子如下：
母亲是一级（直线）。
祖父是二级（直线）。
姐姐是二级（副线）：母亲（2）-姐姐（1）。
阿姨是三级（副线）：母亲（3）-祖母（1）-阿姨（2）。
曾侄女的孩子是 7 级：母亲（1）-祖母（2）-曾祖母（3）-曾姑姑（4）-母亲的侄女（5）-曾侄女（6）-曾侄女的孩子（7）。参见 https://www.erfwijzer.nl/woordenboek/graad-van-bloedverwantschap.html。
② 参见 https://www.ingkafoundation.org/governance/。
③ 参见 https://www.ingkafoundation.org/governance/。
④ Shayndi Raice 和 Margot Patrick，*The Rise of the 'Stichting,' an Obscure Takeover Defense*，2015 年 4 月 22 日，参见 http://www.wsj.com/articles/the-rise-of-the-stichting-an-obscure-takeover-defense-1429716204。

近年芯片之争甚嚣尘上。其中最有名的是《纽约时报》中文网于 2023 年 7 月 13 日发表了题为《"这是一种战争行为"：解码美国对华芯片封锁行动》的文章[①]。背景是 2022 年 8 月 9 日美国时任总统拜登签署了《芯片与科学法》（*CHIPS and Science Act*），或称芯片法案。此法案提出，美国将投入 520 多亿美元用于促进美国半导体的研究和制造，主要目的是对抗中国。2023 年 3 月美国首次提出成立"四方芯片联盟"。

在芯片之争中，被称为"芯片之母"的荷兰阿斯麦（ASML）公司首当其冲。阿斯麦坐落在荷兰南部城市费尔德霍芬（Veldhoven），是全球最大的光刻机制造商。在美国施压要求切断对中国关键芯片制造工具的供应之际，荷兰于 2023 年 6 月 30 日宣布对先进半导体设备实施新的出口限制。

而阿斯麦就利用荷兰基金会设置了保护该公司的独立性，对抗潜在的敌意收购。

根据美国证券交易委员会披露的资料，阿斯麦成立了 ASML 优先股基金会（Stichting Preferente Aandelen）[②]。该基金会旨在保持阿斯麦的独立性，以对抗潜在的敌意收购。该安排的要点如下：

（1）优先股期权授予 ASML 优先股基金会，该基金会是根据荷兰法律和阿姆斯特丹泛欧交易所规则成立的。

（2）目的：最大限度保护 ASML 优先股基金会及其所属企业的利益，并尽量减少与这些利益的冲突，以免影响阿斯麦及所属企业的独立性。这里的"企业"包括阿斯麦的每个子公司。优先股基金会的董事会是独立的，由来自荷兰商界和学术界的三名有投票权的成员以及一名无投票权的监事会成员组成。

（3）低面值优先股。优先股期权赋予基金会收购优先股的权利。该等优先股的面值总额不超过行使优先股期权时已发行普通股的面值总额，认购价等于每股面值 0.09 欧元。在首次发行优先股时，只需支付该认购价的 1/4，其余部分仅在 ASML 优先股基金会要求时支付。经股东大会授权，并经监事会事先批准的管理委员会提议，ASML 优先股基金会可以注销并偿还优先股。

（4）稀释投票权。行使优先股期权后，已发行普通股的投票权将被稀释一半。该类措施的实际效果是防止第三方试图收购阿斯麦的控制权，即使收购价格相比普通股的市场价格大幅溢价。

通常这些期权架构的存在主要是"预防作用"。只有在少数情况下，基金会实际行使了看涨期权，比如，荷兰皇家电信（2013 年）、迈兰公司（2015 年）

---

① "这是一种战争行为"：解码美国对华芯片封锁行动，Alex W. Palmer，2023 年 7 月 13 日，参见 https://cn.nytimes.com/usa/20230713/semiconductor-chips-us-china/。

② 参见 https://www.sec.gov/Archives/edgar/data/937966/000119312512022844/d290296dex991.htm。

等。其他实施优先股安排的公司包括 Aegon、AholdDelhaize、ASML、Boskalis、DSM、Fugro、ING、Philips、Randstad、SBM Offshore、Vopak、Wolters Kluwer、Signify 和 TomTom 等 [①]。

宜家不是上市公司，因此被敌意收购的风险较小。但是，如果宜家集团最上面的控股方是个人或者公司，而不是基金会，那么总会存在被敌意收购的可能；而在荷兰基金会持有的情况下，且该基金会只是为特定目的而存在，未来宜家被敌意收购的风险就可以化解了。

第四节

列支敦士登基金会

一、列支敦士登模式

现代基金会法律于 1926 年肇始于列支敦士登。列支敦士登基金会与荷兰基金会有着不同的制度设计，在很多方面可以说是相反的，因此我们将这种模式称为"列支敦士登模式"。

（一）特点

列支敦士登模式具有以下特点。

（1）设立人不必签署基金会文件，也不会在基金会契约中注明身份，即设立人可以保持匿名。

（2）设立人有广泛的权利。设立人在列支敦士登基金会中处于核心位置。设立人可以是来自世界各地的人。一个基金会可以有一个设立人，也可以有几个设立人。设立人可以自由安排受益人的范围、何时向受益人分配、向受益人分配多少。可以是明确的特定受益人，也可以是一类受益人。设立人有撤销基金会、修改基金会宪章的权利。设立人可以成为基金会受益人甚至是唯一受益人。

（3）基金会目的的多样化。基金会分为公益基金会和私人基金会。私人基金会可以完全用于子女和后代费用或教育的支付、家族成员的支持等个人家族的目的，也可以用于其他私人目的，还可以用于持股、辅助进行一些公益活动。也可

---

① 荷兰基金会，全球架构中一个有效且灵活的工具，2020 年 4 月，参见 https://www.houthoff.com/-/media/houthoff/publications/pdevries/houthoff-whitepaper-stichting.pdf。

以为部分家庭成员或者一个家庭设立一个尚不存在具体需要的维护基金会等。

（4）私人基金会必须有明确的受益人，可以是具体列明的受益人，也可以是可识别的一类受益人。实践中，出于私密目的，受益人通常不会列在基金会的章程文件中，而是列入基金会的细则文件中。受益人可以是自然人，也可以是法律实体。

（5）2018 年 12 月 6 日列支敦士登公布了《国内法人实体受益所有人登记法》[①]，要求包括信托和基金会在内的实体设立和保留受益所有人登记册，将设立人、受托人、保护人和受益所有人等信息登记在内。但在列支敦士登，该信息是由司法部拥有的，一般公众只有证明有合理的利益关系而且在获得批准的情况下才可以获得这些信息[②]。

（6）受益人权利。受益人（包括列明的受益人、列明的受益人的继承人和酌定的受益人）对基金会有获得信息和披露的权利，包括审阅基金会账簿和基金会文件并复印、审查基金会活动记录等。但是受益人这一权利的行使受到诸多限制：受益人的请求必须与自己的权利直接相关；必须为善意，不得滥用；对于年轻的受益人，为避免知晓其基金会受益权之后的懒惰，该权利可以被拒绝；受益人在行使该权利时，必须向基金会管理委员会提出请求和说明具体原因等。

（二）家族财富传承的工具

列支敦士登没有遗产和赠与税，这为各国富豪利用列支敦士登基金会进行家族财富传承提供了机会。

设立人转入基金会的资产在法律上不被视为设立人的遗产，因此不需要经过遗产认证程序。同样，对于受益人，其在基金会的受益权不构成受益人的遗产。受益人在基金会的受益权一般由下一个序位的受益人享受，除非在基金会的设立文件中明确受益人的权益由其继承人享有。

需要注意的是，外国设立人在设立基金会时的资产转让是否受制于特留份制度（forced heirship）规则，即法律规定的必须为子女等留出一定份额资产的制度，要根据列支敦士登的国际私法规则来判断[③]。根据列支敦士登法律，被继承人死亡时的国籍决定继承适用的法律。但是外国被继承人可以选择国籍所在地法律、最后居住地或通常居住地法律适用，该适用法律的选择需要在遗嘱或者继承文件中

---

① Gesetz über das Verzeichnis der wirtschaftlichen Eigentümer inländischer Rechtsträger （VwEG），参见 https://www.gesetze.li/konso/2019008000。

② General information on finding beneficial owners，参见 https://e-justice.europa.eu/printAll.do? init=true&action=printAll&useContId=251182&idTaxonomy=38576&plang=it。

③ 参见 http://www.iclg.co.uk/practice-areas/private-client/private-client-2016/liechtenstein。

明确。

如果前述适用法律下有特留份制度，而设立人在将资产转入基金会时未遵守，设立人的继承人可以就该资产处分行为向列支敦士登法院提起诉讼。但是该起诉并非挑战基金会，而是要求基金会向设立人的继承人支付其依据特留份制度应获得的财产金额。

该规则的适用有两个例外，一是对公益基金会的捐赠，二是列支敦士登法律下著名的"两年规则"，即如果资产转入基金会的时间距离设立人死亡日期超过两年，则该规则同样不适用[1]。但是如果设立人通过保留的权利控制基金会资产，则该两年期限从设立人死亡或有效放弃时开始。

这一"两年规则"是很多外国富豪利用列支敦士登基金会进行资产保护的重要原因，因为资产转入基金会两年后原则上不能再进行追索。

（三）资产保护

资产保护主要讲的是设立人的债权人和受益人的债权人能否对基金会主张权利的问题。资产保护的一个基本原则是保留的权利越多，资产保护的效果就越脆弱。比如，如果设立人保留撤销基金会、修改基金会宪章的权利，设立人的债权人可以主张设立人的资产实际上并未进行处分，因此对基金会的资产进行追索。尽管在列支敦士登还没有这方面的案例，但在设立人保留太多控制权的情况下，存在无法实现资产保护的风险。设立人放入基金会的资产可能被其居民或住所所在国视为遗产；如果其居民或住所所在国征收遗产税，将无法起到免除遗产税的效果。

对于受益人，列支敦士登法律允许在基金会的设立文件中规定：在没有付出合理对价的情况下，受益人的债权人不能剥夺受益人的受益权。这进一步增强了基金会的资产保护功能。

列支敦士登还不是《关于民商事管辖权和判决承认的卢加诺公约》的成员国，其结果是境外法院的判决（瑞士和奥地利法院判决除外）不能在列支敦士登直接执行。与之形成对比的是，欧盟27个成员国、挪威和瑞士等都是该公约的成员国。这也使得列支敦士登与很多英美法系国家区分开来——英美法系国家更易执行其他国家遵循正当程序做出的判决[2]。

实践中，境外法院的生效判决在列支敦士登是很难以执行的。这是因为出于

---

[1] Marxer& Parner, *The Liechtenstein Foundation*, P39, https://www.marxerpartner.com/files/media/Downloads/Die_Stiftung_ENG.pdf.

[2] Markus Summer, *What benefits do Liechtenstein foundations and trusts offer*, http://www.familymattersonline.info/benefits-liechtenstein-foundations-trusts-offer-asset-protection-wealth-preservation/.

资产保护的目的，信托或者私人基金会的设立人可以在设立文件中规定特殊的条款来排除境外法院判决的执行。而执行境外判决的申请人通常需要重新在列支敦士登提起诉讼，常常是"赔了夫人又折兵"。这使得列支敦士登的法律架构在资产保护方面有着特殊的优势。

（四）税务后果

2011年以后，列支敦士登通过修改税法、缔结税收协定、参与税务情报交换等，逐渐转化为国际税务中的白名单国家。

一般来讲，列支敦士登 Interogo 基金会需要就其应纳税所得额适用 12.5% 的企业所得税，每年纳税不能少于 1200 瑞士法郎。但是来源于境外分支机构和境外不动产的所得，在列支敦士登免税。另外，基金会资产中来自参股（无论是列支敦士登公司还是外国公司）的股息和转让该股权的资本收益无须纳税，无论持股比例是多少。因此，如果列支敦士登基金会持有其他子公司，从子公司获得的股息是无须纳税的。这就造成实践中很多基金会一般一年只缴纳 1200 瑞士法郎的企业所得税。

2009年前，列支敦士登只有 1.5 个税收协定：与奥地利签署的一个双重征税协，以及与瑞士的不完整税务协定。截至 2024 年 3 月 1 日 [①]，列支敦士登已经签署 22 个避免双重征税协定，签署对象为安道尔、奥地利、捷克共和国、德国、根西岛、匈牙利、泽西岛、卢森堡、摩纳哥、荷兰、新加坡、瑞士、阿拉伯联合酋长国、英国和乌拉圭等。列支敦士登正与更多国家或地区谈签税收协定。

列支敦士登已经与美国、澳大利亚、加拿大、意大利、中国、加拿大、墨西哥、印度、比利时、芬兰、日本、安提瓜和巴布达、法罗群岛、格陵兰、摩纳哥、南非、圣基茨和尼维斯、圣文森特和格林纳丁斯等国签署了税务情报交换协定。另外，列支敦士登属于较早执行金融账户信息自动情报交换的国家，已从 2017 年开始实行金融账户信息的自动情报交换。在此方面，列支敦士登已经与欧盟签署了自动情报交换协定。

二、"宜家概念"和商标的所有者

宜家 Interogo 基金会于 1989 年设立于列支敦士登，是"宜家概念"和商标的所有者。

在坎普拉德家族的财富架构中，特许权使用费支付起着关键作用。2016 年欧

---

① List of all Double Taxation Agreements（DTA）and Tax Agreements regarding Exchange of Information，参见 http://www.llv.li/files/stv/int-uebersicht-dba-tiea-engl.pdf。

洲议会绿党/EFA小组进行了一项研究，研究报告《宜家的扁平包装避税计划》显示[1]，2009—2014年，宜家集团向"宜家概念"和商标的所有者荷兰国际宜家系统有限公司（Inter IKEA Systems B.V.）共支付了61亿欧元的特许权使用费，为其净利润的22.7%。

2023年8月31日，该基金会存续分拆为两个基金会[2]：Interogo基金会和Inter IKEA基金会。两个基金会的注册地址是相同的，都是Kirchstrasse 79，9490 Vaduz。

（一）公司基金会

两个基金会都是"公司基金会"（Unternehmensstiftung，德语），是根据列支敦士登法律具有法人资格的独立实体。两个基金会有自己的管理机构，并且无限期存在。

公司基金会成立的主要目的是持有和投资公司的资产，且通常承担控股公司的职能。建立公司基金会通常发生在企业家认真思考公司的未来而不是自己的未来的时候。当公司需要从第一代过渡到第二代时，通常会出现这种情况。在这种情况下企业家需要思考以下问题。

（1）公司如何保持并进一步发展其价值观和地位？

（2）公司如何才能继续存在且获得独立发展？

（3）如何确保公司的成长和增值？

（4）公司怎样才能以理想的形式发展？

（5）如何同时保护家庭和所有子孙并考虑他们的需求？

在这种情形下，列支敦士登基金会作为家族企业跨代传承的工具，可保存家族资产、实现创始人设定的特定目的。防止敌意收购也是企业基金会的一个重要功能。企业基金会不适合家庭，但在数量惊人的案例中，它提供了公司可持续继承的解决方案。简而言之，情况越复杂，列支敦士登基金会发挥的作用就有可能越大[3]。

（二）宗旨和理念

Interogo基金会与Inter IKEA基金会有着相同的宗旨。

（1）宜家创始人坎普拉德在《一个家具商的遗嘱》中这样描述宜家的愿景：

---

[1]　Marc Auerbach，IKEA:Flat Pack Tax Avoidance，参见 https://www.greens-efa.eu/legacy/fileadmin/dam/Documents/Studies/Taxation/Report_IKEA_tax_avoidance_Feb2016.pdf。

[2]　参见 https://www.oera.li/cr-portal/auszug/auszug.xhtml?uid=FL-0002.711.014-1。

[3]　Corporate foundation as family succession planning tool，Ivo Elkuch，参见 https://finance.li/unternehmensstiftungen-nachfolgeloesungen/。

"为大众创造更美好的日常生活。"

（2）宜家的基本经营理念：以低廉的价格提供各种精心设计的家居产品，让尽可能多的人愿意购买，为大众创造更美好的、能够负担得起的日常生活。

（3）为防止所有权分散，避免受到家庭的影响，列支敦士登基金会法提供了一种特殊形式的公司基金会，被认为是实现基金会目的的最适合的形式。

但 Interogo 基金会与 Inter IKEA 基金会的作用不同。

（1）Interogo 基金会成立的目的是确保宜家理念的独立性和长久性，以及确保这一目标所需的财务储备。Interogo 基金会专注于管理投资业务并提供确保独立和永久存续所需的财务储备。Interogo 基金会将通过其投资业务，确保宜家概念在未来面临严峻的挑战时，获得未雨绸缪的财务储备。Interogo 基金会还可以为某些慈善事业捐款。

（2）Inter IKEA 基金会专注于管理宜家业务并确保宜家理念的独立性和长久性。通过基金会的所有权，宜家概念将继续处于 Inter IKEA 基金会最终和不可分割的控制下，代代相传，不论个人或家庭关系如何变化。

（三）特点

根据宜家官网发布的信息，宜家企业基金会具有以下特点。

（1）自己"拥有自己"。基金会没有任何个人受益人。基金会持有的资金只能用于其目的。这是不可撤销的。

（2）**坎普拉德家族被不可撤销地排除在所有直接和间接利益之外，而且没有任何补偿。**任何家庭成员受雇于宜家基金会所拥有的任何企业，只能按照与其他同事相同的条件获得工资。这也适用于董事会费用，其支付条件与支付给非家族董事会成员的条件相同。此外，商业交易只能在市场条件下进行。

（3）坎普拉德家族既不拥有也不控制基金会。然而，坎普拉德家族的几代人应该有机会进入国际宜家基金会的顾问委员会，但始终是少数。

（四）治理结构

Interogo 基金会和 Inter IKEA 基金会有相同的治理结构。每个基金会都有两个治理机构：基金会理事会（Stiftungsrat）和监督委员会（Beirat）。基金会理事会拥有完全的决策权，代表基金会。基金会理事会中没有坎普拉德家族成员。宜家创始人坎普拉德的三儿子马蒂亚斯·坎普拉德（Mathias Kamprad）是基金会监督委员会中唯一来自宜家家族的成员①。

---

① 参见 https://www.interogofoundation.com/foundation-governance/advisory-council/。

两个基金会理事会目前各有三名成员[1]：两名专业律师和一名宜家集团前高管。

约翰内斯·迈克尔·伯格（Dr. Johannes Michael Burger），奥地利国籍，居住在列支敦士登，有单独签字权。他是一名经验丰富的律师[2]，自宜家 Interogo 基金会于 1989 年成立之始就担任基金会理事会成员。

丹尼尔·达姆贾诺维奇（Daniel Damjanovic），奥地利国籍，居住在列支敦士登，有单独签字权。他也是一名经验丰富的律师[3]。

这两位律师都供职于 Marxer & Partner 律师事务所，该律师事务所成立于 1925 年，是列支敦士登最古老、最大的律师事务所。

汉斯·埃里克·吉德尔（Hans Erik Gydell），瑞典国籍，居住在斯德哥尔摩，有单独签字权。他曾在宜家集团的多个公司担任高管职位。比如，根据宜家英国的工商登记资料[4]，他出生于 1952 年 10 月，1996 年 1 月 31 日至 2002 年 8 月 31 日担任宜家英国的董事。

监督委员会的作用是提供咨询和任命基金会理事会成员。监督委员会有七个席位，坎普拉德家族必须始终是少数。坎普拉德的三儿子马蒂亚斯·坎普拉德是基金会监督委员会的成员，另六位成员是马茨·阿格马恩（Mats Agmén）、约翰·泰格内尔（John Tegnér）、伯杰·伦德（Birger Lund）、马格纳斯·曼德松（Magnus Mandersson）、乌尔斯·威基哈尔德（Urs Wickihalder）、克里斯托弗·约翰逊（Christer Johnsson）。这六位成员要么是宜家集团各业务部门的高管，要么是专业律师。

坎普拉德家族成员的席位在离任时由离任者指定，非坎普拉德家族成员的席位在离任时由监督委员会投票决定。

第五节

瑞典遗产税，也是一个关于瑞士的故事

一、瑞典遗产税——世界取消遗产税的潮流

宜家创始人为什么做出如此复杂的基金会安排呢？税务是原动力之一。瑞典的所得税税率可能是世界上最高的国家之一，虽然近几年有所降低，但最高个人

---

① 参见 https://www.interogofoundation.com/foundation-governance/foundation-council/。

② 参见 https://www.marxerpartner.com/details/alias/dr-iur-johannes-michael-burger。

③ 参见 https://www.marxerpartner.com/details/alias/dr-iur-daniel-damjanovic。

④ 参见 https://find-and-update.company-information.service.gov.uk/company/01986283/officers。

所得税税率仍在 52%[①]。再者，瑞典的遗产税税率也非常高，在宜家创始人设立基金会的前后，瑞典遗产税可高达 70%（1983 年）。瑞典自 17 世纪即有遗产税，可谓历史悠久，现代遗产税始于 1895 年。可以想象，财富传承两次后绝大部分财富都贡献给政府了。此外，如果遗产是房产和股权怎么办？在继承人没有额外资金缴纳遗产税的情况下，得先把股权和房产卖掉才能缴纳遗产税。瑞典的遗产税一度造成沉重的后果，比如说老两口其中有一人去世了，在世的那人为了缴纳遗产税，可能需要把房子卖掉，进而出现生活困难。

瑞典遗产税从来没有成为政府收入的主要来源，在 20 世纪 30 年代遗产税贡献比例最高的时候，也只不过占 GDP 的 0.3% 或财政收入的 2.5%。2004 年瑞典取消遗产税时，遗产税只占财政收入的 0.15%。

但是瑞典遗产税确实是瑞典的超级富豪们及其公司逃离瑞典的原因，宜家创始人坎普拉德和利乐包装创始人鲁宾·劳辛就是其中的代表。

公众都熟知利乐包装。令人感到惊讶的是利乐包装的瑞典色彩已经没有那么浓了。利乐包装属于瑞典利乐拉伐集团。1981 年，瑞典利乐拉伐集团管理层从瑞典隆德搬迁到瑞士洛桑[②]。税务也是利乐集团总部搬到瑞士的原因。

下面这个例子可以说明富豪们为何逃离瑞典。萨莉·基斯特纳是一家制药公司 Astra 创始人的遗孀。她的先生 1984 年去世时所留遗产大部分为 Astra 公司股票，遗产价值按照去世时的市场价值被评估为 3 亿瑞典克朗。当时的资本市场立即意识到继承人必须出售大部分股权来缴纳遗产税，而这一出售将给剩余股票的价值带来利空的后果。结果是股票价格狂跌，基斯特纳被核定缴纳的遗产税加上出售股票的资本收益税，所有应纳税额已经超过了遗产的价值。遗产被宣布资不抵债，可怜瑞典最大富豪之一的继承人们一分钱都没有拿到！

2004 年瑞典取消遗产和赠与税一度被视为离经叛道，却为实用主义之典范。

瑞典取消遗产税后，芬兰富豪纷纷移民瑞典。这再次体现了遗产税与富豪逃离的直接关系。取消遗产税 10 年之际，2015 年 12 月一篇题为《遗产税离开瑞典的 10 年——少数人怀念但没有人悼念》[③]的长篇文章总结了瑞典取消遗产税 10 年的状况，而文章题目便表明了作者的立场。瑞典取消遗产税后，除了最终促使一些瑞典企业家如宜家创始人坎普拉德于 2014 年回归瑞典生活外，更消除了遗产税对交易活动的扭曲。

步瑞典之后尘，取消遗产和赠与税的有：新加坡（2008 年）、新西兰（2011 年取消了赠与税，但 1992 年就取消了遗产税）等。比较近的是，瑞典的邻居挪威于

---

①　参见 https://taxsummaries.pwc.com/sweden/individual/taxes-on-personal-income。

②　参见 https://www.tetralaval.com/contacts。

③　Anders Ydstedt 和 Amanda Wollstad，*Ten years without the Swedish inheritance tax*，*Mourned by no one– missed by few*，Swedish Enterprise，2015 年 12 月 21 日。

2014 年取消了遗产税。表 7-1 为 2000 年以来取消遗产税国家或地区的不完全统计。

表 7-1　自 2000 年以来取消遗产税的国家或地区（不完全统计）

国家或地区	取消年份
中国澳门	2001
葡萄牙	2004
斯洛伐克	2004
瑞典	2005
俄罗斯	2005
中国香港	2006
匈牙利	2006
新加坡	2008
奥地利	2008
列支敦士登	2011
文莱	2013
捷克	2014
挪威	2014

资料来源：Family Business Coalition.

　　随着宜家获得巨大成功和财富的迅速增加，宜家创始人坎普拉德明白瑞典的税制是宜家发展的最大隐患。1973 年，宜家迁址丹麦，迈出税务筹划的第一步。1984 年，坎普拉德将其持有的宜家集团 100% 的股权以不可撤销赠与的方式转到荷兰基金会 Stichting Ingka。坎普拉德将宜家分为两部分：国际宜家控股集团，通过卢森堡控股公司由列支敦士登基金会 Interogo 持有；IKEA 集团，通过荷兰控股公司由荷兰基金会 Stichting Ingka 持有。

二、居住在瑞士的税务动因

　　1976 年，坎普拉德举家来到了瑞士。有文章说坎普拉德在瑞士可能每年只缴纳 20 万瑞士法郎的税款[①]。由于纳税信息属于个人隐私，因此笔者无法证实这一说法。根据媒体的报道，坎普拉德所适用的是瑞士的特别税制——"财政贡献纳税"。体育、娱乐和商界的明星，包括前世界一级方程式锦标赛传奇车王迈克尔·舒马赫、摇滚巨星蒂娜·特纳、菲尔·科林斯和俄罗斯亿万富豪维克多·维克塞尔伯格等

---

① 参见 https://www.swisscommunity.org/fileadmin/revue/Ausgaben/2014/05/SRV_1405_EN_web.pdf。

都受益于该税制①。

据报道，坎普拉德在瑞士时住在沃州（Vaud）的 Epalinges 区②，并适用前述"财政贡献纳税"。如前，有文章说坎普拉德适用的年应税金额约为 20 万瑞士法郎。笔者分析，这是有可能的。坎普拉德的节约在瑞士似乎是一个公开的事实，在瑞士流传着他在超市关门前买促销商品、开一辆旧的沃尔沃汽车等故事。对于这样一位超级富豪，其每年的消费金额之低是可以想象的。因此，这就出现了一位超级富豪每年在瑞士可能只需要支付 20 万瑞士法郎税款的情况。

2013 年，坎普拉德回到了瑞典，直到其去世。2014 年，他在瑞典申报了 190 万欧元的收入，缴纳了 64 万欧元的个人所得税③。对于这样一位富豪来说，64 万欧元的税款是非常少的。之所以税款如此少，主要就是因为坎普拉德将其宜家的股权转到了荷兰基金会。

坎普拉德移民瑞士之解读：瑞士"财政贡献纳税"移民

一、概览

税可以迫使富豪放弃某些国家。自 2013 年法国总统奥朗德提出对年收入百万欧元以上的高收入群体征收 75% 的"富人税"后，法国首富、路威酩轩集团控制人阿尔诺（Bernard Arnault）为此申请了比利时国籍（但是没有成功），著名演员迪帕·迪约（Gerard Depardieu）也为此申请了俄罗斯国籍。据说在 Facebook 进行首次公开发行之前，该公司联合创始人、亿万富翁爱德华多·萨维林（Eduardo Saverin）为减税放弃了美国国籍，而选择到新加坡定居。

在许多国家或地区，低税率是富豪前往的重要因素，如新加坡、中国香港等。在有些国家，特殊的税制让富豪游离于本国高税率的税法体制之外，如英国和马耳他的税务居民但非住所制度（resident non-dom）为富豪提供了避免英国遗产税和最小化英国所得税的空间。

---

① Matthew Allen，*Lump-sum taxation comes under the spotlight*，参见 https://www.swissinfo.ch/eng/lump-sum-taxation-comes-under-the-spotlight/29158706。

② Malcolm Curtis，*Swiss-based Ikea tycoon plans Swedish return*，参见 https://www.thelocal.ch/20130626/swiss-based-ikea-founder-plans-return-to-sweden。

③ 参见 http://www.nomoretax.eu/ikeas-founder-paid-tax-for-the-first-time-in-42-years/。

瑞士人的智慧在于在"财政贡献纳税"下，税是移民程序的一个核心步骤，甚至可以说税是移民的前提。

尽管该制度设立的初衷是向外国富豪征税，但在近些年该制度慢慢成为外国富豪进入瑞士的重要渠道。对于非欧盟护照持有者，在此制度下每年纳税的金额一般至少为 20 万瑞士法郎。实践中通常只有资产量级较大的外国富豪才考虑这一渠道。

截至 2018 年底，瑞士共有 4557 人适用这一纳税制度，2018 年缴纳税款总计8.21 亿瑞士法郎[①]。不止税款，不动产买卖与租赁、旅游、娱乐、医院以及当地商业等无不从这一富豪人群的财政能力、消费和投资中获益。这意味着每年可提供高达几十亿瑞士法郎的消费和 2 万个就业岗位。另外，这一人群也在以其他方式造福社区，比如，对当地科学研究、教育基金的捐赠。例如，沃州获得了高达 1亿瑞士法郎的捐赠，以建立一个科学研究基金[②]。

二、什么是"财政贡献纳税"？

在瑞士不从事雇佣活动的外国人可以通过"财政贡献纳税"的方式进入瑞士。简单来讲，"财政贡献纳税"就是每年向瑞士税务机关支付一笔税款，作为在瑞士居民资格的"对价"。

适用"财政贡献纳税"的条件：①非瑞士公民；②初次定居瑞士或在瑞士境外居住长达 10 年以上；③在瑞士未从事受雇活动，但在瑞士管理自有财产是允许的。如果个人在瑞士境外担任公司的重要管理者职务，可能不利于申请。

"财政贡献纳税"常见的方式是按照总消费确定税基，而不是按全球所得纳税。这是外国富豪选择该税制的重要原因，也是该税制最显著的特点。因此，"财政贡献纳税"也被俗称为"包干纳税"（lump sum taxation），或者说，在绝大多数情况下"财政贡献纳税"可以等同于"包干纳税"。尽管在按照"财政贡献纳税"获得瑞士居住许可之后，外国富豪还可以选择按照全球所得纳税，但是在实践中选择按照全球所得纳税的人非常少。比如，瑞士某些州如苏黎世州取消了"财政贡献纳税"制度后，通过该制度获得瑞士居住许可的人可以选择按照全球所得纳税。但是被瑞士"财政贡献纳税"吸纳基本都是资产量级较大的外国富豪，按照全球所得的税负要远远重于按照"财政贡献"纳税，尤其是瑞士某些州个人所得税最高可达 40%。因此，实践中选择按照全球所得纳税的人非常少。

---

① Lump-sum taxation，参见 https://www.efd.admin.ch/efd/en/home/taxes/national-taxation/lump-sum-taxation.html。

② Pascal Broulishttp，*Why Switzerland should keep lump sum taxation*，参见 https://www.swissinfo.ch/eng/opinion_why-switzerland-should-keep-lump-sum-taxation/41107242。

　　"财政贡献纳税"是一项比较古老的税收制度，最初是瑞士西部的沃州（Vaud）于 1862 年引入的。当时已经有不少英国贵族每年在日内瓦湖畔居住相当长的时间。他们在享用瑞士基础设施的同时，却没有做出财政贡献。在尝试对这些富有的外国人征税时，瑞士政府面临一个现实的困难：当时国家之间还没有进行税收信息交换，因此无法具体评估这些外国人的税基。为了对其征税，瑞士人就创设了这样一个以这些富人在瑞士的消费为基础推算收入的征税方式。因此，该制度设立的初衷是征税，而无意给外国的富人以某种特权或者利益。

　　20 世纪前期，"财政贡献纳税"风靡瑞士其他州。1948 年，瑞士各州就"财政贡献纳税"达成协议，以对该制度的基本原则达成一致。1949 年，瑞士联邦政府加入该协议。近年有 5 个德语区的州投票取消了"财政贡献纳税"。苏黎世州于 2009 年投票取消了"财政贡献纳税"，成为取消该制度的第一个州。其他 4 个德语区的州紧随其后，分别是沙夫豪森州（Schaffhausen）、阿彭策尔半州（Appenzell Ausserrhoden），以及巴塞尔两个半州（Basel Land 和 Basel Stadt）。自这 5 个州取消"财政贡献纳税"后，目前还有 21 个州保留"财政贡献纳税"制度。

三、"财政贡献纳税"与瑞士移民程序的关系

（一）通过"财政贡献纳税"移民瑞士

　　来瑞士生活的外国人需要获得瑞士移民局的居民许可批准。居民许可分为两种：从事受雇活动的居民许可和非从事受雇获得的居民许可。"财政贡献纳税"是获得瑞士居住许可的方式之一。因此，与许多国家不同的是"财政贡献纳税"是移民瑞士的途径之一，而且通过这一渠道移民瑞士，瑞士州一级政府具有决定权。

　　这与瑞士的政治体制和历史有关。瑞士实行的是联邦体制，而不是中央集权。联邦政府的权力受到很大限制，只有法律明确规定为联邦权力的内容，联邦政府才可以行使，其他权力都留在州以及以下政府。瑞士面积 41285 平方公里，人口约 880 万人[①]，26 个州，每个州都有自己的宪法、议会、政府及法院。瑞士有 2324 个区[②]（municipalities），其中人口超过 1 万人，能被称为城市的有 162 个[③]。州和区都有不同程度的自治权。

　　对移民和税务法律而言，瑞士有国家层面的法律规定，但不同的州、城市和区在法律框架下可能有不同的规定和实践，可以形容为"相去十公里，世界大同"。

---

① 参见 https://www.worldometers.info/world-population/switzerland-population/。

② Cantons and municipalities，参见 http://www.swissinfo.ch/eng/cantons-and-municipalities/29289028。

③ List of cities in Switzerland，参见 https://en.wikipedia.org/wiki/List_of_cities_in_Switzerland。

（二）瑞士移民许可类型

瑞士的移民许可常见的有以下三种类型。

（1）L类许可（短期居留许可），用于短期工作和逗留。L类许可有时也被作为B类许可用尽时的替代措施。获得L类许可的人一般不能购买住宅类不动产，但可以购买纯商业不动产。原则上获得L类许可的人每次离开瑞士的时间不能超过3个月。

（2）B类许可（居留许可），适用于为某一具体目的而在瑞士居留时间较长的情形，不论是否受雇。持中国护照通过"财政贡献纳税"方式来瑞士的一般会给予B类许可。每一年或两年须更新居住卡。原则上获得B类许可的人每年离开瑞士的时间不能超过6个月。获得B类许可的人可购买住宅，但非欧盟护照持有者原则上只能购买一处主要住宅，且该主要住宅原则上要位于获得居住许可的州。获得B类许可的人购买纯商业不动产不受限制。

（3）C类许可（永久居住许可），即所谓"瑞士绿卡"，用于在瑞士永久居住。原则上获得C类许可的人每年离开瑞士的时间不能超过6个月。获得C类许可的人可在瑞士任何州居住，购买不动产等与瑞士公民相同 [①]。

（三）常见的瑞士移民方式之对比

对于非欧盟成员国公民来说，通常有三种方式移民瑞士。

一是受聘于一瑞士雇主。该方式受到瑞士联邦和州的共同限制，实践中比较困难——需是瑞士需要的高级技术人才、由雇主申请、对于非欧盟成员国每年有配额限制、需要证明在瑞士和欧盟范围内不能找到替代的人选等。

二是在瑞士设立企业。需要有商业计划书来证明设立的企业对瑞士宏观经济的贡献尤其是促进就业。商业计划书需要获得瑞士州和联邦移民部门的审查和批准。另外，即使获得批准，需要创造2~3个就业机会，每年基本支出在几十万瑞士法郎。另外，通过该渠道的申请有时候存在瑞士州的层面获得了批准，但在联邦层面被否的情况。

三是"财政贡献纳税"。通过"财政贡献纳税"的方式移民瑞士需要获得税务机关的预先裁定。该预先裁定是对个人税基的一种确认。只有获得税务预先裁定后，州移民部门才会启动批准程序。需要说明的是，州政府在"财政贡献纳税"下对税务和移民程序有着重要的话语权。这一渠道很受外国富豪的欢迎。

三种移民方式的简单对比，请见表7-2。

---

① 参见https://www.ch.ch/en/housing/homeownership/buying-property/purchasing-property-in-switzerland-as-a-foreign-na/#do-you-need-authorisation。

表 7-2　瑞士移民类型和方式

	工作许可	设立企业	"财政贡献纳税"
主要内容	受聘于一瑞士雇主。限于瑞士需要的高级技术人才、由雇主申请、对于非欧盟成员国每年有配额限制、需要证明在瑞士和欧盟范围内不能找到替代的人选等。实践中比较困难	需要商业计划书来证明设立的企业对瑞士宏观经济的贡献尤其是促进就业。商业计划书需要获得瑞士州和联邦移民部门的审查和批准。具体安排需要与希望获得居住证的州去谈,也需要考虑与子女学校的通勤时间和交通便利等因素。但是,如果本身就有来瑞士发展业务的需要,可以把公司业务需要和个人移民问题结合起来。此时,投资移民就是一个不错的选择	在瑞士不从事雇佣活动的外国人可以通过"财政贡献纳税"的方式进入瑞士。简单来讲,"财政贡献纳税"就是每年向瑞士税务机关支付一笔税款,作为在瑞士居民资格的"对价"。通过"财政贡献纳税"的方式移民瑞士需要获得税务机关的预先裁定。该预先裁定是对个人税基的一种确认。只有获得税务预先裁定后,州移民部门才会启动批准程序
可能性	瑞士每年给予非欧盟国家公民的工作许可非常少。2024年瑞士给予非欧盟国家公民的工作许可只有 8500 个,其中 L 类许可 4000 个、B 类许可 4500 个[1]。可谓"僧多粥少",竞争激烈。拿到欧盟护照后,且受瑞士当地雇佣的情况下,可以不受配额的限制[2]	需要个案分析。瑞士政府即使批准了商业计划书,也一般要求创造 2~3 个就业机会,这通常意味着每年基本支出在几十万瑞士法郎。另外,通过该渠道的申请有可能存在瑞士州层面获得了批准,但在联邦层面被否的情况	相对容易。州政府在"财政贡献纳税"下对税务和移民程序有着重要的话语权。州政府批准后,联邦政府一般情况下不会否决。基于州政府的这一重要权力,能否获得瑞士的居民许可具有一定的确定性。因此,这一渠道最受外国富豪的欢迎

①　该名额在联邦层面和州层面平均分配;如果一个州的名额用完了,可以向另一个州或者联邦要求或购买更多的名额。2024 年名额在主要州分配如下:日内瓦 147 个 L 许可、91 个 B 许可;苏黎世 399 个 L 许可、250 个 B 许可;楚格 45 个 L 许可、29 个 B 许可;沃州 181 个 L 许可、112 个 B 许可;巴塞尔城市半州 72 个 L 许可、45 个 B 许可;纳沙泰尔 41 个 L 许可、26 个 B 许可等。具体请见 https://www.fedlex.admin.ch/eli/cc/2007/759/de#art_19。

②　持欧盟护照的个人,根据欧盟公司雇主按照公司内部调动或项目工作的方式来瑞士工作,受制于欧盟工作许可配额。2023 年该配额为:短期 L 许可 3000 个,长期 B 许可 500 个。欧盟公民工作许可在联邦层面统一管理,且在各州没有具体的分配名额。但是,瑞士公司当地的雇佣不受制于该许可配额。具体请见 https://www.zh.ch/en/wirtschaft-arbeit/erwerbstaetigkeit-auslaender/kontingente.html#-974393802。

续表

	工作许可	设立企业	"财政贡献纳税"
税务后果	瑞士税务居民，在瑞士就实际所得申报纳税。瑞士个人所得税在世界上属于比较低的，因而具有一定的吸引力	瑞士税务居民，在瑞士就实际所得申报纳税。瑞士企业所得税和个人所得税在世界上属于比较低的，因此非常有吸引力	瑞士税务居民，但可以根据州税务局预先裁定的金额纳税。对于资产量级大的个人可以起到很好的节税效果
弊端	瑞士对工作签证的要求非常高，能通过该渠道来瑞士的人很少	对商业计划书要求较高，且需要有真实的业务需要，只适用于那些有业务需要的人士	门槛高：实践中，个人资产在1400万美元以下的，州税务机关一般都不会接纳；不允许从事雇佣性质的工作；经济成本高；主要住宅需要在获得许可的州购买，在其他州置业会有限制

四、"财政贡献纳税"，成本几何？

适用"财政贡献纳税"的个人需要获得税务机关的预先裁定。该裁定主要考虑个人及其家庭的全年生活费用、来源于瑞士的所得、位于瑞士的资产和个人资产量级等。

"财政贡献纳税"的税基为：

（1）在世界范围内的消费支出，但至少为年租金金额的 7 倍以上。

（2）任何时候税基都不得低于 40 万瑞士法郎。

（3）以费用为基础计算的税基不能低于来源于瑞士的收入。

州可以将税基定在 40 万瑞士法郎或者更高。具体税基取决于与税务机关的谈判。一些州根据申请者的总体财富确定税基，财富越多，税基越高。

具体税负须根据个案进行具体分析，见表 7-3。

表 7-3　提契诺、沃州、日内瓦州和楚格州的税基和税负参考

	税基	税负
提契诺州	大约 150 万~300 万瑞士法郎	大约 35 万~75 万瑞士法郎
沃州	大约 100 万瑞士法郎	大约 41.5 万瑞士法郎
日内瓦州	大约 75 万瑞士法郎	大约 31.5 万瑞士法郎
楚格州	大约 100 万瑞士法郎	大约 25 万瑞士法郎

另外，是否具有欧盟护照会对税负产生较大的影响，见表 7-4。

表 7-4　欧盟护照对税基和税负的影响

	欧盟护照持有者最低税负	非欧盟护照持有者最低税负
施维茨州	大约 15 万瑞士法郎	大约 20 万瑞士法郎
楚格州	大约 15 万瑞士法郎	大约 25 万瑞士法郎

纳税金额不能低于调控金额：

（1）纳税人需要在每年的纳税申报中披露来源于瑞士境内的所得和在瑞士的资产。如果是境外的金融资产，只是在瑞士托管，不算瑞士的资产。瑞士税务机关可以每年基于此来确保纳税人根据"财政贡献"在瑞士缴纳的税款金额不低于该所得按照一般纳税方式缴纳的金额（"调控金额"）。

（2）适用"财政贡献纳税"的纳税人，其税基建立在与税务机关协商的基础上。但是如果"财政贡献"税基低于"调控金额"，则"调控金额"为最终适用的税基。

（3）"调控金额"主要由两部分构成：①来源于瑞士的所得，包括来源于瑞士的动产和不动产所得，投资于瑞士金融资产所得，来源于瑞士著作权、专利和类似权利所得，从瑞士获得的养老金所得等；②来源于境外的所得，如果该所得需要主张来源地国和瑞士之间的优惠协定待遇。

社会保险：

（1）适用"财政贡献纳税"的个人需要在瑞士缴纳社会保险，直到法定退休年龄（瑞士法定退休年龄是男 65 岁，女 64 岁；早退休是可能的）。社会保险金额以个人净财富为基础，每年最高 24000 瑞士法郎。

（2）如果是欧盟护照持有者，该社会保险的缴纳有可能免征。

遗产与赠与税：

（1）"财政贡献纳税"的预先裁定不包括遗产与赠与税。好处是瑞士联邦层面没有遗产与赠与税。该税只在州和社区层面征收，而且大部分州有规定，向配偶和子女的转让免税。

（2）2015 年 6 月 14 日，71% 的投票者和全部（26 个）州否决了在瑞士联邦层面征收遗产税的动议（根据该动议，将对个人 200 万瑞士法郎以上的捐赠和继承在瑞士联邦层面征收 20% 的遗产税）。这对瑞士移民而言是一个好消息。

（3）但是在"财政贡献纳税"中，遗产与赠与税是需要筹划的，见表 7-5。

表 7-5　遗产与赠与税

	子女	父母	第三方
提契诺州	0%	0%	最高 41%
沃州	遗产税 0.009%~7% 赠与税 1.2%~7%	2.64%~15%	最高 50%
日内瓦州	2%~12%	2%~12%	最高 54.6%

五、"财政贡献纳税"的未来——超级富豪的选择依旧

近几年围绕"财政贡献纳税"在瑞士有不少争论。最近几年，有 5 个德语区的州投票取消了"财政贡献纳税"苏黎世州于 2009 年投票取消了"财政贡献纳税"，成为取消该制度的第一个州。其他 4 个德语区的州紧随其后：沙夫豪森州（Schaffhausen），阿彭策尔半州（Appenzell Ausserrhoden），巴塞尔两个半州（Basel Land 和 Basel Stadt）。在这 5 个州取消"财政贡献纳税"后，目前还保留"财政贡献纳税"的州有 21 个。

尽管在这 5 个州中适用"财政贡献纳税"的人数本来就不多，却有着很强的示范效应。此后瑞士一个左翼政党于 2012 年 10 月收集了 10 万余名瑞士公民的签名，发起了旨在三年内取消"财政贡献纳税"的全民公投。其理由是该制度涉嫌给外国富豪超国民待遇，存在歧视等。如果公投表决取消"财政贡献纳税"，该制度在联邦层面和州层面将不复存在。而无论是瑞士联邦政府还是议会，均明确建议民众拒绝该动议，保留"财政贡献纳税"。最终，2014 年 11 月 30 日，59.2% 参与投票的瑞士公民、26 个州中的 25 个州否决了该动议。

该公投的结果是"财政贡献纳税"作为一项历史悠久的制度将在瑞士联邦继续存在，而各州仍然可以自由决定是否愿意在州层面保留该制度。另外，瑞士并没有来自国际社会的压力来取消"财政贡献纳税"制度。因此，预计在未来的数年之内，该制度在瑞士将继续存在，而不少国家的超级富豪仍然可以通过此渠道进入瑞士。

第七节

宜家公司的税务筹划

一、荷兰控股公司

（一）为何将控股公司设在荷兰

宜家集团的控股公司在荷兰。为什么将控股公司设在荷兰？原因可能如下。

（1）"入口"——参股免税制。荷兰对境外子公司支付的股息和资本收益不征收企业所得税，即常说的"参股免税制"。荷兰实行参股免税制的历史悠久，可以追溯到 1894 年。在符合参股免税制的前提下（5% 持股等），荷兰控股公司从境外子公司获得的股息和资本收益在荷兰免税。在过去，外国税务机关对该股息和资本收益是否征税，对于荷兰免征一般没有影响。这样一个制度使荷兰控股公司在跨国公司的国际化运作中具有很多优势。

（2）"出口"——根据荷兰国内法，荷兰控股公司对外支付的利息和特许权使用费在荷兰不缴纳预提所得税，但对支付的股息可以征收 15% 的预提所得税。根据欧盟母子公司指令，荷兰控股公司向欧盟母公司进行的股息分配在满足 10%以上持股比例的情况下，该股息无须在荷兰缴纳预提所得税。同时，欧盟母公司所在国家不能对该股息征税。

（3）税收协定网络。荷兰拥有广泛而良好的避免双重征税协定网络。荷兰签署了上百个税收协定，很多协定规定了零或者非常低的预提税率，这些避免双重征税协定确保了荷兰公司在国际体系中的税务优势。

（4）投资保护协定和其他国际公约网络。投资保护协定是对外投资的最后保障，可能很多年都不会用到，但是真正用到的时候都是能起到很大作用的。比如，投资一些政治不稳定的国家，资产被这些国家没收了，这个时候只有靠投资保护协定进行国际仲裁。另外，荷兰是上百个国际公约的托管人和现代国际法的发源地。

（5）荷兰税务机关有着务实、合作和高效的态度和工作方式。

基于以上原因，宜家荷兰控股公司 Ingka Holding BV 从各门店子公司收到的股息和资本收益在荷兰无须纳税；同时，Ingka Holding BV 支付给荷兰 Stichting Ingka 基金会的股息在荷兰无须缴纳所得税。

在参股免税制下，关键在于荷兰国内法律如何界定控股公司获得的收入性质。比如，是界定为股息、资本收益（免税），还是被界定为利息或特许权使用费等（不可以免税），而支付人所在地国家的税法认定在过去无关紧要。

综上，作为控股公司，关键是确保其"出口"和"入口"的通畅。由于荷兰控股公司具有前述特点，很多跨国公司会利用荷兰进行税收筹划。

（二）荷兰控股公司在 BEPS 下的挑战

随着 OECD 利润转移和税收侵蚀（BEPS）项目的进展，荷兰的控股公司机制面临一些挑战。博弈的结果是荷兰控股公司在"入口"和"出口"方面都会受到一些限制，且对荷兰控股公司的商业实质提出了更多的要求。在满足反避税规则和商业实质的条件下，荷兰控股公司仍然具有重要价值。

1."入口"有限关闭：反混合错配对参股免税制的影响

宜家荷兰控股公司 Ingka Holding BV 从各门店子公司收到的股息和资本收益如果在门店子公司所在国可以税前抵扣，荷兰可以不再给予免税。

这里涉及荷兰参股免税制与欧盟母子公司指令的关系。如前所述，根据欧盟母子公司指令，位于欧盟范围内的母子公司之间，子公司向母公司进行的股息分配在满足 10% 以上持股比例的情况下，无须在子公司所在地缴纳预提所得税。同时，母公司所在国不能对该股息征税。

2014 年 7 月 8 日，欧盟理事会通过了反混合错配规则 2014/86/EU 指令，将反混合错配规则引入欧盟母子公司指令，即如果股息支付在成员国子公司可以抵扣（如被认定为利息），母公司所在成员国可以不再给予免税。这是针对混合金融工具所引起的双重不征税问题。由于欧盟成员国之间税务体系的不一致，在一些金融工具下，常出现在子公司所在国被认定为利息可以进行税前抵扣，而在母公司所在国被认定为股息支付无须纳税的情况。

为执行 2014/86/EU 指令，荷兰修改了参股免税制度。与混合错配有关的某些股息支付被排除了参股免税制度，即不再享受免税。混合错配的收入，常见的是在荷兰被视同股息支付而在支付股息所在国家被视同利息。对于该类股息支付，如果在支付人所在国可以进行税前抵扣，荷兰控股公司收到的股息将不能适用参股免税制，而需要在荷兰纳税[①]。

2."出口"有限关闭：反避税对荷兰预提税的影响

Ingka Holding BV 向荷兰 Stichting Ingka 基金会支付的股息，由于是两家荷兰公司直接支付，因此不受欧盟母子公司指令一般反避税规则的影响。

随着国际反避税规则的发展，荷兰控股公司正面临很大挑战。比如，传统的控股公司架构便面临很多挑战[②]。如果荷兰控股公司的母公司能满足必备的商业实

---

① 参见 https://taxsummaries.pwc.com/netherlands/corporate/income-determination。

② Isabella Denninger The death of holding companies，2022 年 4 月 22 日，参见 https://www.ibanet.org/The-death-of-holding-companies-2022。

质，采用控股公司架构仍然可以享受税收优惠。

荷兰公司向设立于其他欧盟国家的母公司支付股息时需要考虑反避税规则的影响。欧盟母子公司指令反避税规则于 2015 年 1 月 27 日进行了修订（2015/121/EU 指令），要求成员国在免税（子公司所在地预提所得税和母公司所在地所得税）时，加入一般反避税方面的考虑。如果做出安排的主要目的是获得母子公司指令下的免税待遇，而不是出于反映经济实质的合理商业目的，免税待遇就不适用。这就要求控股公司在设立时需要增加实质，比如，有合格的雇员来适当履行公司签署的交易以及相关的管理，董事会成员有履行职责所必需的专业知识，管理决策要在母公司所在国做出，等等。

自 2021 年 1 月 1 日起，荷兰对利息和特许权使用费实行有条件预提税[①]。该税仅针对向设立在指定低税管辖区关联公司和欧盟非合作司法管辖区名单上的公司支付的利息和特许权使用费。原则上，税款由支付利息或特许权使用费的公司扣缴。低税司法管辖区，即法定企业所得税税率低于 9% 的司法管辖区。非合作管辖区名单目前包括美属萨摩亚、安圭拉、斐济、关岛、帕劳、巴拿马、俄罗斯、萨摩亚、特立尼达和多巴哥、美属维尔京群岛、瓦努阿图。

（三）荷兰特许权使用费公司——"创新盒子税制"

在宜家的税务筹划中，非常关键的一步是宜家各门店对"宜家概念"和商标的所有者荷兰系统公司支付特许权使用费。该特许权使用费为各门店毛销售收入的 3%。如前所述，2009—2014 年，宜家各门店共支付了 61 亿欧元的特权使用费，约占各门店总净利润的 22.7%。宜家为何选择荷兰的公司来收取特许权使用费？

这与荷兰的"创新盒子"制度有关。荷兰标准的企业所得税税率为 25.8%，但对于来自自主开发的无形资产的利润（包括特许权使用费）适用 9% 的低税率。如果企业至少有 30% 的利润来自专利，则适用"创新盒子"税制。对于未授予专利的知识产权进行开发，公司产生的利润有可能享受优惠税率[②]。

二、卢森堡控股公司

（一）卢森堡控股公司

卢森堡一直有很多优势：法律体制灵活，具有创新能力；服务型政府；欧盟成员国；政治、经济和社会稳定；金融业发达。

---

① 参见 https://taxsummaries.pwc.com/netherlands/corporate/withholding-taxes。

② 参见 https://taxsummaries.pwc.com/netherlands/corporate/taxes-on-corporate-income。

2010 年前，Inter Ikea Holding SA 为"1929 控股公司"。1929 年 7 月 31 日，卢森堡通过了著名的"1929 控股公司法律"，以吸引金融和许可活动到卢森堡落户。在该法律下，控股公司在卢森堡完全免于缴纳企业所得税，而其分配的股息也可以无条件在卢森堡免于缴纳预提所得税。

2006 年 2 月 8 日，欧盟委员会对卢森堡"1929 控股公司"制度正式发起了反政府补贴调查，并最终认定该制度构成非法的政府补贴而违背欧盟法律。基于此，卢森堡取消了"1929 控股公司"税制。2010 年后，Inter Ikea Holding SA 转变为金融控股公司（société de participations financières，简称 Soparfi）。

（1）在卢森堡法律下 Soparfi 是一个完全的纳税人，负有全面纳税义务，适用 28% 的企业所得税税率，但可以根据欧盟公司指令主张其收到的股息免税。

（2）可以主张享有卢森堡与其他国家签署的税收协定之待遇。

（3）适用 0.5% 的财产税。

2016 年 4 月，Inter Ikea Holding SA 从卢森堡迁址并将管理机构搬到瑞士，更名为 Interogo Holding AG。

（二）卢森堡控股公司面临的新挑战

2016 年 7 月 12 日，欧盟议会通过了欧盟反避税指令（Anti Tax Avoidance Directive，ATAD），该指令要求成员国采取一系列反避税措施。对宜家架构的卢森堡控股公司影响比较大的是受控外国公司规则（简称 CFC 规则）。这也许是促使卢森堡控股公司迁址瑞士的重要原因。

2018 年 12 月 19 日，卢森堡通过法律，将 ATAD 转化为卢森堡国内法，适用于自 2019 年 1 月 1 日起的纳税年度。CFC 规则被首次引入卢森堡。如果境外子公司或常设机构被视为受控外国公司，其未分配利润被视为分配而需要在卢森堡缴纳企业所得税，除非其收入来自真实的商业活动（主要的目的不是获得税务利益）。

2023 年，卢森堡企业所得税税率为 17%。统一附加税（solidarity surtax）税率为企业所得税的 7%。另外，还有在企业应纳税所得基础上 6.75% 的市镇商业税（municipal business tax）。结果是卢森堡公司的综合所得税税率为 24.94%[①]。

自 2019 年 1 月 1 日起，卢森堡纳税人位于另一国的子公司在以下条件下应被视为受控外国公司：①如果卢森堡一个纳税人单独或与另一个关联企业共同持有外国子公司超过 50% 的投票权或股权，或有权获得子公司 50% 的利润；②子公司在所在国实际缴纳的企业所得税低于卢森堡企业所得税税率的 50%。目前卢森堡

---

① 参见 https://taxsummaries.pwc.com/luxembourg/corporate/taxes-on-corporate-income。

企业所得税税率为 17%，只要卢森堡公司的境外子公司实际税负在 8.5% 以上，就不需要在卢森堡补税。

同时，纳税人设在另一国的常设机构也有可能构成受控外国公司，如果常设机构在其所在国所支付的实际税负满足上述第②项所规定的要求。

如果境外子公司或者常设机构的利润不超过 75 万欧元或会计利润不超过当期经营成本的 10%，则被豁免适用受控外国公司。

CFC 规则对宜家架构的影响可能在于以下方面。

一是卢森堡融资公司（Inter Finance SA）的主要融资活动是通过瑞士的常设机构①进行的，该常设机构在卢森堡免税，同时在瑞士的实际税负很低。根据 ATAD，卢森堡融资公司的瑞士常设机构可能被卢森堡视为受控外国公司。

二是外国子公司如果享受低税率，很容易在卢森堡的高法定税率下被视为受控外国公司。

因此，CFC 规则给我们的启示是如果子公司的实际税率太低，可能并不能实现省税的目的。在国际反避税背景下，控股公司筹划的重点是合理的低税率，而不是税率越低越好。

三、瑞士公司

瑞士曾有一系列非常"诱人"的税制，如控股公司、混合公司、财务分公司、辅助活动公司等。这些税制为瑞士带来了大量的投资，但受欧盟委员会的批评，认为其违反了欧盟与瑞士于 1972 年签署的自由贸易协议。2019 年 5 月 19 日，瑞士就"公司税和老年保险改革法案"进行了公民投票并获得通过。该法于 2020 年 1 月 1 日生效，奠定了瑞士未来的企业所得税格局。

税改后，瑞士有 12 个州（约 50%）的企业所得税税率在 14% 以下②。楚格州的企业所得税税率为 11.85%，已经低于爱尔兰（12.5%）。

（一）宜家投资公司迁址瑞士

2016 年 4 月，Inter Ikea Holding SA 从卢森堡迁址并将管理机构搬到瑞士③，更名为 Interogo Holding AG（瑞士 Interogo 控股公司）。此时，宜家形成了双持股架构：在荷兰的 Inter IKEA Holding B.V. 是宜家集团业务的控股公司，而瑞士

---

① 根据瑞士 - 卢森堡税收协定第 5 条、第 7 条、第 22 条和 23（1）条。

② PwC's tax comparison，参见 https://www.pwc.ch/en/services/tax-advice/taxcomparison.html。

③ Interogo Holding AG，参见 https://www.interogoholding.com/about-us/business-in-brief/，https://www.shab.ch/shabforms/servlet/Search?EID=7&DOCID=2830887。

的 Interogo 控股公司成为投资业务的控股公司。

Interogo 控股公司设立于瑞士施维茨州（Schwyz）的主要城市 Pfäffikon。施维茨州在瑞士以低税率闻名，比如，2024 年施维茨州的公司所得税税率为 13.91%。而其个人所得税税率也是比较低的，2024 年，年应纳税所得收入在 25 万瑞士法郎的个人，税负在 20.10%[①]。施维茨州没有遗产与赠与税。

Interogo 控股公司的母公司是列支敦士登的基金会。这是有税务优势的：瑞士子公司的实际税负只需到 6.25%（即 12.5%×50%）就可以避免适用列支敦士登 CFC 规则。与其他欧洲国家相比，瑞士公司在未来几年的综合税负也是比较低的，因此有明显的优势。

宜家的卢森堡融资公司（Inter Finance SA）主要为宜家集团的关联公司提供融资，其主要活动是通过设立在瑞士的分支机构进行的。根据瑞士和卢森堡避免双重征税的协定，该分支机构被视同常设机构，因此不在卢森堡纳税。这就是卢森堡融资公司在卢森堡几乎不纳税的原因。该瑞士分支机构可能是利用了瑞士税法下对金融公司分支机构的税务优惠：90% 左右的拟定利息抵扣，在瑞士的最低税率为 1%~2%，在瑞士不用缴纳预提所得税和印花税。但是，瑞士财务公司分支机构被 OECD 宣布为构成有害税务竞争，瑞士于 2014 年 7 月宣布废除对财务公司分支机构的特别税制。自 2020 年 1 月 1 日起，财务分公司特别税制被废除[②]。

（二）全球最低税率 15%

OECD 和 G20 推动的另一项税务改革就是引入 15% 的全球最低企业所得税税率。但是只有年度营业额超过 7.5 亿欧元的大型国际活跃企业集团，才需要为其利润缴纳 15% 的最低企业所得税税率。

包括瑞士在内的约 140 个国家和地区引入了最低税率税务制度。这是一种新的税务竞争，而且主要国家都会积极参加。原因很简单，在一个国际税务架构中，如果一个国家不征收最低税，母公司所在国会补足与 15% 之间的差额，相当于为其他国家提供了占便宜的机会。

在瑞士，这涉及数百家国内企业集团和数千家外国企业集团。因此，瑞士约 99% 的公司没有直接受到改革的影响，将像以前一样纳税。

最低税率在瑞士的进展如下。

（1）2022 年 1 月 12 日，联邦委员会通过决议，通过修改宪法的方式在瑞士实施最低税。

---

① PwC's tax comparison，参见 https://www.pwc.ch/en/services/tax-advice/taxcomparison.html。

② 参见 https://www.estv.admin.ch/estv/en/home/fta/communications-fta.html。

（2）2022 年 3 月 11 日，联邦委员会发布了关于提议引入最低税的宪法修正案的咨询意见。

（3）2022 年 12 月 16 日，瑞士议会讨论并根据联邦委员会的规定已批准了该提案。最低税产生的 75% 收入将留在各州，而各州将有机会确保和提升其所在地的吸引力。

（4）2023 年 6 月 18 日，瑞士就最低税方案举行了全民公投，以 78.5% 的比率通过了最低税方案[①]，于 2024 年 1 月 1 日正式生效[②]。

2022 年 Interogo 控股公司的年度营业额为 21.93 亿欧元[③]，税前利润 7.51 692 亿欧元，所得税 5627.8 万欧元，实际税率为 7.48%。从销售额上，该公司将受到 15% 最低税率的影响。但是由于 Interogo 控股公司的子公司分布在瑞士、荷兰、比利时、英国、瑞典、卢森堡等各个国家，而这些国家也将实行最低税率，是否需要在瑞士补税要取决于子公司的所得税税率。

四、欧盟委员会的正式调查

（一）认定构成非法政府补贴

宜家集团的慈善架构和税务问题已经被讨论了多年，但由于其隐秘的架构规划以及坚持不上市，外人始终难以窥其面目。

真正揭开宜家集团部分税务面纱的是欧盟委员会的调查。

2017 年 12 月 18 日，欧盟委员会通过了一项决定，针对荷兰给予荷兰国际宜家系统有限公司的税收待遇，启动正式调查程序（formal investigation procedure）[④]。该决定涉及荷兰税务机关与宜家集团于 2006 年和 2011 年达成的预约定价安排（advance pricing agreement）。

2020 年 4 月 30 日，欧盟委员会做出了初步认定[⑤]：2006 年和 2011 年的预约

---

① 参见 https://www.bk.admin.ch/ch/d/pore/va/20230618/can662.html。

② 参见 https://www.efd.admin.ch/efd/en/home/taxes/international-taxation/implementation-oecd-minimum-tax-rate.html#-2058998281。

③ 参见 https://www.interogoholding.com/files/attachments/Interogo_Holding_AG_Annual_Report_2022.pdf。

④ State aid — The Netherlands — State Aid SA.46470（2017/C）（ex 2017/NN）— Possible State aid in favour of Inter IKEA — Invitation to submit comments pursuant to Article 108（2）of the Treaty on the Functioning of the European Union Text with EEA relevance（C/2017/8753），https://ec.europa.eu/competition/state_aid/cases1/202046/272426_1973466_310_2.pdf.

⑤ State aid — Netherlands — State aid SA.46470（2017/C）— Possible State aid in favour of Inter IKEA — Extension of the formal investigation — Invitation to submit comments pursuant to Article 108（2）of the Treaty on the Functioning of the European UnionText with EEA relevance（C/2020/2597），https://ec.europa.eu/competition/state_aid/cases1/202027/272426_2169565_285_2.pdf.

定价安排适用的结果是使荷兰国际宜家系统有限公司获得了正常税务制度以外的选择性优势，并得以大幅降低其应纳税所得额。这一优势，是通过预约定价安排单独给予的，并赋予了宜家集团不正当的竞争优势。欧盟委员会认为，荷兰税务局与荷兰国际宜家系统有限公司签署的预约定价协议构成了不合法的政府补贴。目前该调查仍在进行中。

（二）特许权协议

1983 年 7 月 1 日，卢森堡第 II 控股公司与荷兰国际宜家系统有限公司签订了许可协议（简称"许可协议"），授权后者在支付许可费用后使用知识产权来创建和开发宜家特许经营概念。宜家特许经营概念是在特许经营模式下运营宜家业务所必需的一组无形资产。随后，荷兰国际宜家系统有限公司将宜家特许经营概念授权给全球宜家门店。根据特许经营协议，特许经营者应向荷兰国际宜家系统有限公司支付门店营业额的 3%，作为特许经营费，以换取使用宜家特许经营概念。

欧盟委员会认为，荷兰国际宜家系统有限公司事实上承担了如下职能。

（1）负责管理与加盟商之间的合同和业务关系，并发起、协调和管理其他关联方和外部服务提供商的服务，如产品设计和范围的选择，供应和分销，制造以及与门店的开业和翻新。其主要收入来源是加盟商支付的特许经营费以及目录销售的收入。

（2）负责管理、维护和改善与特许经营业务相关的知识产权，包括营销和研究活动，产品测试和培训。

（3）是位于荷兰代尔夫特的宜家概念中心的所有者。宜家概念中心包括测试门店，该门店除了是常规的宜家门店，还自 1992 年以来一直作为试点门店。宜家概念中心还包括针对现有和潜在的新加盟商的培训中心（宜家商学院）。

（4）负责向特许经营者发布和提供目录。

2015 年，荷兰国际宜家系统有限公司共有 983 名员工，划分为从事特许经营活动的 226 人，在代尔夫特的宜家概念中心工作的 492 人，以及在荷兰境外工作的 265 人。相比之下，卢森堡第 II 控股公司除董事会 3 名成员外，没有其他员工。因此，荷兰国际宜家系统有限公司向设立在卢森堡的第 II 控股公司支付的特许权使用费不具有合理性。

（三）2006 年预先定价安排

2006 年预先定价安排的标题是《预先定价安排和解协议》。该协议于 2006 年 3 月 9 日由荷兰国际宜家系统有限公司与荷兰税务局签署，有效期为 2006 年 1

月 1 日至 2010 年 12 月 31 日，在事实未变的情形下可以自动延期 5 年。2010 年 12 月 28 日，荷兰税务局批准了延期 5 年的申请。

2006 年预先定价安排的目的是就荷兰国际宜家系统有限公司向设立在卢森堡的第 II 控股公司支付的特许权使用费金额获得荷兰税务机关的确认，并可以抵扣荷兰的企业所得税。而卢森堡第 II 控股公司获得的特许权使用费不需要缴税，这是由于该公司适用了控股公司的特别税制（该税制已于 2010 年底被废止）。

在该安排下，荷兰国际宜家系统有限公司只能获得特许权使用费的 5% 作为收入，并被视为符合公平交易原则。超过 5% 的特许权使用费将被视为公司股东对公司的非正式资本出资，因此无须征税。这样留在荷兰缴纳企业所得税的特许权使用费被大幅降低。

适用 2006 年预先定价安排的结果是荷兰国际宜家系统有限公司可以减少在荷兰的应纳税所得额，同时不需要在卢森堡缴纳企业所得税，即 "双重获益"。

2009 年 12 月，在特许协议下，与知识产权相关的权利和义务被从卢森堡第 II 控股公司转移到 Largo Brands Corporation AVV（简称 Largo）——Interogo 基金会设立在阿鲁巴的子公司。根据欧盟委员会的报告，Largo 是一个免税的慈善组织。这一转让应该与 2010 年卢森堡终止控股公司的特别税制有关。

根据 2006 年预约定价安排进行的交易（2011 年前）见图 7-2。

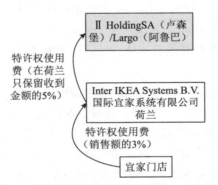

图 7-2　根据预约定价安排的交易（2011 年前）

（四）2011 年预约定价安排

2011 年 12 月 21 日，Interogo 基金会与荷兰国际宜家系统有限公司签署了买卖协议，前者将拥有的宜家品牌的知识产权[①]转让给了荷兰国际宜家系统有限公司。

---

① 在欧盟委员会的报告中，明确写道："委员会不知道知识产权是如何以及何时从 Largo 转移到 Interogo Foundation 的，以及转移的价格。"

根据买卖协议，知识产权的价值为 90 亿欧元，这一数字是根据现金流量折现法估值得来。荷兰国际宜家系统有限公司收购知识产权之后，原许可协议被终止。

此次收购分两笔交易进行：一是 Interogo 基金会将知识产权 40% 的权益向荷兰国际宜家系统有限公司出资，作价 36 亿欧元。二是 Interogo 基金会将知识产权剩余的 60% 的权益出售给荷兰国际宜家系统有限公司，收购价格为 54 亿欧元。两项交易均于 2012 年 1 月 1 日生效。54 亿欧元的购买对价是 Interogo 基金会授予的"贷款"[①]。因此，荷兰国际宜家系统有限公司仍欠 Interogo 基金会 54 亿欧元的债务。该贷款的固定年利率为 6%，是根据法国巴黎银行和荷兰国际银行的两份报价单以及国际宜家（IKEA）首席财务官的评估，按公平原则确定的。该贷款未摊销，有效期为 12 年。

2011 年预约定价安排从 2012 年 1 月 1 日起生效，有效期为 12 年（即直到 2023 年 12 月 31 日）。通过 2011 年预约定价安排，以下事项获得确认。

（1）荷兰税务局批准了 90 亿欧元的转让价格为公允价值。

（2）Interogo 基金会提供的 54 亿欧元贷款产生的利息可以税前抵扣，因为不涉及 1969 年《荷兰企业所得税法》中的扣除限制。

（3）由于适用价格调整机制转让价格可能提高，荷兰国际宜家系统有限公司还可以每年分配一笔准备金用于支付未来的利息，该准备金也可以税前扣除。

另外，在预约定价安排有效期间，荷兰国际宜家系统有限公司对知识产权不计提折旧，知识产权的价格也不重新进行评估。这一影响是巨大的：根据欧盟委员会的调查报告，对于 54 亿欧元的 8 年期摊销贷款，要支付的利息总额达 14 亿欧元，而荷兰国际宜家系统有限公司为该非摊销 12 年期贷款支付 39 亿欧元的利息。这一巨额利息支付根据预约定价安排是可以税前抵扣的！

欧盟委员会进行了长篇分析，认为对于知识产权的估值、贷款条件和利率不符合公平交易原则，为宜家集团增大资产的税基并利用利息支付抵扣企业所得税大开方便之门。因此，构成荷兰政府给予宜家集团的政府补贴。

根据 2011 年预约定价安排进行的交易（2012 年后）见图 7-3。

（五）欧盟法院：仅考虑成员国的国家法律

预计欧盟委员会将在正式调查结束时（没有期限要求）做出最终决定。如果最终认为荷兰的预约定价安排构成非法政府补贴，其将命令荷兰追回已经给予的补贴并加收利息。如果成员国未在适当时候遵守该决定，则委员会可将其移交给

---

① 根据欧盟委员会的报告，2016 年重组以后，卢森堡第 II 控股公司迁址到了瑞士，被重命名为 Interogo Holding AG。Interogo 基金会在贷款协议下的权利被转让给了 Interogo Holding AG。

欧洲法院（ECJ）。追回的目的是消除不当优势，并使市场恢复到授予上述补贴之前的状态。恢复期限为 10 年。

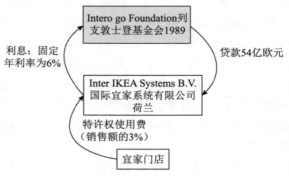

图 7-3　根据预约定价安排的交易（2012 年后）

但是考虑到最近欧盟法院的判决走势，**欧盟委员会对宜家公司的调查有可能难以获胜**。

意大利汽车制造商菲亚特于 2022 年 11 月赢得了欧洲法院针对欧盟委员会的诉讼。在该案中，欧盟法院支持了爱尔兰的上诉，并撤销了欧盟委员会的决定。

卢森堡税务机关于 2012 年通过了相关税收裁决，确定了菲亚特 / 克莱斯勒集团内部利润分配的方法，该方法基于应用"独立交易原则"的转让定价分析。根据这一原则，出于税收目的，集团内部公司之间的交易将采用与独立公司之间交易相同的定价方式。欧盟委员会不同意卢森堡当局的观点，即所使用的方法没有得出符合独立交易原则的结果。这给菲亚特带来了有利的优势，欧盟委员会得出结论，预约定价导致了非法的国家援助。

菲亚特和卢森堡已向欧盟普通法院上诉，但未成功。菲亚特（作为受影响的纳税人）和爱尔兰（作为初审干预者）随后向欧盟法院提起上诉，并获得支持[1]。欧盟法院的结论是在确定税收优惠政策的基准时，应仅考虑成员国的国家法律，否则这就意味着成员国在直接税收领域的自主权无法得到充分保障。根据欧盟法院的说法，欧盟委员会未能正确考虑国内法中规定的独立交易原则。相反，欧盟委员会依赖了从未被纳入卢森堡法律的经合组织原则。

---

[1]　《欧盟法院规约》第四十条，成员国和机构可以介入法院审理的案件，参见 https://curia.europa.eu/jcms/upload/docs/application/pdf/2016-08/tra-doc-en-div-c-0000-2016-201606984-05_00.pdf。

第八章

爱马仕和 LVMH
集团：防止敌意
收购和家族财富
传承

爱马仕家族如何对抗 LVMH 的敌意收购

2010 年末到 2013 年 6 月，举世闻名的两大奢侈品巨头，LVMH 集团与爱马仕集团（Hermès）公司股权之争，引起了全世界的瞩目 [①]。

公众可能不知道的是，爱马仕国际作为上市公司（巴黎泛欧交易所 Euronext Paris，ISIN 号码 FR0000052292）其实只是一家合伙企业。1990 年 12 月 27 日，特别股东大会决定爱马仕国际公司转变为股份有限合伙企业（SCA）。2011 年在爱马仕家族反击 LVMH 集团的敌意收购时，我们看到了爱马仕家族如何利用普通合伙人的权限以及锁定家族成员的股份等安排，以确保家族对爱马仕的控制。

一、回顾："敌意收购"爱马仕

爱马仕始于 1837 年，蒂埃利·爱马仕（Thierry Hermès）在巴黎 Basse-du-Rempart 街开设了鞍具工坊。开店最初，蒂埃利·爱马仕就懂得并预想顾客们的需求。他明白，即使在这座流动不止又充满摩登气息的城市里，顾客们渴望的依然是高雅简约与轻便。他所制作的鞍具，既低调精致又耐用。1867 年，蒂埃利·爱马仕凭借技术创举，在巴黎举行的世界艺术与工业博览会上获得嘉奖。

1880 年，蒂埃利·爱马仕的儿子查理·爱马仕（Charles-Émile Hermès）将爱马仕工坊迁至福宝大道 24 号，并开设了店铺。人们纷纷来到这个日后成为经典的地标定制缰绳和马鞍。凭借杰出的创作工艺，品牌的名声遍布了整个欧洲。

两次世界大战的间隙，人们的生活方式发生了转变，爱马仕也在查理·爱马仕的儿子埃米尔·爱马仕（Émile Hermès）的经营下不断变革。爱马仕顺应社会需求的变化，推出从马具鞍具到箱包皮具的各种产品。受一个简单想法的启发，埃米尔·爱马仕为自己的家族企业带来了决定性的转折。在一次加拿大旅行中，他被一辆军用车顶篷上的全封闭开合装置吸引了。1922 年，他获得了该装置的独家授权。这就是我们所熟知的拉链——被用于多款爱马仕箱包上。埃米尔·爱马仕一生都热衷于收藏艺术作品、书籍、珍稀物件和古董。他的继承者则继续丰富

[①]　高皓、叶嘉伟，《爱马仕捍卫家族之战：股权为骨，价值观为魂》，发表于《清华金融评论》。

藏品，为品牌的创作提供了源源不断的设计灵感[①]。

1993 年，爱马仕 IPO 上市，出售 25% 的股份给公众，为家族成员提供了退出通道。但是家族企业上市意味着家族可能面临丧失控制权的潜在风险。

2010 年底，LVMH 集团已经通过其子公司持有爱马仕 22.6% 的股份。爱马仕家族感受到 LVMH 敌意收购的寒意。2012 年，爱马仕对 LVMH 集团提起诉讼，指控其秘密增持爱马仕的所有权，LVMH 集团则对爱马仕提起敲诈、诽谤和不正当竞争诉讼。

2013 年 6 月 25 日，法国金融市场监管局（AMF）对爱马仕股权收购事件公告调查结果，惩罚委员会（Commission des Sanctions）判定 LVMH 集团支付 800 万欧元的罚金，原因是 LVMH 集团缺少股权信息披露，并在 2008 年度、2009 年度合并财务报表中隐藏信息等。监管方还严厉斥责 LVMH 集团"绕过旨在维护市场透明度的监管法规"。

2013 年 6 月 18 日，爱马仕国际为取消集团公司 2008 年签订的股权互换合同及后续交易，向巴黎商事法院对 LVMH 集团及其部分子公司提起诉讼。2013 年 9 月，在巴黎商事法院院长弗兰克·根廷（Franck Gentin）的调解下，双方签署了一项协议。根据该协议，LVMH 集团将向其股东分配其所有的爱马仕股份，条件是 LVMH 集团最大股东克里斯汀·迪奥将把其收到的爱马仕股份分配给自己的股东。LVMH 集团、迪奥和阿尔诺集团承诺未来 5 年内不会收购爱马仕的任何股份。经 LVMH 集团和迪奥董事会批准，爱马仕股份的分配于 2014 年 12 月 20 日之前完成。分配后，阿尔诺集团将持有爱马仕国际 8.5% 的股份[②]。

比较戏剧性的情节是 AMF（法国金融市场管理局）的报告显示，是尼古拉斯·普伊奇 - 爱马仕（Nicolas Puech-Hermès）允许 LVMH 增持爱马仕股份。

尼古拉斯·普伊奇出生于 1943 年，是埃米尔·爱马仕的外孙，是爱马仕创始人蒂埃利·爱马仕的第五代孙。他于 2014 年从爱马仕董事会退休，但仍持有该公司 5.7% 的股份，身价 113 亿美元[③]。

尼古拉斯·普伊奇向 LVMH 集团授权的银行出售了 880 万股爱马仕股票。如果没有这一出售，银行就无法建立"股权互换"（equity swaps）的金融工具，使得 LVMH 集团的收购被隐藏起来。根据 AMF 的数据，尼古拉斯·普伊奇贡献了银行"为对冲而购买的证券数量的 68%"。这些爱马仕股票从尼古拉斯·普伊奇

[①]　"传承六代的手工艺"，参见 https://www.hermes.cn/cn/zh/content/272478-six-generations-of-artisans/。

[②]　LVMH and Hermès mend relations，2014 年 9 月 3 日，参见 https://www.lvmh.com/news-documents/press-releases/lvmh-and-hermes-mend-relations/。

[③]　Nicolas Puech，参见 https://www.forbes.com/profile/nicolas-puech/?sh=20e5e5596601。

的账户转入特殊目的公司 Dilico 的账户，该公司的法定代表人亚历山大·蒙塔冯（Alexandre Montavon）供职于 LVMH 集团。对此，尼古拉斯·普伊奇进行了否认[1]。当爱马仕背后的家族于 2010 年创建私人控股公司，以防 LVMH 集团的"敌意收购"时，尼古拉斯·普伊奇是唯一拒绝加入该控股公司的人。2014 年纠纷解决后，他表示阿尔诺的投资对爱马仕并不构成严重威胁。

尼古拉斯·普伊奇已经 81 岁，单身且无子女。目前他居住在拥有 66 名居民的 La Fouly 市（瑞士瓦莱州），是瑞士最富有的人之一。有媒体报道，普伊奇打算"收养"50 余岁的来自一个朴素的摩洛哥家庭的园丁，并将一半的财产留给他。园丁娶了一位西班牙妻子，也是两个孩子的父亲。在瑞士，收养一名成年人并非不可能，但这是不寻常的。他的这一行动是否能够成功尚不清楚。根据媒体报道，好像尼古拉斯·普伊奇已经把爱马仕的股票赠予了 Nicolas Puech 基金会。该基金会于 2011 年 8 月 26 日根据《瑞典民法典》第 80 条设立于瑞士的锡永[2]。尼古拉斯·普伊奇是创始人，向基金会捐赠的初始资金为 1000 万瑞士法郎。2022 年 4 月 14 日，基金会更名为伊索克拉底基金会（Fondation Isocrates）[3]。尼古拉斯·普伊奇将资产留给园丁的行为是否与伊索克拉底基金会的公益目的存在冲突尚不清楚。

二、调整股权结构，对抗敌意收购

爱马仕国际作为上市公司，是一家合伙企业，由爱马仕家族集团通过普通合伙人 Émile Hermès SAS 公司来控制。在有限合伙人层面，由于家族已经传到了第六代，股权比较分散，这给了 LVMH 集团以可乘之机。

LVMH 集团的敌意收购激发了爱马仕家族的危机意识。为此，爱马仕家族除了采取前述诉讼和举报，还采取了一系列股权层面的改变，以团结家族成员，一致对外。目前爱马仕国际的架构如图 8-1 所示。

---

[1] Nicolas Puech-Hermès，the heir who became LVMH's best ally，Nicole Vulser，参见 https://www.letemps.ch/economie/finance/nicolas-puechhermes-lheritier-devenu-meilleur-allie-lvmh。

[2] Fondation Isocrate，参见 https://www.zefix.ch/en/search/entity/list/firm/1031052。

[3] 伊索克拉底（公元前 436—前 338 年）是一位古希腊修辞学家、教师和作家，与柏拉图和苏格拉底生活在同一时代，于公元前 4 世纪在雅典生活和教学。他是当时最有影响力的思想家之一，以在伦理学、政治、修辞学和教育领域的众多贡献而闻名，对西方思想产生了持久的影响。作为更公平和更诚实的民主的倡导者，伊索克拉底提倡希腊的自由、自我控制和美德理想，强调公民责任以及个人为公共利益做出贡献，而公共利益永远不能被简化为少数人的野心或敌对阵营对抗的结果。他关于有效、礼貌和适度沟通的重要性以及教育在促进良好公民和勇气方面的作用的教导在今天仍然具有高度的现实意义。基金会网站介绍，参见 https://isocrates.org/about-us/。

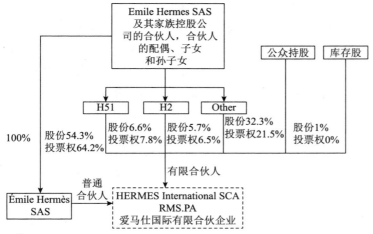

注：

①信息来源：公司披露的 2022 年度财务报告, https://assets-finance.hermes.com/s3fs-public/node/pdf_file/2023-05/1684143348/hemes-urd-2022-en 01.pdf;

②库存股公司以其自有资本持有股份。库存股不具有任何投票权，也不授予股息权利。

图 8-1　爱马仕国际架构图

架构概要：

（1）1990 年 12 月 27 日举行的特别股东大会决定，爱马仕国际公司（Hermes International）转变为有限合伙企业（SCA）以保留其特性和文化，从而确保其长期可持续发展，符合集团及全体股东的利益。

（2）截至 2022 年 12 月 31 日，爱马仕家族共持有爱马仕国际 66.7% 的股权和 78.5% 的投票权。公共持有 32.3% 的股权和 21.5% 的投票权。

（3）H51 和 H2 都是可变资本的简化股份公司。

（4）普通合伙人 Émile Hermès SAS

• 自 2006 年 4 月 1 日起，Émile Hermès SAS 一直是爱马仕国际的唯一普通合伙人。

• Émile Hermès SAS 的执行管理委员会行使作为公司普通合伙人所附带的权力。

• 普通合伙人不能参与股东大会上关于监事会成员任命的投票。因此，其所持有的公司股份不再计入有关股东大会决议的法定人数。

• 普通合伙人对公司债务承担连带责任。

• 根据公司章程第 26 条，公司每年向普通合伙人支付可分配利润的 0.67%。

1. H51 公司——爱马仕国际 50.2% 的股份被锁定 20 年

爱马仕国际的架构中最突出的一点是由爱马仕家族的 5 个分支所控制的公司共同设立了 H51 公司——一家可变资本的简化股份公司。通过 H51 公司集中家族成员持有的爱马仕国际的股份，并锁定 20 年。根据爱马仕国际发布的公告，H51 的背后是爱马仕家族的 102 名自然人和 33 名法人实体。

H51 章程第 3 条对公司设立的目的进行了阐述 [1]：作为爱马仕国际的直接和间接股东，是爱马仕家族集团控制爱马仕国际的法律工具。爱马仕国际自创建以来就受到爱马仕家族集团的控制。该家族集团由 Émile Hermès SAS 公司（有限责任公司，注册号为 352 258 115 RCS Paris，注册办事处位于 23 rue Boissy d'Anglas，75008 Paris），合伙人及其配偶、子女、孙辈及其资产公司组成。

（1）集中家族成员股份

2010 年 12 月 3 日，爱马仕家族成员签订协议，规定了以下两点。

①各家庭成员将其在爱马仕国际的直接和间接股权按相应的比例转给一家共同控股公司 H51，转让后，H51 持有爱马仕国际 50.2% 的股份。目前，H51 持有爱马仕国际 54.3% 的股份，拥有 64.2% 的投票权。

②各成员将持有的爱马仕股份优先认股权转让给控股公司 H51。该协议需获得对爱马仕国际提出公开要约义务的豁免，并排除法律诉讼的风险。该豁免由金融市场管理局于 2011 年 1 月 6 日授予，并于 2011 年 9 月 15 日得到巴黎上诉法院的确认。

（2）锁定 20 年

在具体安排上，爱马仕家族采取了由 H51 吸收合并其他家族成员公司的方式。同时 H51 章程第 13.3 条规定，H51 将不会在交割日支付款项，并记入往来账户，以维护被合并公司的利益。但由此创建的往来账户将被冻结 20 年，即到 2031 年。在此期间，往来账户的使用受到很大限制。

2. H2——爱马仕国际 6.6% 的股份 [2]

目前爱马仕家族的另一支通过 H2 公司持有爱马仕国际 6.6% 的股份，拥有 7.8% 的投票权。1994 年 12 月 23 日，H2 以民事合伙形式成立。根据 2011 年 12 月 8 日特别股东大会的一致决定，公司转变为可变资本的简化股份公司（société par actions simplifiée a capital variable）。

根据 H2 章程第 4 条，公司的唯一目的是通过任何合法手段收购爱马仕国际的股份，管理它持有的爱马仕国际的股份，管理现金等，并与 H51 公司就爱马仕国际股票协调一致。H2 章程第 5 条规定，公司存续的期限截至 2041 年 1 月 7 日，除非提前解散或由股东延长。

H2 章程第 12 条确定了公司的关联方范围，公司股份的转让只有在关联方之间进行，即 H2 公司只有这些关联方：Emile Maurice Hermès 先生及其妻子 Julie Hollandf 的后裔及其配偶，或 Emile Hermès SAS 公司章程所规定的"合格人士"所拥有的任何公司。

---

① 公司章程请见 https://www.pappers.fr/document/telecharger?token=QUIQYVV1U21WeDQ4Zl9SQUNUMl81MjkxOTU3MzdfNzUwMV8yMDEwQjI2MTk3XzIwMTJfMTU2MjcwMg&visualiser。

② 公司章程请见 https://www.pappers.fr/entreprise/h2-380416990/documents/H2%20-%20Statuts%20mis%20%C3%A0%20jour%2006-2019.pdf。

　　H2 章程第 14 条规定了合伙人退出的机制。在特定条件下，合伙人可以部分或全部退出公司，即向公司合伙人出售其股份。此时，股份将由公司合伙人或 H51 公司或公司选择的任何第三方回购，但必须是爱马仕家族成员或其控制的公司。

三、普通合伙人、有限合伙人权限

　　保障爱马仕家族利益的另一个法律机制是普通合伙人和有限合伙人的权限安排。自 2006 年 4 月 1 日起，爱马仕家族控制的 Émile Hermès SAS 公司一直是爱马仕国际的唯一普通合伙人。

1. 普通合伙人（Émile Hermès SAS 公司）[①]

　　Émile Hermès SAS 公司的执行管理委员会行使其作为普通合伙人的权利。普通合伙人不能参与股东大会上关于监事会成员任命的投票。普通合伙人对公司债务承担连带责任。根据爱马仕国际章程第 26 条，公司每年向普通合伙人支付可分配利润的 0.67%。

　　参与爱马仕国际的运营和组织。它具有核心的权利，包括为集团制定战略，综合运营和投资预算，以及向股东大会提交分配股本溢价、储备金和留存收益的提案；批准有限合伙人大会的决议；任命或解聘执行主席；制定执行主席的薪酬政策；当所有重大交易（贷款、担保、投资等）金额超过爱马仕集团合并净财务状况的 10% 时，需要其授权；向执行管理层提出建议；提议聘任或者解聘监事会成员。

2. 有限合伙人（股东）

　　提供资本的有限合伙人或股东享有有限的权利，包括对公司财务报表进行投票；决定净利润的分配（包括股息的分配）；批准关联方协议；任命审计师；聘任和解聘监事会成员。有限合伙人的任何其他决定只有在普通合伙人批准的情况下才有效。有限合伙人不能干预公司的管理，否则将承担与普通合伙人相同的责任。有限合伙人的责任以其出资额为限，以股息的形式获得利润份额。

第二节

"穿着羊绒衫的狼"如何实现家族财富传承

　　过去几年新冠疫情摧毁了很多行业，但非常有韧性的一个行业就是奢侈品。世界最大的跨国奢侈品综合企业 LVMH 集团就是一个典型。受新冠疫情的影响，

---

① 　爱马仕国际 2022 年度报告，参见 https://assets-finance.hermes.com/s3fs-public/node/pdf_file/2023-05/1684143348/hermes-urd-2022-en_01.pdf。

2020 年 LVMH 集团的销售收入为 447 亿欧元，比 2019 年下降了 17%[①]。但自 2021 年以来，LVMH 的销售已经强劲反弹。

2023 年 4 月 24 日，LVMH 成为首家市值突破 5000 亿美元的欧洲公司。LVMH 是全球市值前十公司中唯一一家欧洲公司。LVMH 排名第十，领先于 Visa，紧随特斯拉之后。这一里程碑意味着创始人贝尔纳·阿尔诺及其家族持有的控股权达到 2120 亿美元。这位 70 多岁的法国亿万富翁成为世界上最富有的人，超过特斯拉老板埃隆·马斯克[②]。

LVMH 集团全名为酩悦·轩尼诗 - 路易·威登集团，又称路威酩轩集团，是当今世界最大的跨国奢侈品综合企业，总部位于法国巴黎。酩悦本是一个香槟酒品牌，由酒商克劳德·酩悦（Claude Moët）于 1743 年创立。轩尼诗是干邑白兰地品牌，由爱尔兰裔退役军人理察·轩尼诗于 1765 年创立。箱包品牌路易·威登由路易·威登于 1854 年在巴黎创立。酩悦与轩尼诗于 1971 年合并为酩悦·轩尼诗集团。1987 年，酩悦·轩尼诗与路易威登合并成 LVMH[③]，奠定了一个奢侈品帝国的雏形。

阿尔诺通过迪奥公司大幅增持 LVMH 股票，意图以最少的投入取得 LVMH 的控制权。他的行为引起了时任管理层的强烈不满，1989 年的股灾却帮助他实现了自己的野心，一年多时间，他以低价增持 LVMH 股份至 44%，之后迅速换掉管理层，并为 LVMH 树立了做全世界最大奢侈品集团的雄心。如今 LVMH 集团拥有 19.6 万名员工，旗下拥有 70 多个品牌，门店总数达到 5664 家，2023 年销售额达 861.5 亿欧元[④]，是当今世界最大的奢侈品集团。集团主要业务包括以下 5 个领域：葡萄酒及烈酒，时装及皮革制品，香水及化妆品，钟表及珠宝，精品零售。

超级富豪一般通过家族办公室来管理商业帝国。Financière Agache 公司可以说是阿尔诺的家族办公室。

擅长"敌意收购"的阿尔诺是如何实现家族财富传承的呢？

一、"穿着羊绒衫的狼"的无情收购历史

贝尔纳·阿尔诺因无情的收购行动而闻名，以至于这位 LVMH 老板曾因掠夺

---

① "2020 年 LVMH 在应对疫情危机中表现出良好的韧性"，2021 年 1 月 26 日，参见 https:// www.lvmh.com/news-documents/press-releases/lvmh-showed-good-resilience-against-the-pandemic-crisis-in-2020/。

② Adrienne Klasa，Yasemin Craggs Mersinoglu，John Aglionby，2023 年 4 月 24 日，参见 https:// www.ft.com/content/1f40342f-5075-47ba-ae86-7728b410bc30。

③ LVMH，参见 https://zh.wikipedia.org/zh-hans/LVMH。

④ 参见 https://r.lvmh-static.com/uploads/2024/01/financial-documents-lvmh-december-31-2023.pdf。

性收购其他品牌而被竞争对手戏称为"穿着羊绒衫的狼"（wolf in cashmere）[①]。目前 LVMH 集团旗下拥有迪奥、宝格丽、纪梵希、罗意威等 75 个奢侈品牌。

"穿着羊绒衫的狼"的绰号一直沿袭下来。阿尔诺超过 2000 亿美元的身价，与他"跟踪"然后"吞没"奢侈品牌的能力有着内在的联系。下面是他的收购简史[②]。

1989 年阿尔诺接管 LVMH 时就开始有了无情收购的名声。当时人们将其称为"敌意收购"，但阿尔诺后来否认了这一点。

1996 年，LVMH 以 24.7 亿美元的高价收购 DFS（环球免税集团）创办人之一查克·费尼和公司律师阿伦·柏克手中接近 60% 的 DFS 股权。

2010 年 10 月 24 日，LVMH 购入爱马仕集团 14.2% 的股份，若再把其可换股衍生工具转换为普通股，其总持股量将增加至 17.1%，总作价高达 14.5 亿欧元。后来，LVMH 仍然不断增持爱马仕股份至 22.6%。2013 年 7 月 1 日，LVMH 因恶意收购爱马仕股份而被法国证券市场监管机构制裁委员会（AMF）罚款 800 万欧元[③]。

2011 年 3 月 8 日，LVMH 发行 1650 万股公司股份，以支付宝格丽家族持有的 50.4% 的宝格丽股份，涉资 18.7 亿欧元，同时 LVMH 亦向宝格丽小股东提出全面收购，每股作价 12.25 欧元，涉资达 37 亿欧元。交易完成后，宝格丽家族成为 LVMH 第二大股东，持股约 3.5%。

2013 年 7 月 9 日，LVMH 斥资 20 亿欧元收购意大利羊绒衣服生产商诺悠翩雅（Loro Piana）80% 的股权。

2013 年 9 月 21 日，LVMH 发布声明，宣布收购英国奢侈鞋履设计师品牌尼可拉斯·科克伍德（Nicholas Kirkwood）的多数股权。

2013 年 9 月 26 日，LVMH 发布声明，宣布收购新锐设计师乔纳森·威廉·安德森同名时尚品牌 JW 安德森（JW Anderson）的少数股权。

2014 年 4 月 15 日，LVMH 通过旗下的私募基金 L Capital Management 和 L Capital Asia 收购意大利精品鞋履集团 Vicini S.p.A. 旗下品牌朱塞佩·萨诺第（Giuseppe Zanotti Design）30% 的股权。

2014 年 4 月 29 日，LVMH 通过旗下的私募基金 L Capital Asia 斥资 1 亿美元收购翡翠餐饮集团逾 90% 的股份（翡翠餐饮在新加坡、中国及美国等 9 个国家和地区开设了 129 家餐厅）。

---

①　Mary Hanbury，"世界首富伯纳德·阿尔诺因其掠夺性收购举动而被竞争对手戏称为'穿着羊绒衫的狼'"，2023 年 4 月 29 日，参见 https://www.businessinsider.com/bernard-arnault-lvmh-wolf-in-cashmere-takeovers-2023-4?r=US&IR=T。

②　根据维基百科的介绍，请见 https://zh.wikipedia.org/zh-hans/LVMH。

③　Heather Smith，"LVMH 因持有 Hermes 股份被法国罚款 800 万欧元"，2013 年 7 月 1 日，参见 https://www.bloomberg.com/news/articles/2013-07-01/lvmh-fined-8-million-euros-by-france-over-stake-in-hermes-1-。

2016 年 7 月 26 日，LVMH 将旗下高级女装品牌唐纳·凯伦（Donna Karan）及其副线品牌 DKNY 以 6.5 亿美元的价格售予美国服装制造商 G-III Apparel。

2016 年 10 月 4 日，LVMH 斥资 6.4 亿欧元，向德国高级行李箱生产商 Rimowa（日默瓦）创办人的孙子迪特尔·莫尔斯策克（Dieter Morszeck）收购日默瓦 80% 的股权。

2017 年 4 月 25 日，LVMH 斥资 121 亿欧元收购克里斯汀·迪奥余下的 25.9% 的股权。

2018 年 12 月 14 日，LVMH 以每股 25 美元的价格，连同债务及优先股计算在内斥资 32 亿美元收购贝尔蒙德酒店集团（Belmond）（贝尔蒙德在全球 24 个国家和地区开设了 46 家高端酒店）。

2020 年 10 月下旬，蒂芙尼（Tiffany）和 LVMH 最终达成收购计划，LVMH 以近 160 亿美元的价格收购蒂芙尼。新交易将 LVMH 的每股支付金额从 135 美元减少至 131.50 美元。LVMH 于 2021 年 1 月完成了对蒂芙尼的收购。

二、五个子女，两个梯队，接班事宜稳步进行

LVMH 家族接班事宜正在按照计划稳步进行，如今 70 多岁的阿尔诺正稳步推进接班人计划。已经入职 LVMH 的五个子女在这个庞大版图中均展现了自己的特长，长女关注新兴设计人才和产品，长子聚焦工艺品牌和企业宣传，老三推动年轻化和数字营销，老四和老五主攻腕表业务。

五个子女分成了两个梯队且各有侧重，长女被认为最有可能接过阿尔诺的最高权杖，而较小的三个儿子中亚历山大在行业内呼声最高，但子女之间的内部竞争才刚刚开始。

第一梯队为贝尔纳·阿尔诺与其第一任妻子安妮·德瓦林（Anne Dewavrin）所生的长女和长子。他们进入 LVMH 集团的时间较早，已经在集团中站稳了脚跟，二人的行事风格延续了家族的低调和老派。

长女德尔菲娜·阿尔诺（Delphine Arnault），1975 年 4 月出生于鲁贝，法国国籍。她是 LVMH 集团董事会和执行委员会成员。

五个子女中，德尔菲娜在 LVMH 集团的资历最深，她也是阿尔诺唯一的女儿。她的伴侣是法国商人泽维尔·尼尔（Xavier Niel），育有一个女儿 Elisa，出生于 2012 年 8 月 17 日，还有一个儿子 Joseph，出生于 2016 年 9 月 20 日 [①]。

德尔菲娜是 LVMH 董事会和执行委员会成员。早在 2003 年她就被任命为

---

① 参见 https://en.wikipedia.org/wiki/Delphine_Arnault。

LVMH 集团董事会成员。2020 年初，她加入集团执行委员会，是执行委员会中唯一的家族后代。

自 2023 年 2 月 1 日起，德尔菲娜担任克里斯汀·迪奥高级定制时装董事长兼首席执行官。

德尔菲娜在集团的核心奢侈品牌路易威登（Louis Vuitton）负责管理产品部门。她涉足奢侈时尚行业长达 20 年，拥有丰富的零售和管理经验，是业内少有的女性高管。

德尔菲娜毕业于巴黎 EDHEC 商业学院，在伦敦政治经济学院继续深造后加入麦肯锡公司，成为一名国际管理顾问。2000 年，德尔菲娜加入设计师品牌 John Galliano 负责业务发展，正式踏入时尚领域。

2001 年，德尔菲娜被任命为迪奥商品总监，负责开发推广迪奥的新香水和手袋等产品，并迅速获得市场的认可，后升任副执行董事。

2011 年，时任迪奥创意总监约翰·加利亚诺（John Galliano）发表了"歧视犹太人"的言论，对迪奥形象造成严重损害，随即德尔菲娜果断开除了这名设计师，并力排众议邀请设计师拉夫·西蒙（Raf Simons）加入。2013 年，德尔菲娜加入路易威登担任副总裁一职。

德尔菲娜和她父亲一样为人低调，在物色人才方面有着大胆且独到的眼光，善于发现年轻、有突破性创意的设计师，曾有业界人士认为德尔菲娜对新兴人才的兴趣与她对手袋的兴趣一样浓厚。

在德尔菲娜的倡议与领导下，LVMH 于 2013 年正式推出青年设计师大奖 LVMH Prize。阿尔诺表示，德尔菲娜对设计师和创意人才的深入了解是推动 LVMH 不断成长的关键。

2023 年 1 月，德尔菲娜接掌迪奥首席执行官。

长子安托万·阿尔诺（Antoine Arnault），1977 年 6 月 4 日出生于鲁贝，法国国籍，LVMH 集团品牌形象负责人。

2022 年 12 月，安托万被任命为迪奥的首席执行官。由于迪奥是 LVMH 的控股公司，这样的安排凸显了安托万的重要性。自 2024 年 1 月 1 日起，安托万不再担任 Berluti 首席执行官，但继续担任该品牌的董事长，首席执行官由从 LVMH 珠宝品牌 Chaumet 离职的让-马克·曼斯维尔特（Jean-Marc Mansvelt）接任。此次高管改组将引发这家全球最大奢侈品集团的继任问题①。

①　安吉丽娜·拉斯库特，"安托万·阿尔诺在 LVMH 洗牌中辞去 Berluti 首席执行官一职"，2023 年 11 月 22 日，参见 https://www.bloomberg.com/news/articles/2023-11-22/antoine-arnault-steps-down-as-berluti-ceo-amid-lvmh-reshuffle。

安托万早在 2002 年就开始在 Louis Vuitton 的营销部门工作，负责监管品牌在法国地区的营销事务，并于 2006 年成为 LVMH 董事会成员，后于 2007 年成为 Louis Vuitton 的宣传总监。安托万不仅扩大了品牌在电视和电影院中出现的频率，也强化了品牌的在线业务。

2011 年，安托万被任命为奢侈男装品牌 Berluti 的首席执行官。有媒体报道，由于安托万对产品用料、品质、做工、历史传承有着浓厚的兴趣，因此其主动跟父亲争取到了 Berluti 的领导权，该品牌于 1993 年被 LVMH 收购。

2013 年，LVMH 斥资 20 亿欧元收购奢侈羊绒品牌 Loro Piana 80% 的股权，随后任命安托万为该品牌的董事会主席。

除了对注重工艺和历史传承的顶级奢侈品牌尤为喜爱，安托万也擅长企业公关。在他的带领下，LVMH 首次推出了一项名为 "Journées Particulières" 的开放日活动，活动期间受邀的公众可以探访 LVMH 各个部门，为珠宝、皮具制品、香槟和其他产品提供意见。2018 年 6 月，安托万被任命为 LVMH 集团的宣传和形象负责人。

老三亚历山大·阿诺特（Alexandre Arnault），1992 年 5 月 5 日出生于塞纳河畔纳伊，法国国籍，主攻珠宝。

正式收购蒂芙尼后，LVMH 便任命亚历山大为蒂芙尼执行副总裁，负责产品和沟通。其余蒂芙尼管理层也遭 "大清洗"，由 Louis Vuitton 团队接管。

亚历山大已经拥有管理 Rimowa 和蒂芙尼的经验，他还同时负责 Off-White 品牌。他依靠对 Rimowa 的年轻化转型而一鸣惊人。亚历山大说服父亲在 2016 年 10 月以 6.4 亿欧元收购德国奢侈箱包品牌 Rimowa 80% 的股份，随后阿尔诺便将 Rimowa 全权交由亚历山大打理。

亚历山大上任后积极拓展线上市场，带领品牌加速向年轻消费者靠拢。Rimowa 于 2019 年 2 月更换了品牌标识，并通过与潮牌 Supreme、Off-White，以及奢侈品牌 Fendi 的一系列联名合作，频繁制造话题，成为老牌焕新的成功案例。

进入蒂芙尼之后，亚历山大继续展开年轻化革新，通过蒂芙尼与 Supreme 的联名合作、"不是你妈妈的蒂芙尼"（"Not your mom's Tiffany"）等激进举措帮助蒂芙尼打开新局面。蒂芙尼还宣布为创意部门引进贫困的年轻人，以开阔视野，更好地了解年轻人的市场。

亚历山大关注数字营销的鲜明行事风格得益于其学科背景，他毕业于巴黎高等电信学校和巴黎综合理工学院计算机专业。LVMH 前任数字主管 Ian Rogers 盛赞其为集团数字化进程的重要幕后推手，曾推动成立电商网站 24S。

老四弗雷德里克·阿尔诺（Frédéric Arnault），1994 年 11 月 7 日出生于塞纳河畔纳伊，法国国籍，专攻钟表领域。

在 2024 年 4 月 18 日股东会上，29 岁的弗雷德里克被任命为 LVMH 的董事会成员。[①]2020 年 6 月，年仅 25 岁的弗雷德里克被任命为奢侈腕表品牌泰格豪雅（Tag Heuer）的首席执行官，而泰格豪雅是 LVMH 旗下销售收入最高的腕表品牌，年收入约为 10 亿欧元。

弗雷德里克被法国媒体誉为父亲的得意门生。他的简历十分出色，毕业于法国顶尖大学，同时也与父亲是校友，毕业于巴黎综合理工学院的应用数学和计算机科学专业。此后他在 Facebook 开始了自己的职业生涯，之后进入咨询公司麦肯锡。他还遗传了父母对钢琴演奏的热爱，曾与莫斯科爱乐乐团合作，掌握了法语、英语、德语和意大利语四门语言。

弗雷德里克于 2017 年加入泰格豪雅，负责管理该品牌智能手表的开发，成为当时五个兄弟姐妹中唯一在集团钟表和珠宝部门任职的人。2018 年 10 月，弗雷德里克被任命为泰格豪雅的首席战略和数字官。

加入泰格豪雅仅三年，弗雷德里克便任首席执行官，可见其个人野心和阿尔诺对他的期望。

老五让·阿尔诺（Jean Arnault），1998 年 10 月 23 日出生于塞纳河畔讷伊，法国国籍，主攻腕表。

25 岁的让是阿尔诺子女中唯一没有进入董事会的孩子。当被问及可能的任命时，阿尔诺说："他有时间，他还年轻。"这符合阿尔诺家族的做法，一般在子女 28 以后才加入董事会。[②] 让于 2021 年 8 月底加入核心品牌 Louis Vuitton，担任腕表营销和产品开发总监，在巴黎总部和瑞士日内瓦的工作室之间往返工作，并向 Louis Vuitton 腕表和珠宝总监凯瑟琳·拉卡兹（Catherine Lacaze）汇报。

让在子女中排行第五，是阿尔诺最年轻的孩子。他拥有麻省理工学院金融数学硕士学位和伦敦帝国理工学院机械工程硕士学位。在加入 Louis Vuitton 之前，他拥有投行摩根士丹利和迈凯轮一级方程式车队的暑期实习经历。

此后他在 Louis Vuitton 香榭丽舍大街旗舰店担任销售助理，然后在总部的腕

---

① 参见 https://r.lvmh-static.com/uploads/2023/04/convening-brochure-shareholders-meeting-april-18-2024.pdf。

② 阿尔诺的另外两个孩子加入董事会，https://luxus-plus.com/en/lvmh-two-more-of-bernard-arnaults-children-join-the-board-of-directors/。

表和珠宝部门工作了一段时间，负责战略制定，领导产品开发和创新。

值得关注的是，腕表业务在 Louis Vuitton 的发展历史较短，销售占比也较低，属于潜力业务。2002 年，Louis Vuitton 推出首款腕表 Tambour，此后该品牌不断整合生产能力，成为一个完全集成的垂直腕表制造商。

三、为防止敌意收购的家族财富传承

1. 改变法律形式　为家族财富传承做准备

如图 8-2 所示，根据 LVMH 2023 年的财务报告，LVMH 48.6% 的股份由阿尔诺家族通过 Agache、Financière Agache，尤其是克里斯汀·迪奥（Christian Dior SE）公司持有。[①] 这三个实体与阿尔诺家族有直接联系，仅 Financière Agache 公司就控制着 Christian Dior 96% 的股份。

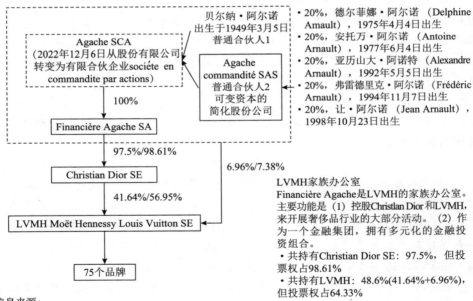

信息来源：
(1) https://www.marketscreener com/quote/stock/LVMH-MOET-HENNESSY- LOUS--4669/company/
(2) 公司披露的2023年年度审计报告：https://www.pappers.fr/entreprise/lvmh-moet-hennessy-louis-vuitton -775670417
(3) Financière Agache SE网站信息：https://www.financiereogache-finance.com/fr/index
(4) https://bdif.amf-france.org/back/api/v1/documrents/2022/222C2657/4D3F3A1EA5295473C85D274C5D69 DAA077270138EAE8CE5A1A491D7C9D3BD45D.pdf

图 8-2　LVMH 架构图

---

① 公司披露的 2023 年年度审计报告第 353 和 354 页，参见 https://www.pappers.fr/entreprise/ lvmh-moet-hennessy-louis-vuitton-775670417。

Financière Agache 公司可以说是阿尔诺的家族办公室。其主要功能如下。

（1）控股 Christian Dior 和 LVMH，来开展奢侈品行业的大部分活动。其共持有 Christian Dior 公司 97.5% 的股权和 98.61% 的投票权，共持有 LVMH 集团 48.6% 的股权和 64.33% 的投票权。

（2）作为一个金融集团，拥有多元化的金融投资组合。

阿尔诺不想有任何侥幸心理，因此继续精心准备他的继任者。为了确保家族对 LVMH 集团的长期控制权，家族控股公司 Agache 已经转变为有限合伙企业，除了阿尔诺作为普通合伙人以外，以他五个孩子平均持有股份的 Agache Commandité 公司作为第二个普通合伙人。

2022 年 12 月 6 日，Agache SA 公司召开了临时股东大会，决议将公司从 SA（société anonyme 股份有限公司）转变为有限合伙企业 Agache SCA（société en commandite par actions 有限合伙企业）[1]。股份公司的股东将转变为合伙企业的有限合伙人。根据 Agache SCA 的工商登记信息，阿尔诺为该企业的控制人。

Agache Commandité 于 2022 年 11 月 22 日设立，法律形式为"简化的可变资本股份公司"[2]。公司的唯一目的是作为 Agache 有限合伙企业的普通合伙人，其资本由阿尔诺的五个孩子平均持有，每人持股 20%。此公司的设立主要是为了家族企业的传承。

这并不是家族企业第一次选择有限合伙制模式。例如，法国的米其林家族和意大利的阿涅利（菲亚特）也使用了有限合伙制模式。这一模式不仅可以让上市家族企业的创始人或老板确保自己的财富被继承下去，还可以通过分离管理控制权和资本控制权来保护自己的企业免受敌意收购[3]。

为了长期保护 LVMH 的家族控制权，Agache Commandité 作为普通合伙人的股份将在 30 年内不可转让（董事会一致决定的情况除外）。只有阿尔诺的子女或直系后裔或他们完全拥有的法人实体才能持有股份，且任何股份的转让都将受到股东协议中规定的优先购买权的约束。

2. Agache 有限合伙企业

作为"敌意收购"的高手，阿尔诺"穿着羊绒衫的狼"的绰号不是浪得虚名。他深谙如何防止"敌意收购"。为此，他采取了一系列措施。

---

[1] 新章程（2023 年 1 月 6 日公布）可在网站下载，参见 https://www.pappers.fr/entreprise/agache-314685454#_。

[2] Société par Actions simplifiées à capital variable.

[3] "LVMH：伯纳德·阿诺特通过重组其控股公司 Agache 为继任者做好准备"，2022 年 7 月 22 日，参见 https://fr.fashionnetwork.com/news/Lvmh-bernard-arnault-prepare-sa-succession-en-reorganisant-sa-holding-agache/1426505.html。

第一，Agache 有限合伙企业对股份转让有严格的限制，防止股权落到他家。

根据 Agache 有限合伙企业章程第 8 条，股份的转让需要满足三个条件：①须经普通合伙人事先一致同意；②事先获得合伙人大会的批准；③修改公司章程。对于转让进行了极其宽泛的定义，旨在将所有可能的情形纳入进来。如果合伙人向其拥有 99% 以上资本和投票权的公司转让，则不在涵盖的范围之内[①]。

第二，Agache 有限合伙企业的普通合伙人只能是阿尔诺家族成员。根据其章程第 11 条，普通合伙人的任期与公司存续期相同，普通合伙人只有两个：①伯纳德·阿尔诺，1949 年 3 月 5 日出生于鲁贝；② Agache Commandité，一家在巴黎贸易和公司登记处注册的可变资本股份公司，注册号为 921 583，其注册办事处位于 41 avenue Montaigne，75008 Paris。

普通合伙人对公司的债务承担无限连带责任，并行使法律和公司章程赋予的所有权利。属于普通合伙人权限范围内的决定或建议，原则上须一致通过。这个规定旨在要求两个普通合伙人，即阿尔诺和其子女为股东的 Agache Commandité 协调一致。

第三，Agache 有限合伙企业由阿尔诺家族管理。

Agache 有限合伙企业章程第 10 条规定，公司由一名或多名经理来管理。经理的任命均为无限期任期。

第一任经理是无限期任命的伯纳德·阿尔诺，他是唯一的管理合伙人。其他任何管理人将由非管理普通合伙人任命，即由 Agache Commandité 任命。非管理普通合伙人可以任命自己为管理人。由于 Agache Commandité 的股东只有阿尔诺的五名子女，这为其子女承担经理的角色和家族财富的传承铺平了道路。

除被任命为经理外，非管理普通合伙人不参与公司的管理。这就意味着在目前的情形下，Agache Commandité 尚不能参与公司的管理。

第四，监事会确保管理层对公司的永久控制。

监事会由 3~5 名有限合伙人组成，由合伙人大会聘任和撤销，普通合伙人无表决权。由于在工商登记中阿尔诺被登记为 Agache 有限合伙企业的控制人，他也应该是从出资的角度具有控制地位的有限合伙人。监事会成员可以是自然人或法人。95 岁以上的监事会成员不得超过 1/3。

监事会确保管理层对公司的永久控制，并有权召集合伙人大会。其主要职能是帮助 LVMH 集团创始人阿尔诺家族对公司的永久控制。监事会还将就提交股东大会的决议以及公司法定审计师报告的任何主题向合伙人大会提交报告和合

---

① 新章程（2023 年 1 月 6 日公布）可在网站下载，参见 https://www.pappers.fr/entreprise/agache-314685454#_。

理意见。监事会可以根据法律规定的条件决定在其内部设立委员会，并确定其组成。

监事会成员主要分为两类：阿尔诺家族的非直系后裔和家族办公室的核心管理人员。监事会[1]的构成如下。

- 主席弗洛里安·奥利维尔（Florian Ollivier），出生于 1954 年 3 月 8 日，是阿尔诺长期信任的高级管理人员。他自 2016 年起担任克里斯汀·迪奥公司的首席财务官，自 2015 年 7 月 23 日起担任 LVMH 家族办公室 Financière Agache 公司的董事会主席，自 2016 年 1 月 22 日起担任 Agache 有限合伙企业执行委员会成员，自 2021 年 10 月 21 日起担任董事长、监事会成员，自 2023 年 6 月 1 日起担任监事会主席。

- 成员卢多维奇·瓦廷（Ludovic Watine）[2]，出生于 1981 年 5 月 26 日，是 LVMH 集团创始人阿尔诺的外甥（LVMH 集团创始人阿尔诺的妹妹 Dominique Arnault 和 Marc Watine 的儿子）。他的母亲在担任拍卖师后经营 Fred Joaillerie 公司。完成学业后，他于 2006 年 9 月加入 LVMH 集团，做不动产投资有关的金融分析和投资经理；2010 年创办自己的房地产投资基金，直到 2015 年重新加入 LVMH 集团，转做销售经理；2016 年进入克里斯汀·迪奥公司，现任北欧总经理和欧洲、中东和非洲电子商务总监。

- 成员斯蒂芬妮·瓦廷（Stephanie Watine）[3]，出生于 1983 年 6 月 2 日，是阿尔诺的外甥女，卢多维奇·瓦廷的妹妹。她长期在 LVMH 集团任职，常驻伦敦。具体任职如下：2022 年 9 月至今，在 LVMH 从事战略研究。2014 年 5 月至 2022 年 7 月，Clos19 公司创始人兼首席执行官。2013 年 5 月至 2014 年 5 月，任酩悦轩尼诗业务发展总监。2011 年 9 月至 2013 年 5 月，任路易威登男士系列部门经理。之前，她先后在马克·雅各布斯纽约（2006—2008 年）和巴黎（2008—2010 年）担任业务开发经理和总监。

- 成员安德里亚·斯通（Pierre de Andrea）[4]，出生于 1959 年 9 月 28

---

[1] 国家商业和公司登记册中的文件摘录（Extrait Pappers du registre national du commerce et dessociétés），参见 https://www.pappers.fr/entreprise/agache-314685454/AGACHE%20-%20Extrait%20d'immatriculation.pdf。

[2] Ludovic Watine-Arnault，参见 https://www.gala.fr/stars_et_gotha/ludovic_watine-arnault；https://www.linkedin.com/in/ludovic-watine-6b7b80149/?originalSubdomain=fr。

[3] Clos19:Meet the Woman Behind the LVMH Lifestyle Platform，2018 年 5 月 21 日，Ellen Alpsten，参见 https://luxurylondon.co.uk/taste/drink/clos19-stephanie-watine-arnault-lvmh-champagne/；https://www.linkedin.com/in/st%C3%A9phanie-watine-851672209/details/experience/。

[4] 参见网站的介绍，https://www.marketscreener.com/business-leaders/Pierre-de-Andrea-0H34Y6-E/biography/。

日，担任 Agache Développement SA 董事长兼首席执行官、Goujon Participations SAS 董事长、Goujon Holding SASU 董事长以及 Europimmo SNC 董事总经理。他还是 Financière Agache SA 的董事会成员。

3. 普通合伙人 Agache Commandité

如前所述，Agache Commandité 于 2022 年 11 月 22 日设立，设立的唯一目的是作为 Agache 有限合伙企业的普通合伙人。公司资本由阿尔诺的五个孩子平均持有，每人持股 20%。

第一，该公司股份持有人只能是家族成员。Agache Commandité 章程第 10 条规定，公司股份持有人只能是以下家族成员。

（1）阿尔诺的五名子女。

■ 德尔菲娜·阿尔诺（Delphine Arnault），1975 年 4 月出生于鲁贝，法国国籍，居住于 41 avenue Montaigne，75008 Paris。

■ 安托万·阿尔诺（Antoine Arnault），1977 年 6 月 4 日出生于鲁贝，法国国籍，居住于 41 avenue Montaigne，75008 Paris。

德尔菲娜和安托万为贝尔纳·阿尔诺与其第一任妻子安妮·德瓦林（Anne Dewavrin）所生。

■ 亚历山大·阿诺特（Alexandre Arnault），1992 年 5 月 5 日出生于塞纳河畔纳伊，法国国籍，居住于 41 avenue Montaigne，75008 Paris。

■ 弗雷德里克·阿尔诺（Frédéric Arnault），1994 年 11 月 7 日出生于塞纳河畔纳伊，法国国籍，居住于 41 avenue Montaigne，75008 Paris。

■ 让·阿尔诺（Jean Arnault），1998 年 10 月 23 日出生于塞纳河畔讷伊，法国国籍，居住于 41 avenue Montaigne，75008 Paris。

亚历山大、弗雷德里克和让为贝尔纳·阿尔诺与其第二任妻子海伦·梅西埃-阿尔诺（Helene Mercier-Arnault）所生。

（2）上述人员的直系后裔。

（3）满足下列两个条件的任何法人实体：①股本和投票权由阿尔诺的五名子女或其直系后代直接或间接全资拥有；②其公司高管完全是阿尔诺的五名子女或其直系后代。

如果股东不符合上述条件，将被剔除。阿尔诺的五个子女被赋予同等的权利，遵循公平优先的原则。公司第一届董事会由阿尔诺的五名子女构成。同时明确规定，他们的任职不会有报酬，且任期无限期。

第二，对于股份转让有严格的限制。公司章程第 9（d）条规定，任何违反本章程进行的公司股份转让，特别是向以上家族成员之外的人进行的股份转让将无效，并且不会记录在公司证券变动登记册和公司持有人的名册中。

　　第三，公司股权 30 年内不可以转让。公司章程第 11 条规定，除死亡继承、公司根据本章程实施赎回或董事会根据章程事先授权（需要 2/3 以上多数表决通过）的情况下，该公司股份或者公司法人股东之股份自公司注册之日起 30 年内不可转让。该董事会特别授权，需要 2/3 以上多数通过，这就意味着阿尔诺的五个子女至少要四个以上通过才可以，这个条件是相当严格的。

　　第四，在发生继承和股权转让的情形下，规定了剔除合伙人的制度。如果已故股东的继承人或受让人未提供符合家族成员资格的证明，或者家族成员的公司股权发生了变更以至于不再符合条件，该合伙人将被剔除。在董事会主席宣布剔除的决定之日起，公司股份的所有权将自动发生转让，即使被剔除的合伙人没有出具转让指令。股份被注销的合伙人被剥夺所有的非金钱权益，但有权获得相应的金钱补偿（可以获得其股份的非现金面值，并按每股对应的留存收益、储备金和溢价或损失中的份额增加或减少）。

　　第五，对于章程的修改做出了严格的限定。关于修改公司章程的任何决定和解雇董事会成员的决定，须所有有权投票的股东 2/3 以上多数通过。这就意味着阿尔诺的五个子女至少要四个以上通过才可以，这个条件是很严格的。在其他情况下，以所有有权投票的股东 3/5 票数通过。

三位一体架构和家族财富传承

　　爱马仕家族利用可变资本的简化股份公司 H51 和 H2 锁定家族成员股权，通过家族控制的 Émile Hermès SAS 公司作为爱马仕国际的普通合伙人，来对抗 LVMH 集团的敌意收购，并实现家族对爱马仕的长期控制，如图 8-3 所示。这样一个安排是经过深思熟虑的。当然，这样一个方案不可能永远高枕无忧。爱马仕家族成员分散的特点会带来股权的不稳定风险。当 H51 股权锁定 20 年到期后，是否重新出现敌意收购的风险，还需要拭目以待。

　　有意思的是，**阿尔诺家族为了保持对 LVMH 集团的控制权，采取了几乎一样的架构，即可变资本的简化股份公司、有限合伙企业、锁定普通合伙人的三位一体架构**。为了长期保护 LVMH 的家族控制权，Agache Commandité 作为普通合伙人的股份 30 年内不可转让。

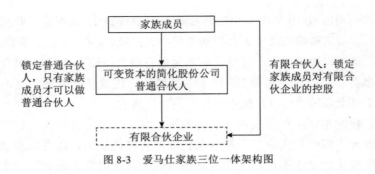

图 8-3　爱马仕家族三位一体架构图

一、可变资本的简化股份公司

爱马仕家族的 H51 和 H2 都采取了可变资本的简化股份公司形式。LVMH 集团家族财富传承中最重要的公司之一 Agache Commandité 也采取了同样的法律形式。

简化股份公司（Société par Actions Simplifiée，简称 SAS）因组织和运营的灵活性而成为非常受欢迎的公司形式。通过使其成为可变资本的简化股份公司（Société par Actions Simplifiée a Capital Variable，简称"可变资本的 SAS"），可以使组织和运营的灵活性提高 10 倍。可变资本的 SAS 使得公司资本增加和减少时再也不用经过复杂的、昂贵的手续，维护公司的成本变得微不足道[1]。

可变资本的 SAS 的地位与 SAS 没有什么不同，只是在章程中插入了一个称为资本可变性的特定条款。资本数额必须记录在公司章程中。可变性条款包括股东认缴资本条款、下限条款和上限条款。上限条款，规定在未履行公司章程修改手续的情况下不得增加股本的数额。下限条款，一般指不得低于认购股本的 10%。

可变资本的 SAS 具有以下优点。

（1）可以根据公司情况调整股本数额，而无须修改公司章程。通过选择可变资本，公司可以自由改变其资本数额，只要不超过公司章程规定的限制（下限和上限）。由于不需要任何手续，这种变更是免费的，而通常情况下该手续费用为数百欧元。

（2）这一可变资本安排为管理提供了灵活性，公司股东有一定的匿名性。

（3）公司可以处置部分资本，资本可根据新出资额增加或减少，特别是返还合伙人的出资额。

---

① Écrit par Sofia El Allaki，"可变资本 SAS：有哪些优点和缺点？"，2023 年 5 月 25 日，参见 https://www.captaincontrat.com/creer-son-entreprise/capital-social/sas-a-capital-variable-avantages-et-inconvenients。

（4）退出机制灵活。资本的可变性允许新合伙人的加入以及老合伙人自愿或强制退出，而无须修改 SAS 章程。

（5）吸引新投资者的方式比较灵活。合作伙伴可以寻找希望加入公司的新投资者。他们可以选择按照贡献出资来换取股份。

二、有限合伙企业

有限合伙企业（Société en Commandite par Actions，简称 SCA）的合伙人分为普通合伙人和有限合伙人两类。普通合伙人对公司债务无限期地承担连带责任，股份不可自由转让。有限合伙人的责任仅限于出资额，股份一般可以自由转让。事实上，普通合伙人拥有任命经理并干预公司经营的全部权利，而有限合伙人只是"纯粹的"融资者，没有管理和方向上的决策权。有限合伙企业这一形式被大公司如爱马仕、拉格戴尔旅游零售公司等采用。创始普通合伙人可以保留控制权，特别是在公司上市的情况下[1]。

在普通合伙人对公司有绝对控制权的同时，还需要连带、无期限地承担责任，这对于普通合伙人是很大的风险。然而，某些法律安排可以规避这一限制。例如，爱马仕国际的普通合伙人是 Émile Hermès SAS，其采取了简化的股份公司形式。LVMH 集团的最终控制人 Agache 是一家有限合伙企业，但其普通合伙人之一 Agache Commandité（即由阿尔诺的五名子女控制的公司）是作为可变资本的简化股份公司形式存在的。

有限合伙企业自动缴纳企业所得税，但可以选择税收半透明制度。在这种情况下，如果利润是公司层面确定的，则合伙人可以根据份额纳税。

---

[1]　Coralie MOINE，《什么是有限合伙企业？》，参见 https://www.l-expert-comptable.com/a/532268-qu-est-ce-qu-une-sca-societe-en-commandite-par-actions.html。

第九章

前"克里姆林宫的银行家"普加乔夫资产保护失败案例

英国法院关于普加乔夫案件的判决及解读

一、资产保护的背景

本章案例的大背景就是前"克里姆林宫的银行家"谢尔盖·普加乔夫为进行资产保护而设立了家族信托。资产保护通常是超高净值人士设立家族信托、基金会等法律架构的推动力。为何富豪需要资产保护？这是由富豪本身的强弱造成的。

富豪，顾名思义就是"钱多"。但"钱多"不能解决所有的问题，"钱多"更不意味着强大。根据哲学相生相克的原理，很多时候"钱多"反而意味着风险多。在这个意义上，富豪在财富方面固然强于常人，但也可能在很多方面弱于常人。树大招风，富豪很多时候是弱势群体；财富越多，有时候会越弱。不是有句话叫"壁立千仞无欲则刚"吗？因此，强与弱是相互的，关键看是否有风险意识。财富上的强大容易给很多人一种假象和误导，以为一强都强，从而蒙蔽了自己的风险意识。

尤其是当财富产生于一个新兴市场的情况下，风险更大。比如，20 世纪 90 年代和 21 世纪初俄罗斯的很多富豪都走向了逃亡之路。其背后的原因是很多俄罗斯富豪财富的创造是在与公权力交织的土壤上产生的，土壤本身有问题，财富便成了"罂粟之花"。在这种土壤里，富豪的成就之路就是走向悬崖之路。

财富是一把"双刃剑"，财富不仅会带来益处，也会带来风险。有了财富，就需要对财富进行保护，否则财富的风险之刃就会裸露在外，从而伤害自己。这就是进行资产保护的原因。

二、案件概述

2017 年 10 月 11 日，英格兰和威尔士高等法院对俄罗斯亿万富翁、前"克里姆林宫的银行家"谢尔盖·普加乔夫（Sergei Pugachev）有关的境外信托做出了判决[①]。只判决书就写了 104 页。该案件的判决广受瞩目，主人公身份的特殊性、

[①] 参见 https://www.bailii.org/cgi-bin/format.cgi?doc=/ew/cases/EWHC/Ch/2017/2426.html&query=（JSC）+AND+（Mezhdunarodniy）+AND+（Promyshlenniy）+AND+（Bank）+AND+（v）+AND+（Pugachev）。

法律技术上的复杂性、判决数量之多、故事情节之丰富，在近些年中都非常少见。

普加乔夫曾因在克里姆林宫的影响力而有"普京的银行家"之称。从财富高峰时期的 150 亿美元，到一系列国际诉讼后的几近破产，前后不到 10 年时间，令人唏嘘。普加乔夫的发达与俄罗斯的政治生态息息相关，而其没落在很大程度上亦是与俄罗斯政权交恶的结果。2016 年 10 月，海牙常设仲裁法庭受理了普加乔夫对俄罗斯自 2010 年以来对其资产非法国有化提起仲裁，普加乔夫要求俄罗斯赔偿 120 亿美元。俄罗斯是否动用国家政权的力量对普加乔夫实施了非法的国有化，也许只有海牙常设仲裁法庭才能查明。因此，认为普加乔夫境外信托的设立目的非法为时过早，也是过于简单化的看法。

在分析普加乔夫案件时，对于政治力量的影响，我们无法做出清晰的评价。但是，对普加乔夫境外资产的追偿主要是通过英国这样一个法治之地、具有优良法治传统的法院来实现。在英国，与本案相关的法院判决就有十个之多，以致法官在本案中用 6 页的篇幅来总结以往的诉讼后还说："描述自 2014 年 7 月 11 日以来在英国对普加乔夫的所有诉讼是不可能的。"最终的结果是普加乔夫在案件中输得一败涂地。俄罗斯法院关于普加乔夫名下银行破产案件的判决通过英国法院来执行。英国法院的诸多判决如同一把把利剑，最终将这位曾经叱咤风云的人物逼到了逃离英国并几近破产的边缘。普加乔夫放入五家新西兰信托的资产也不幸被击破，普加乔夫也被以蔑视法庭罪判处两年徒刑。

三、案例背景：普加乔夫和亚历山娜的人生交集

每一份法院判决都饱含了岁月的凝重。

普加乔夫，20 世纪 80 年代毕业于列宁格勒国立大学，1990 年前后来到莫斯科，并结识了帕维尔·博罗金。博罗金是叶利钦的亲信，1996 年他把普京从圣彼得堡调到莫斯科，使普京有机会进入克里姆林宫。他和俄罗斯富商阿布拉莫维奇（切尔西足球俱乐部老板）成为叶利钦最信任的两个"商业助理"。普加乔夫的银行帝国因政治而崛起，1992 年普加乔夫在莫斯科创立了国际产业银行（Mezhprombank），并成为俄罗斯最大的私有银行之一。在博罗金的鼎力相助下，国际产业银行被列入俄罗斯同国际金融组织合作的机构名单中。许多俄罗斯大财团和大公司纷纷在国际产业银行开设账户，而普加乔夫很快就成了当时克里姆林宫里许多权势人物的"自己人"。他是当时叶利钦新闻秘书尤马舍夫经常接待的商界巨头之一，并经常帮助叶利钦一家处理一些商业上的事务。

1996 年，普加乔夫帮助叶利钦谋得连任，成为克里姆林宫的经济顾问。此时他与时任总统事务管理局副局长的普京日渐熟稔。普京当时负责俄罗斯在境外的

国有资产事务，与普加乔夫的国际产业银行业务联系频繁。普京就任总统之后，普加乔夫渐渐成为与普京关系最为密切的商人之一，在俄罗斯被称为“隐身巨头”。2001 年普加乔夫被选为俄罗斯国家杜马上议院参议员。

2008 年普加乔夫开始与亚历山娜·托尔斯泰交往。亚历山娜出生在英国，是尼古拉·托尔斯泰伯爵（Count Nikolai Tolstoy）的女儿，属于托尔斯泰家族成员，是俄罗斯大文豪列夫·托尔斯泰的旁系后代。她曾在爱丁堡大学获得俄罗斯研究硕士学位，毕业后放弃了投行的毕业生计划，转而投入旅行生涯。1999 年 25 岁的亚历山娜与三位女性同伴一起骑骆驼由西向东，从土库曼斯坦到西安，花了 8 个月时间，走完了丝绸之路，行程 8000 公里。

2008 年双方关系开始时，亚历山娜的首段婚姻接近终结，而普加乔夫与前妻也已经分居 10 年。当时的普加乔夫，据称有 150 亿美元资产：除了国际产业银行的股权，他还拥有在莫斯科红场的豪宅、俄罗斯最大的造船厂、世界第二大炼焦煤、法国连锁店黑蒂雅（Hediard）、法国国家报纸《法兰西晚报》、法国葡萄酒酒庄、三艘游艇（分别长 35 米、25 米和 5 米）、两架私人飞机和一架巨大型直升机。但 2008 年后，国际产业银行经营困难，虽然获得了俄罗斯政府的救助，但最终徒劳：银行的许可证被吊销，并进入破产清算程序。俄罗斯清算机构认为普加乔夫挪用了大量银行资金。普加乔夫则认为俄罗斯政府非法征用了其大量俄罗斯资产，包括他位于莫斯科红场的豪宅（2009 年）和造船厂（2010 年）被征用。

2009 年、2010 年和 2012 年，普加乔夫和亚历山娜先后有了三个孩子。2011 年，普加乔夫在国内的政治地位恶化并逃到了英国。此时，俄罗斯国内针对普加乔夫的刑事诉讼程序已经启动。随着普加乔夫逃到了英国，其核心追随者也相应来到了英国，并帮助其打理财富，其中就包括道佐斯赛娃，其曾为国际产业银行的总法律顾问。

自第一个孩子出生后，普加乔夫和亚历山娜的关系也非常波折。2012 年起，两人的关系出现恶化。在一次剧烈的争吵以后，普加乔夫将家里的锁换了并拒绝亚历山娜回家。本案中部分信托的出发点就是保证二人的孩子以后的生活。

四、与普加乔夫相关的国际诉讼

与普加乔夫相关的诉讼非常多，以致法官在本案中用 6 页篇幅来总结以往的诉讼后还说：“描述自 2014 年 7 月 11 日以来在英国对普加乔夫的所有诉讼是不可能的。”这里仅简略总结如下。

2013 年 12 月 2 日，俄罗斯清算机构 DIA 在莫斯科提起了针对普加乔夫的诉讼，并胜诉。俄罗斯法院的这一判决于 2014 年 7 月 11 日为英国法院根据跨境破产法案所承认。此时，国际产业银行的资产缺口在 22 亿美元左右。为协助执行俄罗斯法院的判决，英国法院于 2014 年 7 月 11 日签发了针对普加乔夫资产的全球冻结令。

2014 年 10 月 30 日，英国法院判决本案五个新西兰信托的受托人提供信托契约文件 [1]，从而使法院得以了解信托的具体安排。

2015 年，法院要求普加乔夫上交所有的护照。但普加乔夫私藏了一本法国护照，当他感觉英国法院的判决对他越来越不利的时候，于 2015 年 6 月 23 日逃到了法国。2016 年 2 月 12 日，普加乔夫被以藐视法庭罪判处两年有期徒刑 [2]。但因为他在法国，英国法院的判决无法执行，所以他无须待在英国的监狱。

普加乔夫还有一本法国护照，因而可以依据法国和俄罗斯的投资保护协定对俄罗斯提起诉讼。2016 年 10 月，海牙常设仲裁法庭受理了普加乔夫对俄罗斯自 2010 年以来对其资产非法国有化提起的 120 亿美元的诉讼。2017 年 7 月 7 日，海牙常设仲裁法庭做出了部分裁决（interim award），要求俄罗斯暂停对普加乔夫的引渡程序。但是否赔偿普加乔夫还有待于最终的裁决。

五、本案的 5 家信托

本案中的 5 家信托大体架构如图 9-1 至图 9-5 所示。

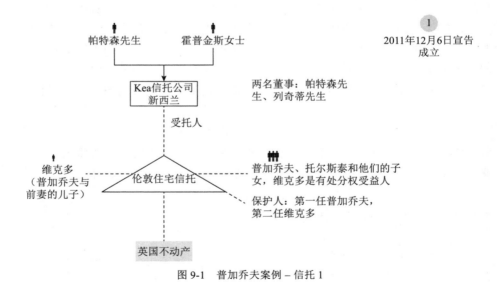

图 9-1　普加乔夫案例 – 信托 1

---

① [2014] EWHC 3547（Ch）.

② [2016] EWHC 258（Ch）.

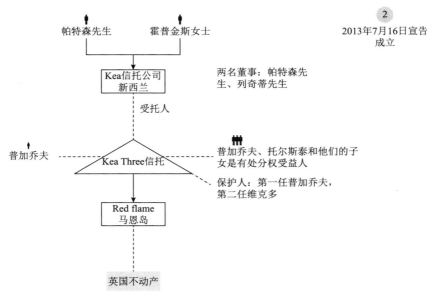

图 9-2 普加乔夫案例 – 信托 2

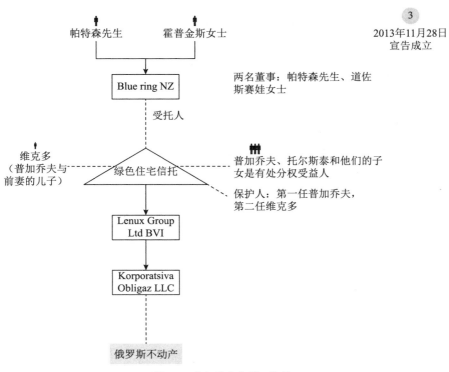

图 9-3 普加乔夫案例 – 信托 3

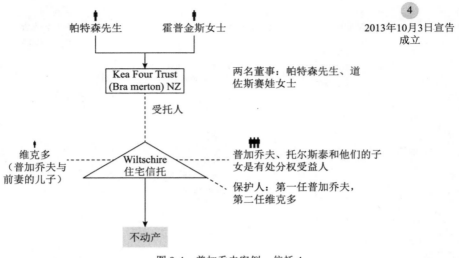

图 9-4 普加乔夫案例 – 信托 4

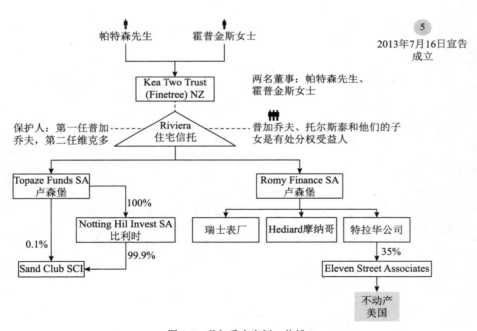

图 9-5 普加乔夫案例 – 信托 5

　　这 5 家信托的契约文件主要条款大同小异，其中核心内容是保护人有着广泛的权利。尽管信托契约文件赋予受托人绝对的或不受控制的自由裁量权，但根据契据条款归属于受托人的以下权利和裁量权只能提前 14 天以书面通知的形式通知保护人并从保护人处获得书面同意后才能行使以下权利。

（1）信托资金的收入和／或资本的分配。

（2）信托资金的投资。

（3）宣布任何人不再是自由裁量受益人和／或不能成为自由裁量受益人。

（4）信托契约的变更。

（5）释放和撤销本契约文件赋予受托人的权利。

……

信托契约文件允许受托人将信托资产或资本的任何部分给予任何单个自由裁量受益人，而把其他任何自由裁量受益人排除在外。但是，行使这一权利同样要获得保护人的同意。

保护人还有如下权利：

（1）在无论是否有理由的情况下，移除现有受托人。

（2）任命新受托人。

（3）在任何时候是否任命一名新增加的受托人。

（4）在受托人更换时，直接作为被更换受托人的代理人，将信托资产安置于新受托人。

（5）受托人可就信托资产的具体投资获得保护人的提前书面同意，在此情况下，受托人被免于相关法律责任。

普加乔夫的信托在运作上存在以下风险点：

（1）对于信托资产的管理和运作的方方面面，普加乔夫不断地给予指令。

（2）具体负责信托资产运营的个人在获得普加乔夫的批准前不会作出任何决定。

（3）信托资产的管理本来应该由受托人负责，但五家新西兰信托的资产实际上直接由普加乔夫家族办公室的人操作，与受托人没有直接关系。

（4）受托人在普加乔夫的信托中实际上并没有履行受托人的职能，只是一个公司服务提供商。受托人在这五家信托中的参与只是形式上和表面上的。

（5）资产被转入信托以后，普加乔夫的团队仍然在直接管理这些资产，这些资产继续出现在普加乔夫的个人资产列表中。

六、法院判决

原告主张 5 家信托下持有的资产属于普加乔夫。法院最终判决如下。

（1）普加乔夫是所有信托的设立人。所有的资产在转入信托以前都是他拥有的，其中包括以其儿子维克多名义持有的。维克多是普加乔夫的代持人。

（2）在所有信托中保护人的权利都不是信托责任，只是个人权利（personal

power）、可以为个人私利而行使。保护人是信托的守护人，但当保护人的权利不再是信托权利的情况下，保护人就不再具备这一功能了。此时，信托的保护人权利只是个人权利，整个信托资产将成为保护人个人资产的组成部分。

（3）普加诺夫作为保护人和受益人，实际上赋予了普加乔夫对信托资产的控制。整个安排事实构成赤裸信托（bare trust）。

（4）普加乔夫设立 5 个信托的意图是保持对资产的控制，以隐藏控制权，从而使第三方对其资产的主张无法实现。其他所有参与信托设立的个人都受到普加乔夫的控制。

法官在综合 5 个信托情况的基础上，判定这些信托实际上为虚假信托（sham trust）。

（1）构成虚假信托的关键是信托的设立具有误导的意图，至于该信托最终是否真的被用于误导则不论。

（2）整个安排中，设立人对受托人实施隐蔽的控制，而且双方对该控制都有着明显的意图。整个安排只是为真实的所有权架构提供掩饰，以使实际上属于普加乔夫的资产在外观上看起来并不属于他。在此情况下，法院显然不能认可这样的安排。

（3）法官发现在大部分时间内，普加乔夫都将放入信托的资产视为属于他，并有保持最终控制的意图。普加乔夫设立信托的目的不是将其资产的控制让渡给他人，而是为隐藏其对该资产的控制。其设置的保护人的角色就是为了实现这种控制。普加乔夫的儿子维克多只是遵循父亲的指令，因此维克多作为第二位保护人是整个掩饰计划的一部分。

（4）普加乔夫和亚历山娜的子女可能享受信托资产的益处，但必须是在普加乔夫同意的情况下。这与没有设立信托一样。普加乔夫并没有为家庭成员的利益而将资产独立于其控制以外的意图。

（5）这些信托中的受托人总是从普加乔夫处获得指示，而且作为受托人公司的董事都是普加乔夫的代持人。

七、保护人在信托中如何设置

信托何以具有资产保护的作用？这与信托的内在逻辑有关。在一个设置良好的信托下，资产已经从设立人名下转移到受托人名下，资产的法律所有权发生了转移。同时，由于受托人履行对受益人的信托责任，受益人也有权要求受托人履行信托责任，资产的受益权也发生了转移。如果受益人无权执行对受托人的责任，将没有信托。因此，受托人的信托责任是信托的基石。如果任何人包括信托设立人或者保护人对信托进行了太多的控制而导致受托人的信托责任被实质性侵蚀或剥夺，信托大厦将摇摇欲坠。此时，资产一般会被认为未合理转移，从而无法产生资产保护的作用。

有自由裁量权信托（discretionary trust）对于资产保护是非常重要的。自由裁量权信托主要指的是受托人在识别受益人等方面的处分权。如果一个信托受托人没有自由裁量权，即受益人及其权益是特定的，受益人对于信托资产的权利将被视同准财产权。此时，受益人的债权人可以对其财产权利进行追索，也无法实现资产保护的作用。在有自由裁量权的信托中，受益人对信托资产的权利从性质上而言超越了一种单一的期待，但不是一种准财产权。因此，如果信托是适当设立的，设立人的财产将转移至受托人名下，受托人将为该财产法律名义上的所有人。同时，由于自由裁量权的存在，如果设立人不是该信托的受益人，设立人的债权人将难以染指该信托资产，因此便可以实现资产保护的作用。

然而，对资产实行控制是人的天性。由于信托资产法律名义上的所有人是受托人，很多设立人不能接受其资产放在"别人"名下而自己无法控制的事实。因此即使资产放入信托，很多设立人仍然将该资产当成自己的，或希望通过各种安排来保持对信托资产的控制。在有自由裁量权信托下，受托人有着很大的自由裁量权，这就令设立人非常不放心。为制衡、监督或确保信托目的的实现，设立人通常会设置保护人。这也是在有自由裁量权信托中经常出现保护人的原因。

但是，设立了保护人就需要明白保护人的权利范围以及对信托的影响。需要注意的是，保护人一词不是一个固定术语，在不同信托下保护人的权利和责任可能大相径庭。是否对保护人的角色贴上"信托责任"的标签并不重要，关键的是保护人是否可以自私的方式，为自己的利益而行使权利，因而与其他有自由裁量权受益人的利益相悖。

如果保护人只能为有自由裁量权受益人的整体利益而行使权利，此时其权利就是信托权利，从而可以获得法院的保护，信托功能则可以正常运转。如果保护人可以自私地行使权利，从而将其私利置于任何他人之上，法院就无须进行任何审查，而直接认定保护人对信托具有实质的控制权。此时信托就丧失了资产保护的作用。

因此，如果需要在有自由裁量权信托中设置保护人的角色，必须绕开以下可能被法院认为行使个人权利的不利因素：

（1）保护人有从信托获得信息的权利。

（2）保护人有权否决受托人做出的所有主要决策，包括投资、分配利润和资本、修改信托契约文件。

（3）保护人而不是受托人有权任命新的有自由裁量权的受益人。

（4）保护人而不是受托人有权任命其继任者。

（5）信托文件允许保护人组织信托资金向其他任何人分配。

因此，很多人设立信托但并不理解信托的本质，只是将信托当作隐藏资产而免于被债权人追偿的工具。这是信托的资产保护作用难以发挥的根本障碍。想要实现资产保护的高净值人士需要明白，放入信托的资产已经不是自己的了，只有这样才能真正发挥信托的资产保护作用。

八、警醒

毫无疑问，这是一个失败的资产保护案例。本案对我们有哪些警醒呢？

（1）一个失败的资产保护安排对个人的伤害是巨大的。设立架构时花费了时间成本和金钱，受到挑战时花费了大量诉讼费来辩护，如果败诉，一切都付之东流。因此，高净值人士在进行资产保护之前，需要考虑清楚：要么不做资产保护，要做就必须确保符合资产保护的逻辑和规则。否则，"赔了夫人又折兵"，甚至还不如一开始什么都不做。做充分的考虑，而不要迷信任何架构，这才是解决问题的核心。

（2）普加乔夫的信托只存在于形式上，在信托的实际运营上存在诸多风险，最终被法院认定为虚假信托而被击穿。类似的，笔者见过大量信托都是没有资产保护作用的，如果一旦有债权人追偿而走向法庭，大多会被认定为虚假信托。

（3）在个人财富保护上，资产保护和个人的控制权是一对"冤家"。想要保护资产，就必须严格限制个人的控制欲。在个人保留太多控制权的情况下，即使资产放于任何架构，可能都是徒劳。

（4）信托是为整体受益人的利益服务的，必须受整体受益人的限制。如果信托的设立人、受益人或保护人对信托有太多的控制，而导致其不受受益人作为一个整体的限制，这就可能被法院视为个人权利，导致信托被认定为虚假信托。信托对受益人的利益保障要在信托的契约文件中有明确的表述，并尽可能具体。本案中，普加乔夫是信托的设立人、第一保护人和有自由裁量权的受益人，而且为保护人，其有着广泛的几乎不受限制的权利，最终法院认定其权利已经不受受益人作为一个整体的限制，进而认定普加乔夫信托为虚假信托。在这三种角色中，如果普加乔夫放弃其中任何一个角色，结果可能就会不同。

（5）在信托中，千万不能不把受托人当回事。认为受托人只是一个服务提供者，而架空受托人的权利是害了自己。受托人的信托责任是信托的基础。无理由剥夺受托人的决策权、随便替换受托人等都是信托中的不利因素，容易导致法官认为信托是虚假信托。用一个所谓的壳公司（没有资产，只有董事）来作为信托人，本身就构成影响信托有效成立的重要因素。

案例延伸之一：新西兰税法、信托与普加乔夫

根据目前公开的信息，普加乔夫只是利用了新西兰的法律和架构，似乎没有新西兰的移民身份。

普加乔夫设立的是新西兰信托。为何将信托设立在新西兰？他设立新西兰信托会面临不利的税务后果吗？

一、新西兰税务概况

新西兰是很多国家包括中国高净值人士移民的一个重要目的地。新西兰已经废除遗产和赠与税，因此对于移民来讲是一个好的选择。但是，如果个人年度应纳税所得额在 18 万新西兰元以上，即可达到 39% 的最高税率[①]。因此，从个人所得税的角度，成为新西兰税务居民不是一个好的选择。

1. 个人纳税年度

通常新西兰的纳税年度为 4 月 1 日到次年 3 月 31 日。纳税人须在次年 7 月 7 日前提交纳税申报，除非获得税务机关的批准。

2. 个人税务居民规则

新西兰税务居民需要就其全球所得在新西兰履行纳税义务；非新西兰税务居民只需要就其来源于新西兰的所得在新西兰履行纳税义务。

在下列情况下，个人被视为新西兰税务居民[②]。

（1）在新西兰有永久住所，无论在新西兰境外待多长时间。永久住所需要根据个人在新西兰建立和保持的纽带与关系的程度和强度来界定。

（2）在任何 12 个月内在新西兰的时间超过 183 天。

非居民个人在满足以下所有条件的情况下，从新西兰获得的收入在新西兰可

[①]　个人所得税税率，参见 https://www.ird.govt.nz/income-tax/income-tax-for-individuals/tax-codes-and-tax-rates-for-individuals/tax-rates-for-individuals。

[②]　税务居民，2023 年 8 月 3 日更新，参见 https://taxsummaries.pwc.com/new-zealand/individual/residence。

免征所得税。

（1）非居民个人在一个纳税年度在新西兰停留的时间不超过 92 天。

（2）非居民个人在其税务居民所在国就来源于新西兰的所得缴纳所得税。

（3）支付人不是新西兰居民。

上述豁免不适用于公共演艺人员，如表演艺术家和职业运动员（他们最多需缴纳 20% 的预提所得税）。

3. 个人所得税税率

新西兰个人所得税最高税率为 39%，如果个人年度应纳税所得额在 18 万新西兰元以上，即可达到 39% 的税率。个人所得税税率见表 9-1[①]。

表 9-1　新西兰个人所得税税率

纳税所得（NZD*）		第一栏纳税（NZD）	超额部分适用税率（%）
超过	不超过		
0	14000	—	10.5
14000	48000	1470	17.5
48000	70000	7420	30
70000	180000	14020	33
180000	以上	50320	39

* 新西兰元（NZ$），180000 新西兰元大约为 80 万元人民币。

4. 对境外所得的豁免

新西兰税法规定，外国收入可暂时（4 年）免征所得税，适用范围：①新移民；②离开新西兰至少 10 年后返回新西兰的人。该豁免一生只能授予一次，适用于 2006 年 4 月 1 日以后成为新西兰居民的人。如果该收入与成为新西兰税务居民后进行的服务有关，该豁免就不适用于提供服务的雇佣所得或者收入。

5. 遗产和赠与税

新西兰于 1992 年取消了遗产税，赠与税于 2011 年取消。

6. 财产税

新西兰对个人净财产不征收财产税。

7. 不动产转让税

新西兰没有不动产转让税。

---

① New Zealand:Individual - Taxes on personal income，参见 http://taxsummaries.pwc.com/ID/New-Zealand-Individual-Taxes-on-personal-income。

二、成于税法

近百年来，国际税务的一项基本原则是一个税务司法管辖区有权对作为其税务居民的个人的全球所得征税，即税务居民管辖权。对于非税务居民的个人，一般只能对来源于该国家和地区的所得征税，即来源地税收管辖权。这也意味着非居民来源于该税务管辖区以外的所得一般无须纳税。

问题是在通过一些架构持有资产的状况下如何征税？比如，个人通过信托持有资产，由于信托中一般会涉及设立人、受托人和受益人三方，如何对信托持有的资产征税？新西兰对这个问题的回答造就了新西兰信托今天的格局，也是新西兰信托大变局的原因。

最初新西兰按照受托人的税务居民身份来对信托征税。在此规则下，如果受托人是新西兰税务居民，信托也被视为新西兰税务居民；如果受托人不是新西兰税务居民，信托也不被视为新西兰税务居民。因此，一个新西兰税务居民通过境外信托持有的资产被视为来源于新西兰境外的资产而无须在新西兰缴税。由此带来的问题是很多新西兰税务居民通过境外信托来持有资产，从而逃避了向新西兰纳税。

为此，1988 年新西兰进行了税法改革，将设立人的税务居民身份所在地作为判定信托在新西兰税务后果的依据。如果设立人不是新西兰的税务居民，而且受益人中没有新西兰税务居民，那么信托就被视为非税务居民而无须在新西兰纳税。其逻辑是尽管受托人是信托资产名义上的持有人，但设立人才是信托资产背后经济意义上的持有者——是设立人设立信托并将资产放入信托。

新西兰信托下，设立人（settlor）和设立行为（settlement）被赋予了非常宽泛的定义。所有增加信托资产价值、不符合正常交易原则的行为都为设立行为所涵盖。

新西兰信托具有以下优势[①]：对境外所得不征税；没有印花税、赠与税或者类似税收；稳定的政治环境；国家安全；稳定的立法；独立、受人尊敬和运营良好的司法体系；经验丰富的专业人士包括律师、会计师等；较低的披露要求和严格保密；遵从成本低（登记、年报、审计等）；良好的声誉（新西兰通常不被认为是离岸区域）；对信托资本和所得的分配没有限制；信托法允许设立人控制和灵活性……

新西兰税制本意在于堵住其税务居民避税的漏洞，但被专业人士反其道而行

---

① John Shewan CNZM，*Trust Disclosure Rules Government Inquiry into Foreign Trust Disclosure Rules*，June 2016，P16，https://treasury.govt.nz/sites/default/files/2016-06/report-giftdr-27jun2016.pdf.

之：非新西兰税务居民作为信托设立人和受益人，其设立的新西兰信托无须在新西兰纳税。

三、新西兰信托之兴盛："在岸是新的离岸"

新西兰 1988 税制改革的"无心插柳"只是新西兰信托繁荣的必要条件。只这一个条件是不够的。

"在岸是新的离岸。"新西兰信托的蓬勃发展肇始于 20 世纪 90 年代。当时墨西哥政府对离岸中心推出了黑名单，墨西哥高净值客户的咨询顾问不得不为其客户寻找一个非离岸、白名单国家进行财富规划。符合这些条件的区域凤毛麟角，新西兰就是其中之一。随后其他拉丁美洲国家也推出了黑名单制度。因此，新西兰也成为其他拉丁美洲国家高净值客户进行财富规划的重点法域。此后，尽管墨西哥等国废除了黑名单制度，但新西兰作为财富规划区域的综合优势得以保留下来。

近年 OECD 和 FATF 等国际组织对利用离岸中心进行与毒品、恐怖等犯罪活动有关的洗钱活动进行了大力打击。传统离岸中心日渐惨淡。在岸区域在财富规划中的优势凸显，如新西兰、荷兰、新加坡等。另外，一些传统的离岸区域也通过积极参与税务透明和情报交换等，逐渐摆脱了传统离岸中心的负面形象。

四、信托披露义务

2006 年以前，新西兰对于外国人设立的新西兰信托没有规定任何披露制度。这是由于这些信托一般只需要就来源于新西兰的所得在新西兰履行纳税义务，而实践中这些信托一般没有来自新西兰的所得或者非常少。

对于信托缺乏披露的制度，非常令澳大利亚政府担心——有些澳大利亚纳税人利用新西兰信托规避在澳大利亚的纳税义务。针对澳大利亚政府的要求，新西兰政府要求信托公司提供信托的名称和受托人，以及澳大利亚居民是否是设立人或受益人。2006 年新西兰政府推出了对信托的申报制度，但是要求披露的信息非常有限。应该说这样的披露执行效果并不理想。2016 年出现了"巴拿马文件"，泄密文件显示新西兰架构被广泛用于逃税等目的，因此在新西兰出现了改革的呼声。

最近几年离岸地发生的泄密事件，尤其是"巴拿马文件"，显示新西兰信托被一些高净值人士用于逃税、激进的税务筹划、洗钱或者隐匿资产。为消除新西兰的声誉风险，2017年2月21日新西兰颁布了《2017年税收（营业税、情报交换和补救事宜）法案》[①]，重新对新西兰信托的披露规则进行了规定。

根据该法案第59B条，外国人设立的新西兰信托须在新西兰受托人被任命之日起30天内履行注册和披露的责任。新西兰受托人须提交以下信息进行注册。

（1）信托的名称。

（2）每项资产放入信托的日期、金额、设立人和性质，除非该资产是对受托人提供服务进行的公允价值的支付。

（3）与信托有关人士的姓名、电子邮件地址、实际住宅（或营业地址）、税务居民所在地、纳税人识别号：

①将资产放入信托的每一个人。

②有权委任或解雇受托人、修订信托契约或增加或移除受益人的人士，或者对行使这一权利有控制权的人士。

③有权控制受托人管理信托的每个人。

④每名受托人。

⑤对于受益人特定信托，每个成年的受益人和受益人的代持人。

⑥对于受益人特定信托的未成年受益人，其父母或监护人。

（4）作为受益人特定信托的未成年受益人，受益人的姓名、年龄和纳税人识别号。

（5）就有处分权信托而言，每名受益人或受益人群体，以便确定在信托下是否进行分配或者某人是否为受益人。

（6）信托契约、修订或补充信托契据的每份文件的副本，以及类似功能的每份文件的副本。

这些披露规则很大程度上影响了新西兰信托的私密性，也影响到新西兰信托的普及性。随着2019年新西兰信托法的出台，信托公司将面临更多的法律责任，自此新西兰信托好像难以成为一个"轻便、好用"的选择[②]。

---

① 参见 https://www.legislation.govt.nz/act/public/2017/0003/latest/whole.html#DLM6912547。

② Daniel Gibbons，Is New Zealand falling out of love with the family trust?，2023年3月23日，参见 https://www.findex.co.nz/insights/article/is-new-zealand-falling-out-of-love-with-the-family-trust。

案例延伸之二：英国税法与普加乔夫及富豪移民英国之税务筹划

一、普加乔夫是英国税务居民吗？

据媒体报道[①]，普加乔夫持有俄罗斯和法国护照。如前所述，2011 年，普加乔夫在国内的政治地位恶化并逃到了英国。笔者没有发现关于普加乔夫持有英国护照的报道，但根据当时仍然有效的欧盟与英国关于人员自由流动的协议，普加乔夫凭借其持有的法国护照也可以在英国合法居留。

2015 年，法院要求普加乔夫上交所有的护照，但普加乔夫私藏了法国护照。当他感觉英国法院的判决对他越来越不利时，他于 2015 年 6 月 23 日逃到了法国。因此，在 2011 年到 2015 年的大部分时间内，普加乔夫应该是居住在英国的。那么他是不是英国税务居民？很有可能是。如此，他是否需要在英国负有全面的纳税义务？那就不一定了，这就涉及英国著名的"汇入制"，即"税务居民但非住所"（resident but not domiciled）税制。

在"汇入制"下，移民英国的富豪在成为英国的税务居民 7 年之内，不用在英国缴纳一分钱的税款都是有可能的。"汇入制"是一个了不起的法律制度设计，它以符合法治的形式使得外国富豪在移民英国后在一定期限内游离于英国的高税率之外，也无疑是英国最近几年成功吸引了许多外国富豪的重要原因。在欧盟成员国中，马耳他有类似制度。为吸引高净值人士在塞浦路斯居住，塞浦路斯于 2015 年 7 月 17 日推出了与英国类似的税制。

二、英国个人所得税基本状况

英国一直是非常受各国包括中国富豪欢迎的移民目的地。之前非常流行的英国 T1（投资者）签证门槛只有 200 万英镑。英国已经停止了投资者签证项目。

---

① Brendan Cole, *Russia: 'Putin's banker' Sergei Pugachev ordered to appear in British court*, 2015 年 12 月 4 日，参见 https://www.ibtimes.co.uk/russia-putins-banker-sergei-pugachev-ordered-appear-british-court-1531870。

由于英国的个人所得税和遗产税税率很高，超高净值人士移民英国需要考虑税务筹划。

（一）个人税务居民规则

通常英国的纳税年度为 4 月 6 日到次年 4 月 5 日。纳税人一般须在次年 10 月 31 前完成纳税申报。

自 2013 年 4 月 6 日起，英国采用新的税务居民判定规则——"法定居民测试"（Statutory Residence Test）。如果个人满足英国确定居民规则（Conclusive UK Residence）或者充分联系测试（Sufficient Ties Test），都将被认为构成英国税务居民。如果根据确定居民规则被认定为英国税务居民，就无须适用充分联系测试；在根据确定居民规则不能判定时，还需要考虑充分联系测试规则。

1. 确定税务居民规则

根据英国税法，个人满足以下任何一种情形的，都构成英国税务居民。

（1）"天数测试"：一年中在英国待的时间超过 183 天。

（2）在一年中，有连续 91 天的时间在英国拥有房屋，而且在这期间没有海外住所，或者有海外住所但居住的时间少于 30 天。

（3）在英国全职工作 365 天。在纳税年度内，工作时间超过 3 小时的天数占 365 天总天数的 75% 以上。

2. 充分联系测试

如果根据确定税务居民规则没有被认定为英国税务居民，还需要考虑充分联系测试。对于英国的新移民来说，充分联系测试包括四个因素：家庭联系、住所联系、工作联系和 90 天联系[①]。其规则概括如表 9-2 所示。

表 9-2 英国充分联系测试规则

在英国的天数	构成英国税务居民需要的最低要素数量
<45 天	非税务居民
46~90 天	4 个因素
91~120 天	3 个因素
121~182 天	2 个因素
>182 天	总是税务居民

（1）家庭联系。如果个人的配偶或者伴侣居住在英国，将构成与英国的"家庭联系"，除非分居。分居包括根据法院或有管辖权的命令、分居契约、永久性

---

① RDRM11500 - Residence:The SRT:The ties tests:Contents，参见 https://www.gov.uk/hmrc-internal-manuals/residence-domicile-and-remittance-basis/rdrm11500。

分居等情形。如果个人的 18 岁以下未成年子女生活在英国，一般视为与子女存在家庭联系，除非在相关纳税年度内相处的时间总计少于 61 天。个人在英国见到孩子的任何一天或部分时间，都算作一天。

（2）住所联系。在纳税年度内，如果个人在英国有可连续使用 91 天以上的住所，并且居住了至少 1 天以上（配偶拥有的住所）或 16 天以上（近亲拥有的住所）。近亲包括父母、祖父母、兄弟、姐妹、18 岁或以上的子女或孙子女。近亲可以是血亲或混血亲属，也可以是通过婚姻或民事伙伴关系有关系的人。出于这些目的，收养的孩子被视为子女。如果间隔少于 16 天，视同不存在，天数将连续计算。住所包括住宅、度假屋或临时住所，或者在英国期间可以居住的其他住所等。

（3）工作联系。如果个人在该纳税年度在英国每天工作超过 3 小时并持续至少 40 天，则该纳税年度与英国具有工作联系。这些天数是连续的还是间歇的并不重要。

（4）90 天联系。如果个人在前两个纳税年度中的任何一年在英国居住超过 90 天，则该纳税年度具有 90 天联系。

（二）个人所得税税率

个人所得税税率请见表 9-3 至表 9-5。

表 9-3　英国 2023—2024 年度个人所得税税率 [1]

层级	纳税所得（英镑）	税率（不含股息，%）
个人免税额	0~12570	0
基本税率	12571~50270	20
高税率	50271~125140	40
额外税率	125140 以上	45

表 9-4　英国 2023—2024 年度股息税率 [2]

纳税所得	边际税率（%）
基本税率纳税人	8.75
高税率纳税人	33.75
额外税率	39.35

---

[1]　参见 https://www.gov.uk/income-tax-rates。

[2]　参见 https://www.gov.uk/tax-on-dividends。

表 9-5　英国 2023—2024 年度资本收益税税率 [①]

纳税所得	税率（%）
基本税率纳税人	10
高税率纳税人	28（不动产） 20（其他所得）

三、筹划为何必要

一般规则是一旦成为英国的税务居民，其全球所得均需在英国按照发生制（Arising Basis）缴纳个人所得税。"发生制"是指英国税务居民的境外所得在其产生的当年缴纳英国个人所得税。比如，资本收益需要在产生的当年（通常为资产处置的当年）在英国纳税。对于高净值人士来说，在移民英国之前进行一些税务筹划是必要的。

（1）高净值人士在英国税法下适用最高边际税率是很常见的。由于高净值人士的所得大都为投资所得，尽管英国税法下有一些税务筹划的空间，但对于投资所得其税负一般仍会远高于中国税法下的税负：在中国，股息和资本收益的法定税率是20%，但对来源于上市公司的股息最低降到5%、对转让上市公司的股票免个人所得税。

（2）现实中，移民英国的中国高净资产人士比较容易成为英国税法意义上的税务居民。常见的情形如在英国待的时间超过183天，或者在充分联系测试标准下在英国待的时间超过90天（在充分联系测试标准下，家庭联系、住所联系和90天联系比较容易满足）。因此，在不申请按照"汇入制"纳税的情况下，个人须就其全球所得在英国纳税，因此将面临比较重的税务后果。

（3）个人移民英国之前的纳税年度产生的所得（"干净资本"）一般可以不用在英国纳税，但创设"干净资本"，一般只有移民前的一次机会。

（4）移民后年度产生的所得要在英国纳税，因此可能面临双重征税的问题。对于新移民来说，如果支持其家庭生活的经济来源大多是来源于中国境内的所得，中国的来源地税收就无法避免。另外，在个人仍然持有中国护照，且与中国有众多经济利益联系的情况下，其一般仍被视为中国税务居民。如果纳税人主张其是中国税务居民而不是英国税务居民，则需要借助税务协定中复杂的双重税务居民分割规则（Tie-Breaker Rule），实践中很难适用。

[①]　参见 https://www.gov.uk/capital-gains-tax/rates。

四、富豪移民与英国"汇入制"纳税

（一）"汇入制"纳税的核心

世界许多国家都在争夺富豪。在一个法治社会，对于富豪的争夺需要通过制度设计的方式来实现。在这些制度设计中，税务制度的重要性毋庸置疑。与世界许多国家都在降低企业所得税税率的趋势不同，个人所得税常常与税率增加的新闻相伴。目前 40% 的最高个人所得税税率在世界上非常常见。要让一个富豪为了移民去承担 40% 的个人所得税？这一般是不可能的。英国对工资薪金的个人所得税实行的是超额累进税制，最高可达 45%，因此是非常高的。

英国新移民通常采用的筹划方法是选择适用英国"汇入制"纳税（Remittance Basis）。"汇入制"纳税的核心内容是如果一个人是英国税法意义上的税务居民，但住所（domicile）不在英国，那么其可以选择按照"汇入制"纳税。在英语中，"汇入制"纳税也被称为"resident non-domicile"，简称"RND"。实践中，移民英国的中国高净值人士一般不会被认为住所在英国，因此符合"汇入制"纳税的适用条件。

"汇入制"纳税其实是英国"发生制"纳税下的一个例外规则。只要纳税人仍然是"税务居民但非住所"，其可以决定每年是采用"汇入制"纳税还是"发生制"纳税。在"汇入制"下，纳税人境外所得和收益不在产生的当年，而在其汇入英国时缴纳英国所得税。因此，"汇入制"实现了英国税的递延。

"汇入制"纳税的核心是纳税人境外所得和收益不在产生的当年，而在其汇入英国时缴纳英国所得税。但移民英国以前形成的"干净资本"，汇到英国不需要纳税。

这一税制为高净值人士移民英国扫除了税务上的障碍。同时，移民英国以前的"干净资本"汇到英国购买不动产等投资，也不需要在英国纳税，这为英国吸引了大量的资本。但是，"汇入制"的税务特点也限制了英国财富管理行业的发展：高净值人士只会把在英国生活和投资必需的资本汇到英国，其他资本须放到英国以外。

（二）汇入的宽泛定义

在"汇入制"下，在成为英国税务居民以后的纳税年度产生的境外所得和收益，通过相关人员汇入英国的，需在英国纳税。如果不汇入英国，就无须在英国纳税。

"汇入"有着宽泛的定义。"汇入"不仅包括个人向英国的汇款，也包括在以下情形下通过他人或者其他方式进行的支付[①]。

---

① 参见 https://www.gov.uk/government/publications/remittance-basis-hs264-self-assessment-helpsheet/remittance-basis-2021-hs264。

（1）个人或其他相关人员带到英国、在英国收到或在英国使用。

（2）为了个人或其他相关人员的利益而带到英国、在英国接收或在英国使用。

（3）用于支付在英国向个人或其他相关人员提供服务的费用。

（4）用于支付在英国为个人或其他相关人员的利益提供服务的费用。

（5）在英国境外使用，但为了在英国境内的相关债务。

相关人员的范围包括纳税人本人、配偶或伴侣，个人 18 岁以下的子女或孙子女，为前述人员利益的信托公司或特殊目的公司等。

（三）纳税成本

自 2017 年 4 月 6 日以来，适用汇入制的税务成本如下。

（1）0 英镑。在成为英国税务居民的初始 7 年内，纳税人适用"汇入制"，无须向英国政府支付任何费用。

（2）3 万英镑。如果纳税人在过去的 9 年中有 7 年是英国税务居民。

（3）6 万英镑。如果纳税人在过去的 14 年中有 12 年是英国税务居民。

2017 年 4 月 6 日以后，如果个人在过去的 20 年中有 15 年是英国的税务居民，其在所有的税种（包括遗产税）上被视为住所在英国。其后果是个人将无法继续适用"汇入制"纳税，只能按照"发生制"就其全球所得在英国申报缴纳个人所得税。

（四）创设"干净资本"

首次成为英国税务居民的人士，以前年度取得的境外所得在英国无须纳税，即使该收入汇入英国。这部分旧所得，一般被称为"干净资本"（clean capital）。这是因为作为英国税法下对其税务居民的纳税方法，不能适用于成为其税务居民之前的所得。

"干净资本"并不是一个法律概念，在筹划时首先需要明确其涵盖的范围。"干净资本"应是属于个人的收入。属于公司或者信托的收入只有在向最终受益人分配之后才能成为"干净资本"。其收入可以来自个人创造的收入，也可以来自个人接受捐赠的收入。

"干净资本"需要分离。"干净资本"如果和成为英国税务居民以后的所得混同，在汇入英国时要面临税务问题。创设"干净资本"，须在成为英国税务居民之前完成。

（1）要成为"干净资本"，收入产生的时间应在成为英国税务居民之前。英国税法下所讲的来源于境外的所得是按照"发生制"原则产生的所得，而不是实际支付给个人的所得。

（2）成为英国税务居民不会导致个人所持有资产的计税基础自动升高（step-up）。也就是说，英国所得税将对整个资产持有期间的增值适用，而不只适用于成为英国税务居民之后产生的增值。因此，如果纳税人持有的资产已经产生较大增值，在成为英国税务居民之前，可能需要对该资产进行某些处置，使该增值实现。

（3）在成为英国税务居民之后创设"干净资本"，很容易产生混同的问题。一旦混同，本应成为"干净资本"的资金可能需要缴纳英国所得税。

（4）创设"干净资本"，需要开设不同的银行账户，并将其隔离和单独管理。需要让银行充分理解这些账户运作的税务要求，否则"干净资本"很容易被玷污（一旦被玷污，将产生较严重的英国税务后果）。通常需要设立以下账户。

①"干净资本"账户。厘清哪些是"干净资本"只是第一步，该资本如何维护同样重要。它曾经是"干净资本"，并不代表其以后一直是"干净资本"。"干净资本"需要放入一个单独的账户，并且该资本产生的利息需要转到另一个专门的收入账户。但是，"干净资本"并非锁定的资本，在合理筹划以后，"干净资本"还可以用于投资。

②"资本收益"账户。将成为英国税务居民之后进行的资产处置且收益为正的资金存入该账户。从该账户汇入英国的资金可能需要在英国缴纳资本收益税（最高28%）。"资本收益"账户产生的利息不能存入该账户，而应该存进收入账户。

③收入账户（扣缴境外税款以后的部分）。这里的收入包括"干净资本"账户和"资本收益"账户产生的利息、其他已经扣缴境外税款的收入。从该账户汇入英国的资金在英国缴纳最高45%的个人所得税，但其缴纳的境外税款可以抵免。

④收入账户（未扣境外税款的部分）。这里的收入包括未扣缴境外税款的所得，包括"干净资本"账户和"资本收益"账户产生的利息以及其他收入。从该账户汇入英国的资金在英国缴纳最高45%的个人所得税。因此，从成本的角度而言，该账户只能用于支付在英国以外的费用而不应汇入英国。

五、富豪移民与英国遗产税筹划

英国遗产税税率最高为40%。2017年4月6日之前，适用"汇入制"纳税只是在所得税层面的问题，不产生遗产税，即适用"汇入制"不导致个人在英国缴纳遗产税。但是，2017年4月6日以后，如果个人在过去的20年中有15年是英国的税务居民，其在所有的税种（包括遗产税）上被视为住所在英国。后果是个人须被视为住所在英国，面临税率为40%的英国遗产税问题。

（一）英国遗产税基本规则

在以下两种情况下，个人在死亡时的遗产价值在32.5万英镑以上的部分，需要在英国缴纳税率为40%的遗产税。

（1）住所（domicile）在英国的个人需要就全球资产在英国缴纳遗产税。

（2）对于住所不在英国的个人，其一般仅就位于英国的资产在英国缴纳遗产税。对于其境外的资产，在纳税人获得住所之前无须在英国缴纳遗产税。

因此，英国遗产税问题首先就变成了住所是否在英国的问题。住所是英国法下除了居民、国籍之外的一个单独法律概念。在特定的时间，一个人只能有一个住所。

在英国法下，住所有以下三种获得方式。

（1）出生住所（domicile of origin）。依据出生获得的住所，通常是出生时父亲的住所。该住所非常难以丧失。如果一个人通过其他方式获得了新的住所，但后来又丧失了该住所，出生住所自动恢复。

（2）依附住所（domicile of dependency）。个人在 16 岁之前根据其监护人的住所而获得的住所。

（3）选择住所（domicile of choice）。个人在 16 岁以后获得的住所，其要求个人离开目前住所所在的国家而在另一个国家永久生活。获得选择住所，关键是个人在一个新的国家永久生活的意图。并无法定的步骤来获得选择住所，实践中需要综合考虑居住地、国籍、家庭所在地、业务和社会利益、遗嘱适用法律等因素。

新移民一般不会基于以上任何标准被认为住所在英国。但是，如果个人在进行资产转让或者死亡的当年之前的 20 年内至少有 15 年是英国的税务居民，个人有可能被视同住所在英国，因而面临英国遗产税的问题。这同时意味着与其一同生活的未成年子女相应地因为依附住所被认为住所在英国。

（二）常见的英国遗产税筹划方式

（1）赠与配偶或者伴侣。如果赠与在英国永久生活的配偶或者伴侣，赠与人的该部分遗产无须缴纳遗产税。

（2）尽早赠与。英国税法是鼓励尽早赠与的。个人在赠与的 7 年以后死亡的，该赠与免于缴纳遗产税。但是，个人在赠与行为发生以后的 7 年之内死亡的，在这 7 年内的所有赠与受限于遗产税的免税额为 32.5 万英镑，即所有该金额以上的部分需要缴纳遗产税。同时，赠与离死亡的时间越短，税率越高。

英国赠与税税率请见表 9-6。

表 9-6　英国赠与时间与遗产税税率 [1]

赠与时间	税率（%）
3 年以下	40
3~4 年	32
4~5 年	24
5~6 年	16
6~7 年	8

（3）转让遗产税免税额度。英国遗产税法下每人的遗产税免税额度是 32.5 万英镑。一方没有用完的额度部分可以转给配偶和伴侣（由于该门槛很低，对移民英国的高净值人士没有帮助）。

（4）创设"排除资产信托"（Excluded Property Trusts）。对于"排除资产信托"，如果其设立于纳税人获得视同英国住所之前，该信托将不受影响，可以继续免于缴纳英国遗产税。但是，如果该信托持有英国的不动产，其可能被根据穿透原则而视同位于英国的资产，因而需要缴纳遗产税。

六、部分外国富豪要远走高飞

富豪对于税法的变动是非常敏感的。如前所述，汇入制纳税是一个了不起的法律制度设计，它以符合法治的形式使得外国富豪在移民英国后在一定程度上游离于英国的高税率之外，也无疑是英国近年吸引了许多外国富豪的重要原因。

但是，2017 年 4 月 6 日以后，如果个人在过去的 20 年中有 15 年是英国的税务居民，其在所有的税种（包括遗产税）上被视为住所在英国。后果是个人将需要按照发生制纳税，即面临税率最高达 45% 的个人所得税，同时面临税率为 40% 的英国遗产税问题。

2024 年 3 月 6 日，英国财政大臣公布了春季预算案，宣布对"汇入制"进行全面改革。现行的"汇入制"从 2025 年 4 月 6 日起废除，取而代之的是基于居民身份的 4 年新制度 [2]。

住所这一概念再也不是税务上的关联因素。个人的纳税义务，无论是所得税、资本利得税和遗产赠与税，都以税务居民概念为基础。然而，住所的概念在有限的范围内仍然有用，比如，对于任何考虑在 2025 年 4 月 6 日之前设立信托的人士，或者税务以外的领域。

---

① 参见 https://www.gov.uk/inheritance-tax/gifts。

② 参见 https://www.gov.uk/government/publications/changes-to-the-taxation-of-non-uk-domiciled-individuals/technical-note-changes-to-the-taxation-of-non-uk-domiciled-individuals。

由于该提案的许多细节尚未出台，因此该改革仍然存在很多不确定性。以下为基本框架：

（1）新移民4年直接免税，不需要"汇入制"

■ 来英国的"新移民"，作为英国税务居民的前4年，其境外收入和资本收益将不在英国税收范围内，且不需缴纳额外税费便可带入英国。如果个人在这4年中离开英国，再次回到英国后仍然可以在剩余的期限内享受免税。

■ 非英国信托分配的收入，也无需在英国缴税。

■ 享受这一个免税，不需要追踪所得，也不需要个人把资金实际汇入英国。

■ 来源于英国的收入和收益在英国纳税。

■ 如果个人在抵达英国之前至少连续10年为非英国税务居民（无论其住所身份如何），则有资格享受4年新制度。适用这一税制不需要付出费用，但需要个人每年提出申请。

■ 该类个人税务居民设立的非英国信托中产生的所得也可以适用4年免税制度。

（2）税务居民超过4年，适用过渡性政策

截至2025年4月6日，成为英国税务居民超过4年、住所不在英国的个人，全球收入和资本收益须缴纳英国所得税。

为了顺利过渡到新政策，预算案中提出以下过渡性政策：

■ "1年减免"：对2025/26纳税年度，个人境外收入可享受50%税收减免。但该部分免税收入只适用于境外收入，而不适用于资本收益。

■ "资产重置"：在计算资本利得税时，个人持有的资产可重新调整到2019年4月5日的市场价值，但仅适用于：i）已申请"汇入制"，以及ii）在2025年4月5日之前住所不在英国，也不被视为住所在英国的人士。

同时，对适用"汇入制"的纳税人，预算案还规定了两年的12%汇入特别税率。这两年也可以被视为"临时汇入窗口"：

■ 在2025/26和2026/27纳税年度将之前应计的境外收入和资本收益汇入英国。

■ 这一优惠税率，即使在境外资金混同的情况下仍然可以适用。

■ 但该部分所得只适用于2025年4月6日前个人层面产生的所得，不适用于信托架构产生的所得。

■ 如果境外收入和资本收益在2026/27年度结束以后汇入，不能适用12%的优惠税率。

如果个人已经被视为住所在英国，且2025年4月5日后仍为英国税务居民，个人将不能适用50%个人所得税减免，也不能对资产的税基重置。但此时仍然可以适用 12% 的优惠税率。

（3）遗产税

在现行税制下，如果个人住所不在英国，非英国资产无需缴纳英国遗产税。此次预算案中拟议将其改为以居民身份为基础的制度，将带来遗产赠与税的重大影响：

- 一旦应税个人在英国居住满 10 年，自 2025 年 4 月 6 日起，全球资产将在英国遗产税的范围内。
- 个人离开英国的 10 年之内全球资产也将继续属于英国遗产税的范围内，是为"尾巴条款"。

（4）信托需要重构

自 2025 年 4 月 6 日起，设立人利益信托（Settlor-interested Trust）中产生的收入和资本收益将不再适用受保护信托制度。它的影响是：英国居民设立人对此类信托产生的境外收入和资本收益将对按全球"发生制"（arising basis）征税，除非适用 4 年免税制度。但 2025 年 4 月 6 日之前，信托内累积的收入和资本收益将仅在分配的基础上征税。

相应地，部分信托可能需要重新审视和调整。

第十章

意大利家族案例：家族信托何以跨越时空？

案例内容摘要

本案以泽西皇家法院 238 页之超长法院判决为基础提炼整理而成。一个意大利亿万富豪家族数十年的故事尽在其中，情节之丰富，令人赞叹。

除了精彩的故事情节外，这个案例有如下看点。

税务因素对家族财富传承的重大影响。本案的焦点盛大信托由克罗齐亚夫人于 1987 年 12 月 24 日设立。该信托是当时移民美国的典型规划方式：设立外国非赠与人信托，也称"甩手"（drop-off）信托。一旦克罗齐亚夫人成为美国税务居民，她须就全球收入在美国缴纳所得税，但不须就外国非赠与信托的收入征税。

对家族信托的适当调整。时移世易，在家庭规划出现变化时，家族信托架构可能也须改变。信托作为财富传承的工具，可以跨越几十年甚至上百年。然而，一个信托架构，尤其是跨国架构（设立人、受益人等居住地、国籍、税务居民身份、资产分布等跨越不同的国家）的形成有其特定的事实和法律背景。当时过境迁时，不同的专业人士如何确保设立人最初的设立意图被准确理解、执行以及对信托架构进行正确的调整？这是非常有挑战的问题。**没有一个一劳永逸的信托架构。**信托不是物质形态的保险箱，只要不灭失就几乎不改变存在的形态，信托只是一个法律拟制。当信托架构涉及的许多国家的法律发生变化时，当国际范围内税务监管日益复杂化时，当信托设立人和受益人的生活方式发生变化时，这都可能是信托架构需要重新审视的时候。

信托公司须为受益人的利益履行职责。任何时候不变的是信托的受托人须为受益人的利益行使审慎管理的信托责任。知易行难。2010 年家族信托进行了重大重组，本来卡米拉和克里斯蒂安娜是她们各自信托的主要受益人，但在重组后，在母亲在世时她们根本不是受益人。信托公司事实上将盛大信托的资金交给了克罗齐亚夫人，使其在有生之年可以随意处置。因此，2010 年重组是为了克罗齐亚夫人的利益和受托人法国巴黎银行泽西公司的利益，而不是为受益人卡米拉和克里斯蒂安娜的利益，反而是给她们带来了损害。法院认为，这整个行动令人沮丧，并因此宣告无效。本案是一个很好的教训：法国巴黎银行泽西公司一个经验丰富的受托人和诸多专业人士没有维护受益人的利益，被法官斥责为"无耻"。参与本案的诸多优秀律师却与作为信托设立人的克罗齐亚夫人站在一起，侵害了克罗齐亚夫人的女儿克里斯蒂安娜的利益。

即使设立人本人就是受托人，受托人也必须保护受益人的利益，不能将自己的意志凌驾于受益人的利益之上，更不能与受益人的利益对抗。一旦偏离这一圭臬，无论如何处心积虑，在智慧的法官面前都是枉然。是时候再次重复法官引用的经典语言："衡平法院的一个不可改变的规则是处于受托人职位上的任何人没有权利谋取利润，除非另有明确规定。他不被允许将自己置于其利益和责任相冲突的位置。在我看来，这条规则不是建立在道德原则的基础之上，而是建立在对人性本来面目考虑的基础上。在这种情况下存在一种危险，受托人受到利益而不是责任的影响，从而损害了他有责任要保护的人。"

银行系信托公司面临的挑战。泽西、根西都是颇具盛名的信托设立地，法国巴黎银行是实力强大的欧洲银行，发生被法官斥责为"无耻"的事情，这个案件也很好地反映了银行系信托公司面临的挑战。信托公司需要独立地履行职责，银行内部的重组和业务调整通常会给这种独立性带来挑战。

财富规划的法律工具。本案例涵盖了三个家族财富规划的法律工具：家族信托、承兑票据和有限担保公司（Company Limited by Guarantee）。承兑票据是在家族财富传承架构中常用的法律工具。其目的是在家族企业和家族私人财富之间架设一个桥梁。同时，承兑票据可以创造利息，有税前抵扣的作用，因此也被用于国际税务筹划。有限担保公司是一个通常没有股东、成员，以象征性金额的货币作为自己承担责任上限的实体。有限担保公司被广泛应用于慈善、公益、俱乐部、社团或者类似组织，也常用于个人财富规划。

在第十二章，我们会看到有限担保有限公司的运用案例。根据碧桂园服务控股有限公司 2023 年 7 月 30 日公告，集团控制人杨惠妍女士将所持 20% 的股权无偿捐赠给"国强公益基金（香港）有限公司"，这就是一个有限担保公司。香港国强公益基金会拟将捐赠股份，用作支持香港及大湾区科学、教育文化、健康及青少年成长，资助弱势群体、赈灾以及内地乡村振兴等公益用途。

案例事实背景

信托是法律工具，但远远不只有法律故事。信托是家族历史的浓缩，是人性百态的体现，历史、爱情、亲情、人性尽在其中。

2017 年 9 月 11 日，泽西皇家法院就 Crociani & O's v Crociani & O's（[2017] JRC146）一案做出了长达 238 页的法院判决，为一意大利家族亿万富豪家族内部 4 年的法律大战画上句号。

判决篇幅之长，在司法历史上罕见。案件的核心是盛大信托（Grand Trust），该信托由第一被告克罗齐亚夫人于 1987 年 12 月 24 日设立。她是盛大信托的设立人和受托人之一。2010 年 2 月 9 日，盛大信托名下价值为 1.32 亿美元的投资、应收款和艺术品的资产被转给幸运信托，并最终被转让给克罗齐亚夫人。第一原告克里斯蒂安娜是克罗齐亚夫人的女儿，她是盛大信托的主要受益人之一。克里斯蒂安娜和她的两个孩子向法院起诉，要求强制执行其作为盛大信托受益人的权利并追回信托资产。在诉讼的背后，是作为原告的克里斯蒂安娜与她的母亲克罗齐亚夫人和作为第五被告的姐姐卡米拉（Camilla De Bourbon des Deux-Siciles）家庭关系破裂的故事。而曾经这是一个关系紧密的幸福家庭。

法律判决针对的是法律纠纷，自然是法律故事。但该案所涉及故事情节之丰富，令笔者赞叹不已。白手起家的意大利亿万富豪因为洛克希德丑闻逃至墨西哥，与小他 20 岁的女演员开始了第二段婚姻。富豪去世后，家族去纽约生活前进行了税务筹划，即经典的赠与人信托。克罗齐亚夫人被子女称为"有可拍控制欲"的母亲。"经验丰富"的信托公司在家族信托重组时一步步后退，导致信托重组被法院否定……本案第五被告卡米拉是第一原告的姐姐，即波旁一两西西里王室卡斯特罗公爵夫人[1]。当然，这更多是一个荣誉头衔。

本案焦点人物意大利亿万富豪卡米洛·克罗齐亚[2] 于 1921 年 10 月 12 日出生于罗马，1980 年 12 月 15 日卒于墨西哥城。他童年艰辛，很小就成为孤儿，艰难地从体育学院毕业。第二次世界大战结束后，他开始交易美国战争遗留物。1944 年，他与 Mirella Bogliolo 结婚，并育有两个孩子：丹妮拉和克劳迪奥。1956 年，他创立了工业进口公司，1968 年成立 Ciset 公司（后来的 Vitrociset 公司）。次年，他还担任拉齐奥议员一职。1970 年，他与第一任妻子解除婚姻关系，并与小他 20 岁的演员 Edoarda Vesselowski（即本案中的克罗齐亚夫人）结婚，育有两个女儿：卡米拉和克里斯蒂安娜。1974 年，他担任意大利著名军工企业芬梅卡尼卡（Finmeccanica）公司的首席执行官，直到 1976 年 2 月因为涉入洛克希德丑闻而逃离意大利。1979 年，他被判处 2 年 4 个月监禁，但由于已经逃到了墨西哥而避免了牢狱之灾。1980 年他因癌症在墨西哥去世。

克罗齐亚夫人在 1982 年前后带着女儿从墨西哥搬到纽约并在纽约购买了一套

---

[1] H.R.H. Princess Camilla, Duchess of Castro，参见 https://www.realcasadiborbone.it/hrh-the-duchess-of-castro/。

[2] 参见 https://it.wikipedia.org/wiki/Camillo_Crociani。

公寓。离开纽约后，这一家人在巴黎生活了一段时间。1992年前后，他们搬到了摩纳哥的一套公寓，在那里他们一起生活，直到2011年家庭破裂。

克里斯蒂安娜形容她的母亲是一个可怕的人，她的母亲对自己有一种心理上的操纵。她生活在对母亲的恐惧中。勒科尔尼先生形容克罗齐亚夫人是不可预测的，并且是一个特别难以合作的人。她会经常在会议上发脾气，展示愤怒和敌视。福特斯先生说她是一个有控制欲的人，有极端的情绪波动。她会吓唬他人，并说粗话。德梅斯特拉尔女士形容她是"一个脾气暴躁的女人"。法国巴黎银行泽西公司的信托经理马克·沃姆斯利先生说，即使与她通电话，你都能感觉她是一个非常可怕的人——她非常粗鲁，称他为"男孩"，并咒骂。

克里斯蒂安娜说，她的妈妈有一种痴迷：她和卡米拉应该嫁给王子。克里斯蒂安娜于1997年6月确实嫁给了一位王子，是在她母亲的压力下所为。但这段婚姻非常不幸，只持续了4个月。

卡米拉也嫁给了一位王子。1998年10月31日，卡米拉与夏尔·马里·贝纳德·真纳罗（Charles Marie Bernard Gennaro）结婚，后者出生于1963年，两西西里王子，2008年起为卡斯特罗公爵、波旁—两西西里王室家族族长。尽管他有头衔，但没有独立的经济来源。波旁—两西西里王朝是波旁王朝（来源于法国）的意大利支系。王朝名称来源于波旁王朝和所统治的两西西里王国（由那不勒斯王国和西西里王国合并而成）。1759年西班牙国王卡洛斯三世把意大利的那不勒斯王位和西西里王位传给第三个儿子，即后来的两西西里国王费尔南多一世，由此开创了波旁—两西西里王朝的统治。1861年撒丁王国国王维克托·伊曼纽尔二世在加里波第的陪同下进入那不勒斯，不久正式加冕为意大利国王，意大利宣告统一，波旁—两西西里王朝在南意大利的统治宣告结束。

随着慢慢长大，克里斯蒂安娜觉得母亲偏爱卡米拉。成年后，卡米拉和克罗齐亚夫人的关系非常亲近。她们有着共同的社会抱负和兴趣，她们的社会活动也有着紧密的联系。

克罗齐亚夫人不赞成尼古拉斯·德里欧作为克里斯蒂安娜的未来丈夫，并且"拒绝允许"克里斯蒂安娜于2003在怀了孩子时与他结婚。尼古拉斯将此描述为"敲诈勒索"。最终克里斯蒂安娜与尼古拉斯一起于2003年10月左右搬进了公寓，克罗齐亚夫人要求他们继续住在公寓里，但每年可以有3个月的自由安排。为此，克里斯蒂安娜和尼古拉斯于2004年在迈阿密看好了第一套公寓，克里斯蒂安娜用从盛大信托的分配购买了该公寓，并与尼古拉斯及其子女一起每年在那里居住3个月。自此，克里斯蒂安娜一家的生活模式是于每年克罗齐亚夫人生日（10月23日）之后不久离开，于圣诞节回来；克里斯蒂安娜于第二年自己的生日（2月12日）后再次离开，卡米拉生日（4月5日）前回到公寓。该生活模式持续到 2011 年。

对外界来说，这是一个亲密的家庭。福特斯先生说，虽然可能不时出现紧张情绪，但这并没有影响其作为一个幸福和团结家庭的出现。人们认为克罗齐亚夫人对待卡米拉和克里斯蒂安娜就好像她们是双胞胎一样，在经济上和其他方面完全平等。她们完全相互信任，很难相信家庭以外的任何人。

但是，对克里斯蒂安娜和尼古拉斯来说，公寓里的气氛令人窒息。这是一套五卧室的公寓，到 2010 年，这套公寓被克罗齐亚夫人、卡米拉及其丈夫和两个孩子、克里斯蒂安娜和尼古拉斯及其两个孩子使用。这就是克罗齐亚夫人想要的方式。克罗齐亚夫人害怕孤独，她控制着钱包。克里斯蒂安娜承认她们过着极其迷人和奢华的生活方式，但她们没有独立或私人生活。她形容这是"一个金色的地狱"。

尽管如此，克里斯蒂安娜在财务问题上完全相信她的母亲。她会签署母亲摆在她面前的任何文件。有时她和卡米拉被要求签署空白文件，以备克罗齐亚夫人之需，她一刻也没想过她的母亲会从她这里"偷"。

她知道有两个信托，但对于具体情况并不清楚。她形容这是"生活在迷雾中"。她记得签署了资产分配的请求，并且因此知道她是受益人。她知道由法国巴黎银行（瑞士）管理信托的大量投资组合。她没有探究，但与此同时，没有人向她解释过信托。没有证据表明她有盛大信托契约的副本，或者曾经看到过信托账户。实际上，法国巴黎银行泽西公司没有提供信托账户供克里斯蒂安娜作为主要受益人签字。

家族财富的起源

家族信托常被用来保护资产和传承财富。首先要弄清楚的是这是谁的资产？家族财富的起源通常是家族传承故事的开始。家族在财富传承上出现了纠纷，一旦走上法庭，法官需要从几十年的故事开始，以弄清背景。

克罗齐亚夫人是家族信托的设立人。克罗齐亚夫人说，她放入盛大信托的财富不是来自其已逝的丈夫，而是来自自己的辛勤劳动。她从未依赖丈夫卡米洛为财富来源，而是通过自己的辛勤工作，作为企业家和女商人积累了其设立盛大信托所使用的财富。

总结克罗齐亚夫人的证人证言如下。

（1）她出生于 1940 年 10 月 23 日，以模特的身份开始工作。1959 年 19 岁时，她开始了电影演员生涯，绝大多数时间担任女主角，长达 4 年。她每年的收入约 100 万到 150 万欧元。此后，她开始与年长其 20 岁的卡米洛生活在一起，并于 1970 年她 30 岁时结婚。1971 年她生下卡米拉，1973 年生下克里斯蒂安娜。她将收入投资到股市、土地和艺术品中。

（2）她的丈夫卡米洛·克罗齐亚（"卡米洛"）是一位辛勤工作的实业家，1980 年在墨西哥去世，遗留下一些意大利房地产，但严重资不抵债。有大约 40 亿意大利里拉的资产（当时约折合 200 万欧元）和 320 亿意大利里拉的负债（当时约折合 1600 万欧元），该负债主要是欠意大利税务局的。在丈夫去世后，她花了大约十年的时间以自己辛勤工作所得和成功的商业投资偿付了大量债务。她于 1982 年收购了 Ciset 公司（意大利工程公司）并在数年的时间里成功运营。

（3）就艺术品而言，代表毅柏（Appleby）毛里求斯的莫兰律师提供了她在 1973 年到 1975 年购买艺术品的文件。这是一个惊人的收藏系列：两幅夏加尔的作品、一幅基里科的作品、一幅郁特里罗的作品、一幅毕加索的作品、一幅杜飞的作品、两幅卢梭的作品、一幅塞尚的作品、一幅马蒂斯的作品、一幅莫迪里阿尼的作品、一幅雷诺阿的作品和一幅高更的作品。这些文件证明这些艺术品的所有者是克罗齐亚夫人，但没有说明这些艺术品的实际购买者是谁；也许更重要的是，谁付了款。一位画廊老板大卫·纳什在一份宣誓书中说，他看到经销商在拍卖会上竞拍这些画作，然后就在克罗齐亚夫人的住所看到了这些画作。他"相信"它们属于她。特别值得一提的是，他回忆起一位经销商于 1975 年 5 月在纽约苏富比购买高更画作，据他的"理解"，经销商是代表克罗齐亚夫人购买画作。后来他在她的住所看到了这幅画，并"相信"它属于她。

（4）她在股票市场上的投资被卡米洛认为风险太大，但她"非常成功"并且能够用这些收益来获得艺术品和土地，其中令人印象深刻的是罗马的 Via Conca 物业，包括 5 间公寓。文件显示，她于 1972 年购买了这处房产。但是，据法院了解，购买是以 Conca SRL 公司的名义进行的，并没有文件证明克罗齐亚夫人是购买者或者为购买提供了资金。

（5）她承认卡米洛于 1956 年创立了 Ciset 公司，于 1972 年开始担任两家意大利国有公司的总裁。随后，他卷入了被指控协助支付贿赂的洛克希德丑闻，并被迫离开意大利，在墨西哥避难。

（6）根据 1977 年 2 月 16 日的合同，卡米洛将其在 Ciset 公司的股份卖给了卡蒂亚，后者是该公司的董事长，后来成为盛大信托的第一任受托人。

（7）卡米洛于 1980 年因癌症去世，他在意大利的遗产严重资不抵债。资产清单不包括 Ciset 公司的股份，因为其根据 1977 年协议属于卡蒂亚。1979 年卡米洛被缺席判决有罪，并被判处 28 个月的监禁。作为刑事诉讼的结果，一项针对意大利遗产的法律指控被启动。克罗齐亚夫人排除了该指控，因此没有要求她的共同继承人卡米拉和克里斯蒂安娜以及卡米洛第一段婚姻中的孩子克劳迪奥和丹妮拉偿还债务。

（8）1982 年 4 月 2 日，她从卡蒂亚手中买回了 Ciset 公司。该公司当时在财务上处于严重困境，因此，卡蒂亚同意原价转让。

（9）多年来，丹妮拉和克劳迪奥试图通过诉讼向克罗齐亚夫人追索钱财，意大利法院明确裁定 Ciset 公司的股份不属于卡米洛的遗产。

（10）1982 年，克罗齐亚夫人从墨西哥搬到纽约，因为女儿想在那里学习。她出售了在 Via Conca 大楼的两套公寓，以在纽约购买公寓。在纽约她从事股票交易。在她的控制下，Ciset 公司的业务迅速改善。她与意大利有影响力的人谈判，为公司获得有价值的合同。随着时间的推移，Ciset 公司成为她财富和家庭经济支柱的主要来源。

因此，据克罗齐亚夫人所讲，其用于设立盛大信托的家庭财富很少（如果有的话）归于她已故的丈夫卡米洛。

父亲去世时，克里斯蒂安娜只有 7 岁，因此不记得意大利的家庭生活。然而，出生于 1950 年 3 月 18 日的克劳迪奥能够为这一时期提供直接证明。他与父亲、克罗齐亚夫人和她的女儿们一起生活。

他形容他的父亲是一个非常富有的人，并将在 Via Conca 的不动产称为他父亲的家。他记得陪父亲到画廊购买艺术品，虽然他无法提供一份清单，但他能记住他喜欢的那些画作（如雷诺阿和毕加索的画），并毫无疑问是他的父亲购买了艺术品。

当洛克希德的丑闻破裂时，艺术品被搬出意大利。家人首先在瑞士生活，然后是法国，最后到墨西哥。受父亲的指示，克劳迪奥负责日内瓦大通曼哈顿银行的一个账户，其中有 1000 万到 1500 万美元。他说还有其他账户，可能在美国和墨西哥，但他没有介入。他负责的账户用于短期投资，他的印象是父亲将该账户作为家庭的经常账户。

克劳迪奥用这个账户的钱以 100 万美元的价格在墨西哥为他的父亲购买了房子。这是一幢大型房屋，面积约 2000 平方米，设有室内和室外游泳池，人员配备齐全。1980 年，卡米洛患上严重的癌症；他采取措施使他的生意井然有序，于 1980 年 10 月 12 日签署了遗嘱，并与卡蒂亚、克罗齐亚夫人、克劳迪奥和丹妮拉就 Ciset 公司股份达成协议。

克劳迪奥记得 1980 年 10 月的一次会议，在克罗齐亚夫人和卡蒂亚在场的情况下，他的父亲告诉他和他的妹妹丹妮拉：鉴于卡米拉和克里斯蒂安娜年龄小，他决定把所有画作留给她们，以确保其未来的生活。父亲告诉他们不要为此决定感到不安。克劳迪奥说，大通曼哈顿银行的账户以及意大利以外的一切财产，包括画作，都留给了克罗齐亚夫人。

法院认为，克罗齐亚夫人关于如何创造家庭财富的说法没有得到任何可靠证据的支持。她的公开介绍提及了她出演的电影，似乎她只在一部电影中出演了主角。引用法院的语言：

> 这是一个短暂的职业生涯，这是意大利电影业，而不是好莱坞。我们根本不相信她每年赚 150 万欧元的说法。如果她赚了那么多钱，那么 23 岁时停止表演的决定似乎莫名其妙。没有证据表明这种短暂的职业生涯有这样的收益，也没有任何证据证实她在股市上的成功。她的公开介绍没有提到她在股票市场上的实力，也没有提到她在 30 岁出头的时候收购了如此杰出的艺术品。相反，她说在这个时候，她'以不懈的激情'专注于她的小孩。

> 必须清楚，这些 20 世纪 70 年代获得的绘画是多么出色。而在我们看来，只有最富有的人才能够为这样的藏品提供资金。我们问自己这样一个问题：收藏是由一位非常富有的实业家卡米洛，还是他年轻的妻子、一位前女演员获得的？我们更喜欢克劳迪奥的证据，而不是克罗齐亚夫人证人陈述中未经证实的、在我们看来是令人难以置信的事件。

案件涉及多年前的故事，而法院通过证据还原了用卡米洛财富来设置盛大信托的来龙去脉。

（1）由于洛克希德的丑闻，卡米洛于 1977 年 2 月 16 日通过协议将他在 Ciset 公司的所有股份以 30 亿意大利里拉的对价转让给卡蒂亚，以 Ciset 公司未来 5 年的利润分期支付。克劳迪奥将卡蒂亚描述为卡米略的朋友和得力助手。当时，卡蒂亚已持有 8% 的股份。在同一天的信件中，卡蒂亚同意将转让给他的股份代为卡米洛持有。1977 年 3 月 2 日，卡蒂亚同意为卡米洛持有 Ciset 公司 80% 的股份。

（2）根据 1980 年 10 月 12 日的遗嘱，卡米洛将他意大利遗产的一半留给了克罗齐亚夫人，并将他剩余的遗产平均分配给他的四个子女，任命卡蒂亚为他的遗嘱执行人，以及卡米拉和克里斯蒂安娜的监护人。卡蒂亚作为监护人的角色与他被任命为盛大信托的首任受托人之一是一致的。克里斯蒂安娜相信，她的父亲希望卡蒂亚成为受托人，以维护她和卡米拉的利益，就像她们的监护人一样。他在意大利境外的遗产似乎没有遗嘱。

（3）1980 年 10 月 13 日，经卡米洛同意，卡蒂亚与克罗齐亚夫人以及克劳迪奥和丹妮拉在墨西哥达成协议：1983 年之前，卡蒂亚会促使 Ciset 增发股份，以便他为克罗齐亚夫人持股 60%（克罗齐亚夫人占股 40%，卡米拉和克里斯蒂安娜分别占股 10%）、为丹妮拉和克劳迪奥各持股 10%，剩下的 20% 的股份是自己的。

（4）1980 年 12 月 15 日，卡米洛去世。

（5）根据 1982 年 4 月 2 日的协议，卡蒂亚以 24 亿意大利里拉的价格将 Ciset 公司 80% 的股权出售给克罗齐亚夫人，以 Ciset 公司未来 5 年的利润分期支付。克罗齐亚夫人后来收购了卡蒂亚持有的剩余股份，因此她拥有 Ciset 公司 99.5% 的股份，但具体条款不详。

（6）根据 1987 年 12 月 10 日的协议，克罗齐亚夫人将她在 Ciset 公司的股份出售给 Croci BV，对价是 1050 亿意大利里拉，分三次支付：① 140 亿意大利里拉，6 个月到期，免息的承兑票据；② 160 亿意大利里拉 6 个月到期，8% 利息的承兑票据；③ 750 亿意大利里拉，年息 8%，2017 年 12 月 10 日到期的承兑票据，即本案特别定义的承兑票据。

（7）1987 年 12 月 24 日，克罗齐亚夫人将承兑票据转到盛大信托。她通过 Croci NV 和 Croci BV 保留了 Ciset 公司的所有权。Ciset 公司是该架构中唯一创造收入的资产。

尽管 1982 年 3 月 22 日达成了协议，但克劳迪奥和丹妮拉认为其在 Ciset 公司的继承中受骗了，因此向法院提起了诉讼。多年的诉讼于 2005 年达成最终和解。值得注意的是，卡米洛和卡蒂亚之间的安排被意大利法院认为是一个合法的"信托协议"（*pactum fiduciae*），卡蒂亚有责任保护 Ciset 公司的股权，并在丑闻风平浪静后将其转回给卡米洛。同时，法院还认为，卡蒂亚向克罗齐亚夫人出售 Ciset 公司的股权是为了履行这一信托义务。支付给卡蒂亚的购买价款由 Ciset 公司使用其部分股息分配支付，即不是克罗齐亚夫人之前创造的财富。

法国巴黎银行泽西公司的勒科尔尼先生于 2001 年首次介入盛大信托，他一直认为盛大信托的资产来自卡米洛产生的财富。法国巴黎银行泽西公司内部对此有记录，体现在法国巴黎银行（瑞士）的文件中："资金的产生和来源。继承她的第一任丈夫卡米洛·克罗齐亚，富有的意大利工业家。她继承了巨额的不动产、艺术品、股权，估计总额约为 6 亿美元。"

本案第二被告、受托人保罗·福特斯先生也赞同家庭财富来自对卡米洛遗产的继承，他在 2005 年 7 月 21 日的一封电子邮件中证实了这一点。在这封邮件中，他介绍了 Croci NV 和 Croci BV 的背景："克罗齐亚夫人通过继承获得了资产。"

在克罗齐亚夫人未经证实的证人陈述和宣誓证词中，她极力强调卡米洛的意大利遗产已经资不抵债。该资不抵债在某种程度上是因为 Ciset 公司股权已经借由信托合同转到了卡蒂亚的名下。而对于卡米洛在意大利以外的遗产，她未有任何评论。根据克劳迪奥的说法，所有这些资产都被授予克罗齐亚夫人，其中包括大通曼哈顿的大约 1000 万到 1500 万美元的银行账户以及其他银行账户。

第四节
盛大信托和幸运信托

一、盛大信托基本情况

（一）盛大信托设立

盛大信托由克罗齐亚夫人于 1987 年 12 月 24 日设立。虽然她是意大利人，但设立信托时她在美国纽约居住。请注意这是一个非常关键的因素，这就意味着她很可能是美国税务居民，因而对其架构具有重要影响。该信托的管辖法律是巴哈马法律，信托契约文件由她的美国法律顾问起草，信托的受托人是：克罗齐亚夫人，Bankamerica Trust and Banking Corporation（Bahamas）Limited，（美国银行信托公司，为巴哈马的信托公司），卡蒂亚。

在设立信托时，克罗齐亚夫人的两个女儿，卡米拉时年 16 岁，克里斯蒂安娜时年 14 岁。信托设立文件清晰地表述道：克罗齐亚夫人的意图是在信托下为两个女儿建立单独的信托。

盛大信托的初始资金来自荷兰 Croci 国际有限责任公司（"Croci BV"）签发的总额为 750 亿意大利里拉，年息 8%，2017 年 12 月 10 日到期的承兑票据（promissory note）。该期票向克罗齐亚夫人签发并由其放入信托中。根据信托的契约文件，受托人没有执行期票下相关权利的强制义务。荷兰 Croci BV 持有意大利运营公司。在收到 Croci BV 基于期票的利息之后，盛大信托通过二十三投资有限公司（Twenty-three Investments Limited）持有大量艺术品、现金和投资。具体架构请见图 10-1。

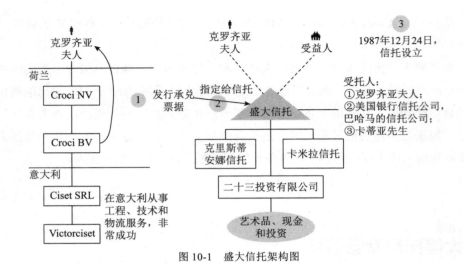

图 10-1　盛大信托架构图

（二）承兑票据的原理

承兑票据是家族财富传承架构中常用的法律工具。其目的是在家族企业作为商业运作的载体、创造财富的来源和家族私人财富之间嫁接一个桥梁。同时，承兑票据可以"创造"利息，有税前抵扣的作用，因此也被用于国际税务筹划。

放入盛大信托的资产是由设立人克罗齐亚夫人控制的 Croci BV 签发的应付承兑票据。但是，盛大信托的条款使她处于冲突中，因为她既是债权人又是债务人。作为受托人，她必须平衡盛大信托的利益，以获得该承兑票据下的利息。但作为股东，她又必须平衡 Croci BV 支付该利息的责任。在盛大信托中是如何实现平衡的呢？这就要归于盛大信托契约条款的安排：克罗齐亚夫人是盛大信托的受托人，但她被免除执行承兑票据的任何义务。同时，她对 Croci 集团拥有所有权和控制权，可以决定向 Croci BV 支付多少钱、Croci BV 向盛大信托支付多少钱。因此，她可以像自来水龙头一样打开和关闭利息支付。

克罗齐亚夫人是盛大信托的设立人和家族的女族长，因此她有能力决定是否将资金留在 Croci 集团，以支持家族"皇冠上的宝石"Ciset 公司的经营，或获得资产等供家庭目的使用，或用于支付盛大信托的利息。只要她一直控制着 Croci 集团，而且这个家庭比较和谐，都会受益于盛大信托和 Croci 集团。

一旦家族内部的和谐不存在了，这一架构就容易出现问题。2011 年 4 月，家庭关系出现了崩溃，特别是 2011 年 12 月卡米拉成为 Croci BV 的所有者时。盛大信托成立之初的谨慎平衡已经消失。这个家庭支离破碎，不再存在共同的利益基础。这一家庭关系的变化引发了承兑票据的内在冲突。

二、核心条款

原告的主张是盛大信托并非为了向克罗齐亚夫人提供任何利益的目的或意图而设立。根据盛大信托条款，只有克罗齐亚夫人所有后代死亡的情况下，克罗齐亚夫人才能作为默认受益人从信托中获益。

被告的主张是克罗齐亚夫人总是有从盛大信托中受益的意图，基金会被指定为盛大信托的受益人，作为她将受益的法律工具。其主张是克罗齐亚夫人在她的丈夫卡米洛·克罗齐亚破产后，靠自己的力量创造了财富。出于美国税务的原因，她被建议为自己和女儿的利益创建一个有处分权的信托。由于荷兰税务的原因，基金会成为盛大信托的受益人，作为她从中受益的工具。

因此，一个关键的问题是克罗齐亚夫人过去是否有通过对基金会的所有权以成为盛大信托间接受益人的意图，或者基金会被列入受益人只是为了慈善。

在设立人没有签署专门的文件以明确其设立意图的情况下，如何弄清楚设立人的意图？毫无疑问法律文本是出发点。但文字必须根据综合事实背景，以及设立人在当时可以预见并认识的状况来理解。法院必须考虑盛大信托契约的文本，而不是盛大信托契约当事人或后续事件的主观意图的证据。

我们先列出盛大信托契约第十一条，这是前受托人在 2010 年资产转让时所享有的权利：

第十一条：（A）无论任何信托、权利和规定，受托人有权在任何时间或者分配日期之前的任何时间，全权酌情决定将信托基金的全部或任何部分从本信托之责任、权利和条款中释放和还原，为所有、任何一个或完全为多个其他人或其他受益人（设立人除外），并筹集和支付或转移到其他信托的受托人，在进行如此安排时：须不违背适用于这些信托的永续规则；须经受托人同意；无论其他信托的一个或多个受托人是否为信托管辖区域之居民，支付或者转让的资产是否受制于其他信托之责任……

原告主张，"设立人除外"在"任何一个或完全为多个其他人或其他受益人（设立人除外）"中是说设立人不能是受益人，因此"除外"是针对受益人的限定。但是，被告主张"设立人除外"是对"完全"的限定，即任何情况下设立人都可以从中受益。

对同一段话的意思产生了完全不同的解读。法院认为，第一种解读是更为自然的，但第二种解读从语法上也是可能的。因此，有必要根据整个信托契约文件来判断。

合同的序言部分讲述了盛大信托设立的目的：

设立人希望记录她通过本协议为她的每个孩子卡米拉（截至本协议日期年龄为 16 岁）和克里斯蒂安娜（截至本协议日期年龄为 14 岁）分别设立单独的信托。受托人应收到附表 A 中所述的担保期限票据（"承兑票据"）作为初始信托基金……受托人应将附件 A 中所述的财产设立为两个基本相等（价值）的单独信托，其中一个以卡米拉的姓名命名，另一个以克里斯蒂安娜的姓名命名。每个此类单独信托应按本协议下文所述处理。

因此，两个单独的信托应分别为卡米拉和克里斯蒂安娜设立。契约第五条同时明确两个信托应保留在一个基金内以方便投资，但"该条规定完全只是为管理之便利，不被视为破坏每个信托之独立性。非常清楚的是，在将初始信托资产分成两个均等的基金后，一个为卡米拉，另一个为克里斯蒂安娜，这两个单独的信托和单独的信托基金可以不同的方式投资，并可以不同的价值和金额终止。"

在盛大信托的契约文件中，只有第一条对"受益人"进行了定义。

"受益人"应包括：卡米拉；克里斯蒂安娜；卡米洛·克罗齐亚基金会有限公司。

信托在契约第二条中以以下方式列出。

第二项 根据设立人的子女姓名确定的财产应由受托人单独托管：

（A）在被信托确定的设立人子女有生之年，受托人应支付给或为子女之任何一人或者两人和卡米洛·克罗齐亚基金会有限公司之利益进行支付，以按照受托人认为可以建议的方式进行。在任何年度受托人未指示支付的所有收入须在子女信托内累积为信托本金。

（B）受托人在其独立和绝对的处分范围内，为这些子女的利益，可以在任何时间及不时地以其独立和绝对的处分权在认为必要或者令人满意时，决定将信托本金的相应部分（甚至全部）支付给这些子女。

（C）在被信托确定的设立人死亡时，该子女信托的剩余本金应按照该子女最后一个遗嘱指定的方式，为其子女或者设立人其他子女（不能是设立人）的利益进行支付。根据子女遗嘱未进行实际支付的任何本金须在该子女死亡时转移至其当时尚存的后代，每系血脉均等分配；**如果没有后代而且设立人尚在世，向设立人分配**；如果设立人此时不在世，向卡米洛·克罗齐亚基金会有限公司分配。

以克里斯蒂安娜的信托为例，在她的一生中，受托人有权向她或基金会支付收入，但只能向她支付本金。在她去世时，信托资本向她的子女或者克里斯蒂安娜通过遗嘱指定的设立人的其他子女分配；在没有指定的情形下，向她的子女平均分配。设立人只有在其所有的后代都先于其死亡的情形下才能获益，最后的默认方式是向基金会分配。"但不能向设立人分配"强调了设立人在设立人任何后代存活的情形下，不能从克里斯蒂安娜的信托中获益的事实。卡米拉的信托有着同样的条款。

契约第三条（D）规定在其女儿未成年前，克罗齐亚夫人作为受托人不得参与就其向女儿支付收入和本金的决定："尽管本协议的任何其他规定：只要设立人在本协议下担任受托人，她就不得参与从子女的信托中支付收入或本金的任何酌情权的行使，直至被信托确定的设立人子女年龄满 21 岁。"

同时，任何个人受托人包括克罗齐亚夫人不能参与向基金会进行收入分配的决定。然而，如果设立人不同意公司受托人向基金会支付收入的决定，向信托识别的子女进行支付之酌情权的行使则优先使用。这就明确表明，基金会在信托中的利益是次于克里斯蒂安娜和卡米拉的利益。因此，设立人克罗齐亚夫人在前述信托中的利益是受到很大限制的：只有在其所有后代都死亡之后，其才能作为默认的受益人。另外，克罗齐亚夫人从信托获得利益受到了诸多的限制：

第六条规定，无论信托其他条款有任何规定，受托人在任何情况下都无权做出如下事项：

（A）……

（B）使设立人能够直接或间接借入信托的本金或收入；

（C）将信托本金或收入贷款给设立人；

（D）利用信托本金或收入来支付抚养子女的相关费用。

在契约第八条，设立人似乎已经被排除了从信托获得会计信息的权利："受托人可以在任何时候及不时地将会计信息提供给信托的受益人，如果该受益人已经成年，否则向该受益人的保护人（但不是设立人）提供会计信息。"

契约第十四条规定："设立人声明本协议不可撤销，本协议或特此创建的任何信托均不得修改。"

通观盛大信托契约文件，只要任何后代还活着，设立人克罗齐亚夫人就不能获益，无论是直接作为受益人还是间接通过贷款，甚至是帮助她来照顾卡米拉和克里斯蒂安娜。

综上，法院最终接受了原告的解释，即盛大信托第十一条的规定旨在为设立人以外的其他受益人提供利益。

关于基金会，克罗齐亚夫人没有在盛大信托的契约文件上记录她将基金会作为受益人和最终默认受托人的意图。从信托契约文件上可以看出以下三点意图：

①除了最终的默认规则适用外，基金会不是信托资本的受益人；②基金会是设立人以外的其他人；③"基金会"一词意味着一个有慈善目的的机构。因此，仅从盛大信托契约文件上，法院认为盛大信托创立者的意图是在其子女不需要该资金的情况下，打算让基金会从信托获得收入，以促进其慈善目标。如果整个家庭都不存在了，基金会将成为最终受益人。实践中，设立人将慈善基金会作为最终受益人是常见的。如果基金会收到的资产只是通过它转移到克罗齐亚夫人的遗产而不是慈善机构，那么将基金会作为最终受益人似乎没有意义。

三、幸运信托

幸运信托由克罗齐亚夫人的美国法律顾问起草，于 1989 年 9 月 8 日设立，Banque Bruxelles Lambert 信托（泽西）有限责任公司为第一任受托人。幸运信托设立的主要目的是持有其珍贵的艺术收藏品。主要条款如下。

（1）信托持有的资产按克罗齐亚夫人的书面指示进行管理和投资。她还可以将任何公司指定为"特殊公司"。如果这样指定，受托人只能根据她对该公司及其资产的指示行事。

（2）克罗齐亚夫人可以直接向她本人分配收入，她可以撤回任何或全部资本，可以撤销、更改或修改信托契约。

（3）在克罗齐亚夫人去世时，信托基金（包括基金 A 和基金 B）分阶段分配给她的女儿，一半在其 25 岁时分配，余额在其 30 岁时支付。

（4）最终的默认受益人是基金会。

根据幸运信托的条款，在克罗齐亚夫人的一生中，受托人实际上已被缩减为单一的监护人，其审慎管理责任很小或者几乎没有。

第五节

盛大信托设立的背景

一、去纽约生活

1982 年前后，克罗齐亚夫人带着女儿从墨西哥搬到纽约并在纽约购买了一套公寓。这是一套非常有名的公寓，即第 8 大道 834 号，克罗齐亚夫人从鲁珀特·默多克手中购买得来。

克罗齐亚夫人在设立信托时咨询的美国律师，其备忘录中描述了如下背景：

来自：道格拉斯·艾伦

日期：1987 年 3 月 4 日

回复："授予人信托"文件号 12782.00：

我们的客户是目前拥有短期非移民签证的非居民外国人。我们的客户正在考虑成为美国的永久居民，因此成为美国税务居民。她在海外有大量产生丰厚收入的资产。她还有未成年子女，可能会也可能不会成为美国的永久居民。

克罗齐亚夫人没有说明她的签证是什么类型的，但据克里斯蒂安娜所讲，她准备进入一所艺术学院学习，因此她似乎持有的是学生签证。根据美国专家的说法，这就意味着她有可能在 1989 年成为美国税务居民。

艾伦先生的备忘录中还有这样的信息："建议客户建立外国信托，作为在她成为美国永久居民后可以继续享受非居民某些所得税优惠的手段。如此，来自信托的收入作为非来自美国的收入，可以为客户的子女积累起来，直到他们年满 23 岁。"

因此，以下事实在 1987 年是没有争议的：

（1）克罗齐亚夫人与她的女儿在纽约生活。

（2）她正在考虑或有可能成为美国税务居民的风险。

（3）她被建议设立一个外国信托，以便在她成为美国税务居民后保留某些所得税优惠。

二、1987 年美国税法和实践

根据美国税法（当时和现在），信托可以被分类为"赠与人信托"或"非赠与人信托"。赠与人信托是信托设立人保留"对信托本金和收入处置的实质性权利，相当于对信托资本和收入的所有权"。因此，设立人被视为信托的"所有人"，信托本身不被视为单独的应税实体。信托的收入、扣除和借贷通过信托流向并归属于设立人，设立人将这些金额按照发生制直接计入其所得税的计算中。赠与人也被视为间接拥有信托下公司和合伙企业的权益。

相比之下，非赠与人信托被视为单独的纳税人，按照发生制就其净收入纳税。在成为美国税务居民之前，1987 年的克罗齐亚夫人，可能设立一个外国非赠与人信托，称为"甩手"（drop-off）信托。这是当时移民美国前非常经典的规划方式。一旦克罗齐亚夫人成为美国税务居民，她须就全球收入在美国缴纳所得税，但不须就外国非赠与信托所赚取的收入纳税。在 1987 年，盛大信托要成为非赠与人信托须满足以下条件。

（1）必须是不可撤销的。

（2）除了对信托资产不超过 5% 的资产收回权益外，克罗齐亚夫人不能以任何方式直接或间接地从信托中获益。

（3）克罗齐亚夫人不能以任何方式决定或影响信托的受益权。

（4）克罗齐亚夫人不能对信托保留任何"染指权利"。在这方面，盛大信托契约第 6 条严格遵循相关法定条款（《美国国内收入法典》第 675 条）的措辞，明确禁止克罗齐亚夫人持有任何可能导致盛大信托成为赠与人信托的行政权利。

如果盛大信托未能满足上述条件中的一条，那么它将成为赠与人信托。此时，一旦克罗齐亚夫人成为美国税务居民，不论信托是否分配以及对谁分配，她都须就其所有收入纳税。如果盛大信托成为赠与人信托，则完全没有设立的必要，因为它不会提供任何美国所得税利益。因此，从美国法的角度，对盛大信托契约第 11 条的解释可能是信托资产只有在克罗齐亚夫人被排除信托的情况下才能被放入一个新的信托。这与美国非赠与人信托的解释是一致的。而任何其他解释，如信托资产可以被重新放入另一个克罗齐亚夫人是受益人的信托，将使得盛大信托自始成为赠与人信托。如果克罗齐亚夫人可以通过基金会来受益，同样会使盛大信托成为赠与人信托。

另外，如果克罗齐亚夫人成为美国税务居民，她所拥有的某些外国公司将成为《美国国内收入法典》第 957 条中定义的"受控外国公司"。如果美国税务居民直接或间接拥有一外国公司 10% 或以上的投票权、总投票权或股权总价值 50% 以上由"美国股东"直接或间接拥有，该公司将被视为受控外国公司。此时，美国股东须按比例就受控外国公司的消极所得缴纳美国所得税，不论该收入是否在纳税年度被实际分配给美国股东。因此，如果克罗齐亚夫人成为美国税务居民，Croci BV、Croci NV 和 Ciset 公司有可能成为受控外国公司。这将为克罗齐亚夫人将盛大信托设置为外国非赠与人信托提供了更加令人信服的理由，并在成为美国税务居民前将承兑票据放入信托。

在盛大信托保持外国非赠与人信托的情况下，如果克罗齐亚夫人成为美国税务居民，Croci BV 对盛大信托的应付承兑票据将产生两个重要后果：①克罗齐亚夫人不需要就 Croci BV 向盛大信托应付的利息支付美国所得税。② Croci BV（以及拥有 Croci BV 100% 股权的 Croci NV）的应纳税所得额可以减少，因为承兑汇票支付的利息是作为营业费用，从而减少了 Croci BV 和 Croci NV 的应纳税所得额。因此，意大利营运公司 Ciset 和 Vitrociset 的收入不会被征收美国税，但被分配给 Croci BV 和 NV 的话，它就须缴纳美国所得税。克罗齐亚夫人可以控制从 Ciset 获得多少收入，但如果它被分配给 Croci BV，则承兑票据的利息是可扣除的费用，也就减少了她的应税收入。实际上，承兑票据将受控外国公司的被动收入（克罗齐亚夫人须就其缴纳所得税）转为受控外国公司的营业费用，而无须缴纳美国所得税。这是美国税法下良好的财富传承方案经常使用的方式。

将基金会这样的慈善机构作为可自由支配的受益人，也会享有一些美国的税收优惠。非赠与人信托在当前纳税年度所赚取的可用于向受益人分配的收入金额，称为信托在该年度的可分配净收入。如果收入在一年内累积而不是分配，则信托中将产生未分配的净收入。在随后的几年中，如果向美国受益人分配的金额超过该年度的可分配净收入，则超出金额将被视为美国所得税法下的"累积分配"，面临不利后果。盛大信托的受托人可以通过向美国基金会捐款的方式来控制其所获得的应纳税所得额。

对于一个外国非赠与人信托对美国受益人进行的分配，美国税法加收"回溯规则税"和特别利息，最高为分配资金的90%。而增加基金会作为盛大信托的受益人，受托人可以借此防止信托产生大量收入和未分配净收入的累积。如果收入累计在信托中，在克罗齐亚夫人的女儿离开美国以后，向她们进行分配的话，美国税法下对累计分配的征税将不适用。

第六节
基金会和设立人的意图

一、基金会的设立

在1987年8月24日盛大信托成立之前，卡米洛·克罗齐亚基金会有限公司于1987年8月5日在巴哈马注册成立。章程的标题是"有限担保公司"（Company Limited by Guarantee），其第3条列出了基金会成立的目的：

第3条 公司成立的目的如下：
（1）接收来自信托、遗产和类似实体的分配，并将其捐赠给在巴哈马联邦内已经建立或将建立的慈善机构。
（2）接受捐赠或贷款方式获得的款项，以支付公司的管理费和类似费用。
（3）开立和维护银行账户，提取、接受和协商支票、汇票、本票和其他流通票据。
（4）将本公司的闲置资金（非为其目的而紧急需要）进行投资、购买证券或不动产等。

（5）承担及执行任何可能直接或间接有利于本公司任何宗旨的信托或代理业务。

（6）购买、收购或以其他方式取得不动产、一个或多个公司、机构、目标与公司相似的社团或协会的资产、负债和交易的全部或任何部分。

……

章程第 4 条规定基金会是一个非营利机构："公司是一个非营利性机构，所有成员承担有限责任。"

章程第 5 条规定，备忘录中的任何内容均不禁止向基金会的任何职员或成员支付报酬，以换取实际提供的服务，也不禁止向基金会支付利息。

章程第 6 条规定了担保条款，即所有成员承诺在基金会清盘时以不超过 10 美元的金额向基金会注资，受制于成员之间对该金额的分摊权利。

基金会章程由 5 个成员签署，他们都是巴哈马律师事务所 Graham Thomson & Co 的律师，每人的责任以 10 美元为限。

有限担保公司被广泛应用于慈善、公益、俱乐部、社团或者类似组织。判决书引用了阿利斯泰尔·哈德森所著《衡平和信托》第 969 页中的内容："虽然公司通常都有持有公司股份的股东，但慈善组织更为常见的是以'有限担保公司'的形式存在，它们没有股东或股本。因此，有限担保司无须为了能够向股东支付股息而获利；从这个意义上讲，有限担保公司的这种形式更接近于美国的'非营利'公司概念。它的目的仅限于追求其慈善目标。"

根据巴哈马群岛几位法律证人的观点，在巴哈马群岛法律下，基金会不能向克罗齐亚夫人分配资金：

（1）基金会只能从信托、遗产和类似实体获得分配，以向在巴哈马联邦建立或即将建立的慈善机构捐款。

（2）根据公司法，有限担保公司可以进行分配。但是，任何分配只能来自其利润。

（3）基金会原始备忘录第 4 条规定，基金会是一个非营利机构，因此，不会有利润可以分配。

（4）分配只能为会员或为会员的利益。

（5）克罗齐亚夫人在 1987 年并非基金会成员。

然而，一个慈善机构的成员是否可以将慈善机构的目的改变呢？巴哈马法律上并无禁止。因此，一个慈善机构的成员理论上是可以将慈善机构的目的改变的。在这方面，英国的判例法也明确认定，一个慈善机构可以将其目的改为非慈善的目的。因此，从理论上，本案中的基金会成员是有可能将基金会从慈善目的变更为非慈善目的的。

　　然而，克罗齐亚夫人等被告主张，盛大信托设立人的意图是一旦克罗齐亚夫人决定不成为美国税务居民，或者已经成为但终止了美国税务居民身份，基金会的目的将被改为非慈善的目的。事实上，克罗齐亚夫人确实在成为美国税务居民之前离开了美国，基金会的目的于 1991 年发生了改变——基金会继续存在但已经成为有限责任公司。

　　此时的问题是盛大信托的受益人是否可以借此主张：克罗齐亚夫人通过基金会使其受益是否是对信托责任的违背？这就需要回到盛大信托设立人的主观意图。请见"克罗齐亚夫人的意图"部分。

二、基金会的延续

　　在 1987 年 8 月 6 日举行的基金会第一次年度大会上，克罗齐亚夫人被任命为主席和董事。

　　1991 年 6 月 26 日，根据《1990 年国际商业公司法》（第 2 号）（IBC 法案），基金会继续作为国际商务公司存在，以非慈善的目的来取代慈善的目的，还出现了股本。没有证据解释为何出现这种改变。

　　此时核心的问题是基金会是否有效存续？法院需要对 1991 年发生的事实进行认定。在缺少证据的情况下，法院并没有对基金会的存续进行直接认定，因为基金会作为设立在巴哈马的实体需要由巴哈马法院来认定。但基金会在过去 25 年都没有被任何法院挑战，法院根据法律原则"一切事情都应推定为已正确地完成"（*omnia praesumuntur rite esse acta*），假定基金会是有效存续的。在法院判例上，有英国法院判例 [2009] EWHC 1369（Ch）和 Alexander v Patterson & Sim [2015] CSIH：

　　在考虑发生在过去很长时间的交易时，一般的假设是所有必要的程序都得到了适当的遵守；否则对该交易提出质疑的一方有举证责任。这种推定即拉丁语 "maxim omnia praesumuntur rite esse acta"，意思是一切事情都应被认为已经适当地并按照通常的方式完成。该原则具有广泛的应用，并已应用于商业交易……该推定具有重要的实际意义。在 Morris v Kanssen [1946] AC 459 中，西蒙德勋爵提到了该格言，他将其描述为法律的基本格言之一，"商业之轮将不会顺利进行，除非可以假定秩序所显，即为真实秩序。"这在我们看来非常清楚。

　　有四个理由证明格言的适用。第一，在实践中，进行交易的人通常确保至少正确地决定和记录交易的实质。因此，程序中的任何缺陷往往是形式问题而不是实质问题。因此，格言反映了实质比形式更重要的基本原则。第二，如果对交易存在实质性异议，则可能立即面临挑战。结果是任何严重且重要的程序缺陷都可能在当时得到解决。第三，在交易完成后，证据会随着时间的流逝经常丢失。第四，也许最重要的是交易不是孤立的。当事人以及受其影响的第三方在未来的交易中依赖交易的存在和有效性。如果一项交易可在其完成的很长时间以后，以无法证明其已经遵循了适当的程序为由被质疑，随后所有基于对该交易信任而进行的其他交易都可能被质疑。无论是在商业世界还是在其他地方，这都是无法容忍的。

自 1991 年以来，与盛大信托相关的每个人都建立在将基金会转变为国际商业公司 IBC 且已采取相应行动的基础上。因此，已经"木已成舟"。

核心问题是基金会从慈善目的变为非慈善目的，是不是意味着克罗齐亚夫人可以借此从盛大信托中获益？不是。基金会变为非慈善目的的影响是盛大信托的受托人按照原定的意向基金会分配收入用于慈善的权利被剥夺了。这意味着如果基金会作为最终默认受益人收到信托的分配，这些资产不会用于慈善目的，而是属于克罗齐亚夫人的遗产。因此，基金会丧失了在盛大信托中原定的作用，已不能从中受益。在克罗齐亚夫人实际拥有基金会的情况下，不能向基金会进行任何分配。在任何子女或后代在世的情况下，克罗齐亚夫人都不是盛大信托的受益人。

这就是法院认为自 1991 年以来克里斯蒂安娜实际上是单独信托唯一受益人的原因。

三、克罗齐亚夫人的意图

克罗齐亚夫人声称，她从未打算将自己排除在受益人之外，而是希望直接或者间接地通过基金会从盛大信托的整个资产中受益。这是她设立盛大信托的主观意图。克罗齐亚夫人的律师也在书面陈述中做出了类似的描述。然而，法院并未采信。原因是这和信托设立时所重点考虑的美国税务筹划是冲突的。而且克罗齐亚夫人和其律师的证言陈述只是其设立盛大信托的主观意图，该主观意图是在理解盛大信托契约文件时不能考虑进来的。

盛大信托的契约文件非常清楚地规定该信托是为了克罗齐亚夫人女儿们的利益创设的，克罗齐亚夫人不是信托本金和收入的受益人，除非所有后代都不在世。基金会根据其章程，作为最终默认受益人，在其获得收入分配后将该收入用于慈善捐赠。因此，盛大信托的目的或意图不是直接或间接地向克罗齐亚夫人提供任何利益，除非她的所有后代都不在世的情形下作为默认受益人，而基金会不是作为克罗齐亚夫人可以获益的受益人存在的。对于克罗齐亚夫人主张的意图和法院的认定请见表 10-1。

表 10-1　克罗齐亚夫人意图的判定

克罗齐亚夫人的主张	法院的发现
• 一直有从盛大信托中获益的意图，而基金会被设定为一个受益人就是实现其受益的法律工具	• 她保留了 Ciset 公司，因此并没有将家族主要资产的控制权交给盛大信托
• 一个像克罗齐亚夫人一样热衷于控制家庭财富的人自愿将家庭主要资产的控制权转让给她无法从中受益的信托，这是极不可能的	• 控制对于克罗齐亚夫人来说非常重要，但控制资产和从资产中获益是存在差异的
• 克罗齐亚夫人选择巴哈马作为基金会的设立地而不是设立一个美国慈善机构，因为她没有从事慈善的意图	• 没有证据显示为何选择巴哈马作为基金会设立地，但盛大信托是一个受巴哈马法律管辖的外国信托（从美国法角度来看），美国银行巴哈马是盛大信托的受托人和基金会的管理人，基金会设立在巴哈马群岛似乎是符合逻辑的
• 克罗齐亚夫人作为寡妇和两个孩子的母亲，将价值 6100 万美元的承兑票据放入信托，而自己不能从中获益，这是不合乎情理的	• 这不是不可能的。盛大信托体现了在 1987 年的美国税法下一个良好的税务规划。克罗齐亚夫人放入信托中的资产只是其从卡米洛继承的资产中的一小部分。盛大信托是为了克罗齐亚夫人的女儿而不是为她自己设立的，但她保留了很大的控制权：①克罗齐亚夫人保留了对 Ciset 公司的所有权和控制权，她控制了向 Croci BV 支付的股息以及 Croci BV 是否能够支付任何利息；②克罗齐亚夫人和作为 Ciset 公司董事会主席的卡蒂亚是盛大信托三位首任受托人中的两位，根据盛大信托的契约文件，他们被免于承担执行承兑票据的所有责任
• 被告主张基金会自始就被作为克罗齐亚夫人受益的工具，是因为基金会的成员都是克罗齐亚夫人提名的，因此基金会是受其控制的	• 这将与移民美国所需要的税务筹划是背道而驰的。基金会作为收入受益人的角色是与女儿们的生命连在一起的——克里斯蒂安娜和卡米拉的死亡将导致各自单独信托的终止，也会导致基金会利益的终止。但是克罗齐亚夫人在信托中没有如此的地位

　　1992 年 1 月 24 日，克罗齐亚夫人写了一封关于任命大通银行为受托人以代替美国银行的意愿书，其中并没有提及她通过基金会从盛大信托中受益。1999 年 3 月 2 日，克罗齐亚夫人写了一封关于任命 Banque Paribas 为受托人的保密意愿书，只向受益人披露。这封信是向受托人保密地告知克罗齐亚夫人设立盛大信托的意图以及她希望受托人如何行使权利。这是克罗齐亚夫人解释其通过基金会受益之意图的理想机会，如果这像其宣称的那么重要。实际上她说：

盛大信托：

我将此信写给您，并相信您会将此内容视为机密。机密是指除了信托的受益人之外，您不应将此信件显示给任何其他人。

虽然我意识到受托人对盛大信托的事务和资产拥有完全的自由裁量权，但如果您认为以下是我对信托基金使用的意愿，我将不胜感激。

我一直以来的意图是盛大信托的信托基金是为我两个女儿的利益，并以同等的份额。我的意愿是在我去世以后，如果我的任何一个女儿向您提出资金的请求，您应立即向她们每个人提供信托基金的15%，如果她们如此提出要求且以书面形式进行。信托基金的剩余部分应为她们按照同等份额的方式持有。我希望您与她们每人讨论各自信托的管理、行政和投资，并与她们讨论如何以及何时使用资金。虽然我希望我的孙子女也可以获得资金，但我主要考虑的是这些资金是为我女儿们受益。

我希望您与我的女儿们讨论，并且在尽可能的情况下，考虑她们对每个信托基金的想法和愿望，例如，谁将就信托基金的投资提出建议，信托基金的分布和位置，采用哪家银行以及哪家受托人，无论是作为新增的受托人还是Paribas辞任受托人。

这封信是克罗齐亚夫人在家庭关系破裂之前所写，因此完全可以被认为是克罗齐亚夫人真实意图的可靠证据，而且这与盛大信托的契约文件是一致的。

四、关于盛大信托契约第十一条的理解

如何理解盛大信托契约第十一条中"设立人除外"是关键。与本案相关的一份意见书——尼古拉斯·勒·波伊万律师于2012年7月提供的意见为如何理解第十一条提供了很好的依据。有意思的是，他的意见是在克罗齐亚夫人提供的不正确事实基础上做出的。

（1）基金会是为克罗齐亚夫人的唯一利益而成立的，将基金会纳入受益人是为了让她继续从盛大信托的资产中受益。

（2）重要的是，她应该能够间接受益，因为她所有的钱都要进入盛大信托——她是一个年轻的单身母亲、一个寡妇，有两个年幼的女儿要养。

（3）第十一条的目的是允许将资产转入一个克罗齐亚夫人作为受益人的信托。

在此不正确的前提下，尼古拉斯·勒·波伊万律师得出的结论是信托不禁止克罗齐亚夫人在相关信托中有任何利益，但不能为克罗齐亚夫人的利益行使

权利：

第十一条禁止的是对设立人有利或为设立人之利益的任何转让。也就是说，受托人必须为其他受益人中的一人或多人之利益行事。但设立人并不是自动被信托禁止。她没有被列入"被排除人之列"。正统的说法是一项可以为 X 之利益而行使的权利也可以被以向 Y（客体）支付金钱的方式来行使，如果这对 X 是有益的。比如，如果 X 希望帮助 Y，受托人可以向 Y 支付，这也被认为是为了 X 的利益……认为设立人被排除为相关信托的受益人是不符合逻辑的。被排除的是为她受益而行使的权利。

因此，对盛大信托契约第十一条可能有三种理解：

第一，盛大信托不得以任何方式"支持或为了克罗齐亚夫人的利益"，因此禁止向任何克罗齐亚夫人作为受益人的信托进行分配（"限制解读"）。

第二，盛大信托必须"支持或为了克里斯蒂安娜、卡米拉或基金会（作为受益人）的利益"，即允许分配给信托以造福其中一个或多个，尽管克罗齐亚夫人可能获得一些附属福利（"更广泛解读"）。

第三，受托人信托必须是只能"支持或为了克罗齐亚夫人的利益"，或"支持或为了克罗齐亚夫人和一个或多个其他受益人的利益"（"被告解读"）。

基于前述事实，法院认定"被告解读"完全没有道理，第一种解读即"限制解读"更符合盛大信托在 1987 年设立时的意图。如果该解读太过谨慎，也可以适用"更广泛解读"，即克罗齐亚夫人只能获得补充性的利益，但无法采用"被告解读"。

第七节

信托重组，跌宕起伏

一、2010 年信托资产转移

2010 年 2 月 9 日，将盛大信托资产转移到幸运信托的契约被签署。这一契约的主要影响在于卡米拉和克里斯蒂安娜从作为她们各自信托的主要受益人，变为母亲在世时她们根本不是受益人。受托人事实上将盛大信托的资金交给了克罗齐亚夫人，使其在有生之年可以随意处置。法院认为 2010 年的资产转移没有法律效力。

这是一个如何从错误理解盛大信托的意图到一步步酿成更大错误的过程。

（一）错误的缘起

从 2001 年开始，法国巴黎银行的勒科尔尼就参与其中。勒科尔尼看起来是一位非常好的专家：他在银行系信托公司有着丰富的工作经验。1999 年，他成为法国巴黎银行泽西公司的副总经理，2003 年成为总经理，2011 年担任董事长，2014 年离开法国巴黎银行泽西公司。

如前所述，1999 年 4 月 9 日，法国巴黎银行根西公司是盛大信托的共同受托人。2000 年，法国巴黎银行决定在海峡群岛只保留泽西岛信托公司经营的信托业务，即由法国巴黎银行泽西公司接替法国巴黎银行根西公司。法国巴黎银行泽西公司退出受托人业务，由其管理的信托被转让到法国巴黎银行泽西公司。盛大信托基金和幸运信托是法国巴黎银行管理的最大信托架构，其转移非常困难，历时 6 年才完成。

勒科尔尼对盛大信托的适合性表示担忧，他认为这些条款模糊不清，特别是缺乏灵活性，他认为这种条款并不符合家庭目前的需要。他说这些条款在他的经历中很不寻常——他从未见过这样的信托。他认为这是在荷兰税务的基础上形成的。他还担心可能的税收，尤其是在克罗齐亚夫人死亡的情况下，受益人在意大利的税务影响。

他理解的是财富来源于卡米洛而不是克罗齐亚夫人，他也意识到克罗齐亚夫人从最初就想通过基金会从盛大信托获益，基金会的设立主要是出于无关的税务问题（克罗齐亚夫人已经不居住在美国）。在此基础上，他与盛大信托进行了接触。

法院认为，勒科尔尼显然是对基金会的角色产生了误解。这一误解的原因有三点：自盛大信托设立后已经过去了大约 15 年。信托公司在交接时没有提供文件解释信托设立的最初原理。此时，基金会已经变更为一个普通的股份有限公司，由克罗齐亚夫人实际所有。

由于对基金会的错误理解，勒科尔尼得出的结论是基金会没有什么用处。同时，他认为克罗齐亚夫人可以从盛大信托中获益。原因是他发现克罗齐亚夫人从幸运信托中获益或者成为受益人没有任何困难。他错误地得出结论：幸运信托能够更好地符合克罗齐亚夫人的意图，以及实现其要求。因此，他建议建立一个新信托，将盛大信托下的资产转移到新信托中。这样可以减少信托的审慎管理责任，也可以减少对信托的击破风险，同时给予克罗齐亚夫人愿意保留的权利。

同时，他也意识到第十一条带来的挑战，如在 2001 年 9 月 21 日的一份内部文件中所说："我不认为盛大信托是持有艺术品最合适的结构，幸运信托更适合。不幸的是，从盛大信托移除资产并将其转移到幸运信托的唯一方法是向克罗齐亚夫人的女儿分配。由于克罗齐亚夫人是幸运信托的受益人，因此盛大信托无法直接向幸运信托转移资产。"

他还对克罗齐亚夫人未被指定为盛大信托的受益人表示惊讶："为什么女士没有被任命为盛大信托的受益人？"他接着说："我注意到幸运信托的条款完全不同。这是一个可撤销的信托，其中克罗齐亚夫人不是受托人，但保留了很多权利，也是受益人。似乎幸运信托是克罗齐亚夫人意愿的更好代表，我的建议是以类似的方式重组盛大信托。"

勒科尔尼认为重要的是克罗齐亚夫人并没有被排除在盛大信托的受益人之外。他把实现克罗齐亚夫人的愿望作为头等大事，而不是她的女儿们的愿望——当时她们的年龄分别为 28 岁和 30 岁，是盛大信托内各自信托的主要受益人。

2001 年 9 月 26 日，勒科尔尼建议将盛大信托和幸运信托下的所有资产转移到两个新的信托中，设立盛大信托 2 和幸运信托 2。克罗齐亚夫人将成为幸运信托 2 的受益人，但不应该成为盛大信托 2 的受益人。

（二）与克罗齐亚夫人的第一次会议

勒科尔尼第一次与克罗齐亚夫人见面是在 2002 年 5 月，在她的摩纳哥公寓里。很有意思的是，在第一次会议中，克罗齐亚夫人并不愿对盛大信托做出任何改变。如果一直这样下去，就不会产生损害受益人的事情了。可惜的是，法国巴黎银行集团对于信托公司的内部调整，加上克罗齐亚夫人与女儿关系的恶化，共同促成了家族信托的变质。

第一次会议情况概述如下。

（1）克罗齐亚夫人的女儿们参加了大约一个小时的会议，但会上的讨论都是概括性的，并未讨论具体建议。勒科尔尼把克罗齐亚夫人描述为痴迷于控制权，而盛大信托是她控制家庭事务的唯一机制。她对信托被攻击的担心有些偏执。

（2）在勒科尔尼与女儿们短暂的见面中，她们表示自己对信托非常怀疑，对母亲来照顾家庭资产有很大的信心和信任。她们不会相信任何其他人。她们明确表示，她们非常高兴母亲代表她们。她们期望勒科尔尼与克罗齐亚夫人所沟通的一切都会与她们分享。在某个时刻，她们用意大利语讨论了母亲去世后女儿的利益受制于保护人的控制问题，这引起了很多大喊大叫。

（3）克罗齐亚夫人不愿对盛大信托做出任何改变，讨论也逐渐平息。盛大信托和幸运信托仍然留在法国巴黎银行根西公司。而法国巴黎银行根西公司暂时被保留下来基本就是处理这两个信托。

（三）法国巴黎银行集团信托业务调整成为信托变质的契机

盛大信托的资产组合放在法国巴黎银行（瑞士）。在法国巴黎银行（瑞士）

的压力下，勒科尔尼于 2004 年 2 月 16 日再次向克罗齐亚夫人致信，表示法国巴黎银行泽西公司同意福特斯成为克罗齐亚夫人的共同受托人，但条件是盛大信托的金融资产放入一个新的信托、艺术品放入幸运信托。

法国巴黎银行泽西公司面临的压力越来越大。法国巴黎银行集团热衷于关闭法国巴黎银行根西公司，而法国巴黎银行（瑞士）热衷于保留有价值的投资组合，但勒科尔尼不愿意法国巴黎银行泽西公司成为受托人，他称之为"吃力不讨好"。法国巴黎银行集团于 2006 年 7 月 11 日向勒科尔尼发送的电子邮件显示了此时的困难："我们知道我们正在处理一个困难且有时不合理的客户，但我们必须以一种特殊的方式处理这个问题，因为她是我们账簿中超过 1.4 亿美元的超高净值客户。此外，集团在根西岛维持信托公司付出的代价太高，因为该公司几乎是克罗齐亚夫人独家使用。这种情况必须尽快结束。"

在法国巴黎银行集团的压力下，勒科尔尼不情愿地同意将法国巴黎银行泽西公司作为盛大信托的共同受托人。2007 年 10 月，法国巴黎银行根西公司辞任受托人、法国巴黎银行泽西公司被任命为受托人以及将管辖法律修改为泽西法律。克罗齐亚夫人和她的女儿们承诺，对法国巴黎银行泽西公司过去、现在或将来在盛大信托及其投资的管理和行政中所引起的任何损失进行赔偿，除非是由于欺诈、故意疏忽或重大过失造成的。

2007 年，在法国巴黎银行泽西公司取代法国巴黎银行根西公司被任命为共同受托人后，勒科尔尼在罗马见到了克罗齐亚夫人，一起会面的还有来自法国巴黎银行（瑞士）的客户经理，克罗齐亚夫人的女儿们没有参与这次会面。

在罗马会面中，他们**做出了一个原则性决定：盛大信托的资产将被转移到克罗齐亚夫人拥有广泛权利和利益的幸运信托，并根据其意愿进行修改。**

克罗齐亚夫人的要求是被任命为保护人，有权选择会面地点、改变适用的法律、批准增加和排除受益人、批准信托资产的分割、批准任何分配、控制投资以及解雇和任命新的受托人。而且对于强制性分配没有要求，对于分配也没有金额上的限制。在克罗齐亚夫人去世时，每个孩子受益中的 15% 可以分配。这清楚地表明克罗齐亚夫人在其有生之年将成为主要受益人。

2008 年 1 月 9 日，勒科尔尼指示奥杰（Ogier）律师事务所的菲利普·勒科尔尼律师起草必要的文件。关于为什么换律师，没有解释。修订的幸运信托须具备以下条款：

（1）继续由克罗齐亚夫人拥有可撤销的权利。

（2）福特斯先生与法国巴黎银行泽西公司成为共同受托人。

（3）资产将继续注入两个基金——基金 A 和基金 B。

（4）受益人是克罗齐亚夫人的女儿和她们的直系后代。

（5）克罗齐亚夫人在她的一生中继续能够将收入支付给自己。

（6）所有固定的受益权都被删除，没有强制分配日期。

（7）该文件随后还列出了保护人的权利；克罗齐亚夫人是第一个保护人。

这些对信托的修改和资产的转移是否属于盛大信托第十一条的范围，没有进行确认。事实上，根本没有提及第十一条，或者之前律师的建议。

2008年1月21日勒科尔尼律师通过电子邮件将起草好的法律文本发给勒科尔尼，并提到："针对盛大信托的委任和赔偿契约，根据您的指示，我已经起草了法律文件，以将盛大信托整个资产转移到幸运信托。卡米拉和克里斯蒂安娜作为受益人，与克罗齐亚夫人一起被列入契约签署方。受益人和克罗齐亚夫人与先前的辞任和任命契约相同，都包括了对受托人进行赔偿，作为第六条。"

至此，克罗齐亚夫人的女儿们是信托契约文件的签署方。

（四）女儿们被从契约草案中移除

2008年8月，克罗齐亚夫人明确表示她不希望女儿们成为将盛大信托资产转移到幸运信托的契约签署方。勒科尔尼明确表示其从奥杰（Ogier）律师事务所获得的意见是女儿们需要成为该契约的签署方："从盛大信托向幸运信托的转移，收到的建议是盛大信托是为两个女儿的利益，相当确定的是对幸运信托的转移需要女儿们签署（任命和补偿契约）。目前的草案反映了这些内容。"

2008年8月27日，法国巴黎银行（瑞士）的埃尔马斯里小姐给勒科尔尼先生发了一封电子邮件，主题是"我与克罗齐亚夫人及其同事的美好周末"，证实克罗齐亚夫人乐意对"收集女儿的签名"进行赔偿，并说："我们将避免在幸运信托修订文件上收集女儿的签名，以便女儿们不会清楚这些事实：幸运信托已被修改（Miles和我认为女儿们甚至不知道该信托的存在）；盛大信托70%的资产已经转到Goodluck和Happiness公司；Goodluck和Happiness公司由幸运信托拥有。对于女儿们要求分配等的信件回复应该在资产转移后，应只向'Goodluck公司的董事'或'Happiness公司的董事'回复，而不要提及幸运信托或法国巴黎银行泽西公司……请确保……不要提及在母亲有生之年幸运信托不向她们分配事宜。"

勒科尔尼先生坚定地认为，拟议的重组符合女儿们的利益。如果克罗齐亚夫人愿意赔偿法国巴黎银行，他愿意在没有女儿签署文件的情况下继续进行信托重组。他与法国巴黎银行泽西公司的董事布赖恩·凯尼恩先生讨论过这个问题，尽管对于放弃要求女儿们签字不满意，但他们都认为法国巴黎银行泽西公司答应这一要求符合每个人的最佳利益。他说，这不只是为了降低信托风险，而是将资产置于正确的架构中。此时，他们没有考虑就这一点提出法律意见，包括奥杰（Ogier）律师事务所之前建议女儿们应成为文件的签署方。

2008 年 9 月 8 日，勒科尔尼先生指示律师将女儿们的名字从草案中删除："如前述，该文件主要是将盛大信托的资产转移到幸运信托。最初两个女儿都要签署契约，但受托人不希望女儿签署，因为他们不希望女儿们知道幸运信托的存在。请根据该要求修改任命契约，但加上对第三方受托人法国巴黎银行泽西公司的补偿条款。"

2009 年 1 月 30 日，勒科尔尼先生向埃尔马斯里小姐提供了请克罗齐亚夫人签署将盛大信托资产转移到幸运信托的契约草案。草案的引言错误地引用了盛大信托契约第十一条："根据盛大信托第十一条，盛大信托受托人有权在分配日期之前的任何时间全权酌情决定将盛大信托的全部或任何资产授予给任何其他信托的受托人，无论信托何时成立或存在，无论盛大信托的任何一个或多个受益人是否有利益......"

该引用的最大错误在于忽略了核心术语——"除了设立人"。

（五）幸运信托的修正

法国巴黎银行泽西公司于 2007 年 10 月 2 日与克罗齐亚夫人一起被任命为幸运信托的受托人，同时被任命为盛大信托的共同受托人。经修订的幸运信托主要条款如下。

（1）克罗齐亚夫人获得对信托资产及信托所持公司的"特别指示"的权利，而受托人必须遵守该指示，并且她对此没有信托责任。

（2）克罗齐亚夫人成为唯一全权受益人。

（3）她保留从信托中撤回任何或所有财产，以及撤销和修改信托契约的权利。

（4）在她去世后，信托被分成两个基金（基金 A 和基金 B），为卡米拉及其后代、克里斯蒂安娜及其后代全权信托。

受托人获得了广泛的任命权，以及增加和排除受益人的权利。

克罗齐亚夫人被任命为第一任保护人，并增加了在其去世后为其每个女儿的资产任命单独保护人的条款。增加或移除受益人，任何收入或资本的分配都需要保护人同意。保护人有权任命和罢免受托人。因此，克罗齐亚夫人在有生之年是幸运信托的唯一受益人，对信托资产的投资有完全的权利，而没有信托责任。不论她去世后留下什么，都会被分成 A 和 B 两个独立的基金，并以全权信托的方式传给她的女儿们及其后代。

（六）2010 年信托资产转移无效

2010 年 2 月 9 日，将盛大信托资产转移到幸运信托的契约被签署。这一契约的主要影响在于卡米拉和克里斯蒂安娜从作为她们各自信托的主要受益人，变为母亲在世时她们根本不是受益人。受托人事实上将盛大信托的资金交给了克罗齐亚夫人，使其在有生之年可以随意处置。因此，2010 年资产转让是为了克罗齐亚夫人的利益。

法国巴黎银行泽西公司也是受益者，由于其信托责任风险被降低了，其不是为卡米拉和克里斯蒂安娜的利益，而是给她们带来了损害。

另外，盛大信托为克罗齐亚夫人的女儿们提供了一个灵活的资产保护机制。她们的受益是有自由裁量权的，信托为女儿们提供了一个在去世时通过遗嘱来分配信托资产的机制，而不是子女一定获得资产。而向克罗齐亚夫人赋予撤回信托资产的权利将使得信托更容易受到外来的袭击，比如未来的丈夫或者债权人。这也会让女儿们面临被克罗齐亚夫人随心所欲地撤回这些信托资产的风险。

法院从三个方面认为 2010 年资产转让没有法律效力。

（1）对权利的欺诈行为。2010 年资产转让可以被认为是对权利的欺诈。"欺诈"一词包括权利的越界行使或没有法律依据。2010 年资产转让是出于将克罗齐亚夫人作为受益人的意图，而在盛大信托下她很难成为受益人，也是出于克罗齐亚夫人控制信托资产、法国巴黎银行泽西公司减少其信托责任的意图。该权利的行使超出了盛大信托契约赋予的权利范围，也无法提供合理的依据，属于权利的欺诈。

（2）错误。2010 年资产转让也可以基于《泽西信托法》第 47（H）条规定，以"错误"为理由予以谴责。该条款授权法院在受托人未能考虑相关因素或考虑了非相关因素的情况下，撤销受托人对权利的行使。在行使权利时，受托人认为克罗齐亚夫人无论如何都可以通过基金会受益，这一考虑是基于一个错误的理解。从另一个角度来看，卡米拉和克里斯蒂安娜在幸运信托下只有在克罗齐亚夫人死亡的情况下才能受益的结果没有被合理地考虑。

（3）超越受托人权利范围的行使为过度行使，即为无效。《泽西信托法》允许法院在其权利范围内宣布对权利的过度行使是无效的，或自行使之日起无效。

二、2012 年任命毅柏毛里求斯，转移控制

2009 年末，克里斯蒂安娜已经看到卡米拉与克罗齐亚夫人在一起的时间越来越多。她感觉卡米拉是要争取在家庭财富中有更大的份额。尼古拉斯形容卡米拉痴迷于她作为公主的地位，并变得非常贪婪。

（一）"任性"分配艺术品

以下是克里斯蒂安娜描述克罗齐亚夫人如何在她和卡米拉之间分配艺术品的过程。

事情是这样发生的：一天，我的母亲把我叫到她的房间，我姐姐已经在那里了。她说："坐下，我们现在谈论艺术品。这里有我的艺术品清单，我现在把它们分开，只是根据哪种艺术品更适合你们两个人。夏加尔（作品），你父亲为每个人买了一幅（作品）。所以这个夏加尔（作品）给你，这个夏加尔（作品）给她。卡米拉请写下我说的话。"我母亲正非常随意地躺在床上，然后她说"好吧，卡米拉，贾科莫巴拉（作品）、莱格（作品）、（归）克里斯蒂安娜，凡·高（作品）、（归）卡米拉……"。她手里拿着艺术品清单，来回走动……

在说出每一幅画之后，她以一个可笑的方式做一点解释。这对她来说是非常不寻常的，因为她是一个如此严格和有控制欲的女人……分配是以非常随意的方式完成的。然后她说："签了，你同意吗？"我签了名，姐姐也签了，就是这样。然后我回到我的卧室，对尼古拉斯说："你无法想象刚刚发生了什么。画进行了某种划分。""如何进行的？"因为尼古拉斯非常喜欢艺术，我们一起去艺术展览和博物馆，我们喜欢艺术。自我很小的时候，这些画就挂在我家墙上，所以我告诉他一些名字。他说："如果你姐姐得到了高更、塞尚、卢梭和雷诺阿（的作品），这看起来不太公平。你确定吗？"我说："是的，但我想我得到了……"无论如何，我的记忆力总是在我身上耍花招，我真的不记得这些名字了。就是这样，这就是故事的结局。

实际上，艺术品的分割是法国巴黎银行泽西公司安排的，作为幸运信托资产重组的一部分，卡米拉和她的基金 A 收到了价值 1.22 亿美元的艺术品，而克里斯蒂安娜和她的基金 B 只获得了价值 2100 万美元的艺术品。

克罗齐亚夫人说，是卡米拉和克里斯蒂安娜她们将这些画作分开。卡米拉说，该分割尊重她们自己的意愿和喜好。但这些说法都无法解释她们获得的画作的巨大价值差异。在此情况下，法院接受克里斯蒂安娜的证据，画作分割是由克罗齐亚夫人"独裁"决定的，她除了接受别无选择。

（二）刻意安排的会议，秘密进行的重组

2010 年 10 月 25 日下午，在克罗齐亚夫人的摩纳哥公寓，卡米拉、保罗·福特斯、勒科尔尼先生等举行了会议。那天克里斯蒂安娜已经安排了去迈阿密的行程，因为她总是在克罗齐亚夫人生日的两天后离开。

克罗齐亚夫人和卡米拉告诉福特斯先生，她们曾要求克里斯蒂安娜留下来参加会议但被拒绝了，这令她们很生气。法院认为，这次会议是由克罗齐亚夫人和卡米拉有目的地确定的，当时她们知道克里斯蒂安娜不会在那里。这一次，勒科

尔尼先生似乎没有做会议记录，但他在 2010 年 11 月 1 日的电子邮件中记录了克里斯蒂安娜对这些商业或物业几乎没有兴趣，更希望过上简单的生活。

Croci NV 拥有众多核心的家庭财产、游艇和"皇冠上的宝石"Ciset 公司。Ciset 公司及其子公司 Vitrociset 有很强的赚钱能力，例证是 2004 年至 2007 年子公司 Vitrociset 产生了 1.08 亿欧元的股息，被用于购买罗马公寓和别墅，Cortina 的一栋别墅，Circeo 的别墅，撒丁岛的土地和酒店以及摩纳哥的公寓等。

克罗齐亚夫人想将 Croci NV 置于卡米拉及其家人的新信托中，这就是所说的公主信托。由于克里斯蒂安娜是 Croci BV 的董事，解除她的董事职务的方式别出心裁。福特斯先生通知克里斯蒂安娜被解职董事职位时，在摩纳哥公寓的壁炉架上留下了以下字条：

2010 年 10 月 25 日
亲爱的克里斯蒂安娜，
可惜你今天不在。
请注意，Croci 国际有限公司的股东大会计划于 11 月 16 日举行。

最好的祝福
保罗·福特斯

福特斯先生只知道克里斯蒂安娜去了迈阿密，并不知道她何时会回来。另外，这张字条没有涉及会议上要讨论的事项，即克里斯蒂安娜被解除董事职位。这样做很草率。

随后福特斯先生起草了一份股权转让协议，卡米拉和克里斯蒂安娜将其在 Croci NV 的股份转给克罗齐亚夫人。克里斯蒂安娜说，2010 年 11 月初克罗齐亚夫人通过传真只发送了文件的签字页到迈阿密，并要求她签署并传回。

克罗齐亚夫人说，克里斯蒂安娜很高兴地将股票转给她，因此她签署了文件同意转回。克罗齐亚夫人没有解释她如何获得克里斯蒂安娜的签名，没有记录显示克罗齐亚夫人向克里斯蒂安娜传送了一页还是整个（三页）文件。但克里斯蒂安娜的电话记录显示，她只传回了一页。如果克里斯蒂安娜知道背后的目的，她还会签署这项协议是不可思议的。

据克罗齐亚夫人讲，2010 年 10 月 25 日克里斯蒂安娜前往迈阿密之后就失踪了。克罗齐亚夫人和卡米拉开始担心她的安全和生活，并担心她可能参与毒品、教派或受到黑手党的影响。克罗齐亚夫人说，在克里斯蒂安娜离开的第一个月是正常的，但 2010 年 12 月发生了改变：当时克里斯蒂安娜打电话说她不想回家过圣诞节；2011 年 2 月 12 日，她也没有回来参加克罗齐亚夫人的生日聚会，也没有回来参加 2011 年 4 月 6 日卡米拉的生日聚会，尽管她打了电话。这是克罗齐亚夫人和卡米拉最后一次与克里斯蒂安娜通话。卡米拉给出了一个相似的说法。

克里斯蒂安娜和尼古拉斯给出了一个不同的说法。克里斯蒂安娜说，她的确非常有意回去过圣诞节，一如既往。为此她确实将她及孩子们的衣服和财产留在了摩纳哥的公寓里。但 12 月某日，克罗齐亚夫人和卡米拉给她打了一个奇怪的电话，暗示她不用与家人一起回来。她们说太冷了，她们忙于"夏尔的王朝事宜"。所以她没有回去过圣诞节，她说这很不寻常。克里斯蒂安娜想回去参加克罗齐亚夫人和卡米拉的生日聚会，但是再次被她们打电话劝阻。

法院认为，克罗齐亚夫人和卡米拉未经证实的证言缺乏可信度，而认为克里斯蒂安娜和尼古拉斯的说法更可信。克罗齐亚夫人和卡米拉有充分的理由希望克里斯蒂安娜和尼古拉斯远离摩纳哥公寓，因为她们忙着秘密地将 Croci NV 公司转移，为了卡米拉和她的孩子们的利益。

2010 年 10 月 25 日的会议之后，法国巴黎银行泽西公司指示律师准备公主信托草案，并于 2011 年 3 月 21 日签署。法国巴黎银行泽西公司和福特斯先生是首任受托人，尽管转让 Croci NV 到公主信托从未被执行。根据公主信托的条款，克里斯蒂安娜只有在克罗齐亚夫人和卡米拉及其后代都不在世的情况下，才有可能受益。

2010 年 11 月 16 日，克里斯蒂安娜被解除 Croci BV 董事的职位，由卡米拉取代。2011 年 4 月 11 日，法国巴黎银行泽西公司的提名董事撤销了克里斯蒂安娜 Crica 公司董事的职位，并任命福特斯先生为董事。这一切都是在她不知情的情况下发生的。

（三）克里斯蒂安娜亲探摩纳哥公寓

克里斯蒂安娜觉得有些奇怪，想知道为什么克罗齐亚夫人和卡米拉不想见她。

克里斯蒂安娜决定去见克罗齐亚夫人和卡米拉，如果遇到问题，她们可以面对面地解决。当她于 2011 年 4 月 25 日抵达摩纳哥公寓时，克罗齐亚夫人和卡米拉不在那里。她在餐桌上找到了文件，其中包括科斯曼先生为重组家族信托和公主信托而准备的"莫扎特信托提案"。她非常震惊。根据莫扎特信托的提议，盛大信托投资组合将被转移到幸运信托，随后将被撤销。然后大部分家庭财富被注入新的架构，主要是为了卡米拉及其子女的利益。克里斯蒂安娜还了解到她在 Croci NV 的股份被转让以及她被解除了 Croci BV 的董事职位。

克里斯蒂安娜离开公寓，前往尼古拉斯的父亲在法国的房子，并打电话给尼古拉斯。她哭得很惨。她找到了证明她姐姐和母亲正在密谋针对她的文件。这是一个决定性的时刻，克里斯蒂安娜失去了对她母亲的信任，而且不可挽回。

2011 年 5 月 5 日，法国巴黎银行泽西公司根据克罗齐亚夫人律师的建议，指示奥杰（Ogier）律师事务所起草一份撤销幸运信托的契约。2011 年 5 月 9 日，勒科尔尼先生告知法国巴黎银行（瑞士），根据 2010 年资产转让授予克罗齐亚夫人的权利，克罗齐亚夫人将把整个投资组合从盛大信托转移到幸运信托。2011 年 5 月 10 日，克里斯蒂安娜在不知情的情况下，被解除 Crica 公司经理的职位。

克里斯蒂安娜咨询了一位意大利律师马里奥·塞拉，他于 2011 年 5 月 11 日写信给克罗齐亚夫人。该信对克里斯蒂安娜在家族资产中的利益表示关注，并要求进行会议讨论。克罗齐亚夫人于 2011 年 5 月 15 日及时做出回应，表示她愿意向克里斯蒂安娜提供她所寻求的任何澄清；但如果有必要让律师参与，那么可以联系她的律师。律师塞拉还于 2011 年 5 月 16 日写信给法国巴黎银行泽西公司，其代表克里斯蒂安娜采取措施来保护她的利益，要求进行会议讨论以获得澄清和信息。法国巴黎银行泽西公司决定不在这个阶段参与沟通，并且没有向他提供任何信息。

2011 年 5 月 13 日，在摩纳哥公寓召开了会议，勒科尔尼先生、福特斯先生、克罗齐亚夫人、卡米拉和她们的律师科斯曼先生参加了会议。会议讨论了律师克斯曼提供的信托重组方案。同一天，克罗齐亚夫人签署了书面指示，要求盛大信托的受托人将价值 1 亿美元的投资组合转到幸运信托。此时，家庭内部的情况已彻底改变，勒科尔尼先生已经开始就其是否应该根据 2010 年资产转让的授权停止该资产重组事宜寻求法律建议。他承认，他不愿意执行 2010 年资产转让了，因为这一转让不再符合克里斯蒂安娜的利益。

2011 年 5 月 23 日，勒科尔尼先生收到了梅斯特拉尔女士的电子邮件，通知他克罗齐亚夫人坚持要尽快撤销幸运信托。克罗齐亚夫人与克里斯蒂安娜之间的关系在 2011 年 6 月进一步恶化，不过她们之间还有通信。

克里斯蒂安娜咨询了荷属安的列斯群岛的律师，他们于 2011 年 6 月 6 日写信给克罗齐亚夫人和卡米拉，称克里斯蒂安娜在 Croci NV 的股份已被欺诈性地转移。她还指示一家荷兰律师事务所写信给 Croci BV 的董事（包括福特斯先生），称他们曾协助克罗齐亚夫人剥夺了克里斯蒂安娜在 Croci NV 公司的股份。2011 年 6 月 24 日，克里斯蒂安娜在荷属安的列斯群岛获得了对 Croci NV 股份的扣押财产令状。她从荷兰法院获得了类似的禁令。

（四）秘密录音"现身"

2011 年 6 月 14 日，克罗齐亚夫人、卡米拉、福特斯先生、意大利银行家等在摩纳哥公寓举行了会议。福特斯先生解释说，克罗齐亚夫人关注的是确保 Croci NV 的股份转让得当，并应她的要求安排了荷属安的列斯群岛的利奥·斯皮格特律师参加会议。

这次会议被秘密录音，一个包含录音内容的 U 盘被装入一个信封，然后被放在摩纳哥尼古拉斯的办公室里。这肯定由有权进入摩纳哥公寓的人录制，尼古拉斯和克里斯蒂安娜只能猜测是谁做的，但这显然是帮助了他们，并对克罗齐亚夫人和卡米拉造成了伤害。该录音中出现了以下要点。

（1）卡米拉发挥了主导作用。

（2）卡米拉和克罗齐亚夫人并未发现克里斯蒂安娜 4 月 25 日的秘密到访，并认为克罗齐亚夫人的前雇员马尔科·塞西莉亚先生向克里斯蒂安娜提供了文件和信息。

（3）克罗齐亚夫人一直在尝试将她的资产分成 1/3 给克里斯蒂安娜，2/3 给卡米拉，这符合意大利强制继承规则，但自最近收到了克里斯蒂安娜的信件后，她的观点发生了变化。

（4）克罗齐亚夫人和卡米拉认为克里斯蒂安娜不知道发生了什么，也从不会知道她们在做什么。"她永远不会知道我们在做什么，她不知道这是关于什么，我们做了什么。"

（5）关于 Croci NV 股份转让的问题，律师问克罗齐亚夫人是向克里斯蒂安娜发送了由福特斯先生起草的全部（三页）转移文件，还是只有签名页的简单问题，她给出了一个模棱两可的答案。

（6）卡米拉表示，她希望让 Croci NV 的股票消失，"因为这是我们唯一感兴趣的东西。对于其他，我们对谁失败、谁赢得案件不感兴趣……因为我们知道攻击会来到这里。"这表明卡米拉对 Croci NV 股权转让的适当性缺乏信心。

（7）克罗齐亚夫人和卡米拉的目标是克里斯蒂安娜得不到任何东西，她应该完全被切断。卡米拉表示，克里斯蒂安娜"没有钱打架"。

（8）福特斯先生建议，对 Croci NV 的任何转让都必须具有公允价值，因此克里斯蒂安娜在意大利强制继承权规则下的权利不会受到损害。正如他在证据中所说，他建议克罗齐亚夫人和卡米拉，无论她们想做什么都必须尊重法律，即克里斯蒂安娜的继承权。福特斯先生表面上维护克里斯蒂安娜的利益，但他与克罗齐亚夫人在战略上保持一致。他只是指出了他们行动上的局限性。

2011 年 6 月 30 日，克罗齐亚夫人撤销了幸运信托，并将所有资产掌握自己手中。

2011 年 7 月 14 日，勒科尔尼先生写了一封信，协助克罗齐亚夫人和卡米拉就克里斯蒂安娜在荷属安的列斯群岛提起的诉讼进行抗辩。2011 年 8 月 11 日，荷属安的列斯群岛法院解除了对 Croci NV 股份转让的扣押财产令状。克罗齐亚夫人提供了 1996 年由卡米拉和克里斯蒂安娜签署的手写信，同意根据她的要求将股份转给她。福特斯先生说他没有参与起草这封信。法官发现，2010 年克里斯蒂安娜是否被诱骗转让 Croci NV 公司的股权是无关紧要的，因为她有义务根据该信的条款将股份转给母亲。

克里斯蒂安娜坚持认为这封信是伪造的。2014 年，她在摩纳哥提起刑事诉讼，并出示了一份由调查当局委托专家出具报告的副本，该报告发现这封信有伪造的痕迹。

到 2011 年夏末，这场争斗已经公开化。由克罗齐亚夫人实际控制的盛大信托投资组合在她的指示下被系统地清空。法国巴黎银行泽西公司的迪夫尼夫人此时形容克罗齐亚夫人是"偏执狂"，并希望一切都拿回来。勒科尔尼先生承认，在法国巴黎银行泽西公司的视野里，资产一点一滴地消失了，克罗齐亚夫人正在采取措施阻止克里斯蒂安娜。

到 2012 年 1 月任命毅柏（Appleby）毛里求斯时，法国巴黎银行管理的资产仅剩下 1600 万美元左右。其余的已经被转到了世界各地，包括向克罗齐亚夫人在毛里求斯的 AfroAsia 账户支付了 1500 万欧元。

克罗齐亚夫人和卡米拉希望承兑票据"消失"，但无法做到。福特斯先生提出了削弱其价值的建议。

2011 年 12 月，卡米拉以 4490 万欧元的价格从 Croci NV 手中收购了 Croci BV。福特斯先生证实，作为 Croci BV 的董事，他知道这次收购。所得款项于 2011 年 12 月 20 日进入法国巴黎银行泽西公司，但很快被支付出去。

2011 年 12 月，克里斯蒂安娜指示一位法国律师西尔维奥•罗西-阿尔诺先生，于 2011 年 12 月 1 日第一次写信给克罗齐亚夫人和卡米拉。他提出了有关盛大信托和幸运信托的问题，要求提供有关信托的信息，否则将联系受托人，并在必要时直接对受托人提起诉讼。2011 年 12 月 23 日，他威胁要将克里斯蒂安娜的案件提交法庭，除非 2012 年 1 月初举行和解会议。

（五）任命毅柏（Appleby）毛里求斯为盛大信托唯一受托人

2012 年 1 月，当克罗齐亚夫人和卡米拉在毛里求斯度假时，克罗齐亚夫人打电话给勒科尔尼先生，要求毅柏（Appleby）毛里求斯被任命为盛大信托的唯一受托人。这一决定没有先兆。当时的情况是：

（1）克里斯蒂安娜与母亲、姐姐之间的关系彻底破裂，并已经陷入公开的纷争。

（2）盛大信托的投资组合已转移至幸运信托，而幸运信托已被撤销；克罗齐亚夫人撤回所有资产，大部分资产从法国巴黎银行撤离并分散到世界各地。

（3）荷兰和荷属安的列斯群岛法院已经启动法律诉讼程序。勒科尔尼先生对此知情。

（4）尽管克罗齐亚夫人在荷属安的列斯群岛法院取得了胜诉，但勒科尔尼先生通过 2011 年 9 月 14 日与克罗齐亚夫人的会面得知她"疯狂"地准备"下一次对抗"。

（5）克罗齐亚夫人、卡米拉、勒科尔尼先生和福特斯先生就承兑票据进行了讨论，承兑票据是盛大信托的唯一资产，克罗齐亚夫人和卡米拉希望它"消失"。

克罗齐亚夫人任命毅柏毛里求斯并不令勒科尔尼先生感到意外。克罗齐亚夫人和卡米拉在毛里求斯度过了很长一段时间，但从未去过泽西岛。他认为克罗齐亚夫人和卡米拉与毛里求斯有更多共鸣，卡米拉打算在那里购买房产。更重要的是，毛里求斯是一个讲法语的国家。

克罗齐亚夫人表示，在毛里求斯期间她在寻求房地产开发方面的建议，并被介绍给毛里求斯毅柏律师事务所的律师吉尔伯特·诺尔先生。他也向克罗齐亚夫人介绍了毅柏毛里求斯可以提供信托服务，这引起了克罗齐亚夫人的兴趣。

我对毅柏毛里求斯的专业精神印象深刻，每年我都可以见到他们，而我从未去过泽西岛。这对我很有吸引力，不仅因为我的法语比英语要好得多，也更容易，还因为我认为这对更广泛地开展我们的信托业务是有利的。

克罗齐亚夫人打电话给福特斯先生说，她曾与毅柏毛里求斯会面并认为由该公司负责盛大信托并将信托转移到毛里求斯是一个好主意。她说她对这种安排感到满意，因为她想更多地分散她的资产，而且该公司可以用法语沟通。福特斯先生非常高兴自己被取代，并对毅柏作为一家备受尊敬且声誉良好的全球律师事务所感到满意。该律师事务所拥有相关的信托业务，他通过电话与法国巴黎银行泽西进行了核实。

该任命进展迅速。诺尔律师于 2012 年 1 月 31 日向勒科尔尼先生发送电子邮件，称克罗齐亚夫人希望现有的受托人辞任并任命毅柏毛里求斯为新受托人，该邮件抄送给毅柏泽西的娜奥米·里沃律师。里沃律师起草了受托人辞任和任命的契约草案，当天由诺尔律师批准。2012 年 2 月 2 日，克罗齐亚夫人签署了该契约。2 月 7 日，福特斯先生签署了契约。2012 年 2 月 10 日，法国巴黎银行泽西公司签署了契约。

福特斯先生说，将毛里求斯毅柏任命为新受托人并将适用法律改为毛里求斯法律，对克里斯蒂安娜是没有影响的。勒科尔尼先生认为毛里求斯信托法是基于英国法律和泽西岛法律，但这是他的认知。他不知道根据毛里求斯法律，受益人的知情权受到更多限制。他没有就盛大信托是否在毛里求斯法律下有效，或者是否需要对其进行任何变更寻求任何建议，而且盛大信托契约的条款是不可修改的。

对此，勒科尔尼先生说没有看到这一改变会对克里斯蒂安娜造成什么损害。他没有就此与克里斯蒂安娜联系，也无法说明为什么没有这样做。他承认如果知晓他联系过克里斯蒂安娜，克罗齐亚夫人会大发雷霆。

根据泽西的判例法，任命新受托人以及相应地改变适用法律的权利是一种信托权利，必须以所有受益人的最佳利益为宗旨。迈克尔·贝特爵士在 P 信托和 R 信托一案中，总结了任命新受托人权利行使的职责：

信托权利持有人的职责可以用不同的方式表达，且随特定权利的性质而改变……为了本案的目的，我们认为，在行使任命新受托人的权利时，保护人有责任：

（ⅰ）本着诚实信用并为整体受益人的利益行事；

（ⅱ）做出的决定，可以经得起一个合理受托人的考验；

（ⅲ）考虑有关事宜，并只考虑这些事宜；

（ⅳ）不要为了别有用心而行事。

法院的结论是任命毅柏毛里求斯作为新的受托人并将适用法律改为毛里求斯法律，法国巴黎银行泽西公司和福特斯先生作为受托人并不是为了整体受益人的利益。而克罗齐亚夫人任命毅柏毛里求斯是一个战术行动，意在阻止克里斯蒂安娜的诉求。

2012 年 1 月 16 日，毅柏毛里求斯的合规官向诺尔律师和其他人发送了一封关于克罗齐亚夫人希望为卡米拉的利益设立信托的电子邮件，其中对信托资金来源的披露非常有限：

在我们的内部讨论之后，我特此注意以下内容（其中一些肯定是危险信号）；客户非常隐秘；客户是与我们联络的人（注意通常高净值客户指定其他人做这些事情）；客户不希望（不热衷）通过电子邮件联系，因为她说她不想要任何痕迹；她提到电话应该保持在最低限度；她还提到，她想以一种没有任何痕迹的方式进行（她想要消除所有资金来源的痕迹）；她还解释说，她不希望她的另一个女儿知道信托的存在，因为受益人将是卡米拉·克罗齐亚·德波旁德西里斯夫人，她只留下了少量的钱给另一个女儿；她希望按照她的要求进行分配；她也将是共同受托人；她非常熟悉有关信托的法律，她说她在离岸司法管辖区拥有很多离岸信托。鉴于这些问题，我认为监控客户的交易非常困难，他们也不太热衷于提供信息。鉴于这些危险信号，该客户的风险状况可能高于我们的风险偏好。

虽然有这些危险信号,但诺尔律师还是接受了克罗齐亚夫人作为客户。他完全是为克罗齐亚夫人和卡米拉的利益服务的,但还是同意他所属的信托公司毅柏毛里求斯作为盛大信托的受托人。而作为受托人,他必须为整体受益人的利益服务,包括克里斯蒂安娜——与克罗齐亚夫人和卡米拉在公开对抗中。在被任命为受托人后,毅柏毛里求斯没有给克里斯蒂安娜任何通知。2012 年 3 月 23 日克里斯蒂安娜律师要求奥杰律师事务所提供有关盛大信托和幸运信托的信息,奥杰律师事务所在 2012 年 4 月 16 日的回复中附上了任命和辞任契约的副本,并表示任何信息请求都应发送给毅柏毛里求斯。这样克里斯蒂安娜才首次知晓该事。

(六)毅柏毛里求斯的敌对态度和欠缺对受益人的忠诚义务

克里斯蒂安娜的律师于 2012 年 4 月 30 日致函毅柏毛里求斯,要求提供有关克里斯蒂安娜作为盛大信托受益人的信息。诺尔律师与克罗齐亚夫人和卡米拉讨论后,于 6 周后即 2012 年 6 月 11 日回复如下:

2012 年 4 月 30 日您要求提供与上述信托相关信息的来信收悉。本信托的受托人已充分考虑了您的请求,并反对披露此类信息,因为信托条款并未授权受托人向信托的任何受益人披露此类信息。此外,披露此类信息将与受托人在信托契约和"2001 年信托法"下的义务相冲突,并将对该信托的管理产生不合理的影响。

对于该回复,法院的评价如下:

(1)这一回复是"一种可耻和敌对的回应"。这是克里斯蒂安娜作为信托的主要受益人向信托的受托人提出的合法信息请求。

(2)这一回复不正确。盛大信托的条款中没有任何条款阻止受托人提供信息。事实上,第八条明确授权受托人对任何受益人承担责任。承担责任是受托人与受益人关系的核心。很难看出提供信息如何对盛大信托的管理产生不合理的影响。

而毅柏毛里求斯花了两年时间,才完全遵守了关于盛大信托的信息请求。

2015 年,毅柏毛里求斯反对克里斯蒂安娜在其信托中提出的先裁费用令的申请。该裁定是为了帮助继续这些诉讼,因为在法院诉讼中产生了大量费用。

诺尔律师将这些诉讼描述为克里斯蒂安娜对其他家庭成员进行的一系列法律滋扰的一部分。他说,这不是真正为盛大信托的利益行事:"毅柏毛里求斯认为,为所有受益人包括原告的最佳利益,原告应能够理解并撤回这些诉讼,而不是浪费本来已经在浪费的钱。"

诺尔律师从未与克里斯蒂安娜有过会面或交流,但他已经用这种个人化的方式批评她。这些情绪反映了克罗齐亚夫人的观点。

2016 年 1 月，毅柏毛里求斯试图逃避枢密院的判决，任命 GFin 为新受托人，将承兑票据分配给它并修改信托契约（不可修改的），以使 GFin 可以在毛里求斯发起反诉并提出反诉禁令申请。在 2016 年 7 月 5 日的判决中，毛里求斯最高法院法官 A. F. Chui Yew Cheong 驳回了 GFin 对反诉禁令的申请，并对 GFin 的任命做出了严厉的批评：

> ……最重要的是，包括反诉禁令在内的禁令是一种衡平法下的补救办法，"寻求衡平法救济的人，自己必须两手干净"。毅柏作为受托人辞任以及在泽西诉讼程序中间任命 GFin，没有任何正当和令人信服的理由……

在将 GFin 任命为新受托人之前，毅柏毛里求斯故意修改承兑票据，将还款日期延长至 2022 年，从而减轻了卡米拉所拥有的 Croci BV 在该年底还本的负担，而这并没有考虑克里斯蒂安娜作为信托受益人的需求。

2016 年 2 月 9 日，毅柏毛里求斯写给司法书记员的一封信中通知了辞任的决定，同时提到克里斯蒂安娜的挑战是"完全无聊的"。法院认为，如果盛大信托的受托人行事适当，是不可能用这种不屑一顾的方式描述克里斯蒂安娜主张的。

纵观毅柏毛里求斯作为盛大信托受托人的方式，从被任命到辞任，其始终对克里斯蒂安娜信托的受益人持敌对态度和欠缺对受益人的忠诚义务。克罗齐亚夫人将盛大信托搬到毛里求斯是一种战术，是为了在克里斯蒂安娜的诉求上设置障碍。她找到了愿意帮助她的诺尔律师，她并非善意行事。总之，法院认为，在三名前任受托人行使权利任命毅柏毛里求斯并改变适用法律的情况下，克罗齐亚夫人的行为是出于不可告人的目的，而三个受托人都不是为了整个受益人的利益行事。出于这些原因，毅柏的任命以及适用法律的变更必定会失败，法院判定其无效且自始没有法律效力。由此必然导致认定前任受托人向毅柏毛里求斯转让承兑票据是违反信托责任的行为。

三、2012 玛瑙信托，对抗受益人

> 玛瑙项目不是前任受托人和现任受托人在盛大信托下酌情处分权的真正行使，而是为了对抗受益人克里斯蒂安娜的诉讼。这是一个不被允许的目的。（摘自法院判决）

2012 年 7 月 3 日，克里斯蒂安娜的律师在采取法律行动前发了一封信。克罗

齐亚夫人及其律师在收到信件后，迅速启动了玛瑙项目，以应对法律挑战。

（一）玛瑙项目的内容

2012 年 3 月 23 日，法国巴黎银行泽西公司收到了克里斯蒂安娜律师的信函，要求提供有关盛大信托和幸运信托及其资产的大量信息。

2012 年 4 月 24 日，克里斯蒂安娜的律师审阅了所获得的文件，正式质疑 2010 年资产转让，认为 2010 年资产转让违反了信托责任。克里斯蒂安娜写信给法国巴黎银行泽西公司，表示她是盛大信托和幸运信托的受益人，并称法国巴黎银行泽西公司已将资产从这些信托转移到她不是受益人的信托，损害了她的利益。

2012 年 5 月 21 日勒科尔尼先生在摩纳哥公寓会见了克罗齐亚夫人和卡米拉。勒科尔尼先生第一次对 2010 年资产转让的有效性做出了一些保留意见，并解释道，如果法院认为转让确实违反了信托责任，会要求信托恢复原状，并且幸运信托受托人和克罗齐亚夫人可能需要承担赔偿责任。

2012 年 7 月 27 日克罗齐亚夫人的律师发表了一份说明，标有"严格机密"和"律师保密特权"。毫无疑问，其文从未想过被曝光，但法院认为，该文件反映了玛瑙项目真正的意图："问题是什么？在 2012 年 7 月 3 日的信中，代表克里斯蒂安娜的 Bedell Cristin 律师事务所基于多项技术原因，质疑 2010 年 2 月 9 日资产从盛大信托转移到幸运信托的有效性。虽然他们的大多数论点都可以轻易被驳回，但我们还是存在一系列弱点。因此，在这种情况下，我们应考虑现在可采取哪些行动以确保预期结果，即实际上阻止对 2010 年资产转让的挑战。"

律师进一步简明扼要地提出了应对的建议：如果 2010 年资产转让被判无效，那么从盛大信托转出的资产将被认定无效。如此盛大信托的受托人有责任收回资产。而盛大信托的受益人有权要求盛大信托的受托人将资产收回。应对克里斯蒂安娜诉讼的策略是盛大信托的受托人收回盛大信托资产的所有权并转让给基金会。在此情况下，就无法认定盛大信托对资产有任何权利，而不会被克里斯蒂安娜挑战。此时，基金会将该权利分配给基金会的唯一受益人克罗齐亚夫人。在这种情况下，即使克里斯蒂安娜成功挑战了 2010 年资产转让，此时盛大信托的受托人也无法执行收回资产的诉求。

2012 年 8 月 1 日克罗齐亚夫人的律师提供了两份草案，供盛大信托前任和现任受托人审议。

方案一：毅柏毛里求斯和福特斯先生作为原始受托人就 10 英镑资产宣告信托（"玛瑙信托"）成立，受益人是卡米拉和基金会。终止日为设立之日起 7 天，受托人将在终止日完全为基金会持有信托资产，条件是那时克罗齐亚夫人在世。

这种非常短暂的信托是必需的，因为盛大信托第十一条规定的权利只能用于支持当时存在的另一个信托而行使。

方案二：任命书。前任受托人、毅柏毛里求斯（盛大信托的现任受托人）、毅柏毛里求斯和福特斯先生（玛瑙信托的受托人）之间签署一份委任书（即"玛瑙项目"），规定：如果2010年资产转让是无效的，被2010年资产转让所处置的财产，财产上的所有权利和利益，包括任何性质的诉求和行动权利，以及与之相关的所有和任何其他行为，代表财产的所有及任何财产，将继续归盛大信托所有。

基金会和卡米拉被列为盛大信托和玛瑙信托的受益人。在根据第十一条行使权利时，盛大信托现任和前任受托人将前述资产放入玛瑙信托，并为基金会和卡米拉的利益服务。

玛瑙信托和任命于2012年8月2日签署。7日后，克罗齐亚夫人幸存7天的条件满足，根据2010年资产转让收回盛大信托指定资产的权利完全归属于基金会，该基金会由克罗齐亚夫人实际拥有。

（二）私人侦探与"绑架"

2012年8月1日，克罗齐亚夫人、法国巴黎银行泽西公司、福特斯先生、前任受托人和现任受托人、卡米拉等召开会议，会议记录如下。

在2010年10月25日离开家庭之后，克里斯蒂安娜在没有任何解释的情况下就停止了和家人、社交圈的所有联系，也留下了她和孩子的大部分个人物品。尽管多次尝试，仍然无法确定克里斯蒂安娜、她的丈夫和孩子们的下落。

很明显，在没有通知或解释的情况下，她从家庭经营的共享银行账户中挪用了超过800万美元的资产（完全违背以前的做法）。

在没有协商或授权的情况下，她处分了位于佛罗里达州费希尔岛的一套公寓。这是一个信托财产，被她占据并以商业出租方式提供给了第三方。她个人收取了已支付的租金，并没有将这笔款项交给该物业的受托人。她试图在没有授权的情况下处置一幅有价值的画作（价值超过100万欧元的波特罗作品）。她还试图出售这套公寓，租赁、出售费舍尔岛的另一套公寓（这也是供她使用的信托财产），这些都没有取得作为信托受托人的授权。

最后一次电话联系是在2011年4月5日，之后所有联系都中断了。她曾指示世界各地的五位律师，明显是为获得或控制很大一部分家庭财富。

据了解，她已与年幼女儿一起居住在多米尼加共和国。她继续与家庭和以前的社交圈切断联系。她以及她年幼女儿的行踪未知。电话联系已停止。

2011 年 8 月，克里斯蒂安娜向库拉索岛法院提起诉讼，主张其是 Croci NV 股权的受益所有人。她的证据被驳回，受到重挫。这是克罗齐亚夫人和卡米拉自 2010 年 10 月以来唯一一见过克里斯蒂安娜的场合。她身材瘦弱，颤抖不已，并受到随行人员的保护，因而她们无法接近克里斯蒂安娜。

看来她委托克罗齐亚夫人在摩纳哥的工作人员卡布拉尔·迪亚斯先生偷走了位于格雷斯王妃 27 号家庭财产中的个人文件和珠宝（迪亚斯先生现在摩纳哥面临公诉）。

2012 年 3 月，私人侦探瑞格·多达先生被聘请以摸清克里斯蒂安娜的现状，如果可能的话，让她与家人联系。他的经历载于 2012 年 4 月 12 日的一封信中。在克里斯蒂安娜的煽动下，多达先生受到的骚扰、恐吓和手铐令人非常担忧。

多达先生的美国律师收到了克里斯蒂安娜的短信，称克罗齐亚夫人和卡米拉"对我来说，已经死掉了"。

法院认为，受托人依赖的大多数事实指控都是不正确的：

（1）克里斯蒂安娜于 2010 年 10 月 25 日没有停止与家人的所有联系。正如卡米拉在 6 月 14 日所说的，直到 2011 年 4 月 5 日联系都是正常的。在克里斯蒂安娜于 2011 年 4 月 25 日意识到克罗齐亚夫人和卡米拉正偷偷地计划对她不利后，这才停止联系。

（2）确实可以联系到克里斯蒂安娜。2011 年 3 月 2 日，盛大信托公司分配了 28 万欧元，并将其交给了克罗齐亚夫人。法国巴黎银行（瑞士）就该事宜与克里斯蒂安娜联系。克里斯蒂安娜也于 2011 年 4 月 14 日发送电子邮件给勒科尔尼先生，要求提供文件。

（3）关于她盗窃家庭银行账户的指控是不真实的。这些是多年来向克里斯蒂安娜的个人银行账户分配的资产，部分资产被转给了她的母亲，其余都是她的财产。无论如何，克罗齐亚夫人确切地知道她对自己的银行账户做了什么，因为她拥有该账户的授权。

（4）迈阿密公寓是由克里斯蒂安娜用从信托获得的分配购买的。2010 年 4 月，克罗齐亚夫人已经说服她将 Crica 公司（这些公寓的持有者）的股份放入幸运信托，但克里斯蒂安娜是 Crica 公司的唯一董事和经理，资产的管理方式没有发生变化。克里斯蒂安娜和尼古拉斯否认他们已将任何公寓出售，但作为唯一的董事和经理，出售或出租公寓完全由她自行决定。至于波特罗的画作，克里斯蒂安娜解释说这是她所购买的画作。

（5）至于迪亚斯先生（克罗齐亚夫人的管家），克里斯蒂安娜说他与克罗齐亚夫人的关系很好。2011 年 4 月 25 日，克罗齐亚夫人让他进入卧室，打开保险箱，把她的珠宝拿出来送给克里斯蒂安娜。这就是她取回首饰的方式，但克罗齐亚夫人不愿意还给她剩下的财产。

关于私人侦探瑞格·多达先生，多达先生受克罗齐亚夫人纽约律师的指示，寻找克里斯蒂安娜。据克里斯蒂安娜和尼古拉斯描述，2012年3月下旬，一名男子抵达其居住的多米尼加共和国度假胜地的入口处，持有克里斯蒂安娜及其家人的照片并试图进入。此人提出付钱进入，但被拒绝了。保安人员向克里斯蒂安娜报告了这件事，因此她知道有一个男人正在寻找她，并持有她和孩子们的照片。克里斯蒂安娜随后收到孩子学校的电话，说一名自称克罗齐亚家族朋友的男子试图进入学校。生活在多米尼加共和国这个贫穷的国家，一个男人正持有孩子们的照片在寻找他们，这令他们都非常害怕。他们非常担心绑架问题。他们从保安人员那里得到了男子驾驶车牌的照片，并于第二天早上在度假村的酒店找到了该车，然后去面对他。他们说他变得好斗并且回到了他的房间。他们随酒店经理和保安人员到了他的房间。最后，他走出他的房间，然后去了酒店大堂。在那里他们想弄清楚这个人在做什么，以及是接受了谁的指示。克里斯蒂安娜打电话给克罗齐亚夫人的律师，告诉他不要再骚扰她。然后尼古拉斯开车送他到机场，直到他离开。

多达先生被告知，克罗齐亚夫人与克里斯蒂安娜发生了个人纠纷，并担心她的人身安全，因为她已经有一段时间没有见到或与家人有直接联系。他的报告描述了酒店发生的事件：警察来到他的房间并威胁要打破门。他们威胁要把他关进监狱，他被戴上手铐。克里斯蒂安娜随后打电话给克罗齐亚夫人的律师，请他转告克罗齐亚夫人和卡米拉：她不想与她们联系；过去35年来，她一直生活在"金色的地狱"中；对她来说，她的母亲和姐姐已经死了；她在一年中的部分时间里住在费希尔岛，以远离她的母亲和姐姐；她担心多达先生是她孩子的潜在绑架者；她还指出她在多米尼加共和国有政治影响力。说她刚刚和总统共进午餐，而且说多达处于危险境地。

克里斯蒂安娜和尼古拉斯明确表示没有涉及警察，多尔达先生没有被戴上手铐，正如酒店经理的一份声明所证实的那样。

克里斯蒂安娜承认她确实打电话给克罗齐亚夫人的律师，并说了报告中所陈述的话。多达先生说他必须签署一份确认其受克罗齐亚夫人律师的指示文件作为他获释的条件。如果他没有签名，将被送进监狱。克里斯蒂安娜和尼古拉斯证实他确实写过这样一封信，但没有受到这样的压力。

法院认为，这一事件与2012年8月1日会议上克罗齐亚夫人总结的内容完全不同。时间点非常重要，因为事情发生在2012年4月初，在家庭破裂之后。法院完全理解克里斯蒂安娜和尼古拉斯在知晓有陌生男人持有孩子照片在家附近时的担心和害怕。法院被展示了一张多达先生的照片，法院的观察是对于不认识他的人而言，他的外表相当令人生畏。因此，是克里斯蒂亚娜和尼古拉斯被克罗齐亚夫人派来的人骚扰和恐吓，而不是相反。

（三）玛瑙项目无效

在玛瑙项目中，我们可以看到各方律师参与的"混战"，而受托人似乎是被律师裹挟向前。然而，根据判例法，无论参与其中的律师多么优秀，受托人都不能将他们的自由裁量权拱手让给专家。

法院判定，玛瑙项目不能成立的原因有四点：

第一，律师给出建议的前提是基金会是为了克罗齐亚夫人的唯一利益而成立的，并且为盛大信托的受益人以允许她通过基金会获益。这一前提是有问题的：基金会的成立是为了向慈善机构捐款，而克罗齐亚夫人并不打算通过它来获益。她在盛大信托下只是一个默认的受益人，只有她的所有后代都早于她死亡，她才会受益。玛瑙项目是为克罗齐亚夫人利益而设立的，根据盛大信托第十一条的规定是不允许的。玛瑙项目与 2010 年资产转让一样是权利的欺诈而无效。

第二，前任受托人存在重大利益冲突，以至于他们对第十一条所赋予的权利的行使被故意玷污。一般规则是受托人不得将其个人利益置于其信托职责之上。经典陈述是赫歇尔爵士在 **Bray v Ford [1896]** 中的描述："衡平法院的一个不可改变的规则是处于信托职位上的任何人没有权利谋取利润，除非另有明确规定；他不被允许将自己置于其利益和责任相冲突的位置。在我看来，这条规则不是建立在道德原则的基础之上。我认为它是建立在对人性本来面目之考虑的基础上，在这种情况下存在一种危险，即持有信托职位的人受到利益而不是责任的影响，从而损害了他有责任要保护的人。因此，制定这一积极规则被认为是有利的。"

当毅柏毛里求斯被任命为受托人时，前受托人已辞去盛大信托受托人的职务，但其辞任和任命受到质疑。毅柏毛里求斯和福特斯先生由于是玛瑙信托的受托人，而对盛大信托和玛瑙信托负有信托责任，因此存在利益冲突。

第三，这不是一个合理受托人所为。前任和现任受托人都在考虑一种情况，即法院将 2010 年资产转让视为违反信托责任。在这种情况下，他们不决定让不正当转移的资产重归信托，而将这些资产留在不当获得的人手中。这是对盛大信托契约规定以及克里斯蒂安娜信托受益人基本权利的粗暴对待。违反信托责任的受托人必须恢复原状或赔偿损失。如果前受托人被发现违反信托责任，其基本义务是恢复原状或支付赔偿金，而不是将资产留给不当获得资产的人。无论这个人是一个多么善良和善意的监护人，毫无疑问的是她都必须退回其不当收受的资产。

根据《信托法》第 30 条第（9）款的规定，受托人发现其获委任之前违反信托的情况，应采取一切合理措施纠正此类违规行为。毅柏毛里求斯作为盛大信托的现任受托人，其职责是确保资产完整。当其发现有 1.32 亿美元资产被不当支付时，其不是履行基本义务纠正之前的错误做法、追回资产，而是选择相反的方向，与无权、不当获得资产的人沆瀣一气。

第四，玛瑙项目不是前任受托人和现任受托人在盛大信托下酌情处分权的真正行使，而是为了对抗克里斯蒂安娜的诉讼。这是一个不被允许的目的。

鉴于参与本案诸多律师的地位，法院认为整个玛瑙行动令人沮丧。由于上述原因，法院判其无效。

四、2016 对承兑票据的修订和任命 GFin 为受托人

法院判定，毅柏毛里求斯违反信托责任，在下列行为中构成受托人对盛大信托事实上的侵权行为：①修改承兑票据；②任命 GFin 为受托人；③将承兑票据指定给 GFin；④修改盛大信托的条款，从而使得 GFin 可以在毛里求斯进行恶意诉讼。

（一）修改承兑票据

2016 年 1 月 12 日，毅柏毛里求斯收到了来自 Croci BV 的一封电子邮件，似乎是突如其来的，建议将承兑票据延期至 2025 年 12 月 10 日，利率为每年 4%。

毅柏毛里求斯于 2016 年 1 月 14 日进行了回复，并要求提供以下文件：由受托人批准的独立国际认可估值师出具的 Croci International B.V. 目前持有资产的价值报告；Croci International B.V. 经国际审计公司审计的最新账目；用于证明资产已投放市场的文件，自其上市迄今为止从这些资产中获得的收入。

在审阅了相关文件后，毅柏毛里求斯评论道："考虑到受益人的利益，受托人愿意考虑 Croci International BV 要求将到期日延长至最长 5 年，直至 2022 年 12 月，但年利率为 11%，而不是现时的 8%。"

这一主张被 Croci BV 接受。毅柏毛里求斯于 2016 年 1 月 26 日执行了一项同意这些变更的决议。承兑票据的到期日从 2017 年 12 月 10 日延长至 2022 年 12 月 12 日，利息从 2017 年 12 月 11 日起增加至每年 11%。

法院认为，这种推理是错误的，因为未实际支付利息，这就构成了盛大信托向 Croci BV 提供的无息贷款。根据盛大信托 2013 年 9 月的账目，该阶段应计利息为 2140 万美元。根据法院的判断，这封信是在诺尔律师的主持下制造的，是为了避免 2017 年 12 月 10 日到期时卡米拉公司所欠的债务无法偿还。这不是真正的谈判。

鉴于盛大信托的受益人存在冲突，这些诉讼程序的存在以及所涉及的大笔金额，将承兑票据应支付的资本（3200 万美元）延长 5 年是一个重大决定。人们会

期望一个谨慎的受托人,特别是受托人身份受到质疑的受托人,要求法院提供确认。相反,这一决定是秘密进行的,而且非常匆忙。

同时,毅柏毛里求斯在做出决策时,只考虑了以 Croci 集团的房地产资产来评估其支付能力,并没有考虑"现金制造机器"Ciset 公司的能力,也没有做出任何要求。考虑到承兑票据下应付的大笔款项,这是莫名其妙的。支付方 Croci BV 为卡米拉拥有的公司,她延长承兑票据和克里斯蒂安娜作为信托受益人的利益之间存在冲突。修订承兑票据的协议并不真正符合盛大信托受益人的整体利益,构成违反信托责任的行为。

(二)任命 GFin 为受托人,在毛里求斯进行恶意诉讼

在 2016 年 1 月 28 日的某个时刻,诺尔律师告诉毅柏毛里求斯的同事,毅柏毛里求斯需要辞任并准备好文件。克罗齐亚夫人的律师建议让 GFin 作为新受托人。更换受托人是由诺尔律师推动的,此时他已不是毅柏毛里求斯的董事,只是克罗齐亚夫人的法律顾问。而且这一安排是在律师的保密特权下起草的,因此能见到的文件很少。

辞任和任命文书不仅规定了毅柏毛里求斯的辞任和 GFin 的任命,还包括以下规定:

2(a)本信托的适用法律应当并且仍然是毛里求斯法律,毛里求斯是信托管理的诉讼管辖地,信托条款及责任应根据毛里求斯法律解释和生效。

(b)毛里求斯法院对这些事项有专属管辖权:无论在何种情况下,与本文书、盛大信托契约、任何相关文书、协议、文件、任何其他条款的解释、适用、实施、有效性、违约或终止。

……

7 本文书和本信托的信托责任应受毛里求斯法律管辖和解释。

8 为免生疑问,即使有任何相反的规定,所有与本文书或与本文书相关的任何相关文书、协议或文件或任何其他条款的解释、适用、实施、有效性、违约或终止,属于毛里求斯院的专属管辖权。

这些条款旨在不正当地修改盛大信托的契约,而根据契约第十四条,这是不可修改的,并将所有的争议设置为毛里求斯法院具有专属管辖权,而不是英国枢密院[①]。

---

① 英国枢密院司法委员会(Judicial Committee of Privy Council)是英国海外领地、皇家属地和部分独立英联邦国家的终审法院。

任命之后，GFin 拒绝成为泽西岛法院诉讼的一方，而是向毛里求斯法院提出两项申请：

（1）2016 年 2 月 24 日，寻求毛里求斯法院的决定，以适用毛里求斯法院的专属管辖权，包括自 2012 年任命以来，盛大信托一直受毛里求斯法律管辖，所有与盛大信托有关的争议均受毛里求斯法院的专属管辖。

（2）2016 年 3 月 10 日，Gfin 寻求反诉禁令，以排除泽西岛诉讼程序的适用。

但是，英国枢密院在 2014 年 11 月 26 日的终审判决中已经认定泽西法院对该案件具有管辖权。因此，Gfin 的前述申请被毛里求斯最高法院驳回。

（1）2012 年 1 月毅柏毛里求斯的任命，作为事实上的受托人侵权行为而无效。它无权任命 GFin 作为新的受托人。因此，对 GFin 的任命是权利的过度执行，毅柏毛里求斯违反了信托责任。

（2）任命 GFin 只不过是直接干涉泽西岛司法管辖区的司法。对承兑票据的修订、GFin 的任命、承兑票据的转让以及对盛大信托契约的故意修正均构成克罗齐亚夫人协同计划的一部分。该计划通过毅柏毛里求斯滥用其所谓的受托人权利，旨在为克里斯蒂安娜在诉讼程序中主张权利设置障碍。

第八节
判决结果

在判决书的最后，法院判决 2010 年资产转让、2012 年任命毅柏毛里求斯、玛瑙项目、2016 年任命 GFin 以及转让 Crica 公司股份视为无效，没有法律效力。因此，整个信托重组被宣告无效。

同时，法院做出如下判决。

（1）命令法国巴黎银行泽西公司和克罗齐亚夫人共同、连带在其获委任后 28 天内向盛大信托的新受托人支付 100347046 美元，即 2011 年 5 月 16 日从盛大信托的投资组合中转到幸运信托的金额，以及将盛大信托恢复原状，并按照法院确定的利率支付利息。

（2）命令法国巴黎银行泽西公司和克罗齐亚夫人共同、连带在其获委任后 28 天内向盛大信托的新受托人支付有关盛大信托向 Croc 投资有限公司、Goodluck 有限公司、Happiness 有限公司、基金会和幸运信托的无息贷款，加上法院确定的利率。

（3）命令对 Crica 股票的价值进行调查，并命令克罗齐亚夫人和法国巴黎银行泽西公司共同、连带向克里斯蒂安娜支付赔偿金。

（4）命令调查盛大信托通过二十三投资有限公司持有的 8 件艺术品的价值，并命令克罗齐亚夫人和法国巴黎银行泽西公司共同、连带向盛大信托的新受托人支付。

（5）根据《信托法》第 45（1）条的规定，免除福特斯先生因 2010 年资产转让和转让 Crica 公司股份而导致的违反信托的个人责任。

（6）命令克罗齐亚夫人根据两项合约及法院的司法管辖权，向法国巴黎银行泽西公司做出赔偿。

（7）对毅柏毛里求斯违反信托的责任做出判决，并赔偿违约行为而导致盛大信托产生的任何损失。

（8）撤销克罗齐亚夫人、法国巴黎银行及福特斯先生的盛大信托受托人身份，并委任新的受托人代替他们。

（9）给新受托人指示，促使其撤销对克罗齐亚夫人的投资权授权。

（10）确认克里斯蒂安娜的子女 A 和 B 为盛大信托的受益人。

第十一章

离岸法院为透明时代开方便之门

在法治社会里，法院是最后一道屏障。资产保护和财富传承必须建立在法治的基础上。因此，法院的判决不可不察，对个人财富管理至关重要。

离岸法院判决为税务情报交换开方便之门

非常值得关注的是，最近几年离岸法院的诸多判决整体上是在为税务情报交换大开方便之门。

2015 年 11 月 27 日泽西皇家法院在 Larsen and Volaw v Comptroller of Taxes and States of Jersey [2015] JRC 244 一案中判决：泽西岛与挪威签署的税收情报交换协定符合法治、人权保护和比例原则。

2015 年 10 月 7 日库克群岛法院在 Ora Fiduciary Cook Islands Limited vs Treasurer of the Revenue Management Division 2015 一案中判决：受托人根据与瑞典签署的税务情报交换协定提供信息满足"可预见、相关性原则"，法律专业保密权不是"万能"的，商业机密也有特定的界定。

2013 年百慕大法院在 Minister of Finance vs Bunge Ltd 一案中，判决要求税务机关向阿根廷提供税务情报；在 2016 年 Minister of Finance vs Ap-2016-SC-Bda 一案中，百慕大法院判决要求税务机关根据与印度签署的 TIEA 提供税务情报。

新加坡高院在 AXY & Ors vs Comptroller of Income Tax [2015] SGHC 291（AXY）中说："这是一个古老而普遍公认的原则，即一个主权国家不会协助另外一个主权国家征税……但是，鉴于越来越多的逃税行为，多年来许多国家的政治态度发生了根本性的变化"。[①] 该案就根据新加坡与韩国税务协定进行的情报交换、在新加坡民事程序中哪些被交换的税务信息可以被揭示进行了判决。

新加坡高院在 ABU vs Comptroller of Income Tax [2015] 2 SLR 420 一案中就新加坡与日本税收协定背景下做出判决：税务机关在进行情报交换时，根据现行法律可以不向法院申请许可；而且可以不通知纳税人，如果该通知会妨碍税务调查。

---

① 原文："It is an age-old and universally recognized principle that one sovereign does not assist another in the collection of their taxes . . . but the political sentiment in many countries has changed radically over the years in the light of increasing tax evasion."

非法获取的信息在法院判决中的使用

众所周知，资产保护不是讨债避债，为逃避已经发生的债务而进行的资产保护，可能被法院视为目的非法而无效。如前所述，财富本身就是一把"双刃剑"，为避免财富风险之刃伤到自己，就需要对其获得的合法资产进行资产保护。资产保护就是要形成一个固若金汤的法律架构，可以抵御任何债权人从外部进行的攻击。在资产保护架构中，最终受益人的信息毫无疑问是核心和机密的部分。传统上，各种离岸架构被用来保护财富的私密性，尤其是再与代持人等架构搭配起来，似乎是让高净值人士高枕无忧的方案。

任何尝试对资产保护架构进行挑战的人必先努力获得架构后面受益所有人的信息。可以想象，在传统的离岸世界里，这是非常困难的。如果信息是通过有争议的方式，如花钱从线人处购买到的，是否可以在法院诉讼中使用？传统上来讲，这些证据在法庭中很可能被拒绝使用。然而，**在透明时代下，利用离岸架构隐藏受益所有人的信息，已经在国际范围内被视为不受欢迎的行为。**法院对于这些证据的采信态度也可能出现变化。

2013 年 10 月 28 日泽西皇家法院对 [2013]JRC209[①] 一案的判决就涉及不当获得的证据如何采信问题。2010 年 5 月，债权人从俄罗斯法院获得生效判决，谢纳托罗夫（Alexander Gennadievich Senatorov，AGS）应支付 4400 万美元。债权人向泽西法院起诉，要求法院穿透基金会，以其资产包括下属公司的资产来执行俄罗斯法院的判决。而谢纳托罗夫早就精心设计了自认为非常安全的资产保护架构。在该架构中，谢纳托罗夫通过代持人设立基金会，在整个架构中似乎看不到谢纳托罗夫的影子。架构请见图 11-1。

然而，这个案件中非常有意思的是，原告从英属维尔京群岛花钱买到了谢纳托罗夫通过代持人设立基金会的核心文件，并向法院展示作为证据。谢纳托罗夫主张"污点证据"抗辩，但被法院拒绝。法院认为，如果是以火攻火的玩火行为，也是谢纳托罗夫首先点燃的战火。最终，由于谢纳托罗夫仍然控制 BVI、塞浦路斯和俄罗斯公司，法院认可代持人、基金会以及下属公司被穿透，谢纳托罗夫须就基金会持有的资产去还债。

---

① https://www.bailii.org/je/cases/UR/2013/2013_209.html.

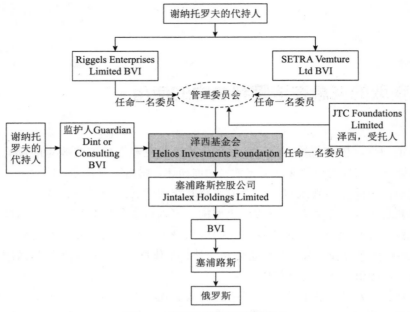

图 11-1　谢纳托罗夫案例简化架构

在法院诉讼中，证据至关重要。对于谢纳托罗夫一案涉及的受益所有人信息的核心证据，法院并没有因为证据获得方式的非法，而将其否定。尽管个案的分析都有局限，但管中窥豹足见一斑。在透明时代，法院的判决亦会考虑这一大背景。随着 CRS 的实施、FATF 将逃避税作为洗钱的上游犯罪以及 OECD 强制披露规则的出台，高净值人士利用离岸架构隐藏受益人身份已经备受打击。当然这并不是说离岸架构在高净值人士财富架构的规划中不能再使用，而是需要在新的时代背景下进行必要的调整。

第三节

代持违背公共利益

2017 年 2 月 23 日泽西皇家法院发布了 Al Tamimi vs Al Charmaa（[2017]JRC 033）一案的判决。该案应会成为一个划时代的判决。这一案件的发生可以说是时代发展的必然结果，其发生只是一个时间问题。

从案例研究和分析的角度来看，这是一个完美的案例：原告埃萨姆是一位有着 30 多年法律经验的资深诉讼律师，也是一个办公室遍及中东地区的律师事务所的资深合伙人，其专长就是诉讼和解决争议。同时，埃萨姆还是一位在不动产和金融资产投资领域有着丰富经验的商人，比如，2014 年埃萨姆与被告婚姻存续期间，每月家庭支出就在 3 万英镑。这就意味着在运用代持架构和境外公司方面，埃萨姆的经验自然比绝大多数看客要丰富得多。

需要清楚的是，这里讲的是泽西皇家法院的判决，对于其他国家和地区没有法定的约束力。但是，本案所揭示的原理是共通的，尤其是泽西皇家法院"判定受益所有人的能力是公共利益重要组成部分"的观点。

一、案件事实和背景

1995 年 10 月，埃萨姆与凯蒂亚·布拉托女士（第一任妻子）结婚，于 2000 年 7 月在阿联酋离婚。1998 年 8 月和 2001 年 11 月，埃萨姆先后购买了两处位于伦敦的不动产。这两处不动产在 2006 年 5 月之前一直在埃萨姆名下，直到 2006 年 5 月其前妻布拉托女士在意大利提起分割资产的诉讼时，放到本案所涉及的离岸公司名下。

这个案例主要与原告埃萨姆的第二任妻子有关。2000 年，被告罗茨（Rouzin）在其花样年华 18 岁时，与原告埃萨姆相识。2002 年，二人根据伊斯兰法律在阿联酋结婚。二人有三个孩子，分别出生于 2003 年、2005 年和 2008 年。不幸的是，二人的婚姻在 2012 年前后出现问题，最终于 2015 年 1 月 6 日根据阿联酋法律离婚。在本案发生时，二人正在迪拜法院进行离婚赔偿金和子女抚养的诉讼。就两个泽西离岸公司下持有的资产分割问题，原告埃萨姆在泽西法院单独提起诉讼。

案件涉及两家泽西公司，第一物业有限公司（First Grade Properties Limited，"第一物业"）和约拉姆有限公司（Jorum Limited，"约拉姆有限"），均成立于 2007 年，持有英国的不动产。

第一物业

第一物业成立于 2007 年 2 月 5 日。原告埃萨姆通过代持股东持有该公司的股权。在公司的数次董事会决议中，均记载"公司每次均从原告'公司受益人的丈夫'那里获得资金"，在公司账簿上记载从原告处获得无担保、零利息、没有具体偿付期限的贷款。

2008 年 6 月 17 日，原股东将其持有的第一物业股权转让给被告罗茨。所有现任董事辞职，谢里夫先生和被告罗茨被任命为公司新董事。2008 年 7 月 16 日，被告罗茨辞任董事。2008 年 12 月和 2009 年 6 月，第一物业先后花费 360 万英镑和 420 万英镑购买了位于伦敦的另外两处不动产。

在 2007 年公司账簿上，记载银行借款（Coutts 银行）1538700 英镑和罗茨流动资金 709 675.31 英镑，并且由公司董事签署。类似的记载在以后年度继续出现，截至 2011 年，账簿显示为对被告罗茨借款共计 1172910.28 英镑。

公司服务提供者 STM 信托公司，泽西金融委员会注册的服务提供商，在 2010 年 10 月 13 日的尽职调查材料中将被告罗茨列为第一物业的受益所有人。

法院从泽西金融服务委员会调取了第一物业设立时的申请表，显示受益所有人为"Rouzin Marwan Al Chamaa Al Chamaa 夫人，出生于 1982 年 5 月 1 日，家庭主妇，其丈夫将为公司进行的收购提供财政支持。"申请表的日期为 2007 年 5 月 25 日。公司的经营范围为购买英国的住宅不动产。该公司为根据《泽西金融服务法（1998 年）》授权提供金融服务的公司。

约拉姆有限公司

约拉姆公司的故事与第一物业类似，其设立于 2007 年 6 月 4 日。2007 年 5 月 31 日，在向泽西金融服务委员会提供的公司设立申请表中，受益所有人的信息与第一物业相同，即被告罗茨。

在英国 Coutts 银行开设账户时，申请表信息为被告罗茨作为约拉姆有限公司 100% 的股东，为受益所有人。在伦敦 SG Hambros Bank 开户时，在受益所有人的信息部分做出了同样的陈述。

原告埃萨姆通过罗茨授予的范围很广的授权委托书来处理泽西公司有关业务，并将自己控制的雇员安排为泽西公司的董事以控制公司。令原告埃萨姆震惊的是，2014 年 5 月，当其搬出与被告罗茨共同居住的处所时，罗茨撤销了授权委托书。此时，一位家庭主妇似乎已经悄然蜕变为一名精明的律师。原告认为被告违背了代持的约定，因此起诉被告罗茨。

二、法院认定

法院认定，公司的核心文件显示，在约拉姆有限公司和第一物业设立时，被告罗茨被登记为受益所有人。罗茨只是在很短的时间内作为第一物业的董事，但在 2014 年行使股东权利撤换了董事。2014 年 6 月 3 日，被告罗茨行使了作为唯一股东的权利，撤换了公司董事，并将公司董事变更为自己。被告行使这些权利的原因是其发现原告埃萨姆有改变公司股东的意图。

尽管原告埃萨姆向这两家公司提供了资金，但是自 2008 年以后的记录中均显示这些资金为对被告罗茨的借款。

在公司与银行的业务关系上，开户资料上总是显示被告罗茨为最终受益所有人和控制人。而原告埃萨姆的名字并没有出现在上面，尽管从银行的借款中原告为担保人。

作为一名经验丰富的诉讼律师，原告埃萨姆在本案中设置了以下三道防线。

（1）主张其是两家泽西公司的真正所有人，而其前妻罗茨只是代持人，并要求法院对其真正所有人的身份进行确认。

（2）如果上一条不能获得法院的支持，请求法院判定被告罗茨持有的两家泽西公司的股权，以及相关的收入、利润和所有者权益形成了一个信托关系（resulting trust），即要求法院认定罗茨为原告受托持有资产。

（3）如果上述两条不能获得法院的支持，请求法院认定被告构成不当得利（unjustly enriched）。

法院认定如下。

（1）举证责任。从表面上，泽西公司的股权属于被告罗茨。从这个角度而言，被告罗茨没有任何举证责任来证明泽西公司是其设立的，而不是其前夫埃萨姆的；被告罗茨也没有任何责任证明其前夫将资产转移到泽西公司，是有意要赠予自己的。

（2）原告埃萨姆通过被告授予的授权委托书实际上处理泽西公司有关业务。但授权委托书，无论其范围有多广，其在任何意义上都不能构成代持关系存在的证据。即使授权委托书中写上"以她的名义（in her name）行使"，法院也不会认可授权委托书赋予了原告在法律上代替被告的权利。

（3）原告埃萨姆通过两家泽西公司持有伦敦不动产的意图在于使该不动产藏匿于其第一任妻子布拉托女士的视线以外。同时，原告认为在 2014 年其与被告罗茨分居之前，由谁作为泽西公司的法律所有人都是无关紧要的，因为其可以通过范围很广的授权委托书以及将自己控制的雇员安排为泽西公司的董事来控制公司。没想到，这反而成为法院认定原告埃萨姆意图让罗茨成为法律意义上所有人而不是代持人的依据之一。

（4）在公司设立时故意误导或促使、企图或串谋误导[①]泽西金融服务委员会的行为，本质上是一种犯罪行为。但是，法院在民事诉讼程序中对于是否构成犯罪一般不会去主动认定。由于原告埃萨姆本身是一名经验丰富的诉讼律师，法院可以假定其没有任何犯罪的故意。因此，原告埃萨姆在设立泽西公司时将被告罗茨作为受益所有人，他的真实意图亦是如此。

（5）被告罗茨与原告埃萨姆之间不构成信托关系，也不构成不当得利。

（6）非法还是非道德？法院在判决书中明确写道，即使法院发现泽西公司的股权实际上是被告罗茨为原告埃萨姆代持的，法院也不能支持。这是因为"非法原则"（illegality）或普通法系下的"干净之手"原则（"clean

---

① 原文为"deliberately misleading or procuring, attempting or conspiring to mislead"。

hands" doctrine）。原告故意向英国和泽西的银行、受托人、律师、公司服务提供者和政府部门提供虚假的陈述，将被告认定为受益所有人。如果法院在这种情形下支持了原告，就是在破坏整个法律系统的完整性[①]。原告埃萨姆的主张只有在一种情况下才有可能被支持：他承认向这些机构和政府作出了虚假的陈述。但在这种情况下，他可能面临刑事责任。

（7）公共利益可以作为民事诉求的阻断。在税务情报交换和透明化的今天，**根据 FATF 反洗钱规则和 OECD 的情报交换规则判定受益所有人已经成为公共利益**。

"我们注意到，在离岸金融领域进行的犯罪，以及支持或允许这些犯罪的司法管辖区通常是以银行业保密以及相关犯罪不会被有关其他国家发现为基础的。而与保密法以及非法架构通常相关的是逃税的意图。国际社会现在有专门的组织在全球范围内审核不同的司法管辖权是否有充分的能力遵循 FATF 和 OECD 的规则。在我们这个小岛上，我们不可能没有意识到，在过去 11 年里，国际货币基金组织（IMF）至少进行过两次评估……识别信托、基金会、公司和有限合伙受益所有人的能力现在是我们公共利益的重要部分。"

"在我们看来，原告埃萨姆希望获得的并不是注册泽西公司本身，而是通过注册泽西公司来实现隐藏真正所有人的目的……这里有一个公共利益，一个非常强烈的共同利益，来证明我们有识别公司真正受益所有人的能力。我们的判决不能支持任何旨在蒙蔽我们的监管者和法律执行机构的安排，即使我们认同股权是以代持的方式持有的，或与原告构成信托关系，或被告构成不当得利。"

三、警醒和总结

一个案例是一段故事和历史的凝结。笔者感觉，在普通法系下，判例就是法官写给公众的"情书"。法官不仅是在理解和适用法律，更是在告诉公众其希望建立的社会秩序。

泽西皇家法院在 Al Tamimi vs Al Charmaa（[2017]JRC 033）一案的判决毫无疑问振聋发聩。尤其是判断书中的这句："这里有一个公共利益，一个非常强烈的共同利益，来证明我们有识别公司真正受益所有人的能力。我们的判决不能支持任何旨在蒙蔽我们的监管者和法律执行机构的安排，即使我们认同股权是以代持的方式持有的，或与原告构成信托关系，或被告构成不当得利。"

一直以来，离岸公司被广泛运用于个人财富规划。而由于多种原因，在离岸

---

① 英语原文是 "the Court should not give assistance to a Plaintiff in those circumstances because to do so would be harmful to the integrity of our legal system"。

公司中，常有代持的安排。诸多问题仿佛利用代持人就可以逢凶化吉。令人深省的是，个人有没有想过代持资产有一天真的会成别人的资产了？

如有下列情形，离岸公司名下的资产有易主的风险。

（1）在政府登记部门上登记的受益所有人或最终控制人不是真正所有人的名字，而是代持人的名字。

（2）在银行和资产管理公司等金融机构记录登记的受益所有人或最终控制人不是真正所有人的名字，而是代持人的名字。

（3）在离岸公司董事会决议等法律文件上登记的受益所有人或最终控制人不是真正所有人的名字，而是代持人的名字。

（4）代持人行使了离岸公司股东的权利，比如，更换董事会成员等。

在这以上记录中的名字，有一天可能成为真正的所有人。

在个人财富规划领域，CRS 已经成为改变代持架构的重大推动力量。CRS 要求对客户进行审慎的尽职调查，并作为反洗钱和了解客户程序的重要措施。对所有采用代持人的架构，金融机构需要识别背后真正的控制人并将其作为报告主体。如果金融机构不能识别代持人架构，或者故意对代持人架构视而不见，可能触犯反洗钱法律。代持的问题在于假戏真做，做得假了，骗不过银行；做得真了，资产真的可能就易主了。但现在就算是做得假了，资产也可能存在易主的风险。因此，泽西皇家法院在 2017 年 2 月 23 日公布的 Al Tamimi vs Al Charmaa（[2017] JRC 033）一案将成为划时代的判决。笔者相信，这个案例代表了一种趋势。该案揭示的道理如下。

（1）假戏真做，资产失手。代持人很可能假戏真做，资产真的就成了别人的了。你去法院起诉，法院反而可能支持代持人，这样就是你为代持人做嫁衣裳。

（2）举证责任将落在权利主张的一方。如法院在本案中认定的，从表面上，泽西公司的股权属于被告罗茨。从这个角度而言，被告没有任何举证责任来证明泽西公司是自己设立的，而不是其前夫埃萨姆的；被告罗茨也没有任何责任证明其前夫将资产转移到泽西公司，是有意要赠予被告的。

（3）通过代持使资产隐身于公众以外来实现资产保护，或者作为税务情报交换的解决方案是得不偿失的。相信自己能够完全控制代持人，是过于乐观的。在税务情报交换和透明化的今天，离岸地区的法院和政府对代持架构的看法已经发生了重大改变。泽西皇家法院的判决就是一个鲜明的例子。

（4）违背公共利益。在税务情报交换和反洗钱国际化的今天，公共利益的界限被重新界定。代持是违背公共利益的行为。

（5）代持很有可能被认为是不诚信，甚至是犯罪行为。代持将被视为向公司注册机构和金融机构提供虚假信息的违背公共利益的不诚实行为，甚至是犯罪行为。

在这样一个税务透明和反洗钱规则国际化的时代，高净值客户需要好好"打扫"一下自己的观念，否则有可能像本案中的原告一样财富易主了。

为客户提供咨询意见的银行家、财富规划师、咨询师等又何尝不是？不跨行做专家，客户对跨行"专家"的意见要慎之又慎。本案中的原告本身就是一位国际律师事务所有着 30 年法律经验的诉讼专家，他在设立架构之初还听取了意大利和英国律师的意见，可惜他不是财富管理方面的专业律师，本案中的意大利和英国律师同样不是。在自己的专业领域之外"长袖善舞"，他败诉了，资产也易主了。

第十二章

慈善和税务

在世界范围内，超级富豪进行慈善捐赠时，往往都伴随着税务的考量。慈善，通常都伴随正面的评价。省税，也许自有合理性：企业家可能认为其比政府公权力能够更为有效地运用财富，省税亦是"公义"。然而，税务规划自有法律的边界。跳出法律合理边界的税务规划，只能带来税务风险。在国际反避税的今天，激进的税务规划也被视为是不道德的。如果税务方面出现了问题，那么慈善活动可能面临公众的指责。

2019 年 1 月，在达沃斯世界经济论坛上，荷兰历史学家、《写实的乌托邦》一书的作者罗格·布雷格曼（Rutger Bregman）哀叹与会者未能解决在争取更大平等的斗争中的关键问题：有钱人未能缴纳公平份额的税款。他的一席话引起了很大轰动 [1]。

税务与慈善如影随形。或慷慨或神秘的慈善背后通常都有税务的巨大背影。比如，《纽约时报》中文网的文章《宜家创始人去世：宣扬节俭的超级富豪》，摘录如下 [2]：

坎普拉德一生践行节俭和勤奋，并形容这些特质是宜家成功的基础。他为了避开瑞典的高税收而住在瑞士、开一辆老旧的沃尔沃、只坐经济舱、住经济酒店、吃便宜的饭菜、买廉价的东西，并坚称他的家很简朴，他没有真正的财产，并且宜家是由一家慈善信托基金持有的。

但记者发现，事实并非完全如此。他的家是一栋可以俯瞰日内瓦湖的别墅，他在瑞典有一处房产，在普罗旺斯有多座葡萄园。他的座驾除那辆沃尔沃外还有一辆保时捷。他的打折机票、酒店和餐饮一定程度上是为了给手下的高管做榜样。坎普拉德希望他们加以效仿，把在宜家工作视为一种人生事业——纸的两面都要用起来。

宜家的确是通过荷兰的一个慈善信托基金和一系列复杂的控股公司经营的。它们均由坎普拉德家族控制，以避免宜家上市或被拆分的一切可能性。坎普拉德去世后，这种做法也提供了避税途径，可以保持公司的完整性。

---

① Martin Farrer，《历史学家谴责达沃斯的亿万富翁避税》，2019 年 1 月 30 日，参见 https://www.theguardian.com/business/2019/jan/30/historian-berates-billionaires-at-davos-over-tax-avoidance。

② ROBERT D. McFADDEN，《宜家创始人去世：宣扬节俭的超级富豪》，2018 年 1 月 29 日，参见 https://cn.nytimes.com/obits/20180129/ingvar-kamprad-dies/。

宜家慈善基金会

一、宜家慈善基金会单独运营

宜家慈善基金会（Stichting IKEA Foundation），是代表宜家集团对外进行慈善活动的基金会，也是塑造宜家慈善形象的平台。根据官方网站[①]，目前宜家慈善基金会与近 50 个国际性非营利组织有合作，是联合国儿童基金会、联合国难民署、拯救儿童组织（Save the Children）、克林顿健康倡议等国际机构的捐赠者。

宜家为何专门成立一个单独的基金会从事慈善活动，而不是将其置于 Stichting Ingka 基金会之下？

这主要是一个税务问题。荷兰纳税人对外赠与需要缴纳赠与税[②]，一般税率为 10%~40%。决定因素是赠与人的税务居民身份是否在荷兰。因此，荷兰基金会对外赠与要面临高达 40% 的赠与税。但是，如果受赠方是持有公益组织免税资格（algemeen nut beogende instelling，ANBI）的组织，该赠与免于缴纳赠与税。ANBI 是荷兰税务机关为促进公益捐赠推出的一项特别制度。被认可具有 ANBI 免税资格的组织均会在荷兰税务局官方网站公布[③]，所有人都可以查询到。这具有政府认可和公示的效力，因此有助于公众和潜在捐赠方向这些组织进行捐赠。自 ANBI 免税资格推出后，荷兰基金会已经成为慈善捐赠的重要工具。

宜家慈善基金会自 2008 年 1 月 1 日起具有 ANBI 公益组织免税资格[④]。但是，根据该网站信息，Stichting Ingka 基金会目前并不具有 ANBI 免税资格。因此，如果 Stichting Ingka 基金会直接捐赠资金给其慈善项目合作伙伴，一般要面临赠与税的问题。但是，由于宜家慈善基金会具有 ANBI 免税资格，Stichting Ingka 基金会对宜家慈善基金会以及宜家慈善基金会对外捐赠，都不存在赠与税的问题。

---

① Our Partners，参见 https://www.ikeafoundation.org/partners/。

② Netherlands:Individual - Other taxes，参见 http://taxsummaries.pwc.com/ID/Netherlands-Individual-Other-taxes。

③ Zoek een ANBI，参见 https://www.belastingdienst.nl/wps/wcm/connect/nl/aftrek-en-kortingen/content/anbi-status-controleren。

④ 2022 Disclosure ANBI details for Stichting IKEA Foundation，参见 https://ikeafoundation.org/wp-content/uploads/2023/06/ANBI-disclosure-2022-Stichting-IKEA-Foundation.pdf。

除税务原因外，如前所述，Stichting Ingka 基金会有多重目的，慈善只是其目的之一。将慈善活动单独列出并由宜家慈善基金会负责，便于管理。而且 Stichting Ingka 基金会可以避免触及从事慈善活动的披露义务。

二、免税资格

1. ANBI 税务待遇

（1）赠与税。荷兰赠与税一般税率为 20%~40%，但是符合 ANBI 条件的组织就其收到的捐赠在完全用于公益的情况下，免于缴纳荷兰赠与税。

（2）所得税。从荷兰企业所得税的角度，符合 ANBI 条件的组织如果不从事竞争性营利业务，其收到的捐赠无须缴纳荷兰企业所得税。捐赠方可以其向 ANBI 组织的捐赠来抵扣企业所得税。

2. ANBI 免税资格条件[①]

（1）主体条件。该组织不能为股份公司、合作社（cooperative）、共同保险社团（mutual insurance society），或者任何可以发行参股证明的组织。

（2）90% 要件。该组织 90% 以上的活动必须用于公益事业。

（3）诚信原则。该组织及其工作人员必须具有诚信，即员工确实是为组织的公益目的服务的。

（4）做出决策的董事不能将组织的资产作为个人财产，组织资产和个人资产必须分开。

（5）该组织只能在公益的范围内保留资产，即其保留的资产非常有限。

（6）董事的报酬必须仅限于报销费用或最低报酬。

（7）公益组织必须有时刻更新的政策方案。

（8）费用必须与其用于公益的支出呈合理比例。

（9）组织解散后的剩余资产必须用于与组织同样目的的用途。

（10）公益组织要履行具体的行政管理责任。

3. 披露要求

自 2021 年 1 月 1 日起，大型慈善机构必须使用标准表格发布数据。大型慈善机构包括积极从第三方筹集资金或货物，并且相关财政年度的总收入超过 50 000

---

① Which conditions must be met by Public Benefit Organisations?，参见 https://www.belastingdienst.nl/wps/wcm/connect/bldcontenten/belastingdienst/business/business-public-benefit-organisations/public_benefit_organisations/conditions_pbos/which_conditions_must_be_met_by_pbo。

欧元。ANBI 必须在网站上公布以下信息[1]：

（1）组织名称；

（2）RSIN（法人实体和合伙企业识别号）或税号；

（3）联系方式：地址、邮件地址；

（4）明确描述组织的目的；

（5）实施组织目的的战略规划；

（6）董事姓名；

（7）薪酬政策（公布公司章程中规定的董事会和组织管理层的薪酬政策）；

（8）已开展活动的报告；

（9）财务报表；

（10）ANBI 可以在自己的网站或分支机构（如分支机构）的交流网站上发布所需信息。

基于披露要求，宜家慈善基金会在官方网站上披露了具体运营情况。宜家慈善基金会用于慈善项目的资金完全来源于 Stichting Ingka 基金会。2022 年宜家慈善基金会总收入 2.82677 亿欧元，包括从 Stichting Ingka 基金会收到的 2.81854 亿欧元，共捐出 2.68235 亿欧元，加上其他项目费用，支出总额与总收入相等[2]。宜家慈善基金会不接受公众的直接捐赠[3]。

第二节

碧桂园与国强公益基金会

根据碧桂园服务控股有限公司（简称"碧桂园服务"）2023 年 7 月 30 日公告，集团控制人杨惠妍女士将所持 20% 的股权无偿捐赠给国强公益基金（香港）有限公司。后者承诺 10 年持股，并将投票权继续委托给杨惠妍女士。

按照当前股价，这笔捐赠价值近 60 亿港元。捐赠之后，杨惠妍女士在碧桂园服务实际持股下降至 16.12%。国强公益基金会（香港）拟将捐赠股份用作支持香

---

① 　Publishing ANBI information on a website，参见 https://www.belastingdienst.nl/wps/wcm/connect/bldcontenten/belastingdienst/business/business-public-benefit-organisations/public_benefit_organisations/publishing-anbi-information-on-a-website/。

② 　2022 Disclosure ANBI details for Stichting IKEA Foundation，参见 https://ikeafoundation.org/wp-content/uploads/2023/06/ANBI-disclosure-2022-Stichting-IKEA-Foundation.pdf。

③ 　参见 https://www.ikeafoundation.org/faq/。

港及大湾区科学、教育文化、健康及青少年成长，资助弱势群体、赈灾以及内地乡村振兴等公益用途。

一、公告：杨惠妍女士捐赠碧桂园服务 20% 的股份

碧桂园服务控股有限公司 2023 年 7 月 30 日发布公告，控股股东、非执行董事兼董事会主席杨惠妍女士及其全资持有的必胜有限公司与国强公益基金会（香港）有限公司 [简称"国强公益基金会（香港）"] 已于 2023 年 7 月 29 日签署赠与契据①。根据赠与契据，杨惠妍女士将捐赠本公司 674 640 867 股股份（占公司已发行股份约 20%）给国强公益基金会（香港）作慈善公益用途。

国强公益基金会（香港）于香港设立，根据香港法例第 112 章《税务条例》第 88 条属公益慈善机构，其创始成员为杨惠妍女士的妹妹杨子莹女士。

国强公益基金会（香港）拟把捐赠股份用作支持香港及粤港澳大湾区科学、教育文化、健康及青少年成长，资助弱势群体、赈灾以及内地乡村振兴等公益用途。

基于对本公司长期价值的认可及加强本公司企业管治稳定性的考虑，国强公益基金会（香港）向杨惠妍女士不可撤回及无条件地承诺，它将在 10 年内持有捐赠股份，并委托杨惠妍女士或其指定人士代表国强公益基金会（香港）按照杨惠妍女士及赠与人的意愿行使捐赠股份中的投票权。捐赠完成后，杨惠妍女士将（直接和间接）拥有本公司 543 695 233 股的股份，占本公司已发行股份的 16.12%。而杨惠妍女士将继续（直接和间接）控制本公司 1 218 336 100 股股份的投票权（当中包括捐赠股份的投票权），占本公司已发行股份投票权的 36.12%。

二、国强公益基金会（香港）

国强公益基金会（香港）成立于 2023 年 6 月 13 日，公司类别是有限担保有限公司（Company limited by Guarantee）。

根据注册资料（见图 12-1），国强公益基金会（香港）有三名董事：杨子莹、李静、罗劲荣。其中杨子莹拥有中国香港身份，后两者为中国内地身份。根据公开资料，杨子莹是杨惠妍的妹妹，目前她是碧桂园执行董事，主要负责财务融资事项。李静是碧桂园集团品牌与社会责任中心负责人，同时她还担任广东省国强公益基金会常务副理事长兼秘书长。罗劲荣是碧桂园集团助理总裁，主要负责扶

---

① 公司公告请见 https://www1.hkexnews.hk/listedco/listconews/sehk/2023/0730/2023073000 0072_c.pdf。

贫事宜，同时也是广东省国强公益基金会副理事长。

Registered Office

Registered Office: 中環皇后大道中15號 置地廣場公爵大廈21樓,香港

Share Capital

Issued: -
Paid-Up: -

List of Directors

Director

No.	Name in English	Name in Chinese	HKID No. / CR No.	Passport No. / China ID No.	Passport Issuing Country/Region	Director Type	Director Particulars	All Directorships
1	LI, JING	李靜	-	EC422***	中國 CHINA	Natural Person	🔍 🖼	▶
2	LUO, JINGRONG	羅勁榮	-	EJ404***	中國 CHINA	Natural Person	🔍 🖼	▶
3	YANG, ZIYING	楊子瑩	R592*** (*)	-	-	Natural Person	🔍 🖼	▶

Particulars of Company Secretary

Particulars of Company Secretary (Body Corporate) #1
Name in English: PWC CORPORATE SERVICES LIMITED
Name in Chinese: 羅兵咸永道企業服務有限公司
CR No.: 1208831
Registered / Principal Office: 中環皇后大道中15號 置地廣場公爵大廈21樓,香港
Date of Appointment: 13-JUN-2023
Important Note:

图 12-1　国强公益基金会（香港）有限公司在香港公司注册处综合资讯系统资料

有限担保公司通常是一个没有股东、成员，以象征性金额的货币（如 10 美元）作为自己承担责任上限的实体。有限担保公司被广泛应用于慈善、公益、俱乐部、社团或者类似组织，也常用于个人财富规划。在本书第十章里，我们看到意大利克罗齐亚夫人家族 1987 年 8 月 5 日在巴哈马注册成立基金会，法律形式也是有限担保公司。基金会章程由 5 个成员签署，他们都是巴哈马律师事务所 Graham Thomson & Co 的律师，每人的责任以 10 美元为限。

三、免税

国强公益基金会（香港）作为慈善基金会，在香港可以免除利得税（公司所得税）。同时，杨惠妍女士将碧桂园服务控股有限公司 20% 的股份捐赠给国强公益基金会（香港）作慈善公益用途，也可以免除印花税。

1.慈善团体免征利得税

国强公益基金会（香港）已经被登记为免于缴纳利得税的慈善机构（见

图 12-2）。慈善机构名册可从香港税务局网站查询^①。慈善团体可根据香港《税务条例》第 88 条豁免缴纳利得税。

Search for charitable Institutions & trusts of a public character, which are exempt from tax under section 88 of the Inland Revenue Ordinance as at 30 September 2023
搜尋載至 2023年9月30日 根據《稅務條例》第88條獲豁免稅的慈善機構及慈善信託

Name of organization:	GUOQIANG PUBLIC WELFARE FOUNDATION (HONG KONG) LIMITED
慈善團體名字:	國強公益基金會(香港)有限公司
Alias:	
別名:	
Effective Date: 生效日期:	13.06.2023

Back 返回

图 12-2　国强公益基金会（香港）有限公司在香港税务局登记为慈善机构

《税务条例》第 88 条规定如下。

88. 对慈善团体的豁免^②

即使本条例载有相反规定，任何属公共性质的慈善机构或慈善信托，均获豁免并当作一直获豁免缴税。

但凡任何行业或业务是由任何该等机构或信托经营，而得自该行业或业务的利润是纯粹作慈善用途及其中大部分并非在香港以外地方使用，并符合以下规定，在此情况下，该等利润方获豁免并当作获豁免缴税。

（a）该行业或业务是在实际贯彻该机构或信托明文规定的宗旨时经营的；

（b）与该行业或业务有关的工作主要是由某些人进行，而该机构或信托正是为该等人的利益而设立的。

因此，根据上述规定，该行业或业务的利润只会在符合下列所有条件的情况下，才可获豁免缴付利得税。

（1）香港法院司法管辖的慈善团体。根据 Camille and Henry Dreyfus Foundation Inc vs CIR [1954] Ch 672 一案所应用的原则，税务豁免只能给予受香港法院司法管辖的慈善团体，即是在香港成立的慈善团体，或是海外慈善团体的

---

① 参见 https://www.ird.gov.hk/charity/search_result.php。

② 参见 https://www.elegislation.gov.hk/hk/cap112!sc。

香港机构[①]。

（2）所得利润是纯粹作慈善用途。

（3）所得利润其中大部分在香港使用。

（4）业务是在实际贯彻该慈善团体的宗旨时经营的。

2. 慈善团体免征印花税

杨惠妍女士将碧桂园服务控股有限公司20%的股份捐赠给国强公益基金会（香港）作慈善公益用途，也可以免除印花税。具体规定是香港《印花税条例》（第117章），内容如下。

52. 根据《印花税条例》第44条，任何将不动产或香港证券的实益权益以馈赠方式，由享有该权益的人士、登记拥有人、转让人直接或以信托方式转移给属公共性质的慈善机构或信托团体的转易契或香港证券转让书，无须按附表1第1（1）（物业交易的从价印花税）、1（1AA）（额外印花税）、1（1AAB）（买家印花税）或2（3）类（证券交易的从价印花税及定额印花税）予以征收印花税。有关文书必须提交印花税署署长根据《印花税条例》第13条做出裁定。除非该文书已加盖特定印花或借印花证明书以表明无须就该文书征收印花税，否则该文书不能被视作已加盖适当印花。

四、股权捐赠是财富规划

2023年10月10日，碧桂园发布公告称，公司预期无法如期或在宽限期内履行所有境外债务款项的偿付义务，希望寻求整体方案推进境外债务重组。中国最大房企之一碧桂园，突然面临资金链断裂，让"恒大级"危机的阴云再次笼罩在中国楼市之上[②]。

---

① 慈善机构和公共信托的税务指南，2023年6月，第50段，参见 https://www.ird.gov.hk/chi/pdf/tax_guide_for_charities.pdf。

② 财新：《1540万美元境外债息到期未付 碧桂园恐已正式违约》，2023年10月18日，参见 https://companies.caixin.com/2023-10-18/102118107.html；

日经中文网：《碧桂园被认定债务违约》，2023年10月27日，参见 https://cn.nikkei.com/china/ccompany/53873-2023-10-27-11-17-34.html；

华尔街日报：《碧桂园被认定美元债券违约》，2023年10月25日，参见 https://cn.wsj.com/articles/%E6%8A%A5%E9%81%93-%E7%A2%A7%E6%A1%82%E5%9B%AD%E8%A2%AB%E8%AE%A4%E5%AE%9A%E7%BE%8E%E5%85%83%E5%80%BA%E5%88%B8%E8%BF%9D%E7%BA%A6-8b39bd0f。

在此背景下，杨惠妍女士于 2023 年 7 月 30 日捐赠碧桂园服务 20% 的股份给国强公益基金会（香港），不禁让人浮想联翩。也许杨惠妍女士参考了宜家创始人将宜家股权捐给宜家荷兰 Ingka 基金会的做法。但这个时间点的选择似乎有些突兀。如果碧桂园的危机进一步爆发，杨惠妍女士捐赠碧桂园服务 20% 的股份给国强公益基金会的行为，也可能面临法律的挑战。到时，所谓的"被击穿"也不会耸人听闻。

人无远虑，必有近忧。**资产保护和家族财富传承在很多时候是有些违背"人性"的：在歌舞升平、形势大好时候，就要想到万一灾难到来时如何应对。**小米创始人雷军说过这样一句话：站在风口上，猪都会飞。当很多企业家搭上了中国改革开放的东风，获得了非凡的成就时，如何看待成就也造就了企业家不同的命运。笔者相信凭借中国企业家的智慧，也会产生越来越多的如宜家创始人坎普拉德这样的企业家。他了不起之处在于，在他 50 多岁时就开始思考和系统搭建家族财富传承的架构。1982 年，坎普拉德将持有的宜家集团股权以不可撤销赠与的方式转到了 Stichting Ingka 基金会，目的是通过荷兰基金会的"孤儿"公司形式确保宜家集团的永久存续，并防止被敌意收购。这一切都是在宜家集团业务蒸蒸日上的时候完成的，而不是"爆雷"的前夕。

第三节
揭开扎克伯格捐赠 Facebook 股权的税务面纱

Facebook 创始人马克·扎克伯格以童话般的方式刷新着世人对慈善的认识：2015 年 12 月 1 日，为了庆祝女儿麦克斯的出生，扎克伯格与妻子普莉希拉·陈给女儿写了一封感人肺腑的公开信[①]，承诺将其持有的 Facebook（2021 年 11 月改名为 Meta）股权中 99% 的部分（按照 Facebook 当时股价计算，约 450 亿美元）捐出，用于激发人类的潜力，通过慈善、公共游说和其他为社会公众益的方式来促进社会平等[②]。但扎克伯格为其慈善选择设立的组织是 Chan Zuckerberg Initiative LLC，一家以慈善为目的于 2015 年 11 月 24 日在特拉华州设立的有限责任公司（简

① Letter to Max，参见 https://chanzuckerberg.com/about/letter-to-max/。
② FORM 8-K，参见 https://www.sec.gov/Archives/edgar/data/1326801/000132680115000035/form8kdec2015.htm。也请见基金会官方网站 https://chanzuckerberg.com/about/annual-letter/。

称 LLC）[①]，而不是实际中更为常见的基金会。

扎克伯格的慈善最大的影响，也许是其对跨代公平（intergenerational equity）哲学的实践。在一个地球生态形势日益恶化的时代，扎克伯格夫妇捐赠其持有的 99% 的股权用于下一代，其胸怀和远见毫无疑问赢得了我们的喝彩。但这丝毫不影响世界媒体对他的追问、质疑，也不影响我们对其慈善模式的思考：扎克伯格有无利用 LLC 避税？选择 LLC 做慈善是引领风气之先，还是利他主义下的自利[②]？相对传统的基金会慈善模式，选择 LLC 有何利弊？

一、扎克伯格是否利用 LLC 避税

（一）LLC

LLC 在美国主要始于 1977 年怀俄明州（Wyoming）颁布的州法律，到 1996 年时美国各州基本都有了 LLC 立法[③]。但真正使 LLC 被广泛使用的是 1997 年 1 月 1 日，美国新税务规定允许 LLC 的股东选择按照合伙企业或者独立法人实体纳税申报，即著名的实体分类纳税规则（俗称"打钩规则"，即"Check the box"）[④]。

简言之，LLC 可以提供有限责任的保护和公司自由运营，实现了纳税方式选择的便利。

（1）所有股东对 LLC 承担有限责任，即其责任以出资为限，因此可以实现责任的隔离。

（2）公司运营灵活，受法律限制少。

（3）不需要设立董事会、年度股东会议。

（4）不需要强制申报和向公众披露。

（5）自由解散。

（6）LLC 股权不可自由转让。一般情况下，股东持有的公司股权可以在公司内部股东之间自由转让。若向公司以外的人转让，须经过公司股东的同意。

---

① Peter J Reilly，*What Is With This Chan Zuckerberg LLC Thing? Tax Geeks Speak*，参见 http://www.forbes.com/sites/peterjreilly/2015/12/04/what-is-with-this-chan-zuckerberg-llc-thing-tax-geeks-speak/，2015 年 12 月 4 日。

② Jesse Eisinger Pro Publica，*How Mark Zuckerberg's Altruism Helps Himself*，参见 http://www.nytimes.com/2015/12/04/business/dealbook/how-mark-zuckerbergs-altruism-helps-himself.html?_r=0，2015 年 12 月 3 日。

③ *LLCs:Is the Future Here? A History and Prognosis*，参见 http://www.americanbar.org/content/newsletter/publications/law_trends_news_practice_area_e_newsletter_home/llc.html。

④ Treasury Regulation 301.7701-1 -3.

（7）公司股东可以对 LLC 进行实质控制，同时不会使 LLC 丧失有限责任。

（8）LLC 的股东可以选择对 LLC 按照合伙企业申报纳税（LLC 类似合伙企业，LLC 的税务责任直接归属于股东）或独立法人实体纳税（此时 LLC 是独立的纳税实体）。

（二）为何是股权捐赠

股权捐赠毫无疑问是美国社会的亮点之一。中国法律从未禁止过自然人将其持有的企业股权进行捐赠的行为，但是自然人股东慈善股权捐赠通常被视为股权转让，并在转让环节以股权市场公允价纳税，不能享受历史成本价的财税优惠政策[①]。

股权捐赠在美国是一个比较完善的系统设计，尤其是税务方面对股权捐赠的激励措施。股权捐赠在美国捐赠案例中占比不高，但通常会带来较大金额的捐赠。

2023 年 6 月，巴菲特向 5 家慈善机构捐赠了价值 46.4 亿美元的伯克希尔·哈撒韦公司股票，使他自 2006 年以来的捐赠总额超过 510 亿美元。这次捐赠包括约 1370 万股伯克希尔 B 类股票。巴菲特向比尔及梅琳达·盖茨基金会捐赠了 1045 万股股票。该基金会已收到总计超过 390 亿美元的伯克希尔股票。他还向苏珊·汤普森·巴菲特基金会（以其已故第一任妻子的名字命名）捐赠了 105 万股，并将 220 万股平分给由他的孩子霍华德、苏珊和彼得领导的慈善机构：霍华德·G.巴菲特基金会、舍伍德基金会和 NoVo 基金会[②]。此前，也就是 2006 年 6 月，巴菲特向盖茨基金会捐赠 1000 万股伯克希尔公司 B 股股票，这些股票当时市值约 310 亿美元。

在美国税法下，捐赠人将持有 12 个月以上、产生增值的股权对有免税资格的组织进行捐赠将获得双重税务利益。

（1）无须就资本收益缴纳个人所得税。在股权捐赠的情形下，美国税法不是视同捐赠方先将股权销售（须确认资本收益）再用获得的现金进行捐赠，而是只有一个向免税组织捐赠股权的交易。因此，捐赠方无须就该捐赠确认资本收益，因此无须就资本收益缴纳个人所得税。

（2）抵扣其他纳税所得。捐赠方可就捐赠的金额或股权的公允市场价值[③] 来

---

① 浅析慈善股权捐赠的几个问题，2022 年 1 月 6 日，参见 https://www.allbrightlaw.com/CN/10475/105816e94c2787d8.aspx。

② 《沃伦·巴菲特的慈善捐赠突破 510 亿美元》，乔纳森·斯坦普尔，2023 年 6 月 22 日，参见 https://www.reuters.com/markets/us/warren-buffetts-charitable-giving-tops-51-billion-2023-06-22/。

③ I.R.C. § 170；Publication 526- Charitable Contributions，参见 https://www.irs.gov/pub/irs-pdf/p526.pdf。

抵扣其他应纳税所得，但该抵扣的金额不能高于捐赠方经调整的本年度总收入的 30%，超过部分的金额可以递延 5 年。因此，如果扎克伯格未来将 Meta 的股票捐赠给符合免税条件的组织，前述抵扣金额将可以冲抵其他应税所得[1]。作为创始人，扎克伯格持有的 Meta 股票的计税基础基本为 0。如果 LLC 未来通过将 Meta 的部分股权向具有免税资格的组织捐赠来降低扎克伯格的税负，我们丝毫不会惊讶。

二、扎克伯格有无避税

如果扎克伯格真的将其持有的 Meta 股权中 99% 的部分用于慈善，一切关于其避税的质疑似乎是荒谬的：扎克伯格放弃其 99% 的钱，为了剩下 1% 的钱进行避税，显然不合情理[2]。但是，目前关于扎克伯格股权捐赠的讨论都是基于扎克伯格的一个承诺，而非一个已经发生的慈善事实或者将要发生的具体的慈善计划[3]。在此情况下，从技术角度来看，对于扎克伯格是否避税的讨论都是基于一个猜测或者假设的事实背景。因此，目前直接给扎克伯格戴上"避税"的帽子[4]是不客观的。

基于目前的信息，我们可以得出哪些初步的结论？

第一，扎克伯格将持有的 Meta 股权转给 LLC，不会为其带来税务利益。

从税法的角度，扎克伯格只是"把钱从一个口袋转到另一个口袋"[5]。这是基于美国税法下的实体分类纳税规则，即在 LLC 有两个或者两个以上股东的情况下，美国税法默认为将 LLC 视为合伙企业征税[6]，即对合伙人征税。因此，扎克伯格将股权转给 LLC 的行为在美国税法下默认为一个不存在的交易。也就是在 LLC 进一步处分其持有的 Meta 股权之前，从美国税法的角度，默认为还没有发生一个产生税务后果的交易。

捐赠人要获得税前扣除，要求受赠方必须是一个符合免税条件的组织（主要

---

[1]　I.R.C. § 170.，参见 https://www.law.cornell.edu/uscode/text/26/170。

[2]　Matt Levine，*Charity，Leverage and Crime*，参见 https://www.bloomberg.com/opinion/articles/2015-12-03/charity-leverage-and-crime。

[3]　"…he will gift or otherwise direct substantially…"，FORM 8-K，参见 https://www.sec.gov/Archives/edgar/data/1326801/000132680115000035/form8kdec2015.htm。

[4]　直接戴上"避税"帽子的，例如，Tom Cahill，*Why Mark Zuckerberg's 'Charity' is a Scheme to Dodge Billions in Taxes*，参见 http://usuncut.com/class-war/mark-zuckerberg-charity-scheme/。

[5]　哥伦比亚大学法学院税法教授 Michael Graetz 认为扎克伯格只是"把钱从一个口袋转到另一个口袋"，引自 Josh Barro，*Why It's Too Soon to Sour on the Zuckerberg Charity Plan*，参见 http://www.nytimes.com/2015/12/08/upshot/why-its-too-soon-to-sour-on-the-zuckerberg-charity-plan.html。

[6]　Treasury Regulation 301.7701-1 -3（b）。

为特定目的的公益基金会和私人基金会）[1]，而 LLC 目前不是，将来也不太可能成为符合免税条件的组织。

第二，LLC 未来处置 Meta 股权有可能为扎克伯格带来税务利益，并可能带来税务筹划的空间。

如果 LLC 直接销售其持有的 Meta 股权，与扎克伯格直接销售 Meta 股权的税务后果默认为相同，都存在就股权的增值缴纳资本收益税的问题，适用的税率是20% 的个人所得税和 3.8% 的净投资收入税，共计 23.8%。从这个角度来看，扎克伯格对其利用 LLC 进行捐赠不是为了避税的辩护[2]是有一定道理的。但是，一个实质性区别在于：在利用 LLC 进行股权捐赠的情况下 LLC 的运营费用可以用来抵扣收入；而在扎克伯格个人直接捐赠股权的情况下很多运营费用是不能抵扣的。

如果扎克伯格履行捐赠的承诺，通过 LLC 向符合免税条件的组织捐赠 Meta 股份，将给扎克伯格带来巨大的税务利益。

只要 LLC 一直持有 Meta 的股权而不销售出去，根据目前美国税法，其巨额增值所负担的资本收益税便可以一直递延下去。

LLC 也会带来赠与税和遗产税的税务筹划空间[3]。

三、总结

在目前情况下，认为扎克伯格利用 LLC 避税是不客观的。扎克伯格将持有的 Meta 股权转给 LLC，不会为其带来税务利益。基于美国税法下的实体分类纳税规则，扎克伯格只是"把钱从一个口袋转到另一个口袋"。但是，LLC 的运营费用可以用来抵扣收入，这是一个税务利益。再者，LLC 未来处置 Meta 股权有可能为扎克伯格带来其他税务利益，比如，利用股权捐赠的税务优惠、赠与税和遗产税进行税务筹划等。

慈善模式的选择需要考虑很多因素：意图、慈善哲学、拟开展的活动范围等。这一般是一个私人定制的过程。扎克伯格应是为了投资自由等税务以外的因素而放弃了传统的免税组织慈善模式，而选择了 LLC 的"营利慈善"。但是，"营利

---

[1] I.R.C. § 501（c）（3）；I.R.C. § 509；Publication 526- Charitable Contributions.

[2] "And just like everyone else，we will pay capital gains taxes when our shares are sold by the LLC…" *Zuckerberg defends his new philanthropic initiative*，参见 http://www.bbc.com/news/business-35003519，2015 年 12 月 4 日。

[3] Michael D. Larobina, *Limited Liability Companies and Estate Planning*，参见 *http://digitalcommons. sacredheart.edu/cgi/viewcontent.cgi?article=1005&context=wcob_fac*；Use of Limited Liability Companies in Estate Planning，参见 http://www.wardandsmith.com/articles/use-of-limited-liability-companies-in-estate-planning。

慈善"模式在实践中使用较少，其是否可以同时实现慈善和营利两个目标在实践中尚待检验。另外，"营利慈善"游走于慈善和营利的中间地带，尚无明确的规定来规范该类组织。因此，"营利慈善"模式包括扎克伯格利用 LLC 进行慈善都是在探索中前行。要获得慈善事业的成功，扎克伯格还需要仔细做好安排。

第四节

慈善模式的选择和 OpenAI

一、慈善模式的选择

（一）选择 LLC 即"营利慈善"模式

在美国，传统或者主流的慈善主要通过构成税法上免税组织的公益基金会和私人基金会进行，这些组织不能从事营利活动。这种模式可以称为"非营利慈善"模式。

"非营利慈善"模式在很大程度上是一个税务故事。美国税法为鼓励慈善，实施了一系列税务激励：符合条件的基金会是法定的免税组织，无须就收到的捐赠所得缴纳所得税和财产税。捐赠方或基金会的设立人可以就其向基金会的捐赠获得抵税额度，以抵扣其应纳税所得。但凡事总是相辅相成的：税法成就了"非营利慈善"，也给"非营利慈善"划定了严格的税务边界。从事超出税务边界的活动，免税组织和管理者都面临着严重的税务处罚。

与"非营利慈善"相对的是，扎克伯格利用 LLC 进行慈善的模式可以归为"营利慈善"（for-profit philanthropy）模式。

（1）特点。"营利慈善"模式的特点在于慈善者包括扎克伯格为了投资自由等税务以外的因素而放弃了传统的免税组织慈善模式。当然，对于扎克伯格来说，还有可能由于其他所得较少（拿 1 美元的象征性工资），"非营利慈善"带来的税务利益对其来说无关紧要。

（2）实践检验。"营利慈善"在实践中使用较少。"营利慈善"作为一个慈善模式[1] 开始引起公众的注意是在 2006 年，Google 在上市公司 Google Inc. 中设

---

[1]　David Haskell，*For-Profit Philanthropy*，参见 http://www.nytimes.com/2006/12/10/magazine/10Section2a.t-1.html?pagewanted=print&_r=0。

立了一个部门 Google.org① 来专门从事慈善业务。Google.org 主要关注气候变化、贫穷和流行病领域，但可以营利。需要注意的是，"营利慈善"模式是否可以同时实现慈善和营利两个目标在实践中尚待检验。Google.org 运营了几年后，还面临着其慈善模式失利并沦为 Google 宣传工具的质疑②。

（3）可以纳入慈善因素。"营利慈善"模式并非与"非营利慈善"模式完全对立。在"营利慈善"模式中也可以纳入一个非营利的私人基金会。比如，Google 慈善模式中就设立了 Google 基金会，一个非营利免税组织③。

（4）问题。如前所述，"营利慈善"模式尚处于探索阶段，目前只适用于个案。一个重要问题是"营利慈善"游走于慈善和营利的中间地带，尚无明确的规定来规范该类组织。如何协调慈善和营利这两个本质上存在内在冲突的领域是一个难点。目前对"营利慈善"缺乏公众监督，在慈善异化为营利工具、信托责任的适用和公司治理等方面都存在很多模糊地带④。

（二）如何选择慈善模式

对于超级富豪而言，慈善模式的选择需要考虑很多因素，如意图、慈善哲学、拟开展的活动范围等。这一般是一个私人定制的过程。同为互联网行业"大佬"，扎克伯格选择的慈善模式与 Google 模式有些类似，都是"营利慈善"模式，但与比尔·盖茨选择私人基金会（比尔和梅琳达·盖茨基金会⑤）的"非营利模式"大相径庭。

让我们一起来了解一下扎克伯格的慈善哲学。2015 年 12 月 4 日扎克伯格在 Facebook 上发帖说，Felix Salmon 的文章⑥ 是其读过的对慈善哲学阐述得最好的一篇文章。

---

① Data-driven，human-focused philanthropy— powered by Google，参见 https://www.google.org/。
② Stephanie Strom and Michugel Helft，*Google Finds It Hard to Reinvent Philanthropy*，http://www.nytimes.com/2011/01/30/business/30charity.html，2011 年 1 月 29 日。
③ Katie Hafner，*Philanthropy Google's Way:Not the Usual*，参见 http://www.nytimes.com/2006/09/14/technology/14google.html?ref=todayspaper。2006 年 9 月 14 日。
④ Dana Brakman Reiser，*For-Profit Philanthropy*，77 Fordham L. Rev. 2437（2009），2462-2472.
⑤ "2006 年 10 月，我们的受托人创建了两个实体结构：比尔及梅琳达·盖茨基金会（基金会）和比尔及梅琳达·盖茨基金会信托基金（信托）。这两个实体都是免税私人基金会，其结构为慈善信托。"参见 https://www.gatesfoundation.org/about/financials。
⑥ *Mark Zuckerberg wants to change the world，again. You got a problem with that?*，参见 http://fusion.net/story/241551/mark-zuckerberg-give-away-billions-philanthropy/，2015 年 3 月 12 日。

扎克伯格股权捐赠的标志性意义，不是其没有选择设立慈善基金会而是设立了一个LLC，也不是其只有31岁而进行了该天文数字捐赠的创举，最重要的是，扎克伯格对跨代公平（intergenerational equity）哲学的实践。

扎克伯格在2015年12月1日写给女儿Max的信中说："我们相信所有的生命（人类）有着平等的价值，这不仅包括生活在今天的人们，也包括那些生活在未来世代的更多人。现在，我们的社会有义务去投资来提升那些将来之人的生活，而不是只关注已在之人。"跨代公平的概念不仅支撑着扎克伯格的慈善哲学，而且与全球气候变化的主题紧密相关。扎克伯格是前世界银行首席经济学家、全球气候变迁政策奠基人、气候经济学之父尼古拉斯·斯特恩爵士（Sir Nicholas Stern）哲学的追随者。斯特恩爵士的一个主张是世界应每年花费世界国民生产总值的1%（大约1000亿美元）来尽其所能地减少碳排放，以为那些尚未出生的一代改善这个世界[1]。

在气候变化领域，代际公平的话题通常归结到斯特恩爵士所提的"时间折扣率的社会系数"（social rate of time discount）的选择。这个系数可以用来计算地球上现存的这代人应该花费多少钱为下一代人创造福利。斯特恩爵士采用了一个非常低的系数0.1%，剑桥大学教授帕萨·达斯古普塔爵士（Sir Partha Dasgupta）根据该系数计算出人类应该花费目前所得的97.5%来改进未来世代的福利。尽管对该计算结果尚存争议，但这与扎克伯格捐赠其持有的Meta 99%的股权用于慈善可谓异曲同工。

基于前述哲学，扎克伯格捐赠Meta股权拟"用于激发人类的潜力，通过慈善、公共游说等方式来促进社会平等"。在目前有限的信息下，尚无法分析扎克伯格拟开展活动的具体内容。但扎克伯格选择LLC开展慈善活动，应是认为传统的慈善模式不能实现其慈善哲学。而税务因素可能只是其考虑因素之一。

二、OpenAI 混合模式带来的治理挑战

（一）OpenAI 带来人工智能浪潮

2015年底，OpenAI非营利组织成立，目标是构建安全、有益的通用人工智能，造福人类。这是一个宏大的项目，通常是一个或多个政府推进的项目。

由于看到SpaceX等取得的巨大成功，OpenAI决定通过私人投资者筹集资金来实施这个项目。OpenAI认为公益基金会（public charity）是开发通用人工智能

---

[1]　尼古拉斯·斯特恩爵士著名的报告，The Economics of Climate Change，参见 http://mudancasclimaticas.cptec.inpe.br/~rmclima/pdfs/destaques/sternreview_report_complete.pdf。

最有效的法律形式，即 OpenAI 在法律上是一个公益基金会。

2022 年 11 月 30 日，OpenAI 推出了 ChatGPT，这是一款对话式人工智能（AI）模型。在 ChatGPT 推出仅两个月后，它在 2023 年 1 月末的月活用户已经突破了 1 亿人，成为史上用户增长速度最快的消费级应用程序 [1]。随着 ChatGPT 的出现，人工智能领域掀起了一股新的浪潮。

相关公司的股价是最好的反映。人工智能的研发需要巨大的算力，芯片股是直接受益者。2024 年 6 月 17 日，英伟达市值达到 3.34 万亿美元，超越微软，成为世界第一。这证明了人工智能技术的市场潜力。然而，对英伟达公司估值过高、收入增速放缓的担忧，也会导致恐慌性抛售。2024 年 9 月 3 日，英伟达收跌 9.5%，市值缩水 2790 亿美元（约合人民币 2 万亿元），创美股单日损失市值之最。

（二）OpenAI 董事会"地震"

2023 年 11 月 17 日，OpenAI 董事会发生"地震"，首席执行官山姆·奥特曼（Sam Altman）以及董事长兼总裁格雷格·布洛克曼（Greg Brockman）相继离职。首席技术官米拉·穆拉蒂（Mira Murati）立即担任临时首席执行官。OpenAI 董事会在声明中表示，在奥特曼离职之前，董事会进行了审慎的审查，得出的结论是奥特曼与董事会的沟通中没有保持坦诚，阻碍了董事会履行其职责，董事会不再对他继续领导 OpenAI 持有信心 [2]。显然，奥特曼被解雇了。

由于奥特曼被辞退，OpenAI 总裁格雷格·布罗克曼愤而辞职。迫于这种压力，OpenAI 董事会不得不找到奥特曼商议重返一事。但奥特曼提出了让董事会集体辞职的要求。

2023 年 11 月 20 日，微软首席执行官萨提亚·纳德拉（Satya Nadella）在社交平台上宣布，OpenAI 创始人山姆·奥特曼和联合创始人兼总裁格雷格·布罗克曼及其同事将加入微软，领导一个新的高级人工智能研究团队。奥特曼是否加入微软呢？[3] 在 2023 年 11 月 20 日晚上 CNBC 的访谈中，纳德拉给出了莫衷一是的答复。

美国当地时间 11 月 21 日深夜，OpenAI 宣布，已经原则上达成协议，奥特曼重返公司担任首席执行官，并组建由布雷特·泰勒（Bret Taylor）（主席）、拉里·萨默斯（Larry Summers）和亚当·德安杰洛（Adam D'Angelo）组成的新董事会。

---

[1] "2023 年令人难以置信的 ChatGPT 统计数据和事实"，参见 https://www.notta.ai/en/blog/chatgpt-statistics#key-chat-gpt-statistics。

[2] "OpenAI 宣布领导层换届"，2023 年 11 月 17 日，参见 https://openai.com/blog/openai-announces-leadership-transition。

[3] "萨姆·奥尔特曼是否会加入微软？首席执行官萨提亚·纳德拉似乎根本不知道"，马特·宾德，2023 年 11 月 21 日，参见 https://mashable.com/article/microsoft-doesnt-know-if-sam-altman-is-an-employee-openai。

布雷特·泰勒是 Salesforce 前联合首席执行官，拉里·萨默斯是前美国财政部部长。亚当·德安杰洛是上一届董事会成员。

从 OpenAI 董事会 11 月 17 日宣布罢免奥特曼之后，仅过去了 4 天多，这场"宫斗"大戏就经历了一次次反转，过程跌宕起伏。在这一过程中，OpenAI 暴露出来的根本问题是公司治理的内在冲突。

（三）公共捐赠杯水车薪

OpenAI 公益基金会启动时的目标是希望获得 10 亿美元的捐赠，然而多年来只收到了 1.305 亿美元的捐款。2015 年到 2019 年，OpenAI 共获得捐赠 130510989 美元 [①]。2017 年到 2021 年，OpenAI 共获得 119390879 美元的捐赠。其中 2020 年只获得 2661461 美元的捐赠，2021 年只获得 3066 美元的捐赠 [②]。

OpenAI 认为仅靠捐款无法与推动核心研究前进所需的计算能力和人才成本相匹配，从而危及使命，于是设计了一种结构来保留非营利组织的核心使命、治理和监督，同时能够为使命筹集资金 [③]。具体架构如图 12-3 所示。

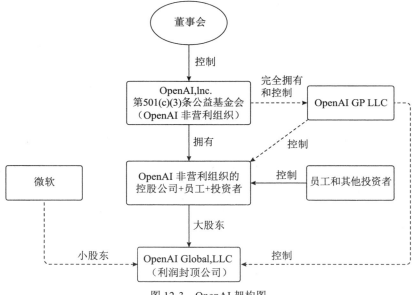

图 12-3　OpenAI 架构图

---

① 2019 年 OpenAI 990 表格披露，参见 https://projects.propublica.org/nonprofits/organizations/810861541/202003219349325305/full 或 https://apps.irs.gov/pub/epostcard/cor/810861541_201912_990_2021040117849101.pdf。

② 2021 年 OpenAI 990 表格披露，参见 https://projects.propublica.org/nonprofits/organizations/810861541/202243199349314989/full。

③ "我们的架构"，2023 年 6 月 28 日更新，参见 https://openai.com/our-structure。

（1）OpenAI 非营利组织将保持不变，董事会继续作为所有 OpenAI 活动的总体治理机构。

（2）成立一家新的营利性子公司，能够发行股票，以筹集资金并聘请世界一流的人才，但仍受非营利组织的指导。从事营利性计划的员工转移到新子公司。

（3）营利性组织在法律上有义务实现非营利性组织的使命，并通过参与研究、开发、商业化和其他核心业务来履行该使命。

（4）营利性股权结构将设有上限，限制投资者和员工的最大财务回报，以激励他们平衡商业性与安全性和可持续性的方式研究、开发和部署通用人工智能，而不是专注于纯粹的利润最大化。

（5）除自身运营外，非营利组织还将继续开展广泛的慈善活动，如赞助 OpenAI 学者等以教育为中心的项目，赞助其他专注于技术、经济影响和正义的公共慈善机构，包括斯坦福大学人工智能指数基金、黑人女孩守则和美国公民自由联盟基金会。

这样非营利组织仍然是 OpenAI 架构的核心，并控制通用人工智能的发展，而营利组织将负责整合资源来实现核心使命。为此，Open AI 在营利性组织的运营协议中规定，每位投资者和员工都必须遵守以下协议内容。

（1）投资 OpenAI Global，LLC 是一项高风险投资。

（2）投资者可能损失其出资而看不到任何回报。

（3）明智的做法是本着捐赠的精神看待对 OpenAI Global，LLC 的任何投资，因为很难知道金钱将在后通用人工智能世界中扮演什么角色。

（四）营利性子公司

营利性子公司的存在是为了推进 OpenAI，Inc. 的使命，即确保开发安全的通用人工智能并造福全人类。公司对这一使命的责任以及《OpenAI，Inc. 章程》中的原则优先于任何产生利润的义务。公司可能永远不会营利，并且公司没有义务这样做。公司可以自由地将公司的全部现金流再投资于研发活动和相关费用，而无须对投资者承担任何义务。

2019 年，OpenAI 设立了 OpenAI Global，LLC（合伙企业），这是一家有利润上限的企业，旨在帮助 OpenAI 快速扩大对计算和人才的投资，以促进本组织的使命[①]。该组织没有书面的合资政策，但采取了一系列的措施来维护其免税地位，包括保持对合伙企业的控制（通过普通合伙人的控制），以确保合伙企业促进组

---

① 2019 年 OpenAI 990 表格披露，参见 https://projects.propublica.org/nonprofits/organizations/810861541/202003219349325305/full https://apps.irs.gov/pub/epostcard/cor/810861541_201912_990_2021040117849101.pdf。

织的公益目的。在合伙企业协议中规定，优先考虑公益目的而不是投资者的利润最大化，防止合伙企业参与可能危及该组织公益的活动，并要求签订的所有合同均符合公平交易原则或者更有利于合伙企业。

OpenAI 意在将投资者寻求财务回报的动机与构建安全、有益的通用人工智能，造福人类的使命结合起来。为此，OpenAI 设立了一些关键的经济和治理条款[①]。

第一，营利性子公司完全由 OpenAI Nonprofit 控制。非营利组织全资拥有并控制一个控股实体（OpenAI GP LLC），该实体有权控制和管理营利性子公司。

第二，董事会仍然是非营利组织的董事会，每位董事都必须履行其受托的职责，以推进其使命——广泛受益的安全通用人工智能。虽然营利性子公司被允许赚取和分配利润，但它必须遵守这一使命。非营利组织的主要受益者是人类，而不是 OpenAI 投资者。

第三，董事会保持多数独立性。独立董事不持有 OpenAI 股权。即使 OpenAI 的首席执行官山姆·奥特曼也不直接持有股权。他唯一的利益是通过 Y 组合投资基金间接实现，该基金在他全职工作之前已经对 OpenAI 进行了小额投资。

第四，分配给投资者和员工（包括微软）的利润受到限制。所有超出上限的剩余价值都将返还给非营利组织，以造福人类。

第五，董事会决定我们何时实现通用人工智能。通用人工智能指的是一个高度自治的系统，在最具经济价值的工作中表现优于人类。此类系统不包括在与微软签订的知识产权许可和其他商业条款中，这些条款仅适用于通用人工智能之前的技术。

（五）微软投资

2019 年微软投资的 10 亿美元和 2023 年投资的 100 亿美元都用在 OpenAI，LP 有限合伙（即图 12-3 中的 OpenAI Global，LLC）。据 CNBC 报道，微软的总投资达到 130 亿美元[②]。

2019 年 3 月 11 日，OpenAI 宣布了投资者和员工经济回报的上限：第一轮投资者的回报上限为其投资的 100 倍。任何超额收益都将捐给 OpenAI 非营利组

---

① "我们的架构"，2023 年 6 月 28 日更新，参见 https://openai.com/our-structure。
② "微软对 OpenAI 的 130 亿美元押注潜力巨大，但也存在大量不确定性"，乔丹·诺维特，2023 年 4 月 9 日，参见 https://www.cnbc.com/2023/04/08/microsofts-complex-bet-on-openai-brings-potential-and-uncertainty.html。

织[①]。有限利润模式允许 OpenAI Global，LLC 合法吸引风险基金的投资，还可以授予员工公司股份。

2019 年 7 月 22 日，微软向 OpenAI 投资 10 亿美元。OpenAI 在微软 Azure 系统内开发硬件和软件平台，并共同开发新的 Azure AI 超级计算技术，微软成为独家云提供商[②]。2023 年 1 月 23 日，微软向 OpenAI 投资 100 亿美元。这项新的投资旨在让微软能够访问一些最流行和最先进的人工智能系统。微软正在与谷歌、亚马逊和 Meta 竞争，以主导快速发展的技术，该技术可根据简短的提示生成文本、图像和其他媒体。与此同时，OpenAI 需要微软的资金和云计算能力来处理海量数据并运行日益复杂的模型[③]。

根据相关媒体报道，微软将获得 OpenAI 75% 的利润，直到收回投资。此后，微软将拥有 OpenAI 营利性子公司 49% 的股份，其他投资者持有另外 49% 的股份，OpenAI 的非营利母公司获得 2% 的股份。每组投资者的利润上限各不相同，这对于风险交易来说很不寻常[④]。但是，微软没有董事会席位，也没有控制权，OpenAI 仍然是一家完全独立的公司，由 OpenAI 非营利组织管理。

（六）混合模式带来治理难题

在美国，混合治理模式有很多，示例如下[⑤]。

■ 《费城问询报》是一份营利性报纸，由非营利组织 Lenfest Institute 拥有。这种架构使报纸能够在不损害其宗旨的情况下吸引投资——新闻服务于当地社区的需求。

■ 户外服装和装备设计师、供应商巴塔哥尼亚（Patagonia）也是一个突出的例子。创始人伊冯·乔伊纳德（Yvon Chouinard）及其继承人已将其所有权永久转让给非营利信托机构。现在巴塔哥尼亚的所有利润都用于资助环

---

① OpenAI LP，2019 年 3 月 11 日，参见 https://openai.com/blog/openai-lp。
② "微软投资 OpenAI 并与其合作，支持我们构建有益的通用人工智能"，2019 年 7 月 22 日，参见 https://openai.com/blog/microsoft-invests-in-and-partners-with-openai。
③ "微软向 ChatGPT 创造者 OpenAI 投资 100 亿美元"，迪娜·巴斯，2023 年 1 月 23 日，参见 https://www.bloomberg.com/news/articles/2023-01-23/microsoft-makes-multibillion-dollar-investment-in-openai。
④ "微软拟斥资 100 亿美元押注 ChatGPT"，莉兹·霍夫曼和里德·阿尔贝戈蒂，2023 年 1 月 10 日，参见 https://www.semafor.com/article/01/09/2023/microsoft-eyes-10-billion-bet-on-chatgpt。
⑤ "OpenAI 是一个非营利组织与企业的混合体：一位管理专家解释了这种模式的运作方式，以及它如何引发围绕首席执行官萨姆·奥尔特曼短暂下台的混乱"，阿尔努尔·易卜拉欣（塔夫茨大学管理学教授），2023 年 11 月 30 日，参见 https://theconversation.com/openai-is-a-nonprofit-corporate-hybrid-a-management-expert-explains-how-this-model-works-and-how-it-fueled-the-tumult-around-ceo-sam-altmans-short-lived-ouster-218340。

保事业。

■ Anthropic 是 OpenAI 的竞争对手之一，也拥有混合治理结构，但它的设置
与 OpenAI 不同。Anthropic 有两个管理机构：公司董事会和长期利益信托。
由于 Anthropic 是一家公益公司，公司董事会可能考虑除所有者之外的其
他利益相关者的利益，包括公众的利益。

OpenAI 的治理模式带来了董事会审慎管理责任和利益冲突的问题。董事会的
责任是确保开发安全的通用人工智能并造福全人类。但是，当董事会成员可以从
OpenAI 的产品中赚钱时，他们是否会为了经济利益而牺牲自己的使命？通常非营
利组织的董事会成员是无薪的，没有任何经济利益。首席执行官向董事会报告，
董事会有权雇佣和解雇他们。

然而，在 OpenAI 最近的改组之前，其 6 名董事会成员中有 3 名是带薪高管：
首席执行官、首席科学家和营利部门的总裁。尽管 3 名无薪的独立董事会成员都
投票罢免奥特曼，但所有带薪高管最终都支持他。在非营利组织中，从应该监督
的实体那里赚取薪水被认为是一种利益冲突。

即使 OpenAI 的新董事会能够履行服务社会需求的使命，而不是实现利润最
大化，但并没有解决问题。比如，投资了 130 亿美元的微软没有董事会席位，也
没有控制权。目前微软是"房间里的大象"，这次可以凭借微软的影响力来帮助
OpenAI 化解治理难题，但并没从根本上解决问题。当 OpenAI 引领人工智能浪潮时，
它的估值已经超过 800 亿美元，必将成为资本市场利益追逐的风口。

我们应该保持乐观的态度，相信 OpenAI 和它开启的通用人工智能时代。
OpenAI 一再强调，它的使命是确保开发安全的通用人工智能并造福全人类，这优
先于任何产生利润的义务。公司可能永远不会营利，并且公司没有义务这样做。
正如 OpenAI 官网所述，明智的做法是本着捐赠的精神看待对 OpenAI Global，
LLC 的任何投资，因为很难知道金钱将在后通用人工智能世界中扮演什么
角色。

三、慈善模式的比较

慈善模式的选择是一个综合多种因素的选择，需要结合当地的文化因素和法
律环境等综合考虑。结合 OpenAI 非营利模式，表 12-1 是对美国公益基金会、私
人基金会和"营利慈善"（LLC）三种模式的对比。

表 12-1 美国公益基金会、私人基金会和"营利慈善"（LLC）模式对比

	公益基金会	私人基金会	"营利慈善"（LLC）
模式举例	OpenAI，Inc. 教堂、医院、学校、学院和大学等	比尔及梅琳达·盖茨基金会（基金会），免税私人基金会	扎克伯格 Chan Zuckerberg Initiative LLC，一家以慈善为目的于 2015 年 11 月 24 日在特拉华州设立的有限责任公司
资金来源和使用	一般来说，公益基金会要求至少有 1/3 的资金来自公众的捐款，或者在 10% 以上（满足特定事实和条件）[1]。公共慈善机构可以从私人基金会获得资金，反之则不然。公共慈善机构利用其资金开展直接活动	私人基金会通常只有一个主要资金来源（通常来自一个家庭或公司的捐赠，而不是来自多个来源的资金），大多数慈善机构的主要活动是向其他慈善组织和个人提供赠款，而不是直接运作慈善项目	资金来自股东或投资者。使用方式取决于股东
信托责任	必须通过多元化的董事会来代表公共利益。超过 50% 的董事会成员必须没有血缘关系、婚姻或外部企业共同所有权，并且不得作为组织的员工获得报酬。 基金会的董事都必须履行其受托的职责，以推进其使命	私人基金会可以由关联方控制，并由较小的团体资助，甚至是个人或家庭。无明确规定要求基金会管理者对基金会承担信托责任。在管理上，基金会管理者比公益基金会有着更多的灵活性，其法律责任也相对宽松[2]	特拉华州立法机构于 2013 年修订了法律，规定 LLC 的管理层和控股股东对 LLC 有信托责任，但可以根据合同自由原则另行作出规定。因此，该信托责任有可能被免除[3]

---

① 附表 A（表格 990）说明，参见 https://www.irs.gov/pub/irs-pdf/i990sa.pdf。

② Crimm，Nina J.，*A Case Study of a Private Foundation's Governance and Self-Interested Fiduciaries Calls for Further Regulation*. Emory Law Journal，Vol. 50，2001；St. John's Legal Studies Research Paper No. 08-0105. Available at SSRN:http://ssrn.com/abstract=1103479.

③ Bruce E. Falby and John L. Reed，*Delaware amends its LLC Act*: *managers and controllers owe fiduciary duties unless LLC agreement provides otherwise*，22 AUG 2013；Courtney Nowell，Matthew Cohen，and Brooke LoCoco，*A Call to Duty*: *Waivers of Fiduciary Duty under Delaware Law*，http://www.squirepattonboggs.com/~/media/files/insights/publications/2015/07/a-call-to-duty-waivers-of-fiduciary-duty-under-delaware-law/a_call_to_duty_waivers_of_fiduciary_duty_under_delaware_law.pdf.

续表

	公益基金会	私人基金会	"营利慈善"（LLC）
税务优势	受捐赠组织收到的捐赠资产免于缴纳企业所得税。捐赠者一般可以就捐赠现金的60%或非现金的50%在缴纳个人所得税时获得抵免①	受捐赠组织收到的捐赠资产免于缴纳企业所得税。捐赠者一般可以就捐赠资产价值的30%在缴纳个人所得税时获得抵免②	实体分类纳税规则提供了税务上的便利性：默认LLC参照合伙企业纳税，即直接对股东征税
目的限制	限于完全为宗教、慈善、科学、文学、教育，支持国家或国际的业余体育竞技（不包括提供竞技设施或设备），防止儿童或动物被虐待，以及与公共安全有关的检测等。组织章程不能规定任何超出前述范围的目的或用途③		没有特别限制，LLC可以从事营利和非营利活动
所得使用之限制	所得不得用于任何私人股东或者个人之利益。基金会为慈善目的而设立；基金会的利润只能用于特定的慈善目的，而不能向个人分配		没有特别限制
解散时剩余资产的分配	在解散时，剩余资产不能向其成员或者股东进行分配，只能向免税目的之用途、向联邦或地方政府用于公共目的，或者依法院的判决而向最符合组织设立目的用途进行分配④		没有特别限制
投资自由	公益基金会是最有利的类别，不需要遵循对私人基金会投资活动的如下限制：	非营利组织可以从事的商业活动受到很多限制。如欲获得免税资格，可以从事的活动有以下具体限制：基金会一般不能持有一个公司或者合伙	非常灵活，可用于任何合法目的的投资

---

① 具体规则请见美国国内税务局出版物526号"慈善捐助——用于准备2022年申报表"，https://www.irs.gov/pub/irs-pdf/p526.pdf。
② 具体规则请见美国国内税务局出版物526号"慈善捐助——用于准备2022年申报表"，https://www.irs.gov/pub/irs-pdf/p526.pdf。
③ I.R.C. § 501（c）（3）.
④ Treas. Reg. § 1.501（c）（3）-1.，https://www.ecfr.gov/current/title-26/chapter-I/subchapter-A/part-1/subject-group-ECFR062882ac6495890/section-1.501（c）（3）-1.

	公益基金会	私人基金会	"营利慈善"（LLC）
投资自由	避免自我交易行为（IRC 4941），满足最低分配要求（IRC 4942），避免"过度持有企业"（IRC 4943）和"危害投资"（IRC 4944），以及避免进行某些支出（IRC 4945）	20% 以上的表决权，超过部分要面临额外的税务负担。如果持有的表决权份额超过前述比例，基金须对投资进行处置。如果基金会获得的表决权比例不是通过购买获得的，如通过赠与获得，其有 5 年的时间来处置额外的持股比例；对于大额的赠与，税务局最多可以延长 5 年[①]。基金会须从事风险较低的稳健投资，而被禁止从事高风险的"有害投资"。从事"有害投资"的基金会和其管理者都会面临 5% 的所得税和后续税务惩罚[②]	非常灵活，可用于任何合法目的的投资
所得分配	没有强制分配要求	每年须分配净资产的 5% 用于慈善	没有强制分配要求
政治活动	公益基金会可以选择根据《国内税收法》第 501（h）条来从事游说活动。该条明确规定了选举公共慈善机构可以用于游说活动的金额，游说限额根据组织年度支出的规模而有所不同。	完全禁止直接或间接参与或介入任何旨在支持或反对公职选举中任何候选人的政治运动。政治献金、代表组织公开表明其立场（口头或书面）支持或反对选举中任何	除选举财务法（Campaign finance laws）外，没有特别限制

① I.R.C. §§ 4943（c）（6），（c）（7），（a）.
② 26 CFR 53.4944-1 - Initial taxes.

续表

	公益基金会	私人基金会	"营利慈善"（LLC）
政治活动	例如，每年总支出不超过 50 万美元的组织可以将多达 20% 的预算用于游说活动。总支出超过 1700 万美元的组织，可以将 100 万美元用于游说活动[①]	候选人的捐款均明显违反了禁止参与政治运动的禁令。特定的政治活动和开支可能被允许，但不能支持某一候选人而反对另一个，不能反对某个党派候选人，不能造成偏袒某个候选人或某个候选人团体的效果[②]	
申报和披露	公益基金会的披露责任少于私人基金会：免除大多数私人基金会须缴纳的 IRC 4940 净投资收入税；报告要求不那么繁杂（主要是 990 表格和 990-EZ 表格）	实行严格的强制申报，须详细地向公众披露其接受捐赠的财务审计报告、纳税情况和资金使用的流向等[③]。私人基金会必须完成的年度信息申报表 990-PF 比公益基金会要复杂得多	不需要

[①] 游说活动标准：支出测试，参见 https://www.irs.gov/charities-non-profits/measuring-lobbying-activity-expenditure-test。

[②] The Restriction of Political Campaign Intervention by Section 501（c）（3） Tax-Exempt Organizations. Irs.gov. 15-Dec-2015. https://www.irs.gov/Charities-&-Non-Profits/Charitable-Organizations/The-Restriction-of-Political-Campaign-Intervention-by-Section-501（c）（3）-Tax-Exempt-Organizations.

[③] 可以参见比尔和梅琳达·盖茨基金会的披露信息，比如 2022 年度其披露的信息包括：2022 Audited Financial Statements（PDF，21 页），2022 Annual Tax Return，Form 990-PF: Return of Private Foundation（PDF，1342 页），参见 http://www.gatesfoundation.org/Who-We-Are/General-Information/Financials。

第十三章

美国税法新图景：移民或投资需考虑

2018 年，中美发生贸易争端。最近几年，中美地缘政治冲突随着芯片之争等而加剧。这对中国高净值人士产生了深远影响。

地缘政治、货币政策收紧、股市下跌等因素加剧了市场的波动性，中美富豪差距加大。2024 年 4 月 3 日，福布斯发布 2024（第 38 届）全球亿万富豪榜。今年榜单共有 2781 名富豪上榜，创下历史新高，较 2023 年增长 141 人。他们比以往任何时候都更富有，总资产达到 14.2 万亿美元，比 2023 年增加 2 万亿美元，比同样在 2021 年创下的先前纪录高出 1.1 万亿美元。大部分财富增长来自前 20 名富豪，自 2023 年以来，他们的财富总计增加了 7000 亿美元。美国目前拥有创纪录的 813 名亿万富翁，总资产达 5.7 万亿美元。中国内地仍然位居第二，有 406 名亿万富翁，价值 1.33 万亿美元。印度拥有 200 名亿万富翁（同样创下纪录），排名第三。法国奢侈品大亨贝尔纳·阿尔诺连续第二年成为世界首富，其个人财富较 2023 年增长 10% 至 2330 亿美元。埃隆·马斯克本次仍排名第二，个人财富约为 1950 亿美元，该数字较上一年增长 8%。①

2017 年 12 月 22 日，美国时任总统特朗普签署了《减税与就业法》，作为美国 30 年来最大规模的税务改革，本次税改无疑将对美国经济、企业以及个人产生重大影响。2022 年 8 月 16 日，美国时任总统拜登签署生效《通胀削减法案》（*Inflation Reduction Act*），对美国税法做了进一步修改。

第一节
美国所得税居民规则

对个人来讲，美国的纳税年度一般遵循公历年度，即 1 月 1 日到 12 月 31 日。美国税务居民纳税人对上年进行纳税申报的截止日一般为 4 月 15 日（具体日期视节假日可能有调整）。在截止日之前，个人可以提交 4868 表格，以获得 6 个月的自动续期，即可以延期到 10 月 15 日。另外，个人还可以申请 2 个月的酌情延期，此时个人须向美国税务局发函解释延期的原因，如个人居住在美国以外，准备纳税申报材料需要更多时间等。在该延期下，个人纳税申报可以延至 12 月 15 日。

---

① 2024 年全球亿万富豪榜，参见 https://www.forbes.com/billionaires/。

从所得税意义上，美国公民（持有美国护照的个人）和税务居民（Resident Alien）均为美国所得税法意义上的税务居民，需要就其全球所得在美国申报纳税。如果个人在当年满足永久居民标准（一般指"绿卡测试"）或实质居住标准，将被视为美国税务居民。

实质居民标准为个人当年在美国待的时间超过 183 天，或当年在美国待的天数为至少 31 天，而且与过去两年在美国待的天数的加权总值超过 183 天。为计算天数之目的，前一年的天数乘以 1/3，前两年的天数乘以 1/6。在此标准下，个人税务居民开始的日期是在美国的第一天。

在某些情况下，成为美国税务居民的个人可以选择不作为美国的税务居民，从而导致永久居民标准和实质居住标准不适用。通常须满足以下条件[1]。

（1）一年中在美国待的时间少于 183 天。

（2）纳税年度内在国外有一个税法意义上的"家"。

（3）在纳税年度内，纳税人与税法意义上的"家"所在国家的联系比与美国更密切。

如果个人主张其与一外国国家有更紧密联系，要满足一定的必要条件：①在整个年度内，个人有一个税法意义上的"家"，即个人如果主张在某个年度内，其在美国以外的任何国家都不是纳税居民，仍有可能被视为美国的税务居民。②前述个人税法意义上的"家"须在个人主张其比与美国有更多联系的国家。

如果个人与一外国国家建立了比与美国更多的联系，美国税务机关可能认可个人与该外国国家有更紧密联系。在认定时，个案的具体事实和背景是最重要的。美国税务机关和法院通常考虑以下因素。

（1）个人在相关表格和文件上所登记的税务居民所在国。

（2）以下连接点：永久的"家"（permanent home）；家庭成员；个人财物，包括车辆、家具、衣服和珠宝；目前的社会、政治、文化或宗教联系；业务活动（构成税法意义上"家"以外的因素）；个人持有驾照的国家；个人行使投票权的国家；个人进行慈善捐赠的组织所在地。

个人永久的"家"是别墅、公寓或房间并不重要，个人是出租还是拥有房屋也不是关键。重要的是，该"家"在任何时候都可以为纳税人所采用，而不是只用于短期的居住。

另外，纳税人在下列条件下可以主张其与两个外国国家有更紧密联系。

（1）个人在纳税年度开始时在一个外国国家有一个税法意义上的"家"。

（2）在纳税年度内，个人将税法意义上的"家"改到第二个外国国家。在年

---

[1] Conditions for a Closer Connection to a Foreign Country，参见 https://www.irs.gov/individuals/international-taxpayers/conditions-for-a-closer-connection-to-a-foreign-country。

度剩余时间内，个人在该国维持该"家"。

（3）个人在税法意义上"家"的存续期间，其与两个国家联系的紧密程度都超过与美国的联系。

（4）个人在整个纳税年度内为该外国国家的税务居民，或者个人同时为两个外国国家的税务居民。

比如，一个中国税务居民在上半年是中国税务居民，而下半年移民其他国家和地区（如新加坡、瑞士、英国等），从而在后半年也成为新国家和地区的税务居民。此时，其就可以主张个人与两个外国国家有更紧密的联系。

美国投资移民的税务困境和解决方案

一、成为美国税务居民的后果

一旦成为美国税务居民，则面临如下税务后果。

■ 全球所得都要在美国申报纳税，包括来自美国以内的以及来自美国以外的所得，适用超额累进税率，最高为 37%。纳税人需要填写和申报 1040 表。

■ 遗产与赠与税。美国遗产与赠与税是累进税率，最高为 40%（应纳税额超过 100 万美元的部分）。美国公民和在美国有住所的个人一般须在美国缴纳遗产与赠与税，其纳税基础为赠与或者死亡时转让的资产或全球资产的市场价值，不论该资产的类型与资产所在的位置。个人在世时的赠与不需要缴纳遗产税，但可能需要缴纳赠与税。

■ 如果美国税务居民作为境外信托的设立人，通常需要填写 3520 表格，就其在信托中的权益状况进行申报。

■ 控制的境外子公司下的权益，即使未进行分配，如果纳税人对境外的子公司保持控制，也需要将境外子公司下未分配的利润作为个人所得进行纳税申报。

■ 5471 表格。美国税务居民个人须就其持有的境外公司股权申报填写 5471 表格。2018 年税改后，美国股东还需要申报全球无形资产低税所得。

■ FinCEN 114 表格。根据美国《银行保密法》（*The Bank Secrecy Act*），只要美国税务居民在 1 月 1 日至 12 月 31 日任一时间点拥有或支配海外金融账户金额超过 1 万美元等值金额，须向美国财政部下的金融犯罪执法网申报填写 FinCEN 114 外国银行和财务账号申报表。

二、持有美国"绿卡"即为美国税务居民

美国的投资移民项目（EB5）可以让申请人很快地拿到美国"绿卡"，因此该项目可谓是美国移民的直通车。正因为如此，此项目一直深受申请人的欢迎。然而，很快拿到美国"绿卡"在税务上将面临不利后果。直接的不利后果是一旦持有美国"绿卡"，将难以适用与外国有更紧密联系的豁免政策。

如前所述，成为美国税务居民的个人可以主张其与一个外国国家有更紧密联系，可以选择不作为美国税务居民。然而，在下列任何一种情况下，个人不能主张其与一个外国国家有更紧密联系。

（1）在一年中，个人申请或者采取措施将个人状况改为美国永久居民。

（2）个人在纳税年度内有一个成为美国永久居民的待批准的申请。

比如，如果个人填写了"OF-230表格—申请移民签证和外国人登记"，这表明个人有意图成为美国永久税务居民，而不能主张与另一个国家有更紧密联系。

因此，一旦持有美国"绿卡"，在美国国内法下是无法排除成为美国税务居民结局的。个人持有美国"绿卡"，自然被美国税法视同美国税务居民。

三、根据中美税收协定排除美国税法适用

持有美国"绿卡"者，是否只能接受作为美国税务居民的结局？当然不是，但此时只能借助税收协定中的双重税务居民规则，主张个人为美国非税务居民。这也是美国国内税务局（IRS）给出的一个明确答复[①]。其原理是持有美国"绿卡"就无法逃脱美国国内法税务居民规则的适用。但中美税收协定作为特别法，是优于国内法的。个人可以在认可其成为美国税务居民的前提下，利用税收协定的优先使用规则，将其从美国税法下"拉"出来。

如果个人根据美国税法被认为是美国税务居民，同时根据另一个国家的税法被认为是另一个国家的税务居民，那么个人将被认为是双重税务居民。在这种情况下，个人仍然可以主张税收协定待遇。比如，根据美国与另一个国家前述的税收协定，主张个人为另一个国家的税务居民，为美国非税务居民。要做出这种主张，需要税收协定中有解决双重税务居民的条款。

对作为双重税务居民的个人而言，如果主张自己作为美国非税务居民，需要

---

① Frequently Asked Questions（FAQs）About International Individual Tax Matters，参见 https://www.irs.gov/individuals/international-taxpayers/frequently-asked-questions-about-international-individual-tax-matters。

填写 1040NR 申报表并附上 8833 表格。在填写该表时，须明确标注美国国内法被协定修订的条款：第 Reg. 301.7701（b）部分。个人没有填写 8833 表格的，根据美国税法将面临 1000 美元的罚款。

四、个人如何判定是否适用中美税收协定

美国有自己的税收协定范本，通常被称为"美国税收协定范本"。该范本中有一条保留条款（saving clause）：即使美国与缔约国签署了税收协定，美国可以视同该协定不存在而对美国公民和税务居民行使征税权。

美国签署的税收协定中基本都有这样一条保留条款。比如，《中华人民共和国政府和美利坚合众国政府关于对所得避免双重征税和防止偷漏税的协定的议定书》（简称《中美税收协定第一议定书》）第二条规定："虽有本协定规定，美国可以对其公民征税。除本协定第八条第二款、第十七条第二款、第十八条、第十九条、第二十条、第二十二条、第二十三条、第二十四条和第二十六条规定外，美国可以对其居民（根据第四条确定）征税。"因此，即使有这样一条保留条款，但在判定个人税务居民身份上，仍然以协定的适用结果为前提。

中国和美国签署的《关于对所得避免双重征税和防止偷漏税的协定》第四条第二款规定："由于第一款的规定，同时为缔约国双方居民的个人，双方主管当局应协商确定该人为本协定中缔约国一方的居民。"令人高兴的是，《中美税收协定第一议定书》对此进行了修改，其第五条规定："在适用本协定第四条第二款时，缔约国双方主管当局应以联合国关于发达国家和发展中国家双重征税协定范本第四条第二款的规则为准。"

根据联合国范本第四条第二款，如果按第一款规定，某个人为两个缔约国的居民，则此人的税务居民应按下列方式确定。

（1）只能将他视为他拥有可用永久住宅的国家的居民，如果他在两国都拥有可用永久住宅，只能将他视为与他个人经济关系较密切（重大利益中心）的国家的居民。

（2）如果不能确定他的重大利益中心在哪国，或他在两国均无可用永久住宅，则只能将他视为他拥有习惯性居所的国家的居民。

（3）如果他在两国均有习惯性居所或在任何一国均无此居所，则只能将他视为国籍国居民。

（4）如果他是两国的公民，或不是任何一国的公民，缔约国主管当局则应通过相互协商一致解决这个问题。

因此，个人须根据自己的具体状况来判定自己的税务居民身份在哪个国家。

如果个人持有美国"绿卡"，在美国和中国都有可用永久住宅，但个人的经济来源和社会关系等基本在中国，其就可以主张其经济利益中心在中国，因此根据中美税收协定其应被视为中国税务居民。此时，该人就可以在美国按照非税务居民进行纳税申报，填写 1040NR 申报表并附上 8833 表格。一旦做出该选择，为计算个人美国税务负担之目的，个人将被视为美国非税务居民。

五、不利影响

个人主张按照非税务居民进行申报时，须考虑对移民的不利影响。

（1）根据美国的法律规定[①]，如果作为双重税务居民的个人根据税务协定主张其作为美国非税务居民填写 1040NR 表格，这可能对美国公民及移民服务局做出是否保留其移民许可的决定带来影响。

（2）"离境税"。如果个人已经长时间地成为美国税务居民（过去 15 年中超过 8 年），个人将被视为适用 877A 条款下的"离境税"。在此情况下，该人在离境之前所持有的所有资产将视同在离境时按照市场价值销售，其中未实现所得将被征税。

（3）在申请美国护照须填写的 N-400 表格上，申请人须如实填写自从在美国居住以来所有纳税申报的部分信息，包括自从成为永久居民以后是否有过没有进行美国联邦、州和地方税务申报的情形？如果是，是否认为自己为美国非税务居民？是否在成为美国永久居民之后，在联邦、州或地方的纳税申报表上称呼自己为非税务居民？当然，并不是说如果个人对这些问题之一回答"是"，会必然导致其申请美国护照被拒绝或其美国"绿卡"被注销。对这些问题回答"是"，可能引发美国公民及移民服务局对个人作为非美国税务居民进行申报的意图以及相关事实的审查。

六、移民美国须提前进行税务规划

基于以上内容，如果个人移民美国是为了拿到美国护照，个人在持有美国"绿卡"时主张其为美国非税务居民须慎之又慎。

移民美国前进行的税务筹划中常见的是设立外国赠与人信托（grantor trust）。将非美国税务居民作为赠与人和设立人，设立赠与人信托，由其移民美国的家人和子女作为受益人。"赠与人"被定义为一个设立信托或者直接、间接

---

① Reg. section 301.7701（b）-7（b）.

将资产向信托进行"无偿转移"的人（可能包括个人或者团体）。如果一个人为另一人设立信托或者为信托提供资金，二人都被认为是赠与人，但是只有向信托进行"无偿转移"的人才被视同信托的所有人。赠与人信托不是对信托征税，信托的所有人直接按照视同信托不存在承担纳税后果。

在此情况下，信托向美国受益人的分配被视为无须在美国纳税的赠与，但受益人可能需要进行申报，需视情况填写以下表格。

- 3520 表格。如果美国受益人收到的分配超过 10 万美元，须提交 3520 表格。
- 8938 表格。如果特定的国外资产价值超过一定门槛，须提交 8938 表（特定的金融财产报告表）。此表所针对的特殊财产包括股票、合伙组织权益、投资账户、银行账户等。一对在美国生活并采取联合报税的夫妇，如果他们特定的国外总资产在该纳税年度的最后一天超过 10 万美元或在该纳税年度的任何时间超过 15 万美元，就需要申报。而居住在国外的纳税人适用更高的限额：特定国外资产的价值在该纳税年度的最后一天超过 40 万美元，或在该纳税年度的任何时间超过 60 万美元。
- FinCEN114 表格。根据美国《银行保密法》（*The Bank Secrecy Act*），只要美国税务居民在 1 月 1 日至 12 月 31 日中任一时间点拥有或支配海外金融账户金额超过 1 万美元等值金额，须向美国财政部下的金融犯罪执法网申报填写 FinCEN 114 外国银行和财务账号申报表。

因此，赠与人信托通常有以下好处。

（1）赠与人被视同信托的所有者，而对信托拥有的资产承担所得税责任。这将允许资产在信托的增长不受所得税的影响。

（2）规避美国税法对信托和个人征税税率的不同。

（3）避免对所有者和信托资产之间的交易确认资本收益。

需要注意的是，个人如果有设立信托并移民美国的考虑，必须提前规划。根据美国《联邦税法典》第 679 条，如果一个美国非纳税居民在将资产直接或者间接转移到一外国信托后的 5 年内成为美国税务居民，该转让从所得税的角度将被视为个人成为美国税务居民的当天进行的。因此，如果个人在成为美国税务居民前的 5 年内将资产转移到一外国信托，从美国所得税的角度来看这一转让没有任何作用。

另外，外国赠与人信托要求赠与人必须保留美国非税务居民身份。一旦非美国税务居民设立人死亡，赠与人信托将成为非赠与人信托。此时，受控外国公司和 GILTI（全球无形资产低税所得）规则将适用于美国受益人。而且超出信托可分配净收入的分配将受制于"回溯规则"。一般情况下，信托设立之前的未分配净收益，将被视同在收益产生当年的最后一天分配给美国受益人。该"回溯规则"有三大不利因素：①回溯到当年进行补税；②加征特别利息；③按照普通所得征税，即使该所得假设在相关年度分配时可以按照长期资本收益或者符合条件的股息适用较低的税率。另外，"回溯规则"下的征税计算比较复杂，这也会增加纳税人的成本。

对高净值人士的影响

一、税改前后个人所得税简单对比

表 13-1 为特朗普税改前后美国个人所得税税率的简单对比。整体而言，特朗普税改对高净值人士个人所得税影响有限。需要注意的是，修改后的美国税法还规定了个人、信托等从符合条件的交易和业务中收到的所得可以适用 20% 的抵扣。

拜登政府认为，特朗普税法改革降低了最富有的美国人的税率，为最富有的 1% 人群提供了大规模减税的依据。因此，拜登政府在 2024 年预算案中，准备废除特朗普对最高收入美国人的减税政策，恢复对年收入超过 40 万美元的单身申报者和年收入超过 45 万美元的已婚夫妇 39.6% 的最高税率。但是，该方案并没有生效。拜登政府在 2025 年预算案中，继续准备对年收入 100 万美元以上的家庭征收 39.6% 的最高税率。随着 2024 年 7 月 21 日拜登宣布退出 2024 年总统竞选，这一预算法案在其任期内不可能实现。

表 13-1　税改前后个人所得税简单对比

项目	税改前	税改后
个人所得税税率	7 级，税率为 10%~39.6%（10%，15%，25%，28%，33%，35%，39.6%）	7 级，税率为 10%~37%（10%，12%，22%，24%，32%，35%，37%）
长期资本收益和符合条件的股息	个人获得的长期资本收益被界定为销售持有一年以上资产所获得的收益。美国公司向个人分配的股息在绝大多数情形下被视为符合条件的股息。如果纳税人适用最高税率 39.6%，长期资本收益适用 20% 的联邦税。如果纳税人适用 15% 以下的税率，长期资本收益适用 0% 税率。其他情形下，长期资本收益适用 15% 的税率	保留了 0、15% 和 20% 三个阶梯税率，但 2018—2025 年，该收益有着自己的适用规则，不再与纳税人的普通所得适用税率挂钩。

续表

项目	税改前	税改后
个人免税额	4050 美元 / 人	没有免税额
统一抵扣	6500 美元（个人申报）或 13000 美元（共同申报）	12000 美元（个人申报）或 24000 美元（共同申报）
州和地方所得以及销售税抵扣	可以抵扣	个人州和地方所得税、销售税和不动产税抵扣限额为每年 1 万美元（单独申报的，为每人 5000 美元），非来自美国的不动产税不可以扣除
抵押贷款利息	购买首套和第二套住房的贷款利息可以扣除，封顶为 100 万美元（单独申报的为 50 万美元）	2017 年 12 月 15 日之后的贷款，受 75 万美元的限制（单独申报的为 35 万美元）
慈善捐款	经调整个人所得的 50%	经调整个人所得的 60%
赡养费支出	支付人可以扣除，并入收款方收入，除非双方另行选择	不可以扣除，也不计入收款人的所得，2025 年后执行
子女抵扣	每个子女 1000 美元	每个子女 2000 美元；不允许扣除门槛增加（共同申报为 40 万美元，其他情况下为 20 万美元）
绩效收益或附带收益（carried interest）	按照资本收益征税（没有持股期间要求）	需满足 3 年持股期间要求，以构成长期资本收益
非居民销售从事美国贸易或者业务的合伙企业	通常作为个人资产而不被认为与美国有联系的所得，因此通常不需要在美国缴税	2017 年 11 月 27 日后的销售被视为与美国有联系的所得，而需在美国缴税，适用 10% 的预提所得税
穿透实体	穿透实体的收入直接归所有者，而适用不同的税率	单独申报者收入低于 157500 美元的或共同申报者的应纳税总收入低于 315000 美元的，可将来自穿透实体收入的 20% 作为抵扣，无论穿透实体是个人服务公司还是从事别的业务。 单独申报者的收入超过 207500 美元的，或者共同申报者的收入超过 415000 美元的，该抵扣受到限制，根据具体业务性质的不同而有所不同

二、亿万富翁最低税

拜登政府在 2025 年预算案中，要求对最富有的 0.01% 人群（财富超过 1 亿美元的人）征收 25% 的最低税："亿万富翁的收入纳税往往低于普通工资收入的税率，有时甚至根本不征税。这要归功于巨大的漏洞和税收优惠，这些漏洞和税收优惠让最富有的纳税人受益匪浅。因此，许多富有的美国人只能按其全部收入缴纳 8% 的平均所得税，这个税率比许多消防员或教师还要低。为了最终解决这种明显的不平等问题，总统的预算包括对最富有的 0.01% 的人（财富超过 1 亿美元的人）征收 25% 的最低税。"[①]

但是，美国国会形成了共和党控制众议院、民主党控制参议院的分裂局面。分裂的立法控制权可能会在可预见的未来限制任何新税收立法的范围。亿万富翁最低税能否通过尚不可知。

三、股票回购税，资本市场的不利因素

《消减通胀法案》规定了 1% 的股票回购税，旨在减少回购和股息之间的差别税收待遇，并鼓励企业将资金用于进一步增长，而不是向外国股东输送税收优惠利润。拜登政府在 2024 年预算案中提议将股票回购税率从 1% 上调至 4%，以便企业增加生产投资，提高产品质量和降低价格，并减少只让股东和首席执行官受益的回购。

为了计算 1% 税款，回购股票的公允价值需减去纳税年度内相关企业发行股票的公允价值，包括发行或提供给相关企业员工和指定关联企业员工的股票。指定关联企业购买该相关企业股票将被视为回购股票的行为。"回购"包括美国联邦所得税法下所定义的"赎回"以及任何其他经济上类似的交易。该项新的税款适用于 2023 年 1 月 1 日之后进行的股票回购交易。

公司往往更喜欢回购而不是股息。股票回购通常不会让公司承诺继续购买股票，并在时间上具有灵活性。然而，股息的支付会带来还会持续下去的预期。另外，许多股东还需要为股息纳税，但回购通常不需要缴税。

从目前的实践效果来看，1% 的股票回购税对于上市公司尚未产生很大影

---

① 情况说明书 :2025 财年总体预算，参见 https://www.whitehouse.gov/briefing-room/statements-releases/2024/03/11/fact-sheet-the-presidents-budget-for-fiscal-year-2025/#:~text=The%20Budget%20proposes%20another%20roughly, down%20on%20wealthy%20tax%20cheats。

响①。近几个月来，美国公司花费了数千亿美元进行股票回购，企业通常认为这是一种很好的资本利用方式，可以减少公司股票数量，从而推高股价。但是，一旦将股票回购税提高到4%，预计将对资本市场产生很大不利影响。

四、遗产与赠与税

美国遗产赠与税是累进税率，最高为40%（应纳税额超过100万美元的部分）。美国对个人死亡时应税遗产的转让征收遗产税。

根据美国《税法典》第"26 U.S. Code § 102 – 赠与和遗产"部分，个人因为赠与、遗产等收到的资产不被视为个人所得的一部分，无须缴纳个人所得税。但这些资产后续产生的所得以及直接将资产产生的所得而不是资产本身赠与，都算作个人所得的一部分。

美国公民和在美国有住所的个人一般须在美国缴纳遗产与赠与税，其纳税基础为赠与或者死亡时转让的资产或全球资产的市场价值，无论该资产的类型或资产所在的位置。个人在世时的赠与不需要缴纳遗产税，但可能需要缴纳赠与税。非美国公民且住所不在美国的个人，只需就赠与或者死亡时位于美国的资产的市场价值缴纳美国遗产与赠与税。

对于住所的判定依赖个人意图，并非界限分明。法院一般通过以下标准来判断：签证、工作许可、业务和财产的地点、家庭移民历史、居住房产、个人遗嘱、动机、在美国待的时间以及社区融合等。个人有可能是美国所得税法下的税务居民而不是遗产与赠与税下"在美国有住所的个人"。

2017年9月27日，美国时任总统特朗普在印第安纳州发表了关于"特朗普税改"的造势演讲。焦点之一是特朗普要取消美国遗产税。讨厌遗产税的人将遗产税称为"死亡税"。特朗普也是这样来激起公众对遗产税的厌恶，尽管遗产税与绝大部分公众没有直接关系。特普朗的相关言论引述如下："为保护几百万小企业主和美国农民，我们最终要终止这破碎的、恶劣的和不公平的遗产税，或通常所称的'死亡税'。""我们不能允许死亡税将这些伟大家庭的美国梦停滞不前……"然而，美国此次税改并没有取消遗产与赠与税。只是对死亡的美国公民和居民免于缴纳遗产与赠与税和跨代转让税的金额大幅增加：2017年每人终生免税额为549万美元。从2018年起，每人终生免税额被大幅增加至1118万美元（未来将根据物价指数进行调整）。2023年，每人终生免税额为1292万美元，2024年

① "1%的股票回购税并没有减缓回购速度，拟议的4%税收可能"，詹妮弗·威廉姆斯-阿尔瓦雷斯，2023年3月2日，参见 https://www.wsj.com/articles/the-1-stock-buyback-tax-hasnt-slowed-repurchases-a-proposed-4-tax-might-f87044eb。

的这一数值为 1361 万美元。同时，非居民外国人也需缴纳最高 40% 的遗产税，但其遗产税免税额仅为 6 万美元，且不与通货膨胀挂钩。

企业所得税税率下降和最低税率

一、税率大幅下降

自 2018 年起，美国企业所得税税率下降至 21%，加上州税和地方税综合税，最终税率为 25.75%，这与之前的 38.9% 相比，是一个大幅的下降。这使得美国的企业所得税税率与 OECD 成员国的平均企业所得税税率平均值基本持平。

美国税改后高净值人士在将企业资产进行全球范围布局时，在美国设立公司不再面临高额的企业所得税。

拜登政府在 2025 年预算案中提议把 2017 年特朗普税改下调的公司税率从 21% 加回 28%，跨国公司海外利润的税率从 10.5% 提升至 21%。

二、15% 最低企业税

"根据我签署的法律，价值数十亿美元的公司必须支付至少 15% 的税款。"美国总统拜登在提到 2022 年通货膨胀削减法案时如是说道。

拜登政府《消减通胀法案》提出了一项新的最低企业税，符合条件的企业可以适用 15% 企业替代最低税。根据该规定，如果一家公司经调整财务报表，企业所得的三年平均值超过 10 亿美元，即适用最低税率。

15% 的企业最低税主要针对大公司的避税行为，这是美国税法几十年来的重大变化。将企业最低税的税率定为 15%，是基于这样的现实：美国大型跨国公司总能够找到税法漏洞和会计手段来支付比普通工人更低的税率。

虽然美国公司法定税率为 21%，但许多大公司向联邦政府缴纳的税款远低于该税率。例如，联邦快递、杜克能源和耐克等大公司一直能够利用各种扣除和税收策略，实际上不缴纳任何联邦税。美国税收和经济政策研究所于 2021 年公布的一份报告显示，美国 55 家跨国公司 2020 年没有缴纳联邦所得税 [1]。

---

[1] "55 家公司 2020 年利润缴纳的联邦税为 0 美元"，马修·加德纳和史蒂夫·瓦姆霍夫，2021 年 4 月 2 日，参见 https://itep.org/55-profitable-corporations-zero-corporate-tax/。

15% 的企业替代最低税不适用于多家非关联公司因被同一家投资基金持有而可能达到 10 亿美元门槛的情形。此举被认为是对私募行业的一项利好[1]。

这项新的最低税条款于 2023 年 1 月 1 日之后适用。

三、走向区域纳税制度，美国税法的重大改革

（一）顺应潮流，推出参股免税制

税改之前，美国采取抵免制度来消除双重征税，即美国公司来自境外的所得需要按照美国的企业所得税税率 38.9% 来补税，但在境外直接或间接缴纳的企业所得税可以获得抵扣。美国一直以来是抵免法的拥趸者。在抵免法下，从境外获得收入与完全在境内投资获得收入在税法上获得同等对待。美国对本国的居民企业在境外设立子公司投资与在国内投资给予同等对待；如果境外纳税低，该所得分回美国时需要补税。美国 38.9% 的高税率，是诸多美国跨国公司进行税收筹划而不把境外所得分回美国的原因。再加上美国的企业所得税税率很高，这就驱使美国企业向世界扩张的同时不把境外所得汇回美国。

《减税与就业法》的巨大改革之一就是引入参股免税制，对符合条件的境外所得不再要求在美国补税，而是免税。该法案 D 部分的"国际税务"条款第 I 部分"对外投资交易"中规定了"建立参股免税制来对境外所得征税"，用大篇幅引入参股免税制。其要实现的是对美国投资者符合条件的对外投资所得在美国无须补税。

参股免税制历史悠久，最早实现参股免税制的国家可能是荷兰，可以追溯到 1894 年[2]。实际上，在过去的 30 年，绝大部分 OECD 成员国对境外所得都已经走向免税法[3]，其制度设计的基本特点有三点：①对境外所得免税；②保护国内税；③简单的规则。

从抵免法走向参股免税制是美国税法的重大改革。时移世易，美国从抵免法走向免税法实际上是顺应了时代的潮流。

---

[1]　德勤：美国国会通过 15% 企业替代最低税，2022 年 8 月 15 日，参见 https://www2.deloitte.com/cn/zh/pages/tax/articles/us-congress-passes-15-percent-corporate-minimum-tax.html。

[2]　Jeroen Janssen, Charlotte Kiès, *The Dutch Participation Exemption in a Changing International Tax Climate*，2015 年 10 月，参见 http://whoswholegal.com/news/features/article/32548/dutch-participation-exemption-changing-international-tax-climate。

[3]　Kyle Pomerleau, Kari Jahnsen, *Research Assistant Designing a Territorial Tax System:A Review of OECD Systems*，2017 年 8 月 1 日，参见 https://taxfoundation.org/territorial-tax-system-oecd-review/。

（二）参股免税制内容

在参股免税制下，如果一位美国股东从境外公司获得符合参股免税制的股息，在美国公司销售该境外公司股权的所得时，该股息部分可以被减去。

参股免税制适用的范围如下。

（1）对美国股东的限制条件。适用于美国 C 类公司（即必须缴纳企业所得税）来自境外的股息，而且不动产投资信托或者受监管的投资公司除外。因此，美国的合伙企业、S 类型公司和个人对境外投资的境外股息所得是不能适用参股免税制的。

（2）美国股东的持股要在 10% 以上。

（3）持股期限要求在股息支付之前的 731 天内，持股天数在 365 天以上。

（4）对境外子公司的限制条件。境外子公司不能为从事消极的境外投资的公司（real estate investment trusts ）或受监管的投资公司（regulated investment companies）。

（5）股息不能为混合股息，即如果股息在境外子公司所在地是可以被抵扣的，该股息不可以适用参股免税制。

（三）强制性视同分配

根据《减税与就业法》，美国对来自境外子公司的股息适用"区域纳税制度"，即只有来自美国的所得须在美国纳税。相应的，由于美国公司 2017 年 12 月 31 日前在境外累计的所得在 2018 年以后分配将不需要在美国纳税，此时"一次性收费"将适用。该"一次性收费"与美国的受控外国公司法制度同时适用。

（1）由于美国将转向"区域纳税制度"，美国公司来自境外的所得和利润如果在美国没有纳税，须在美国缴纳"过渡税"（transition tax）。

（2）即使境外所得没有实际向美国分配，该"一次性收费"仍将适用。

（3）确定境外所得和利润的决定性日期：2017 年 11 月 2 日或 2017 年 12 月 31 日，看哪个日期的金额高。

（4）一般而言，美国公司持股 10% 以上的境外子公司都须适用"过渡税"。

（5）适用税率：现金和现金等价物适用 15.5% 的税率；非现金资产适用 8% 的税率。

（6）"过渡税"可以在 8 年内支付。

修改 CFC 制度，对高净值人士税务架构有重大影响

由于美国实行了参股免税制，对来源于境外的所得免税，对来源于美国本土的所得征税，这就带来一个如何避免美国本土的税基被侵蚀的问题。美国的做法是修改受控外国公司法制度（CFC 制度），扩大其适用范围，将可能导致美国税基侵蚀的情形尽可能包括在 CFC 制度内，并推出 GILTI 和 FDII 税制，将归属于美国受控外国公司合理利润以外的部分纳入美国征税范围。

CFC 制度是一个反避税措施，美国 1962 年《税法典》中首次引入 CFC 制度[①]。如果一个境外公司 50% 以上的投票权或公司股权总价值由美国股东持有，该公司就被认为美国税法下的受控外国公司。即使该公司利润不做分配，仍将被视为分配，而须在美国申报纳税。在 CFC 规则下，持股 10% 以上的股东按照 CFC 的收入比例将所得归属于应纳税所得额中，无论是否分配。在效果上，持股 10% 的股东视同已经获得从 CFC 公司的支付，如果个人不进行申报，将被视为逃税。

修改 CFC 制度后，CFC 的范围被扩大。

（1）之前 30 天的持股期限要求被废除。因此境外公司即使只有 1 天被美国股东控制，就可以构成 CFC。

（2）美国股东涵盖的范围扩大。判定美国股东的条件从之前拥有投票权的 10% 扩展到投票权或股权价值的 10%。因此，只通过投票权来绕开 CFC 的筹划方案行不通了。比如，之前存在持有 20% 的股权但只有 9% 的投票权而不被视为美国股东的情况；在新的法律下，持有前述比例的股东将被视为美国股东。

（3）在认定 CFC 上，以前的规定是只往上看股东，考虑上层的股东持股比例。新规定要求美国公司可以把其境外股东持有的股权算到自己名下。因此，这就出现了外国股东持有的外国公司也可能被认定为美国的 CFC。

另外，《税法典》第 958（b）（4）条禁止在判定 CFC 时将归属于外国股东的股权向下归属于美国国内子公司。《减税与就业法》则废除了该条。因此，现在的股权归属规则允许"向下归属"（downward attribution），即允许将美国

[①]　Melissa Redmiles，Jason Wenrich，*A History of Controlled Foreign Corporations and the Foreign Tax Credit*，https://www.irs.gov/pub/irs-soi/historycfcftc.pdf.

公司的外国母公司持有的外国公司股权视同归属于其名下。其后果是在以前不为 CFC 规则所涵盖的架构在新的规则下必须考虑遵从 CFC 规则的问题。

举例如下（见图 13-1）①。

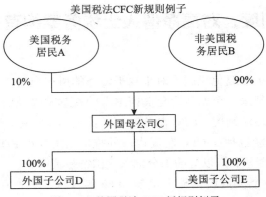

图 13-1　美国税法 CFC 新规则例子

在新规则下，美国子公司 E 被视为拥有外国母公司 C 持有的外国子公司 D 100% 的股权。但美国子公司 E 并不直接持有外国子公司 D 的任何股权，因此不存在任何受控外国公司所得。美国税务居民 A 间接持有外国子公司 D 10% 以上的股权，被视为"美国股东"。由于外国子公司 D 被视为受控外国公司（这与美国税务居民 A 持股的 10% 没有关系，而是由于美国子公司 E 视同拥有外国母公司 C 持有的外国子公司 D 的股权），美国税务居民 A 须按照其持股比例申报受控外国公司所得。美国税务居民 A 和美国子公司 E 均需申报填写 5471 表格。

第六节

推出 GILTI 和 FDII 税制

一、GILTI 和 FDII 税制综述

由于美国实行了参股免税制，对来源于境外的所得免税，对来源于美国本土

---

① Shawn Carson, *Tax Reform:Downward Attribution*, 2018 年 5 月 7 日, 参见 https://www.ttn-taxation.net/pdfs/Speeches_NewYork_2018/11.ShawnCarson-TaxReformDownwardAttribution.pdf。

的所得征税，这就带来一个如何避免美国本土的税基被侵蚀的问题。与此相应的，美国推出了境外无形资产所得（Foreign-derived Intangible Income，FDII）和全球无形资产低税所得（Global Intangible Low-taxed Income，GILTI）制度，以保护美国国内税基。

FDII 和 GILTI 通常被比喻为"胡萝卜"和"大棒"。当公司的无形资产注册在美国以外时，适用 GILTI 规则，对超过正常回报的所得即使没有分配也要在美国纳税，是为"大棒"。当无形资产注册在美国以内时，适用 FDII 规则，对来源于境外的无形资产所得给予税务优惠，是为"胡萝卜"。

美国公司可就其来源于境外的 FDII 和 GILTI 所得适用较低的税率。对于 S 类型公司，由于其征税的方式和个人相同，因此并不适用 FDII 和 GILTI①。

修改后的美国《税法典》第 250 部分允许受控外国公司的美国公司股东在计算 GILTI 所得时扣除 50%（自 2026 年始降为 37.5%），同时允许对 FDII 所得给予 37.5% 的抵扣（自 2025 年始降为 21.875%）。这就意味着 2017 年 12 月 31 日到 2026 年 1 月 1 日 FDII 收入适用 13.125% 的实际税负（2025 年 12 月 31 日之后，对 FDII 收入的实际税负为 16.406%），而 GILTI 适用 10.5% 的税率。

需要注意的是，美国只允许对境外已纳税额的 80% 部分进行抵扣，如果不需要在美国补税，对 GILTI 所得则需要有 13.125% 的实际税负。如果境外对 GILTI 收入的实际税负为 0，那么需要缴纳 10.5% 的美国企业所得税。因此，如果 GILTI 收入的境外实际税负在 0%~13.125%，境外税款和美国所得税的综合税务负担为 10.5%~13.125%。如果 GILTI 收入的境外实际税负在 13.125% 以上，无须在美国补缴税款，则综合税负为境外税款。

二、FDII 税制

FDII = 来源境外的符合条件的抵扣收入 × 视同无形资产所得 / 符合条件的抵扣收入

具体计算请见表 13-2。

---

① 美国众议院报告 House of Representatives Tax Cuts and Jobs Act Conference Report to Accompany H.R. 1 之注释 1524："An S corporation's taxable income is computed in the same manner as an individual [sec. 1363（b）] so that deductions allowable only to corporations，such as FDII and GILTI，do not apply."

表 13-2　美国对来源于境外的无形资产所得的征税实例

项目	美国公司（美元）
符合条件的抵扣收入 ①	200
符合条件的业务资产投资 ②	1200
视同有资产资产所得的净值（10%*L2）	120
视同无形资产所得（L1-L3）	80
来源于境外的符合条件的抵扣收入 ③	20
FDII 收入（L4*L5/L1）	8
税务利益（37.5%*L6）	3

注：

①符合条件的抵扣收入为美国公司的总收入减去受控外国公司所得、全球无形低税收入、来自于受控外国公司的股息、外国分支结构的所得、国内石油和天然气所得和金融服务所得。

②产生测试收入或损失的有形可折旧财产的季末调整后基数的平均值。

③出售给外国人在美国境外使用、消费或处置的财产。"销售"包括租赁，交换或其他处置。

　　在 FDII 规则下，如果公司没有出口、对外服务或者技术转让，将无法享受 FDII 带来的税收利益。从这个角度上看，FDII 规则是对出口导向型公司的一种税收补贴。正因为如此，FDII 规则受到一些批评，如知名的美国税法教授批评道："FDII 是对于世界贸易组织出口补贴规则的公然违反。"① 另外，高科技、轻资产的公司将受益更多，而持有大量有形资产的生产性企业可能获益较少。

三、GILTI 税制

（一）GILTI 是什么

　　如果一个美国股东归属于受控外国公司的所得超过了来自外国实物资产回报（也被称为"普通回报"）的 10%，这部分超额的收入视同归属于无形资产而需要在美国纳税。该制度与美国实现"区域纳税"相关，旨在打击将美国的无形资产以及相关的所得转移到美国境外、并汇回国内适用免税法在美国免税的行为。这里面有一个假定：如果受控外国公司在境外的实际税负低于一定的金额，即假定美国公司将知识产权转让到境外以规避美国税收。

　　《减税与就业法》为美国《税法典》增加了一条新的条款即第 951A 条。受控外国公司的任何美国股东，须在其当年的纳税申报中包括全球无形低税收入

---

① 　Reuven S. Avi-Yonah，"*The Tax Act Actually Promotes Off-Shore Tax Tricks*"，*The American Prospect*（2018 年 6 月 28 日）。

（GILTI）。相应的，自 2018 年起，如果美国股东持有（直接、间接或视同持股）境外公司 10% 以上的股权（表决权）或价值，且所有美国股东持股在 50% 以上，美国股东可能须就外国公司的所得在美国承担纳税义务，即使没有股息分配。与其名称不同的是，即使一个美国股东控制的境外公司没有无形资产，仍可能面临 GILTI 税制的影响。

（二）GILTI 计算的过程

全球无形低税收入 GILTI 的计算是一个有些复杂的过程。根据修改后的美国《税法典》，GILTI 的计算公式如下：

GILTI = 美国股东该纳税年度的受控外国公司净测试所得 - 视为有形资产收入的净值[①]。

由于视同有形资产收入回报净值（也被称为"普通回报"）是各美国股东在相应纳税年度按比例分摊对应的受控外国公司符合条件的业务资产投资价值的 10%，减去利息费用，GILTI 公式也可以转化为：GILTL = 美国股东该纳税年度的受控外国公司净测试所得 -[（符合条件的业务资产投资 ×10%）- 利息费用]。符合条件的业务资产投资一般是指可以折旧的有形资产，不包括土地。

在 GILTI 公式中，美国股东该纳税年度的受控外国公司净测试所得为受控外国公司总测试所得减去受控外国公司总测试亏损。也就是在该股东的纳税年度内，其为受控外国公司股东情况下，该股东按比例分摊的每个受控外国公司的测试收入之总额，减去在该股东的纳税年度内，其为受控外国公司股东情况下，该股东按比例分摊的每个受控外国公司的测试亏损总额。

由于美国《税法典》允许对 GILTI 金额进行 50% 的抵扣（自 2026 年起为 37.5%），且对境外已纳税款同时设置了 80% 的抵扣限制，因此如果受控外国公司的实际税负为 13.125%（21%×50%/80%）以上，就可以抵消在美国应纳的 GILTI 税款金额。在 GILTI 的计算中，关键的是境外的实际税负。GILTI 制度出台的意图，即对境外所得的实际税负在低于一定程度的情况下须在美国补税。

（三）影响

GILTI 旨在将所有美国受控外国公司超过正常回报的部分在美国适用一个最低的税率。由于 C 类公司来源于境外的所得在美国可以适用参股免税制，因此只要美国 C 类公司的受控外国公司在美国境外的实际税负在 13.125% 以上，就可以不受 GILTI 制度的影响。

---

① Net Deemed Tangible Income Return

GILTI 税制可能促使作为美国税务居民的高净值人士采用 C 类公司持有境外投资和资产。原因是尽管 GILTI 制度的意图是针对美国公司纳税人，但美国个人纳税人也适用该规则。这将增加美国非 C 类公司以外的纳税人的税务合规成本[①]。而且美国公司和个人所面临的纳税后果是不同的：公司可以享受 GILTI 金额 50% 的抵扣（自 2026 年起为 37.5%），美国个人则无法享受这些优惠；与公司纳税人 21% 的税率不同，个人纳税人可能面临 37% 的最高个人所得税。

在 GILTI 下，一个受控外国公司的 GILTI 所得直接穿透到美国股东（在新的法律下，范围更为广泛）并归属于其当年的纳税所得。如果一个受控外国公司只有消极投资所得，现有的规则已经涵盖这种情形，GILTI 规则将不适用。在实行 GILTI 规则之前，从事积极业务活动的受控外国公司可以将美国税务后果递延到向美国股东进行分配之时，并构成符合条件的股息而适用 20% 的税率。实际上 GILTI 消除了积极业务递延的例外规定。

[①] Sandra P. McGill 等，*GILTI Rules Particularly Onerous for Non-C Corporation CFC Shareholders*，参见 https://www.mwe.com/en/thought-leadership/publications/2018/01/gilti-rules-particularly-onerous-nonc-corporation。